Reihe Rechtswissenschaft
Band 186

Der Irrtum bei den Urkundendelikten

Christa Bettendorf

Centaurus Verlag & Media UG 1997

Die Autorin, *Christa Bettendorf*, studierte Rechtswissenschaft an der Universität Mainz, 1994 Promotion. Derzeit ist sie beim Amtsgericht Langen (Hessen) als Richterin tätig.

Die Deutsche Bibliothek – CIP-Einheitsaufnahme

Bettendorf, Christa:
Der Irrtum bei den Urkundendelikten / Christa Bettendorf. –
Pfaffenweiler : Centaurus-Verl.-Ges., 1997
(Reihe Rechtswissenschaft ; Bd. 186)
Zugl.: Mainz, Univ., Diss., 1994

ISBN 978-3-8255-0120-4 ISBN 978-3-86226-333-2 (eBook)
DOI 10.1007/978-3-86226-333-2

ISSN 0177-2805

Satz: Vorlage der Autorin

Meinen Freunden

Vorwort

Die vorliegende Arbeit wurde im Jahre 1994 vom Fachbereich Rechts- und Wirtschaftswissenschaften der Johannes Gutenberg-Universität Mainz als Dissertation angenommen.

Mein Dank gilt allen, die mich bei der Erstellung der Arbeit unterstützt haben. Besonders herzlich danke ich Herrn Professor Dr. Justus Krümpelmann, der das Thema der Arbeit angeregt und ihr Entstehen mit viel Verständnis und Geduld gefördert hat. Seine wertvollen Hinweise und wohlmeinenden Ratschläge waren mir während der gesamten Entstehungszeit der Arbeit eine unschätzbare Hilfe. Herr Professor Dr. Udo Ebert hat mir seine unveröffentlichte Habilitationsschrift zur Verfügung gestellt, die mir wesentliche Impulse für meine Arbeit gab. Dafür und für seine eindringliche Kritik bin ich ihm zu großem Dank verpflichtet. Auch Frau Ursula Streng, die mit großer Umsicht und Kompetenz das Manuskript übertrug und die unzähligen Änderungen mit unerschütterlicher Geduld durchführte, sei an dieser Stelle gedankt.

Nicht zuletzt danke ich der Lang-Hinrichsen-Stiftung für ihre großzügige Förderung.

Mainz, im März 1996

Christa Bettendorf

Inhaltsverzeichnis

Abkürzungsverzeichnis

a.a.O.	am angegebenen Ort
Abs.	Absatz
AcP	Archiv für civilistische Praxis
a.F.	alte Fassung
AT	Allgemeiner Teil
Aufl.	Auflage
BayObLG	Bayerisches Oberstes Landesgericht
Bd.	Band
Beschl.	Beschluß
BGB	Bürgerliches Gesetzbuch
BGH	Bundesgerichtshof
BGHSt	Entscheidung des Bundesgerichtshofs in Strafsachen (Amtliche Sammlung)
BJagdG	Bundesjagdgesetz
BNotarO	Bundesnotarordnung
BT	Besonderer Teil
d.h.	das heißt
Diss.	Dissertation
DJZ	Deutsche Juristen-Zeitung
DRiZ	Deutsche Richter-Zeitung
DRZ	Deutsche Rechts-Zeitschrift
DStrR	Deutsches Strafrecht
DStRZ	Deutsche Strafrechts-Zeitung
Fn.	Fußnote
FS	Festschrift
GA	Goltdammer's Archiv für Strafrecht
GS	Gerichtssaal
Hrsg.	Herausgeber
i.d.R.	in der Regel
i.S.	im Sinne
i.V.m.	in Verbindung mit
JA	Juristische Arbeitsblätter
JR	Juristische Rundschau
JurA	Juristische Analysen
JuS	Juristische Schulung
JW	Juristische Wochenschrift
JZ	Juristenzeitung
LZ	Leipziger Zeitschrift für Deutsches Recht

m.w.N.	mit weiteren Nachweisen
MDR	Monatsschrift für Deutsches Recht
NAC	Neues Archiv des Crimalrechts
n.F.	neue Fassung
N.F.	Neue Folge
NJW	Neue Juristische Wochenschrift
NStZ	Neue Zeitschrift für Strafrecht
o.V.	ohne Vornamen
OLG	Oberlandesgericht
OLGSt	Entscheidungen der Oberlandesgerichte zum Straf- und Strafprozeßrecht
Rdn.	Randnummer
RG	Reichsgericht
RGSt	Entscheidungen des Reichsgerichts in Straf sachen (Amtliche Sammlung)
S.	Seite
SchwZStr	Schweizerische Zeitschrift für Strafrecht
SJZ	Süddeutsche Juristen-Zeitung
StGB	Strafgesetzbuch
Urt.	Urteil
VDA BT VII	Vergleichende Darstellung des deutschen und ausländischen Strafrechts, Besonderer Teil, VII. Band
VDA III	Vergleichende Darstellung des deutschen und ausländischen Strafrechts, Allgemeiner Teil, III. Band
wistra	Zeitschrift für Wirtschaft, Steuer und Strafrecht
ZAkDR	Zeitschrift der Akademie für deutsches Recht
z.B.	zum Beispiel
ZSchR	Zeitschrift für Schweizer Strafrecht
ZSchwR	Zeitschrift für Schweizerisches Recht
ZStW	Zeitschrift für die gesamte Strafrechtswissenschaft

Literaturverzeichnis

Allfeld, Philipp: Die Bedeutung des Rechtsirrtums im Strafrecht, Leipzig 1904.

Allfeld, Philipp / Meyer, Hugo: Lehrbuch des deutschen Strafrechts, 8. Aufl. Leipzig, Erlangen 1922.

Alsberg, Max: Zur juristischen Natur der Eidesdelikte. Zugleich ein Beitrag zur Lehre von den Fälschungsverbrechen, GS 66 (1905), S. 54 ff.

Alternativ-Entwurf eines Strafgesetzbuches Allgemeiner Teil, vorgelegt von Jürgen Baumann u.a., Tübingen 1966.

Amelung, Knut: Rechtsgüterschutz und Schutz der Gesellschaft, Frankfurt 1972.

Aschrott, P.F. (Hrsg.): Die Reform des Strafprozesses. General-Referat erstattet für die 11. Versammlung der Internationalen Criminalistischen Vereinigung Gruppe Deutsches Reich. Berlin 1906.

Aschrott, P.F.: Der Besondere Teil des Entwurfs 1925, in: P.F. Aschrott und Eduard Kohlrausch (Hrsg.), Reform des Strafrechts. Kritische Besprechungen des amtlichen Entwurfes eines allgemeinen deutschen Strafgesetzbuches, Berlin, Leipzig 1926.

Backes, Peter: Zur Problematik der Abgrenzung von Tatbestands- und Verbotsirrtum im Steuerstrafrecht. Köln 1981.

Backmann, Leonhard E.: Grundfälle zum strafrechtlichen Irrtum, JuS 1972, S. 326 ff., 452 ff.; JuS 1973, S. 299 ff.

Bar, Ludwig v.: Gesetz und Schuld im Strafrecht, Band II: Die Schuld nach dem Strafgesetze, Berlin 1907.

Bauer, Anton: Lehrbuch des Strafrechts, 2. Aufl. Göttingen 1833.

Baumann, Jürgen: Zur Teilbarkeit des Unrechtsbewußtseins, JZ 1961, S. 564 ff.

Baumann, Jürgen: Das Umkehrverhältnis zwischen Versuch und Irrtum im Strafrecht, NJW 1962, S. 16 ff.

Baumann, Jürgen: Grenzfälle im Bereich des Verbotsirrtums, in: Günter Stratenwerth u.a. (Hrsg.), Festschrift für Hans Welzel zum 70. Geburtstag, Berlin, New York 1974, S. 533 ff.

Baumann, Jürgen: Strafrecht Allgemeiner Teil, 6. Aufl. Bielefeld 1974; 7. Aufl. Bielefeld 1975; 9. Aufl. Bielefeld 1985.

Baumann, Jürgen / Weber, Ulrich: Strafrecht Allgemeiner Teil, 9. Aufl. Bielefeld 1985.

Baumgarten, Arthur: Der Aufbau der Verbrechenslehre, Tübingen 1913.

Beck, Alexander: Das Unrechtsbewußtsein in den deutschen Strafgesetzentwürfen. Breslau 1927.

Beling, Ernst: Die Lehre vom Verbrechen, Tübingen 1906.

Beling, Ernst: Die Lehre vom Tatbestand, Tübingen 1930.

Beling, Ernst: Grundzüge des Strafrechts, 11. Aufl. Tübingen 1930.

Bemmann, Günter: Zur Frage der objektiven Bedingungen der Strafbarkeit, Göttingen 1957.

Berner, Albert-Friedrich: Lehrbuch des deutschen Strafrechtes, 15. Aufl. Leipzig 1888.

Bettiol, Guiseppe: Das Problem des Rechtsgutes in der Gegenwart, ZStW 72 (1960), S. 276 ff.

Bierling, Ernst Rudolf: Juristische Prinzipienlehre, Bd. III, Tübingen 1905.

Binding, Karl: Grundriß des Deutschen Strafrechts. Allgemeiner Teil, 2. Aufl. Leipzig 1879; 3. Aufl. 1884; 7. Aufl. 1907.

Binding, Karl: Lehrbuch des gemeinen deutschen Strafrechts. Besonderer Teil, Zweiter Band, Erste Abteilung, 2., verm. Aufl. Leipzig 1904 (zit.: Binding, Lehrbuch)

Binding, Karl: Die Hochflut von Normen und Strafgesetzen in den Kriegsjahren und die angebliche Unentschuldbarkeit des sog. Rechtsirrtums. LZ 1917, 1 ff.

Binding, Karl: Die Normen und ihre Übertretung, Erster Band: Normen und Strafgesetze, 3. Aufl. Leipzig 1916. Zweiter Band: Schuld und Vorsatz, Zweite Hälfte: Der rechtswidrige Vorsatz, 2. Aufl. Leipzig 1916. Dritter Band: Der Irrtum, Leipzig 1918.

Bindokat, Heinrich: Zur Frage des doppelten Irrtums, NJW 1963, S. 745 ff.

Blei, Hermann: Das Wahnbrechen, JA 1973, S. 237 ff., 601 ff.

Blei, Hermann: Strafrecht II. Besonderer Teil. Ein Studienbuch, 10. Aufl. München 1976 (zit.: Blei, BT), 12. Aufl. München 1983 (zit.: Blei, BT, 12. Aufl.)..

Blei, Hermann: Strafrecht I. Allgemeiner Teil, 18. Aufl. München 1983 (zit.: Blei, AT).

Bloy, René: Funktion und Elemente des subjektiven Tatbestandes im Deliktsaufbau, JuS 1989, S. L 1 ff.

Bockelmann, Paul: Über das Verhältnis von Täterschaft und Teilnahme, Göttingen 1949 (zit.: Bockelmann, Täterschaft).

Bockelmann, Paul: Literaturbericht zu Warda, Heinz-Günter, Die Abgrenzung von Tatbestands- und Verbotsirrtum bei Blankettstrafgesetzen, ZStW 70 (1958), S. 639 ff.

Bockelmann, Paul: Strafrecht Allgemeiner Teil, München 1973 (zit.: Bockelmann, AT).

Bockelmann, Paul: Strafrecht Besonderer Teil. 3. Ausgewählte Delikte gegen Rechtsgüter der Allgemeinheit, München 1980 (zit.: Bockelmann, BT III).

Bockelmann, Paul / Volk, Klaus: Strafrecht Allgemeiner Teil, 4. Aufl. München 1987.

Bohlmann, F.: Der Irrtum im Strafrecht, Diss. Berlin 1911.

Botzem, Maria: Der Schutz der Urkunden-Wahrheit, Diss. Bonn 1929.

Bringewat, Peter: Der sogenannte doppelte Irrtum, MDR 1970, S. 652 ff.

Bringewat, Peter: Examinatorium Strafrecht Allgemeiner Teil, München 1971.

Bruns, Hans-Jürgen: Die Befreiung des Strafrechts vom zivilistischen Denken. Berlin 1938.

Bülow, Freiherr v.: Aus der Praxis, GS 59 (1901), S. 4 ff.

Bünger, Paul: Über Handeln und Handlungseinheit als Grundbegriffe der Lehre vom Verbrechen und von der Strafe, ZStW 8 (1888), S. 661 ff.

Burckhardt, Lukas H.: Probleme des Urkundenstrafrechts im Lichte der Rechtsprechung, in: SchwZStr, Jg. 76 (1960), S. 81 ff.

Burkhardt, Björn: Rechtsirrtum und Wahndelikt, JZ 1981, S. 681 ff.

Burkhardt, Björn: Zur Abgrenzung von Versuch und Wahndelikt im Steuerstrafrecht, Wistra 1982, S. 178 ff.

Busch, Richard: Über die Abgrenzung von Tatbestands- und Verbotsirrtum, in: Karl Engisch und Reinhart Maurach (Hrsg.), Festschrift für Edmund Mezger zum 70. Geburtstag, München, Berlin 1954, S. 165 ff.

Calker, Fritz v.: Grundriß des Strafrechts (ab 4. Aufl.: "Strafrecht"), München, Berlin, Leipzig 1916; 4. Aufl. München, Berlin, Leipzig 1933.

Cohn: Die Behandlung des Irrtums im Strafrecht,

Conrad, o.V.: Die Wirkung des Rechtsirrtums, DJZ 1912, 1489 ff.

Cramer, Peter: Anmerkung zu BayObLG, Beschl. v. 18.4.1967 - RReg 3 a St 5/67, JZ 1968, S. 30 ff.

Cucumus, o.V.: Von dem Unterschiede zwischen Fälschung und Betrug, NAC, Bd. 10, S. 513 ff., 681 ff.

Cüppers, Josef: Gedanken zum Problem des Strafrechtsirrtums, NJW 1949, 4 ff.

Dahm, Georg: Der Methodenstreit in der heutigen Strafrechtswissenschaft, ZStW 57 (1938), S. 225 ff.

Dahm, Georg: Anmerkung zu OLG Stuttgart, Urteil vom 6.3.1959 - 2 Ss 49/59, MDR 1959, 508 ff.

Dalcke, A. / Fuhrmann, Ernst / Schäfer, Karl: Strafrecht und Strafverfahren, 37. Aufl. Berlin 1961.

Darnstädt, Thomas: Der Irrtum über normative Tatbestandsmerkmale im Strafrecht, JuS 1978, 441 ff.

Dohna, Alexander Graf zu: Recht und Irrtum, Mannheim, Berlin, Leipzig 1925.

Dohna, Alexander Graf zu: Der Aufbau der Verbrechenslehre, Bonn 1936; 3. Aufl. Bonn 1947.

Dohna, Alexander Graf zu: Erpressung und Betrug seit dem Zeitalter der Aufklärung. Abhandlungen zur Rechts- und Wirtschaftsgeschichte, in: Festschrift für Adolf Zycha zum 70. Geburtstag am 17. Oktober 1941, Weimar 1941, S. 469 ff (zit.: Dohna, Zycha-FS).

Dopslaff, Ulrich: Plädoyer für einen Verzicht auf die Unterscheidung in deskriptive und normative Tatbestandsmerkmale, GA 1987, 1 ff.

Dreher, Eduard: Strafgesetzbuch, 34. Aufl. München 1974; 37. Aufl. München 1977.

Dreher, Eduard: Der Irrtum über Rechtfertigungsgründe, in: Hans Lüttger, Hermann Blei, Peter Hanau (Hrsg.): Festschrift für Ernst Heinitz zum 70. Geburtstag am 1.1.1972, Berlin 1972, S. 207 ff.

Dreher, Eduard / Tröndle, Herbert: Strafgesetzbuch und Nebengesetze, 43. Aufl. München 1986; 44. Aufl. München 1988; 45. Aufl. München 1991.

Ebermayer, Ludwig: Irrtum im Strafrecht. LZ 1918, S. 800 ff.

Ebermayer, Ludwig: Urkundenfälschung, in: August Hegler (Hrsg.), Festgabe für Reinhard von Frank zum 70. Geburtstag, 16. August 1930. Beiträge zur Strafrechtswissenschaft, Band II, Tübingen 1930, S. 418 ff.

Ebert, Udo: Untersuchungen zur Struktur und rechtlichen Relevanz des sogenannten Subsumtionsirrtums. Unveröffentlichte Habilitationsschrift, Mainz 1973.

Ebert, Udo: Strafrecht Allgemeiner Teil, Heidelberg 1985.

Ebert, Udo / Kühl, Kristian: Das Unrecht der vorsätzlichen Straftat, Jura 1981, S. 225 ff.

Eichmann, Fritz: Der Vorsatz bei normativen Tatbestandselementen (Strafrechtliche Abhandlungen Heft 255), Breslau 1929.

Engelmann, Woldemar: Irrtum und Schuld nach der italienischen Lehre und Praxis des Mittelalters, Berlin 1922.

Engisch, Karl: Untersuchungen über Vorsatz und Fahrlässigkeit im Strafrecht, Berlin 1930.

Engisch, Karl: Die normativen Tatbestandselemente im Strafrecht, in: Festschrift für Edmund Mezger zum 70. Geburtstag am 15.10.1953, München, Berlin 1954, S. 127 ff.

Engisch, Karl: Einführung in das juristische Denken, 3. Aufl. Stuttgart, Berlin, Köln, Mainz 1964.

Entwurf des Strafgesetzbuches für die preußischen Staaten, nach den Beschlüssen des Königlichen Staatsrates. Anh.: 1. Entwurf des Gesetzes über die Einführung des Strafgesetzbuchs, 2. Entwurf des Gesetzes über die Kompetenz der Geschichte zur Untersuchung und Bestrafung, Berlin 1843.

Eser, Albin: Strafrecht I. Schwerpunkt Allgemeine Verbrechenselemente, 3. Aufl. München 1980 (zit.: Eser, Studienkurs I, Aufl.).

Eser, Albin: Strafrecht IV. Schwerpunkt Vermögensdelikte, 4. Aufl. München 1983.

Eser, Albin / Burkhardt, Björn: Strafrecht I. Schwerpunkt Allgemeine Verbrechenselemente, 4. Aufl. München 1992 (zit.: Eser, Studienkurs I, Aufl.).

Feuerbach, Paul, Johann Anselm v.: Revision der Grundsätze und Grundbegriffe des positiven peinlichen Rechts, Erfurt, Chemnitz 1799-1800.

Feuerbach, Paul, Johann Anselm v.: Lehrbuch des Gemeinen in Deutschland gültigen Peinlichen Rechts, 14. Aufl. Gießen 1847.

Fieseler, Gerhard: Direkter und bedingter Rechtswidrigkeitsvorsatz, Frankfurt 1870.

Finger, August: Lehrbuch des Deutschen Strafrechts, 1. Band, Berlin 1904.

Forbrich, Burkhard: Studien zum Urkundenbegriff, insbesondere Zufalls- und Absichtsurkunden, Hamburg 1972.

Foth, Heinrich: Neuere Kontroversen um den Begriff des Wahnverbrechens, JR 1965, S. 366 ff.

Frank, Reinhard v.: Rechtsprechung des Reichsgerichts vom 1. April 1889 bis zum 30. Juni 1890, ZStW 12 (1892), S. 277 ff.

Frank, Reinhard v.: Über den Aufbau des Schuldbegriffs, in: Festschrift der Juristischen Fakultät der Universität Gießen zur dritten Jahrhundertfeier der Alma Mater Ludoviciana, überreicht von ihren früheren Dozenten Beling, Cosack, Frank, Gareis, Heimberger, Hellwig, Jung, v. Liszt, Regelsberger, Rehm, L. v. Seufert, Stammler, v. Thudichum, v. Wendt, Gießen 1907, S. 3 ff. (zit. Gießener Festschrift).

Frank, Reinhard v.: Das Strafgesetzbuch für das Deutsche Reich, 5.-7. Aufl., Tübingen 1908; 18. Aufl. Tübingen 1931.

Frisch, Wolfgang: Vorsatz und Risiko, Köln, Berlin, Bonn, München 1983.

Gallas, Wilhelm: Zur Kritik der Lehre vom Verbrechen als Rechtsgutsverletzung, in: Georg Dahm u.a. (Hrsg.), Festschrift zum 60. Geburtstag von Graf Wenzeslaus Gleispach (Gegenwartsfragen der Strafrechtswissenschaft), Berlin, Leipzig 1936, S. 50 ff.

Gallas, Wilhelm: Zum gegenwärtigen Stand der Lehre vom Verbrechen, ZStW 67 (1955), S. 1 ff.

Gallas, Wilhelm: 62. Sitzung vom 10.1.1958, Niederschriften über die Sitzung der Großen Strafrechtskommission, 6. Band, Besonderer Teil, Bonn 1958, S. 150 ff.

Gallas, Wilhelm: 63. Sitzung vom 11.1.1958, Niederschriften über die Sitzung der Großen Strafrechtskommission, 6. Band, Besonderer Teil, Bonn 1958, S. 161 ff.

Galli, o.V.: Berichte über wichtigere Entscheidungen des Reichsgerichts in Strafsachen, GS 67 (1906), S. 372 ff.

Galli, o.V.: Berichte über wichtigere Entscheidungen des Reichsgerichts in Strafsachen, GS 68 (1907), S. 61 ff.

Geerds, Friedrich: Warenfälschung - Sammelbezeichnung oder einheitliche Wirtschaftsstraftat. Ein Beitrag zur Problematik des Wirtschaftsstrafrechts, ZStW 74 (1962), S. 245 ff.

Geerds, Friedrich: Urkundendelikte, In: Rudolf Sieverts und Hans Joachim Schneider (Hrsg.), Handwörterbuch der Kriminologie, Ergänzungsband, Berlin 1979, S. 205 ff.

Gegenentwurf zum Vorentwurf eines deutschen Strafgesetzbuches, aufgestellt von W. Kahl u.a., Berlin 1911 (zit.: Gegenentwurf 1911).

Geisler, Heinz: Die Irrtumslehre in der Rechtsprechung und im Schrifttum seit BGHSt 2, 194, Diss., Mainz 1957.

Gerland, Heinrich B.: Deutsches Reichsstrafrecht, 2. Aufl. Berlin, Leipzig 1932.

Geßler, o.V.: Die Lehre von der Fälschung, GA 10 (1862), S. 441 ff.

Geßler, o.V.: Zur Lehre von der Urkundenfälschung, GS 14 (1862), S. 120 ff.

Geyer, August: Grundriß zu Vorlesungen über gemeines deutsches Strafrecht, Erste Hälfte, München 1884.

Gössel, Karl Heinz: Das Rechtsgut als ungeschriebenes strafbarkeitseinschränkendes Tatbestandsmerkmal. Zugleich ein Versuch über das Verhältnis von Rechtsgut, Tatbestand und Norm, in: Rolf Dietrich Herzberg (Hrsg.), Festschrift für Dietrich Oehler zum 70. Geburtstag, Köln, Berlin, Bonn, München 1985, S. 97 ff.

Grobe, Hannes: Die allgemeine Vorsatzvermutung bei Feuerbach, ZStW 78 (1966), S. 59 ff.

Grünhut, Max: Begriffsbildung und Rechtsanwendung im Strafrecht, Tübingen 1926.

Grünhut, Max: Methodische Grundlagen der heutigen Strafrechtswissenschaft, in: August Hegler (Hrsg.), Festgabe für Reinhard von Frank zum 70. Geburtstag, 16. August 1930. Beiträge zur Strafrechtswissenschaft, Band I, Tübingen 1930, S. 21 ff.

Haft, Fritjof: Der doppelte Irrtum im Strafrecht, JuS 1980, S. 588 ff.

Haft, Fritjof: Grenzfälle des Irrtums über normative Tatbestandsmerkmale im Strafrecht, JA 1981, S. 281 ff.

Haft, Fritjof: Strafrecht Allgemeiner Teil, 2. Aufl. München 1984; 3. Aufl. München 1987; 5. Aufl. München 1992.

Hälschner, Hugo: Das gemeine deutsche Strafrecht, Erster Band, Bonn 1881; Zweiter Band, Erste Abtheilung, Bonn 1884; Zweite Abtheilung, Bonn 1887.

Hälschner, Hugo: Das gemeine deutsche Strafrecht. Zweiter Band, Zweite Abteilung: Der besondere Theil des Systems, Bonn 1887.

Hanack, Ernst-Walter: Empfiehlt es sich, die Grenzen des Sexualstrafrechts neu zu bestimmen? Gutachten für den 47. Deutschen Juristentag, München 1968.

Hanssen, Curt Walter: Der Begriff der Urkunde im Amtlichen Entwurf eines Allgemeinen Deutschen Strafgesetzbuches, Breslau 1928.

Hartung, Fritz: Der Rechtsirrtum in der Rechtsprechung des Reichsgerichts. Zugleich ein Beitrag zur Lehre vom Unrechtsbewußtsein, DRZ 1949, S. 342 ff.

Hartung, Fritz: Um die Behandlung des Verbotsirrtums im Strafrecht, JR 1950, S. 545 ff.

Hartung, Fritz: Irrtum über "negative Tatumstände", NJW 1951, S. 209 ff.

Hartwig, Werner: Sachverhaltsirrtum und Pflichtirrtum, GA 1956, S. 369 ff.

Hasselberg, Karl-Peter: Urkundenfälschung und Fälschung von Augenscheinsobjekten, Göttingen 1962.

Hassemer, Winfried: Theorie und Soziologie des Verbrechens, Frankfurt 1973.

Hassemer, Winfried: Einführung in die Grundlagen des Strafrechts, München 1981.

Heffter, August Wilhelm: Lehrbuch des gemeinen deutschen Criminalrechts mit Rücksicht auf die nicht exclusiven Landesrechte, Halle 1833 (Nachdruck: Frankfurt a.M. 1985).

Hegler, A.: Die Merkmale des Verbrechens, ZStW 36 (1915), S. 19 ff.

Heimberger, Joseph: Strafrecht, Berlin, Wien 1931.

Heinemann, Hugo: Die Bindingsche Schuldlehre, in: Abhandlungen des kriminalistischen Seminars zu Marburg, Bd. I, Heft 4, Freiburg 1889.

Heinemann, Hugo: Zur Dogmengeschichte des Rechtsirrtums, ZStW 13 (1893), S. 371 ff.

Henke, Eduard: Handbuch des Criminalrechts und der Criminalpolitik, 3. Teil, Berlin, Stettin 1830.

Henkel, Heinrich: Recht und Individualität, Berlin 1958.

Herberger, Maximilian, Die deskriptiven und normativen Tatbestandsmerkmale im Strafrecht, in: Hans-Joachim Koch (Hrsg.), Juristische Methodenlehre und analytische Philosophie, Kronberg 1976, S. 124 ff.

Herdegen, Gerhard: Der Verbotsirrtum in der Rechtsprechung des Bundesgerichtshofs, in: Gerda Krüger-Nieland (Hrsg.), 25 Jahre Bundesgerichtshof, München 1975, S. 195 ff.

Herzberg, Rolf Dietrich: Das Wahndelikt in der Rechtsprechung des BGH, JuS 1980, S. 469 ff.

Herzberg, Rolf Dietrich: Zur Eingrenzung des vorsatzausausschließenden Irrtums (§ 16 StGB), JZ 1993, S. 1017 ff.

Herzberg, Rolf Dietrich: Tatbestands- oder Verbotsirrtum? GA 1993, S. 439 ff.

Heusler, A.: Die Grundlagen des Beweisrechts, AcP 62 (1879), S. 209 ff.

Hippel, Robert v.: Vorsatz, Fahrlässigkeit, Irrtum, in: Karl v. Birkemeyer u.a. (Hrsg.), Vergleichende Darstellung des Deutschen und Ausländischen Strafrechts, Allgemeiner Teil, III. Band, Berlin 1908, S. 373 ff.

Hippel, Robert v.: Vorsatz und Fahrlässigkeit in den Entwürfen, ZStW 31 (1911), S. 562.

Hippel, Robert v.: Der Rechtsirrtum nach den Beschlüssen der Strafrechtskommission, ZStW 35 (1914), S. 833 ff.

Hippel, Robert v.: Goldausfuhrverbot und Konterbande, ZStW 37 (1916), S. 757 ff.

Hippel, Robert v.: Ein wichtiger Fortschritt der Schuldlehre, DStrZ 1917, S. 14 ff.

Hippel, Robert v.: Rechtsirrtum und Bundesratsverordnung, LZ 1917, S. 697 ff.

Hippel, Robert v.: Irrtum im Strafrecht, LZ 1918, S. 1032 ff.

Hippel, Robert v.: Die allgemeinen Lehren vom Verbrechen in den Entwürfen, ZStW 42 (1921), S. 404 ff.

Hippel, Robert v.: Deutsches Strafrecht. Band 1: Allgemeine Grundlagen, Berlin 1925 (Neudruck: Aalen 1971), Band 2: Das Verbrechen, Berlin 1930 (Neudruck Aalen 1971) (zit.: v. Hippel, Lehrbuch).

Hirsch, Hans Joachim: Strafrecht - Besonderer Teil (II. Teil), ZStW 82 (1970), S. 411 ff.

Hirsch, Hans Joachim: Strafrecht - Besonderer Teil (II. Teil), ZStW 85 (1973), S. 696 ff.

Hirschberg, Max: Die Schutzobjekte des Verbrechens, speziell untersucht an den Verbrechen des Einzelnen, Breslau 1910.

Hobe, Konrad: Der Vorsatz bei den normativen Tatbestandsmerkmalen, Berlin 1962.

Hoffmeister, Johannes: Wörterbuch der philosophischen Begriff, Hamburg 1955, S. 106.

Hofmann, Axel: Die Fälle des Affekttäters, des abgestumpften Gewohnheitsverbrechers und des Überzeugungstäters, Frankfurt a.M. 1970.

Hofmann, Fritz: Die normativen Elemente des besonderen und allgemeinen Tatbestands im Strafrecht, Breslau 1930.

Honig, Richard: Die Einwilligung des Verletzten, Mannheim, Berlin, Leipzig 1919.

Hruschka, Joachim: Strafrecht, Berlin, New York 1983.

Jäger, Herbert: Strafgesetzgebung und Rechtsgüterschutz bei Sittlichkeitsdelikten, Stuttgart 1957.

Jakobs, Günther: Schuld und Prävention, Tübingen 1976.

Jakobs, Günther: Kriminalisierung im Vorfeld einer Rechtsgutsverletzung, ZStW 97 (1985), S. 751 ff.

Jakobs, Günther: Strafrecht Allgemeiner Teil, 2. Aufl. Berlin, New York 1991.

Jauernig, Othmar (Hrsg.): Bürgerliches Gesetzbuch, 3. Aufl. München 1984.

Jescheck, Hans-Heinrich: Buchbesprechung zu: Hans Welzel, Das deutsche Strafrecht, 5. Aufl. Berlin 1956, MDR 1956, S. 447 f.

Jescheck, Hans-Heinrich: 76. Sitzung vom 21.4.1958, Niederschriften über die Sitzung der Großen Strafrechtskommission, 8. Band, Besonderer Teil, Bonn 1959, S. 13 ff.

Jescheck, Hans-Heinrich: Lehrbuch des Strafrechts, Allgemeiner Teil, 2. Aufl. Berlin 1972, 3. Aufl. Berlin 1978, 4. Aufl. Berlin 1988.

Kant, Immanuel: Kritik der reinen Vernunft. Werke in 6 Bänden, Bd. II, 1781 (Darmstadt 1956).

Kaufmann, Armin: Lebendiges und Totes in Bindings Normentheorie. Normlogik und moderne Strafrechtsdogmatik, Göttingen 1954.

Kaufmann, Armin: Tatbestandseinschränkung und Rechtfertigung, JZ 1955, S. 37 ff.

Kaufmann, Armin: Die Urkunden- und Beweismittelfälschung im Entwurf 1959, ZStW 71 (1959), S. 409 ff.

Kaufmann, Armin: Schuldfähigkeit und Verbotsirrtum, in: Paul Bockelmann, Wilhelm Gallas (Hrsg.): Festschrift für Eberhard Schmidt, Göttingen 1961, S. 319 ff.

Kaufmann, Arthur: Das Unrechtsbewußtsein in der Schuldlehre des Strafrechts, Mainz 1949.

Kaufmann, Arthur: Tatbestand, Rechtfertigungsgründe und Irrtum, JZ 1956, S. 353 ff.

Kaufmann, Arthur: Die Irrtumsregelung im Strafgesetz-Entwurf 1962, ZStW 76 (1964), S. 543 ff.

Kaufmann, Arthur: Die Parallelwertung in der Laiensphäre, München 1982.

Kaufmann, Arthur: Schuld und Strafe, 2. Aufl. Köln, Berlin, Bonn, München 1983.

Kern, Eduard: Die Urkundenfälschung nach dem Strafgesetzentwurf von 1927, GS 95 (1927), S. 219 ff.

Kern, Eduard: Grundriß des Strafrechts Besonderer Teil, Berlin, Frankfurt a.M. 1950.

Kienapfel, Diethelm: Urkunden im Strafrecht, Frankfurt a.M. 1967.

Kienapfel, Diethelm: Urkunden im Strafrecht, GA 1968, S. 349 ff.

Kienapfel, Diethelm: Urkunden und technische Aufzeichnungen, JZ 1971, 163 ff.

Kienapfel, Diethelm: Zur Urkundenqualität von Fotokopien, Xerokopien und Abschriften, NJW 1971, S. 1781 ff.

Kienapfel, Diethelm: Neue Horizonte des Urkundenstrafrechts. Zur Auslegung der §§ 267, 268 und 274 Ziff. 1 StGB, in: Friedrich-Christian Schroeder und Heinz Zipf (Hrsg.), Festschrift für Reinhart Maurach zum 70. Geburtstag, Karlsruhe 1972, S. 431 ff.

Kienapfel, Diethelm: Urkunden und Beweiszeichen, in: Rüdiger Herren, Diethelm Kienapfel, Heinz Müller-Dietz (Hrsg.), Kultur, Kriminalität, Strafrecht. Festschrift für Thomas Würtenberger zum 70. Geburtstag am 7.10.1977, Berlin 1977, S. 187 ff.

Kienapfel, Diethelm: Zur Abgrenzung von Urkundenfälschung und Urkundenunterdrückung, Jura 1983, S. 185 ff.

Kienapfel, Diethelm: Strafrecht Allgemeiner Teil, Berlin, New York 1975, 3. Aufl. Berlin 1985.

Kindhäuser, Urs Konrad: Rohe Tatsachen und normative Tatbestandsmerkmale, Jura 1984, S. 465 ff.

Kindhäuser, Urs Konrad: Zur Unterscheidung von Tat- und Rechtsirrtum, GA 1990, S. 407 ff.

Klee, Karl: Zur Lehre vom strafrechtlichen Vorsatz, Breslau 1897.

Klee, Karl: Vorsatz und Pflichtwidrigkeit, GA 69 (1925), S. 162 ff.

Klee, Karl: Das Verbrechen als Rechtsguts- und als Pflichtverletztung, DStR 1936, S. 2 ff.

Klien, Carl: Beiträge zur richtigeren Bestimmung und naturgemäßeren Entwicklung der Theorie über das Verbrechen des Betruges und der Fälschung in seinen verschiedenen Arten, NAC, Bd. 1, S. 124 ff., 218 ff.

Köhler, August: Deutsches Strafrecht, Allgemeiner Teil, Leipzig 1917.

Köhler, Michael: Vorsatzbegriff und Bewußtseinsform des Vorsatzes. Zur Kritik der Lehre vom "sachgedanklichen Mitbewußtsein", GA 1981, S. 285 ff.

Kohler, Josef: Münzverbrechen und Münzvergehen, in: Karl Birkemeyer u.a. (Hrsg.), Vergleichende Darstellung des Deutschen und Ausländischen Strafrechts, Besonderer Teil III. Band, Berlin 1906, S. 203 ff. (zit.: Kohler, VDA, BT III).

Kohler, Josef: Leitfaden des deutschen Strafrechts, Leipzig 1912.

Kohlrausch, Eduard: Irrtum und Schuldbegriff im Strafrecht, Berlin 1903.

Kohlrausch, Eduard: Der Allgemeine Teil des Entwurfs 1925, in: P.F. Aschrott und Eduard Kohlrausch (Hrsg.), Reform des Strafrechts, Berlin, Leipzig 1926, S. 3 ff.

Kohlrausch, Eduard: Urkundenverbrechen, in: Stier-Somlo und Alexander Elster (Hrsg.), Handwörterbuch der Rechtswissenschaft, 6. Bd., Berlin, Leipzig 1929, S. 334 ff.

Kohlrausch, Eduard / Lange, Richard: Strafgesetzbuch, 38. Aufl. Berlin 1944, 43. Aufl. Berlin 1961.

Köstlin, Christian Reinhold: Neue Revision der Grundbegriffe des Kriminalrechts, Tübingen 1845 (Neudruck: Aalen 1970).

Köstlin, Christian Reinhold: Abhandlungen aus dem Strafrecht von C. Reinhold Köstlin. Nach des Verfassers Tod hrsg. von Th. Gessler, Tübingen 1858.

Kramer, Wolfgang / Trittel, Manfred: Zur Bindungswirkung der Entscheidung des Bundesverfassungsgerichts über die Verfassungsmäßigkeit des § 17 StGB, JZ 1980, S. 393.

Krause, Hans / Thoma, Hans: Strafrecht Allgemeiner Teil, 2. Aufl. Stuttgart, Berlin, Köln, Mainz 1978.

Kreutzer, Paul: Der Irrtum über normative Tatbestandsmerkmale, NJW 1955, S. 1307.

Krey, Volker: Strafrecht, Band 1: Besonderer Teil ohne Vermögensdelikte, Stuttgart, 5. Aufl. Berlin, Köln, Mainz 1983.

Krümpelmann, Justus: Die Bagatelldelikte, Berlin 1966.

Krümpelmann, Justus: Stufen der Schuld beim Verbotsirrtum, GA 1968, S. 129 ff.

Krümpelmann, Justus: Vorsatz und Motivation, ZStW 87 (1975), S. 888 ff.

Krümpelmann, Justus: Die strafrechtliche Behandlung des Irrtums, in: Hans-Heinrich Jescheck(Hrsg.): Deutsche strafrechtliche Landesreferate zum X. Internationalen Kongreß für Rechtsvergleichung Budapest 1978 (Beiheft zur Zeitschrift für die gesamte Strafrechtswissenschaft) Berlin, New York 1978 (zit.: Krümpelmann, ZStW Beiheft 1978).

Krümpelmann, Justus: Affekt und Schuldfähigkeit, Freiburg 1972 (veröffentlicht Mainz 1988).

Küchenhoff, Günther: Individueller Normenirrtum? Höchstens genereller Normenirrtum als strafrechtlicher Entschuldigungsgrund! In: Siegfried Hohenleitner, Ludwig Lindner (Hrsg.), Festschrift für Theodor Rittler zu seinem achtzigsten Geburtstag, Aalen 1957, S. 197 ff.

Kuhlen, Lothar: Die Unterscheidung von vorsatzausschließendem und nichtvorsatzausschließendem Irrtum, Frankfurt a.M. 1987.

Kunert, Karl Heinz: Die normativen Merkmale der strafrechtlichen Tatbestände, Berlin 1958.

Lackner, Karl, Strafgesetzbuch mit Erläuterungen, 16. Aufl. München 1985, 17. Aufl. München 1987, 20. Aufl. München 1993.

Lackner, Karl / Maassen, Hermann: Strafgesetzbuch, 8. Aufl. 1974.

Lampe, Ernst-Joachim: Fälschung von Gesamturkunden und von zusammengesetzten Urkunden, Mainz 1957.

Lampe, Ernst-Joachim: Die sogenannte Gesamturkunde und das Problem der Urkundenfälschung durch den Aussteller, GA 1964, S. 321 ff.

Lampe, Ernst-Joachim: Unterdrückung unechter Urkunden, JR 1964, S. 14 ff.

Lampe, Ernst-Joachim: Zusammengesetzte und abhängige Urkunden, NJW 1965, S. 1747 ff.

Lampe, Ernst-Joachim: Fälschung technischer Aufzeichnungen, krit. zu § 268 StGB n.F., NJW 1970, S. 1097 ff.

Lampe, Ernst-Joachim: Die strafrechtliche Behandlung der sogenannten Computer-Kriminalität, GA 1975, S. 1 ff.

Lampe, Ernst-Joachim: Rechtsgut, kultureller Wert und individuelles Bedürfnis, in: Günter Stratenwerth u.a. (Hrsg.), Festschrift für Hans Welzel zum 70. Geburtstag, Berlin, New York 1974, S. 151 ff.

Lang-Hinrichsen, Dietrich: Tatbestandslehre und Verbotsirrtum (Zur Entscheidung des Bundesgerichtshofes über den Verbotsirrtum vom 18.3.1952), JR 1952, S. 302 ff.

Lang-Hinrichsen, Dietrich: Zur Problematik der Lehre vom Tatbestands- und Verbotsirrtum, JR 1952, S. 184 ff.

Lang-Hinrichsen, Dietrich: Die irrtümliche Annahme eines Rechtfertigungsgrundes in der Rechtsprechung des Bundesgerichtshofes, JZ 1953, S. 362 ff.

Lang-Hinrichsen, Dietrich: Zur Frage der Schuld bei Straftaten und Ordnungswidrigkeiten, GA 1957, S. 225 ff.

Lange, Richard: 14. Sitzung vom 11.2.1955, Niederschriften über die Sitzung der Großen Strafrechtskommission, 2. Band, Allgemeiner Teil, Bonn 1958, S. 37 ff.

Lange, Richard: 62. Sitzung vom 10.1.1958, Niederschriften über die Sitzung der Großen Strafrechtskommission, 6. Band, Besonderer Teil, Bonn 1958, S. 150 ff.

Langer, Winrich: Vorsatztheorie und strafgesetzliche Irrtumsregelung, GA 1976, S. 193 ff.

Larenz, Karl: Methodenlehre der Rechtswissenschaft (Verkürzte Studienausgabe der 5. Aufl. 1983), Berlin, Heidelberg, New York, Tokyo 1983.

Laube, o.V. / Wiefels, o.V.: Strafrecht, Allgemeiner Teil, Stuttgart 1974.

Leipziger Kommentar, Das Reichsstrafgesetzbuch, 1. Band, 8. Aufl. Berlin 1957.

Leipziger Kommentar, Strafgesetzbuch, 1. Band, 9. Aufl. Berlin, New York 1974; 3. Band, 9. Aufl. Berlin, New York 1977; 10. Aufl. Berlin, New York 1985 (zit. Bearbeiter, LK).

Lenckner, Theodor: Zum Begriff der Täuschungsabsicht in § 267 StGB, NJW 1967, S. 1890 ff.

Lenckner, Theodor: Wertausfüllungsbedürftige Begriffe im Strafrecht und der Satz "nullum crimen sine lege", JuS 1968, S. 249 ff., 304 ff.

Lenger, Winrich: Vorsatztheorie und strafgesetzliche Irrtumsregelung - Zur Kompetenzabgrenzung von Strafgesetzgebung, Verfassungsgerichtsbarkeit und Strafrechtswissenschaft, GA 1976, S. 193 ff.

Lenz, Adolf: Die Fälschungsverbrechen in dogmatischer und rechtsvergleichender Sicht, Band 1, Stuttgart 1897.

Liepmann, Moritz: Einleitung in das Strafrecht, Berlin 1900.

Liftschütz, o.V.: Der gute Glaube im Strafrecht, ZStW 36 (1915), S. 573 ff.

Lilienthal, o.V. v.: Der Stooßsche Entwurf eines schweizerischen Strafgesetzbuches, ZStW 15 (1895), S. 260 ff.

Lilienthal, o.V. v.: Grundriß zur Vorlesung über deutsches Strafrecht, 3. Aufl. Marburg 1908.

Liszt, Franz v.: Die falsche Aussage vor Gericht oder öffentlicher Behörde nach deutschem Recht oder österreichischem Recht, Graz 1877.

Liszt, Franz v.: Der Zweckgedanke im Strafrecht, ZStW 3 (1883), S. 1 ff.

Liszt, Franz v.: Lehrbuch des Deutschen Strafrechts, 2. Aufl. Berlin, Leipzig 1884; 18./19. Aufl. Berlin 1912.

Liszt, Franz v.: Rechtsgut und Handlungsbegriff im Bindingschen Handbuche, ZStW 6 (1886), S. 363 ff.

Liszt, Franz v.: Der Begriff des Rechtsgutes im Strafrecht und in der Enzyklopädie der Rechtswissenschaft, ZStW 8 (1888), S. 133 ff.

Liszt, Franz v. / Schmidt, Eberhard: Lehrbuch des Deutschen Strafrechts, 25. Aufl. Berlin Leipzig 1927, 26. Aufl. Berlin Leipzig 1932.

Lobe, Adolf: Das Bewußtsein der Rechtswidrigkeit, DRiZ 1913, S. 150 ff.

Lobe, Adolf: Rechtsirrtum, LZ 1916, S. 641 ff., 718 ff.

Lobe, Adolf: Weitere Gedanken über die Beschlüsse der amtlichen Strafrechtskommission, GS 106 (1935), S. 281 ff.

Löffler, Alexander: Das Strafrecht. Erste Hälfte: Die materiellen Strafgesetze, Leipzig 1904.

Loos, Fritz: Zum "Rechtsgut" der Bestechungsdelikte, in: Günter Stratenwerth u.a. (Hrsg.), Festschrift für Hans Welzel zum 70. Geburtstag, Berlin, New York 1974, S. 879 ff.

Lorenz, o.V.: Urkundenfälschung, in: Franz Gürtner, Das kommende Deutsche Strafrecht, Besonderer Teil, 2. Aufl. Berlin 1936, S. 356 ff.

Lucas, Hermann: Die subjektive Verschuldung im heutigen deutschen Strafrechte, Berlin 1883.

Lucas, Hermann: Anleitung zur strafrechtlichen Praxis. Zweiter Teil, Berlin 1902, 2. Aufl. Berlin 1907.

Lucas, Hermann: Die Beschlüsse der Strafrechtskommission, DJZ 1911, S. 1022 ff.

Lucas, Hermann: Zu Abschnitt 3 des Vorentwurfs zu einem Deutschen Strafgesetzbuch (Die Schuld), ZStW 31 (1911), S. 549 ff.

Lucas, Hermann: Der Rechtsirrtum nach den Beschlüssen der Strafrechtskommission, DJZ 1914, S. 249 ff.

Maiwald, Manfred: Strafrecht Besonderer Teil - Vermögensdelikte, ZStW 96 (1984), S. 66 ff.

Mangakis, Georgios Antoniou: Das Unrechtsbewußtsein in der strafrechtlichen Schuldlehre nach deutschem und griechischem Recht, Bonn 1954.

Marezoll, Theodor: Das gemeine deutsche Criminalrecht als Grundlage der neueren deutschen Strafgesetzgebung, 3. Aufl. Leipzig 1856.

Martin, Cristoph: Lehrbuch des Teutschen gemeinen Criminal-Rechts ..., Heidelberg 1820.

Marx, Michael: Zur Definition des Begriffs "Rechtsgut", Diss. Saarbrücken 1971, veröffentlicht Köln, Berlin, Bonn, München 1972.

Mattes, Heinz: Untersuchungen zur Lehre von den Ordnungswidrigkeiten, Erster Halbband: Geschichte und Rechtsvergleichung, Berlin 1977, Zweiter Halbband: Geltendes Recht und Kritik, Berlin 1982.

Maurach, Reinhart: Deutsches Strafrecht. Besonderer Teil, 4. Aufl. Karlsruhe 1964; 5. Aufl. Karlsruhe 1965.

Maurach, Reinhart / Zipf, Heinz: Strafrecht Allgemeiner Teil, Teilband 1, 4. Aufl. Heidelberg, Karlsruhe 1964, 5. Aufl. Heidelberg, Karlsruhe 1977, 7. Aufl. Heidelberg, Karlsruhe 1987.

Mayer, Hellmuth: Der Bundesgerichtshof über das Bewußtsein der Rechtswidrigkeit zu BGH GSSt 2/51 v. 8.3.1952, MDR 1952, S. 392 ff.

Mayer, Hellmuth: Strafrecht Allgemeiner Teil, Stuttgart, Köln 1953 (zit.: H. Mayer, AT).

Mayer, Hellmuth: Strafrecht Allgemeiner Teil, Stuttgart, Berlin, Köln, Mainz 1967 (zit.: H. Mayer, Studienbuch).

Mayer, Max Ernst: Die schuldhafte Handlung und ihre Arten im Strafrecht, Leipzig 1901.

Mayer, Max Ernst: Rechtsnormen und Kulturnormen, Breslau 1903.

Mayer, Max Ernst: Der Allgemeine Teil des Deutschen Strafrechts, Heidelberg 1915.

Merkel, Adolf: Kriminalistische Abhandlungen, Band II: Die Lehre vom strafbaren Betruge, Leipzig 1867 (zit.: A. Merkel, Betrug).

Merkel, Adolf: Urkundenfälschung, in: Franz von Holtzendorff (Hrsg.), Handbuch des deutschen Strafrechts, III. Band, Berlin 1874, S. 784 ff. (zit.: A. Merkel, Handbuch).

Merkel, Adolf: Bemerkungen über den österreichischen Entwurf eines Strafgesetzes über Verbrechen und Vergehen, in: Gesammelte Abhandlungen aus dem Gebiet der allgemeinen Rechtslehre und des Strafrechts, Erste Hälfte, Straßburg 1899, S. 15 ff.

Merkel, Adolf: Rechtsgutachten, erstattet zum Prozeß des Grafen H. v. Arnim, in: Gesammelte Abhandlungen aus dem Gebiet der allgemeinen Rechtslehre und des Strafrechts, Erste Hälfte, Straßburg 1899, S. 331 ff.

Merkel, Paul: Die Urkunde im Deutschen Strafrecht, München 1902.

Merkel, Paul: Bestimmungen des Strafgesetzentwurfes von 1919 über die Straftat, ZStW 43 (1922), S. 299 ff.

Merkel, Paul: Schuld, Vorsatz, Fahrlässigkeit, Irrtum, JW 1924, S. 1677.

Merkel, Paul: Schuld, Vorsatz, Fahrlässigkeit, Irrtum, JW 1925, S. 893.

Meyer, Dieter: Fotokopien als Urkunden im Sinne des § 267 StGB. Gedanken zum Urteil des BGH MDR 1971, 772, MDR 1973, 9 f.

Mezger, Edmund: Vom Sinn der strafrechtlichen Tatbestände, in: Festschrift für Ludwig Traeger zum 70. Geburtstag am 10. Juni 1926, Berlin 1926 (Neudruck: Aalen 1979), S. 187 ff..

Mezger, Edmund: Anmerkung zum Urteil des 2. Senats des RG v. 7. April 1927 - 2 D 228/27, JW 1927, S. 2006.

Mezger, Edmund: Strafrecht, 1. Aufl. München, Leipzig 1931 (zit. Lehrbuch, 1. Aufl.) 3. Aufl. Berlin, München 1949 (zit.: Mezger, Lehrbuch).

Mezger, Edmund: Bemerkungen zu den Urteilen des Reichsgerichts vom 15.11.1940, 4 D 340/39 und vom 9.12.1940, 2 D 355/40, Zeitschrift der Akademie für deutsches Recht 1941, S. 181.

Mezger, Edmund: Deutsches Strafrecht. Ein Grundriß, 2. Aufl. Berlin 1941, 3. Aufl. Berlin 1943.

Mezger, Edmund: Anmerkung zu BGH, Urt. v. 5.1.1951 - 2 StR 29/50, JZ 1951, S. 179.

Mezger, Edmund: 1. Ergänzung der Leitsätze zum Thema Vorsatz und Irrtum, in: Niederschriften über die Sitzungen der Großen Strafrechtskommission, 2. Band: Allgemeiner Teil, 14. bis 25. Sitzung, Bonn 1958, Umdruck R 24, Anhang Nr. 3, S. 11 ff.

Mezger, Edmund: 14. Sitzung vom 1.2.1955, Niederschriften über die Sitzungen der Großen Strafrechtskommission, 2. Band, Allgemeiner Teil, Bonn 1958, S. 5 ff.

Mezger, Edmund: 3. Ergänzung der Leitsätze zum Thema Vorsatz und Irrtum, in: Niederschriften über die Sitzungen der Großen Strafrechtskommission, 2. Band: Allgemeiner Teil, 14. bis 25. Sitzung, Bonn 1958, Umdruck R 32, Anhang Nr. 5, S. 15.

Mezger, Edmund: Leitsätze zum Thema Vorsatz und Irrtum, in: Niederschriften über die Sitzungen der Großen Strafrechtskommission, 2. Band: Allgemeiner Teil, 14. bis 25. Sitzung, Bonn 1958, Umdruck R 16, Anhang Nr. 1, S. 6 ff.

Mezger, Edmund / Blei, Hermann: Strafrecht I, Allgemeiner Teil, 15. Aufl. München 1973 (zit.: Mezger/Blei, AT).

Middel, Günter: Deutsches Strafrecht, Allgemeiner Teil, Hamburg 1948.

Mittermaier, Carl Anton Josef: Über den neuesten Zustand der Criminalgesetzgebung in Deutschland, Heidelberg 1825.

Mittermaier, Carl Josef Anton (Hrsg.): Lehrbuch des gemeinen in Deutschland gültigen Peinlichen Rechts von Anselm Ritter von Feuerbach, 13. Aufl. Gießen 1840, 14. Aufl. Gießen 1847.

Mittermaier, Carl Josef Anton: Die Gesetzgebung und Rechtsübungen über Strafverfahren nach ihrer neuesten Fortbildung, Erlangen 1856.

Mittermaier, W.: Zum Vorentwurf eines Reichs-Strafgesetzbuches, ZStW 30 (1910), S. 623 ff.

Mlosch, Frank: Der Irrtum über die normativen Merkmale von Rechtfertigungsgründen, Gießen 1980.

Mohrbotter, Kurt: Anmerkung zu OLG Düsseldorf, Urt. v. 23.12.1965 - (1) Ss 630/65, NJW 1966, S. 1421 f.

Mosiek, Wolfgang: Das Bestandteilsprinzip im Urkundenstrafrecht, Freiburg 1972.

Motive zu den Entwürfen eines Strafgesetzbuches für den Norddeutschen Bund, Berlin 1870.

Müller, Hans: Der Irrtum über die negativen Tatumstände, Saarbrücken 1958.

Naucke, Wolfgang: Strafrecht. Eine Einführung, Frankfurt a.M. 1975, 6. Aufl. Frankfurt a.M. 1991.

Nierwetberg, Rüdiger: Der strafrechtliche Subsumtionsirrtum - Tatbestands- oder Verbotsirrtum, Wahndelikt oder untauglicher Versuch? Jura 1985, S. 238 ff.

Niese, Werner: Zur Vorsatzauffassung des BGH in Strafsachen, SJZ 1950, S. 31 ff.

Niese, Werner: Wie verhält sich das "Gebrauchmachen" zum "Fälschen" in § 267 StGB? DRiZ 1951, S. 177 ff.

Niethammer, Emil: Lehrbuch des besonderen Teils des Strafrechts, Tübingen 1950.

Noll, Peter: Tatbestand und Rechtswidrigkeit: Die Wertabwägung als Prinzip der Rechtfertigung, ZStW 77 (1965), S. 1 ff.

Nowakowski, Friedrich: Zur Lehre von der Rechtswidrigkeit, ZStW 63 (1951), S. 287 ff.

Nowakowski, Friedrich: Rechtsfeindlichkeit, Schuld und Vorsatz, ZStW 65 (1953), S. 379 ff.

Oehler, Dietrich: Der rechtswidrige Vorsatz, JR 1951, S. 65 ff.

Oetker, Friedrich: Rechtsgüterschutz und Strafe, ZStW 17 (1897), S. 493 ff.

Ohr, Günter: Das formungültige eigenhändige Testament als unechte Urkunde (OLG Düsseldorf, NJW 1966, 749), JuS 1967, S. 255 ff.

Olbricht, Konrad: Die Urkundenfälschung in § 282 des Vorentwurfs zu einem StGB unter vergleichender Berücksichtigung des neuen österreichischen und schweizerischen Vorentwurfs, ZStW 31 (1911), S. 357 ff.

Ortloff, Hermann: Lüge, Fälschung, Betrug, Jena 1862.

Otto, Harro: Buchbesprechung zu Diethelm Kienapfel, Urkunden im Strafrecht, Frankfurt a.M. 1967, GA 1968, S. 349.

Otto, Harro: Rechtsgutsbegriff und Deliktstatbestand, in: Heinz Müller-Dietz (Hrsg.), Strafrechtsdogmatik und Kriminalpolitik, o.O. 1971, S. 1 ff.

Otto, Harro: Personales Unrecht, Schuld und Strafe, ZStW 87 (1975), S. 539 ff.

Otto, Harro: Die Probleme der Urkundenfälschung (§ 267 StGB) in der neueren Rechtsprechung und Lehre, JuS 1987, S. 761 ff.

Otto, Harro: Grundkurs Strafrecht. Die einzelnen Delikte, 2. Aufl. Berlin, New York 1987.

Otto, Harro: Grundkurs Strafrecht. Allgemeine Strafrechtslehre, 3. Aufl. Berlin New York 1988 (zit.: Otto, AT).

Otto, Harro: Grundkurs Strafrecht. Die einzelnen Delikte, 3. Aufl. Berlin, New York 1991 (zit.: Otto, BT).

Peters, Karl: Fehlerquellen im Strafprozeß. 2. Band, Karlsruhe 1972.

Pfeiffer, Gerd / Maul, Heinrich / Schulte, Benno: Strafgesetzbuch, Essen 1969.

Pfeiffer, Gerd / Maul, Heinrich / Schulte, Benno: Karlsruher Kommentar zur Strafprozeßordnung, 2. Aufl. München 1987.

Platzgummer, Winfried: Die Bewußtseinsform des Vorsatzes, Wien 1964.

Preiser, Friedrich: Wie weit sollte das Sittlichkeitsstrafrecht reformiert werden? ZStW 82 (1970), S. 655.

Probst, Manfred: Die Abgrenzung zwischen Wahndelikt und untauglichem Versuch beim umgekehrten Irrtum über normative Tatbestandsmerkmale, München 1969.

Puppe, Ingeborg: Die Fälschung technischer Aufzeichnungen, Berlin 1972 (zit.: Puppe, Technische Aufzeichnungen).

Puppe, Ingeborg: Störende Einwirkung auf einen Aufzeichnungsvorgang, NJW 1974, S. 1174 ff.

Puppe, Ingeborg: Anmerkung zu OLG Stuttgart, Urt. v. 16.9.1977 - 3 Ss 487/77, JR 1978, S. 206 ff.

Puppe, Ingeborg: Urkundenfälschung, Jura 1979, S. 630 ff.

Puppe, Ingeborg: Unzulässiges Handeln unter fremdem Namen als Urkundenfälschung, JR 1981, S. 441 ff.

Puppe, Ingeborg: Zur Abgrenzung von Urkunden. "Echtheit" und Urkundenwahrheit in Fällen von Namenstäuschung, BGH Beschl. v. 21.3.1985 - 1 StR 520/84, Jura 1986, S. 22 ff.

Puppe, Ingeborg: Die logische Tragweite des sog. Umkehrschlusses, in: Wilfried Küper (Hrsg.) i.V.m. Ingeborg Puppe, Jörg Tenckhoff, Festschrift für Karl Lackner zum 70. Geburtstag am 18. Februar 1987, Berlin, New York 1987, S. 202 ff.

Puppe, Ingeborg: Tatirrtum, Rechtsirrtum, Subsumtionsirrtum, GA 1990, S. 145 ff.

Quistrop, Johann Christian v.: Grundsätze des deutschen Peinlichen Rechts, Erster Theil, Rostock, Leipzig 1809.

Radbruch, Gustav: Zur Systematik der Verbrechenslehre, in: August Hegler (Hrsg.), Festgabe für Reinhard von Frank zum 70. Geburtstag, 16. August 1930. Beiträge zur Strafrechtswissenschaft, Band I, Tübingen 1930, S. 158 ff.

Radbruch, Gustav: Anmerkung zu OLG Frankfurt, Urt. v. 12.8.1947 - Ss 92/47, SJZ 1947, S. 633.

Reiß, Wolfram: Zur Abgrenzung von untauglichem Versuch und Wahndelikt am Beispiel der Steuerhinterziehung, wistra 1986, S. 192 ff.

Rheineck, Renate: Fälschungsbegriff und Geistigkeitstheorie, Berlin 1979.

Rheineck, Renate: Fälschungsbegriff und Strafrecht, GA 1981, S. 524.

Rittler, Theodor: Lehrbuch des österreichischen Strafrechts, 1. Band (Allgemeiner Teil), 2. Aufl. Wien 1954.

Roeder, Hermann: Schuld und Irrtum im Justiz- und Verwaltungsstrafrecht, Breslau, Neukirch 1938.

Roxin, Claus: Die Behandlung des Irrtums im Entwurf 1962, ZStW 76 (1964), S. 582 ff.

Roxin, Claus: Sinn und Grenzen staatlicher Strafe, JuS 1966, S. 377.

Roxin, Claus: Buchbesprechung zu "Winfried Platzgummer, Die Bewußtseinsform des Vorsatzes. Eine rechtsdogmatische Untersuchung auf psychologischer Grundlage", ZStW 78 (1966), S. 248 ff.

Roxin, Claus: Offene Tatbestände und Rechtspflichtmerkmale, 2. Aufl. Berlin 1970.

Roxin, Claus: Buchbesprechung zu "Diethelm Kienapfel, Urkunden im Strafrecht", NJW 1971, S. 364.

Roxin, Claus: Kriminalpolitik und Strafrechtssystem, 2. Aufl. Berlin, New York 1973.

Roxin, Claus: Anmerkung zu OLG Koblenz, Urt. v. 7.5.1975 - 1 Ss 55/75 = JR 76, 69, JR 1976, S. 71 f.

Roxin, Claus: Zur jüngsten Diskussion über Schuld, Prävention und Verantwortlichkeit im Strafrecht, in: Arthur Kaufmann, Günter Bemmann, Detlef Krauss und Klaus Volk (Hrsg.), Festschrift für Paul Bockelmann zum 70. Geburtstag am 7. Dezember 1978, München 1979, S. 279 ff.

Roxin, Claus: Strafrecht Allgemeiner Teil, Band I: Grundlagen: Der Aufbau der Verbrechenslehre, München 1992.

Roxin, Claus: Strafverfahrensrecht, 23. Aufl. München 1993.

Rudolphi, Hans-Joachim: Unrechtsbewußtsein, Verbotsirrtum und Vermeidbarkeit des Verbotsirrtums, Göttingen 1969.

Rudolphi, Hans-Joachim: Die verschiedenen Aspekte des Rechtsgutsbegriffs, in: Juristische Fakultät der Georg-August-Universität Göttingen (Hrsg.), Festschrift für Richard M. Honig zum 80. Geburtstag, 3. Januar 1970, S. 151 ff.

Rudolphi, Hans-Joachim: Das virtuelle Unrechtsbewußtsein als Strafbarkeitsvoraussetzung im Widerstreit zwischen Schuld und Prävention, in: Bönner, de Boor (Hrsg.), Unrechtsbewußtsein, Basel, München, Paris, London, New York, Sydney 1982.

Rudolphi, Hans-Joachim: Der Zweck staatlichen Strafrechts und die strafrechtlichen Zurechnungsformen, in: Bernd Schünemann (Hrsg.), Grundfragen des modernen Strafrechtssystems, Berlin, New York 1984 (zit.: Rudolphi, Grundfragen).

Samson, Erich: Urkunde und Beweiszeichen, Baden-Baden 1968.

Samson, Erich: Grundprobleme der Urkundenfälschung, JuS 1970, S. 369 ff.

Samson, Erich: Grundprobleme der Urkundenfälschung, JA 1979, S. 526 ff., 658 ff.

Samson, Erich: Strafrecht I, 7. Aufl. Frankfurt a.M. 1988.

Sauer, Wilhelm: Grundlagen des Strafrechts, Berlin, Leipzig 1921.

Sauer, Wilhelm: Allgemeine Strafrechtslehre, 2. Aufl. Berlin 1949, 3. Aufl. Berlin 1955.

Sauer, Wilhelm: Die beiden Tatbestandsbegriffe. Zur Lehre von den äußeren Strafbarkeitsvoraussetzungen, in: Karl Engisch und Reinhart Maurach (Hrsg.), Festschrift für Edmund Mezger zum 70. Geburtstag am 15.10.1953, München, Berlin 1954, S. 11 ff.

Sauer, Wilhelm: System des Strafrechts Besonderer Teil, Köln, Berlin 1954.

Sauer, Wilhelm: Tatbestand, Unrecht, Irrtum und Beweis, ZStW 69 (1957), S. 1 ff.

Savigny, Friedrich Carl v.: Vom Beruf unserer Zeit für Gesetzgebung und Rechtswissenschaft, 2. Aufl. Heidelberg 1828, in: Thibaut und Savigny: Ein programmatischer Rechtsstreit, Darmstadt 1959.

Savigny, Friedrich Carl v.: System des heutigen römischen Rechts, Bd. III, Berlin 1840.

Sax, Walter: Das rechtliche Verhältnis fälschlicher Herstellung (Verfälschung) und Gebrauchen einer Urkunde in § 267 StGB, MDR 1951, S. 587 ff.

Sax, Walter: Probleme des Urkundenstrafrechts, in: Jürgen Baumann und Klaus Tiedemann (Hrsg.), Einheit und Vielfalt des Strafrechts, Festschrift für Karl Peters zum 70. Geburtstag, Tübingen 1974, S. 137 ff.

Schaffstein, Friedrich: Das Verbrechen eine Rechtsgutsverletzung? DStR 1935, S. 97 ff.

Schaffstein, Friedrich: Der Streit um das Rechtsgutsverletzungsdogma, DStR 1937, S. 335 ff.

Schaffstein, Friedrich: Tatbestandsirrtum und Verbotsirrtum, in: Göttinger Festschrift für das Oberlandesgericht Celle, zum 250jährigen Bestehen des Oberlandesgerichts Celle, dargebracht von der Rechts- und Staatswissenschaftlichen Fakultät der Georg-August-Universität zu Göttingen, Göttingen 1961, S. 175 ff.

Schilling, Georg: Der strafrechtliche Schutz des Augenscheinsbeweises, Bonn 1965.

Schlegl, Armin: Das Unrechtsbewußtsein im strafrechtlichen Schuldbegriff, GS 91 (1925), S. 231 ff.

Schlüchter, Ellen: Irrtum über normative Tatbestandsmerkmale im Strafrecht, Tübingen 1983.

Schlüchter, Ellen: Zur Irrtumslehre im Steuerstrafrecht, wistra 1985, S. 43 ff.

Schlüchter, Ellen: Grundfälle zum Bewertungsirrtum des Täters im Grenzbereich zwischen §§ 16 und 17 StGB, JuS 1985, S. 373.

Schmidhäuser, Eberhard: Über Aktualität und Potentialität des Unrechtsbewußtseins, in: Friedrich Geerds, Wolfgang Naucke (Hrsg.): Beiträge zur gesamten Strafrechtswissenschaft. Festschrift für Hellmuth Mayer zum 70. Geburtstag am 1. Mai 1965, Berlin 1966, S. 317 ff. (zit. Schmidhäuser, H. Mayer-FS).

Schmidhäuser, Eberhard: Der Unrechtstatbestand, in. Paul Bockelmann, Arthur Kaufmann, Ulrich Klug (Hrsg.): Festschrift für Karl Engisch zum 70. Geburtstag, Frankfurt a.M. 1969, S. 433 ff.

Schmidhäuser, Eberhard: Strafrecht, Allgemeiner Teil, Tübingen 1970, 2. Aufl. Tübingen 1975.

Schmidhäuser, Eberhard: Einführung in das Strafrecht, Hamburg 1972.

Schmidhäuser, Eberhard: Unrechtsbewußtsein und Schuldgrundsatz, NJW 1975, S. 1807 ff.

Schmidhäuser, Eberhard: Der Verbotsirrtum und das Strafgesetz (§ 16 und § 17 StGB), JZ 1979, S. 361 ff.

Schmidhäuser, Eberhard: Schlußwort zum Aufsatz von Kramer, Trittel: "Zur Bindungswirkung der Entscheidung des Bundesverfassungsgerichts über die Verfassungsmäßigkeit des § 17 StGB" in JZ 80, 393, JZ 1980, S. 396 ff.

Schmidhäuser, Eberhard: Strafrecht, Besonderer Teil, 2. Aufl. Tübingen 1983.

Schmidt, Richard: Grundriß des deutschen Strafrechts. Vergleichende Darstellung des geltenden Rechts, 2. Aufl. Leipzig 1931.

Schmidt-Leichner, o.V.: Zur Problematik der Irrtumslehre, GA 1954, S. 1 ff.

Schneider, Tilmann: Das Fälschen technischer Aufzeichnungen, JurA 1969/70, S. 243 ff.

Schöning, Christian: Telegramm und Fernschreiben im Urkundenstrafrecht, Diss. Kiel 1984, veröffentlicht: Pfaffenweiler 1985.

Schönke, Adolf: Unrechtsbewußtsein, Vorsatz und Irrtum, DRZ 1946, S. 101 ff.

Schönke, Adolf / Schröder, Horst: Strafgesetzbuch, 13. Aufl. München, Berlin 1967; 17. Aufl. München 1974; 24. Aufl., München 1991.

Schröder, Horst: Aufbau und Grenzen des Vorsatzbegriffs, in: Festschrift für Wilhelm Sauer zu seinem 70. Geburtstag am 24. Juli 1949, Berlin 1949, S. 207 ff.

Schröder, Horst: Vorsatz und Schuld, MDR 1950, S. 646 ff.

Schröder, Horst: Tatbestands- und Verbotsirrtum, MDR 1951, S. 387 ff.

Schröder, Horst: Die Irrtumsrechtsprechung des BGH, ZStW 65 (1953), S. 178 ff.

Schröder, Horst: Anmerkung zu BGH 4 StS vom 12.1.1961 - 4 StR 346/61, JR 1962, S. 347 ff.

Schroeder, Friedrich-Christian: Die Herbeiführung einer Unterschrift durch Täuschung oder Zwang, GA 1974, S. 225 f.

Schroeder, Friedrich-Christian: Buchbesprechung: Renate Rheineck, Fälschungsbegriff und Strafrecht, GA 1981, S. 524 ff.

Schünemann, Hans-Wilhelm: Verbotsirrtum und faktische Verbotskenntnis, NJW 1980, S. 735 ff.

Schütze, Theodor Reinhold: Lehrbuch des deutschen Strafrechts aufgrund des Reichsstrafgesetzbuches, Leipzig 1871.

Schwartz, Ernst: Das Strafgesetzbuch für das Deutsche Reich, Berlin 1914.

Schwarze, o.V.: "Gebrauch macht" in § 267 (Urkundenfälschung), GA 22 (1874), S. 3 ff.

Schweikert, Heinrich: Die Wandlungen der Tatbestandslehre seit Beling, Karlsruhe 1957.

Schwinge, Erich: Teleologische Begriffsbildung im Strafrecht, Bonn 1936.

Schwinge, Erich / Zimmerl, Leopold: Wesensschau und konkretes Ordnungsdenken im Strafrecht, Bonn 1937.

Searle, John R.: Sprechakte, Frankfurt a.M. 1974.

Seel, Paul: Unbestimmte und normative Tatbestandsmerkmale im Strafrecht und der Grundsatz "Nullum crimen sine lege" (Art. 103 Abs. 2 GG), Diss. München 1965.

Seier, Jürgen: Der Gebrauch falscher Namen und unzutreffender Zusatzbezeichnungen, JA 1979, S. 133 ff.

Sieber, Ulrich: Computerkriminalität und Strafrecht, Köln, Berlin, Bonn, München 1977.

Sikorski, Boleslaus v.: Die Behandlung des Rechtsirrtums, Berlin 1908.

Sina, Peter: Die Dogmengeschichte des strafrechtlichen Begriffs "Rechtsgut", Basel 1962.

Sonnen, o.V.: Anmerkung zu BayObLG Urt. v. 17.12.1980 - RReg 3 St 250/79 a-f = NJW 1981, 772, JA 1981, S. 360 ff.

Spendel, Günter: Zur Problematik der Rechtsbeugung, in: Arthur Kaufmann (Hrsg.): Gedächtnisschrift für Gustav Radbruch, 21.11.1878 - 23.11.1949, Göttingen 1968, S. 312 ff.

Stahl, Lise: Die Erkennbarkeit der Rechtszweckbestimmung einer "Urkunde" nach der Legaldefinition des Strafgesetzentwurfs von 1927 und in der Judikatur des RG, Emsdetten 1930.

Stehling, Jürgen: Die Urkundenfälschung. Ein Beitrag zur kriminologischen, kriminalistischen und strafrechtlichen Problematik dieser Gesetzesverstöße. Diss. Frankfurt 1973.

Stienen, o.V.: Über die Funktion von Rechtswidrigkeit und Schuld und den "außerstrafrechtlichen Rechtsirrtum" des Reichsgerichts, DRiZ 1926, S. 201 ff.

Stooss, o.V.: Anmerkung zu L. Oppenheim, ZSchR VII (1894), S. 348 ff.

Storz, Wilhelm: Deutsches Strafrecht, 3. Aufl. Celle 1963.

Stratenwerth, Günter: Strafrecht Allgemeiner Teil I, Köln, Berlin, Bonn, München 1971, 3. Aufl. Köln, Berlin, Bonn, München 1981.

Stree, Walter: Anmerkung zu BayObLG Beschl. v. 19.10.1980 - RReg 3 St 87/80, JR 1981, S. 297 f.

Struensee, Eberhard: Verursachungsvorsatz und Wahnkausalität, ZStW 102 (1990), S. 21 ff.

Sturm, Richard: Die Änderungen des Besonderen Teil des StGB zum 1. September 1969, NJW 1969, S. 1606.

Systematischer Kommentar zum Strafgesetzbuch. Band I: Allgemeiner Teil, 4. Aufl. Neuwied, Kriftel, Stand: November 1983 ff., 5. Aufl. Neuwied, Kriftel, Stand: März 1992.

Systematischer Kommentar zum Strafgesetzbuch. Band II: Besonderer Teil, 4. Aufl., Neuwied, Kriftel, Stand: 1987 ff.

Teichmann, A.: Die Urkundenfälschung nach den Strafgesetzen des Auslandes und der Schweiz, ZSchR, N.F. VII, S. 347 f.

Teichmann, A.: Zur Lehre von der Urkundenfälschung, SchwZStr X, S. 173 ff.

Temme, J.D.H.: Lehrbuch des Gemeinen Deutschen Strafrechts, Stuttgart 1876.

Tesar, Otto: Gesetztechnik und Strafrechtsschuld, ZStW 32 (1911), S. 379 ff.

Teuffel, Hans Hermann: Die Urkundendelikte, Materialien zur Strafrechtsreform, 2. Band: Rechtsvergleichende Arbeiten, Bonn 1955, S. 379 ff.

Thibaut, Anton Friedrich Justus: Beyträge zur Critik der Feuerbachschen Theorie über Grundbegriffe des peinlichen Rechts, Hamburg 1802.

Tiedemann, Klaus: Tatbestandsfunktionen im Nebenstrafrecht, Diss. Tübingen 1969.

Tiedemann, Klaus: Zur legislatorischen Behandlung des Verbotsirrtums in Ordnungswidrigkeiten- und Steuerstrafrecht, ZStW 81 (1969), S. 869 ff.

Tiedemann, Klaus: Literaturbericht Nebenstrafrecht einschließlich Ordnungswidrigkeitenrecht. Buchbesprechung "Rudolf Schmitt, Ordnungswidrigkeitenrecht Köln, Berlin, Bonn, München 1970", ZStW 83 (1971), S. 825 ff.

Tischler, Werner Georg: Verbotsirrtum und Irrtum über normative Tatbestandsmerkmale, Diss. Kiel 1983, veröffentlicht Berlin 1984.

Traub, Fritz: Die umgekehrte "Parallelwertung in der Laiensphäre" - Wahndelikt oder untauglicher Versuch? - BGHSt 13, 235, JuS 1967, S. 113 ff.

Triffterer, Otto: Ein rechtfertigender (Erlaubnistatbestands-)Irrtum - Irrtumsmöglichkeiten beim polizeilichen Einsatz und deren dogmatische Einordnung, in: Juristische Fakultät der Justus-Liebig-Universität Gießen (Hrsg.), Festschrift für Walter Mallmann zum 70. Geburtstag, Baden-Baden 1978, S. 373 ff.

Tröndle, Herbert: 62. Sitzung vom 10.1.1958, Niederschriften über die Sitzung der Großen Strafrechtskommission, 6. Band, Besonderer Teil, Bonn 1958, S. 150 ff.

Tröndle, Herbert: 76. Sitzung vom 21.4.1958, Niederschriften über die Sitzung der Großen Strafrechtskommission, 8. Band, Besonderer Teil, Bonn 1959, S. 13 ff.

Vollmar, Werner: Über die inneren Gründe der Rechtsprechung des Reichsgerichts zum Irrtum im Strafrecht, Münster 1957.

Vorentwurf zu einem Deutschen Strafgesetzbuch. Begründung Besonderer Teil, Berlin 1909.

Vorschläge und Bemerkungen der Sachbearbeiter des Bundesjustizministeriums zum Thema Vorsatz und Irrtum, in: Niederschriften über die Sitzungen der Großen Strafrechtskommission, 2. Band: Allgemeiner Teil, 14. bis 25. Sitzung, Bonn 1958, Umdruck J 6, Anhang Nr. 6, S. 16 ff.

Wach, [Adolf]: Der Vorentwurf zu einem Deutschen Strafgesetzbuch, DJZ 1910, S. 10 ff.

Wachenfeld, Friedrich: Lehrbuch des Deutschen Strafrechts, München 1914.

Wächter, Karl Georg: Lehrbuch des römisch-teutschen Strafrechts. Bd. 2: Enthaltend den besonderen Theil des Strafrechts, Stuttgart 1826.

Warda, Günter: Die Verbotsirrtumsregelung des § 31 WiStG in ihrer Abgrenzung gegen die allgemeine Irrtumsbestimmung des § 59 StGB, JR 1950, S. 546 ff.

Warda, Günter: Tatbestandsbezogenes Unrechtsbewußtsein, NJW 1953, S. 1052 ff.

Warda, Günter: Zur gesetzlichen Regelung des vermeidbaren Verbotsirrtums, ZStW 71 (1959), S. 252 ff.

Warda, Günter: Grundzüge der strafrechtlichen Irrtumslehre, Jura 1979, S. 71 ff.

Warhaneck, K.: Abschnitt 14 bis 16. 14. Abschnitt: Urkundenfälschung, in: P.F. Aschrott und Eduard Kohlrausch (Hrsg.), Reform des Strafrechts, Berlin, Leipzig 1926, S. 290 ff.

Warneyer, Otto: Über den Zweck des § 274 StGB und die sich daraus ergebenden Grundsätze für die Auslegung des §, GA 41 (1893), S. 2 ff.

Wassermann, Rudolf, u.a. (Hrsg.): Kommentar zum Strafgesetzbuch, Band 1: §§ 1-21, Neuwied 1990 (zit.: Verf., AK).

Weber, Hellmuth v.: Grundriß des Deutschen Strafrechts, Bonn 1946, 2. Aufl. Bonn 1948.

Weber, Hellmuth v.: Der Irrtum über einen Rechtfertigungsgrund, JZ 1951, S. 260 ff.

Weber, Hellmuth v.: Vom Subsumtionsirrtum, GA 1953, S. 161 ff.

Wegner, Arthur: Über Irrtum. Seine Behandlung in Strafrechtsprechung und Strafrechtslehre, in: Hans Peter Ipsen (Hrsg.), Festschrift für Leo Raape zu seinem siebzigsten Geburtstag 14. Juni 1948, Hamburg 1948, S. 401 ff.

Wegner, Arthur: Strafrecht Allgemeiner Teil, Göttingen 1951.

Weigend, Thomas: Über die Begründung der Straflosigkeit bei Einwilligung des Betroffenen, ZStW 98 (1986), S. 44 ff.

Weinberg, Hans: Der Verbotsirrtum, Bonn 1928.

Weismann, Jakob: Der Thatbestand der Urkundenfälschung, ZStW 11 (1891), S. 1 ff.

Weismann, Jakob: Vergleichende Darstellung des deutschen und ausländischen Strafrechts Besonderer Teil, VII. Band, Berlin 1907, S. 247 ff.

Welzel, Hans: Studien zum System des Strafrechts, ZStW 58 (1939), S. 491 ff.

Welzel, Hans: Das deutsche Strafrecht in seinen Grundzügen, Berlin 1947 (ab 2. Aufl. "Das Deutsche Strafrecht"), 4. Aufl. Berlin 1954, Berlin 1963, 6. Aufl. Berlin 1958, 9. Aufl. Berlin 1965, 10. Aufl. Berlin 1967, 11. Aufl. Berlin 1969.

Welzel, Hans: Der Irrtum über die Rechtswidrigkeit des Handelns, SJZ 1948, S. 368 ff.

Welzel, Hans: Schuld und Bewußtsein der Rechtswidrigkeit, MDR 1951, S. 65 ff.

Welzel, Hans: Der Irrtum über die Amtspflicht, JZ 1952, S. 208 ff.

Welzel, Hans: Der Irrtum über die Rechtmäßigkeit der Amtsausübung, JZ 1952, S. 19 ff.

Welzel, Hans: Der Irrtum über die Zuständigkeit einer Behörde, JZ 1952, S. 133 ff.

Welzel, Hans: Aktuelle Strafrechtsprobleme im Rahmen der finalen Handlungslehre, Karlsruhe 1953.

Welzel, Hans: Anmerkung zu BGH, Urt. v. 28.10.1952 - 1 StR 450/52 (LG Heilbronn), JZ 1953, S. 119 ff.

Welzel, Hans: Der Parteiverrat und die Irrtumsprobleme (Tatbestands-, Verbots- und Subsumtionsirrtum), JZ 1954, S. 276.

Welzel, Hans: Die Regelung von Vorsatz und Irrtum im Strafrecht als legislatorisches Problem, ZStW 67 (1955), S. 196 ff.

Welzel, Hans: Anmerkung zu BGH, Beschluß vom 25.9.1956 - 5 StR 219/56 (AG Berlin-Tiergarten, gemäß § 121 II GVG, vorlegt durch KG Berlin), JZ 1957, S. 130 ff.

Welzel, Hans: 14. Sitzung vom 1.2.1955, Niederschriften über die Sitzungen der Großen Strafrechtskommission, 2. Band, Allgemeiner Teil, Bonn 1958, S. 5 ff.

Welzel, Hans: Das neue Bild des Strafrechtssystems, 3. Aufl. Göttingen 1957, 4. Aufl. Göttingen 1961.

Welzel, Hans: Vom Bleibenden und vom Vergänglichen in der Strafrechtswissenschaft, Marburg 1964.

Welzel, Hans: Abhandlungen zum Strafrecht und zur Rechtsphilosophie, Berlin, New York 1975.

Wessels, Johannes, Strafrecht Allgemeiner Teil, 22. Aufl. Heidelberg 1992.

Wex, Peter: Die Grenzen normativer Tatbestandsmerkmale im Hinblick auf den Bestimmtheitsgrundsatz "nullum crimen sine lege", Diss. Berlin 1970.

Winnefeld, H.: Bewußtsein der Rechtswidrigkeit und Vorsatz, DRZ 1947, S. 365 ff.

Winterfeld, Achim v.: Strafrechtsirrtum und Strafrechtsreform, JR 1950, S. 385 ff.

Wissel, Paul-Joachim v.: Die Fälschung technischer Aufzeichnungen, Diss. Hamburg 1971.

Wolf, Erik: Strafrechtliche Schuldlehre, Teil 1, Mannheim, Berlin, Leipzig 1928.

Wolff, Ernst Amadeus: Das neuere Verständnis von Generalprävention und seine Tauglichkeit für eine Antwort auf Kriminalität, ZStW 97 (1985), S. 786 ff.

Würtenberger, Thomas: Das System der Rechtsgüterordnung in der deutschen Strafgesetzgebung seit 1532, Breslau-Neukirch 1933.

Würtenberger, Thomas: Die geistige Situation der deutschen Strafrechtswissenschaft, Karlsruhe 1957.

Würtenberger, Thomas: Vom Rechtsstaatsgedanken in der Lehre der strafrechtlichen Rechtswidrigkeit, in: Siegfried Hohenleitner, Ludwig Lindner, Friedrich Nowakowski (Hrsg.), Festschrift für Theodor Rittler zu seinem achtzigsten Geburtstag, Aalen 1957, S. 125 ff.

Zachiriae, o.V.: Anfangsgründe des philosophischen Kriminalrechts, o.O. 1805.

Zeiler, A.: Zur Lehre von der Urkunde und der Urkundenfälschung, ZStW 34 (1913), S. 846.

Einleitung

Die Arbeit trägt den Titel "Der Irrtum bei den Urkundendelikten", um dadurch als Gegenstand der Untersuchung zu umschreiben: den Irrtum bei normativen Tatbestandsmerkmalen. Für dieses Vorhaben sind die Urkundendelikte das schlechthin tauglichste Objekt, da nicht nur der Tatbestand des § 267 StGB aus hoch normativen Tatbestandsmerkmalen besteht (Urkunde, Echtheit), sondern sich diese Tatbestandsmerkmale ihrerseits wiederum aus hoch normativen Einzeldefinitionsmerkmalen zusammensetzen. Einigen dieser Einzeldefinitionsmerkmale - wie etwa den Definitionsmerkmalen Beweiseignung und Beweisbestimmung - ist ein Tatsachensubstrat völlig fremd, so daß sie das geeignete Anschauungsmaterial zur Beantwortung der Frage nach Umfang und Beschaffenheit der notwendig zu erlangenden "Bedeutungskenntnis" abgeben, die sich als ein Leitbegriff dieser Untersuchung erweisen wird. Die Frage nach der Erforderlichkeit einer gelungenen sensuellen Wahrnehmung stellt sich bei diesen Einzeldefinitionsmerkmalen nicht. Doch gibt das Einzeldefinitionsmerkmal "dauerhafte Verkörperung" im Rahmen des Urkundenbegriffs Anlaß, der Frage nachzugehen, ob und gegebenenfalls welchen Einfluß die mißlungene sensuelle Wahrnehmung neben der geglückten Erlangung der sozialen Bedeutungskenntnis für die Bejahung oder Verneinung des Vorsatzes hat. Darüber hinaus treten bei den Urkundendelikten Irrtumskonstellationen auf, die es nur bei ihnen gibt (Geistigkeitstheorie) und liefern dadurch zusätzliches und im Vergleich zu anderen Delikten besonders geartetes Untersuchungsmaterial. Auf diese urkundenspezifischen Irrtumsfälle gehen gerade die Arbeiten, die den Irrtum als solchen thematisieren, soweit ersichtlich nicht ein (es findet sich z.B. nirgends eine Auseinandersetzung mit dem Problem des sogenannten Doppelirrtums bei Urkundendelikten oder eine Auseinandersetzung mit dem Merkmal der Unechtheit vor dem Hintergrund der Geistigkeitstheorie). Sie überprüfen ihre Ergebnisse auch nicht konsequent genug bei den Irrtümern über Urkunden[1]. Vielmehr begnügen sich solche Irrtumsarbeiten häufig mit einer knappen und eher beiläufigen Diskussion einfacher Grundkonstellationen aus dem Urkundenbereich und wenden sich ansonsten anderen Deliktsgruppen zu.[2]

Angesichts dieser Lage erscheint es aussichtsreich, sich gerade am Beispiel der Urkundendelikte mit dem Problem des Irrtums bei normativen Tatbestandsmerkmalen auseinanderzusetzen. Die Urkundendelikte sind ein Prüfstein jeder Irrtumslehre, und ein Lösungsansatz, der sich hier bewährt hat, muß auch bei anderen Deliktsgruppen erfolgreich sein. Gelegentlich wird es zwar unvermeidlich sein, den Anwendungsbereich der Urkundendelikte zu überschreiten. In der Literatur sind die wichtigen Problemfelder, etwa der Doppelirrtum, außerhalb der Urkundendelikte diskutiert worden. Man denke nur an die zahlreichen Diskussionen um den bekannten "Mauswiesel"-Fall. Es gibt in der Literatur geradezu einen Standard klassischer Beispiele, mit deren Hilfe die Autoren ihre Irrtumslehren erörtern. Einwände gegen sie werden anhand der eigenen Fälle dieser Autoren formuliert, um das Verständnis für die geübte Kritik zu erleichtern. Mißverständnisse, die aus der Wahl eines möglicherweise vergleichbaren, aber nicht identischen Beispiels hätten resultieren können, sollten vermieden werden, um dadurch dem Einwand, man spreche von verschiedenen Fällen und deshalb sei die Kritik nicht schlüssig, zuvorzukommen. In einem zweiten Schritt werden diese nichturkundenspezifischen Standardfälle aber wieder in den Urkundenbereich transformiert. Gerade dort aber lassen sich wichtige Strukturen, etwa das Verhältnis von Tatsachenwahrnehmung und Bedeutungsverständnis, besonders deutlich kontrastieren. So möchte etwa das bei den Urkundenbeispielen entwickelte Kriterium der "Vertretbarkeit der Sachverhalte"[3] beanspruchen,

---

1 Das gilt auch für die Arbeit von Kuhlen.

2 Vgl. nur S. 254 ff., 264 ff., 269 ff.

3 Siehe unten S. 313 ff., 315 ff.

als nützliches Instrument auf die Probleme der allgemeinen Irrtumslehren zurückzuwirken.

Schon der Mauswiesel-Fall ist nicht "lebensnah", sondern ein Modell. Bei den Urkundendelikten sind die Fälle des wirklichen Lebens, das heißt die Fälle der Judikatur, meist von einer Komplexität aus historischen, bürokratischen oder verwaltungstechnischen Vorgegebenheiten (z.B. Bezugsscheinfälschung, Postanweisungsfälschung), die vom eigentlichen Strukturproblem sehr ablenken können. Auch in dieser Arbeit wurde gerade bei schwierigen Fragen von der Lizenz lebensferner oder strukturerhaltender Modellfälle umfänglich Gebrauch gemacht.[4]

Warum ist nun aber das Thema "Irrtum bei Urkundendelikten" oder, allgemeiner formuliert, der Irrtum bei normativen Tatbestandsmerkmalen so interessant? Was unterscheidet den Irrtum bei hoch normativen Tatbestandsmerkmalen beispielsweise vom Irrtum bei deskriptiven Merkmalen? In der Literatur findet sich in diesem Zusammenhang immer wieder der Satz: Der Täter müsse die gesetzliche Wertung bei der Erfassung eines normativen Tatbestandmerkmals - zumindest nach Parallelwertungsart - nachvollzogen haben, damit er vorsätzlich handle.[5] Dieser These, wonach der Täter eine Wertung des Geschehens nachvollziehen müsse, damit er vorsätzlich handelt, und daß dabei auftretende Irrtümer Wertungsirrtümer seien, die sich nicht vom Verbotsirrtum abgrenzen ließen, wird hier entgegengetreten. Wie sich zeigen wird, kommt es für die Antwort auf die Frage, ob der Täter vorsätzlich gehandelt hat, darauf an, daß der Täter neben einer gelungenen sensuellen Wahrnehmung das Bedeutungsverständnis vom realen Geschehen entwickelt hat; dieses muß mit dem Bedeutungsverständnis des Gesetzgebers von den Sachverhalten übereinstimmen, die er mittels der abstrakten Tatbestandsmerkmale in den Straftatbeständen umschrieben

---

[4] Vgl. S. 312 ff.

[5] Siehe S. 150 ff.

hat. Kann eine solche Übereinstimmung festgestellt werden, dann handelt der Täter vorsätzlich, ohne daß es einer darüber hinausgehenden Wertung bedarf, etwa dahingehend, daß der Sachverhalt unter einen bestimmten gesetzlichen Begriff fällt. Dieses kurz skizzierte Ergebnis gilt es nun zu entwickeln.

Erstes Kapitel
Klärung des Begriffs "Rechtsgut"

A. Die weitgehend unbestrittenen Erkenntnisse zum Rechtsgutsbegriff

I. Vorgefundene Ergebnisse

Wenn auch mit dem Aufsatz von Birnbaum[1] der Rechtsgutsbegriff Einzug in die juristische Terminologie gehalten hat, so ist es bis heute nicht gelungen, dem sich hinter diesem schillernden Begriff verbergenden Phänomen Konturen zu verleihen. Sicherlich ist ein Grund für diese Konturenlosigkeit des Rechtsgutsbegriffs[2] die relativ späte Entdeckung des Rechtsguts für das Strafrecht. Erst das sich wandelnde Verbrechensverständnis hob das Rechtsgut in das Blickfeld der Strafrechtswissenschaft. Im Zeitalter der Aufklärung und des Rationalismus war das Verbrechensverständnis geprägt von der Idee des Gesellschaftsvertrages und begünstigte die Ansicht, die in der Verletzung von subjektiven Rechten das Wesen des Verbrechens ausmachte,[3] sei es, daß das Verbrechen als Angriff auf

---

1 Birnbaum, NAC 1834, S. 179; Hirschberg, S. 60; abschwächend: Schwinge, Teleologische Begriffsbildung, S. 28. Otto, in: Müller-Dietz, S. 4: "Er [Birnbaum] setzte die Akzente anders, eine grundlegende Neubestimmung der Aufgaben des Strafrechts lagen ihm fern."

2 Ausführliche Auseinandersetzung mit dem Begriff "Rechtsgut" bei Amelung, S. 15 ff.; Sina, Dogmengeschichte, S. 3 f. Skeptisch zum Rechtsgutsbegriff überhaupt Naucke, Einführung, 6. Aufl., S. 195 ff.; Jakobs, AT, S. 44 f., wenn er auch nicht den Rechtsgutsbegriff völlig verwirft. Nach Baumann/Weber, AT, S. 140 ff., hat das Rechtsgut zentrale Bedeutung.

3 Feuerbach, Lehrbuch, §§ 9, 21, 27; Feuerbach, Revision, S. 56, 65. Schutzobjekte aller Verbrechen - bis auf die Ausnahme der sogenannten Polizeiübertretungen - sind subjektive Rechte; ähnlich Quistrop, Grundsätze des deutschen peinlichen Rechts, 1809, S. 34; Zachiriae, Anfangsgründe des philosophischen Kriminalrechts, 1805, S. 22; Martin, Lehrbuch des deutschen Kriminalrechts, 1820, S. 148, der jedoch eine sekundäre Verletzung des staatlichen Gehorsamsrechts bei

die dem contrat social vorgegebenen natürlichen Rechte des einzelnen gesehen wurde, sei es, daß sich der Angriff auf die durch den contrat social begründeten subjektiven Rechte des einzelnen oder des Staates richtete. Erst der bürgerliche Liberalismus mit seiner liberal-rechtsstaatlichen Forderung, daß das Strafrecht zum Schutz von Rechtsgütern und Interessen berufen sei, bereitete den geistigen Boden für die von Birnbaum eingeleitete Diskussion um den materiellen Gehalt des ein Verbrechen verkörpernden Gutseingriffs vor[4] und löste die - heute allgemein abgelehnte - Auffassung[5] vom Verbrechen als Verletzung subjektiver Rechte ab. Das von Savigny begründete historische Rechtsdenken hatte das rationalistisch-naturrechtliche Denken der Aufklärungszeit verdrängt, und an die Stelle des Bildes vom Gesellschaftsvertrag war die Vorstellung von der historischen Entstehung des Rechts als Gewohnheitsrecht, erst durch Sitte und Volksglauben, dann durch Jurisprudenz getreten.[6] Dieser Vorstellung entsprach es, nicht subjektive Rechte, sondern objektiv vorgegebene Güter als durch das Verbrechen verletzt anzusehen.[7]

Die bis heute andauernde Konturenlosigkeit des Rechtsgutsbegriffs bringt es mit sich, daß eine Arbeit, die den

---

allen Verbrechen annimmt; vgl. im einzelnen Sina, S. 9 ff., Mezger, Lehrbuch, S. 197 m.w.N.

4 Maurach/Zipf, AT I, S. 256; Kienapfel, AT, 3. Aufl., S. 7; Otto, in: Müller-Dietz, S. 3 ff.; Haft, AT, 5. Aufl., S. 71 ff.

5 Gegen das Verbrechen als die Verletzung von subjektiven Rechten schon: Thibaut, Beiträge zur Kritik der Feuerbachschen Theorie, 1802; Mittermeier, Anmerkungen zu Feuerbachs Lehrbuch, 13. Aufl., 1840, S. 232 f., 14. Aufl., S. 49, 61. In neuerer Zeit Richard Schmidt, Grundriß, 2. Aufl., S. 77; Mezger, Lehrbuch, S. 197 f.; v. Hippel, Lehrbuch I, S. 11 und Fn. 4, Lehrbuch, 2. Teil, S. 86 f., 186; Schwinge, Teleologische Begriffsbildung, S. 28 f..

6 Vgl. Savigny, Vom Beruf unserer Zeit für Gesetzgebung und Rechtswissenschaft.

7 Haft, AT, 5. Aufl., S. 71.

Rechtsgutsgedanken für die anstehende Problemlösung fruchtbar machen will, zunächst abklären muß, was inhaltlich unter dem Rechtsgut zu verstehen ist. Mit dieser Fragestellung sind aber nicht zwangsläufig die zahlreichen mit dem Rechtsgutsbegriff verknüpften Fragen zur Diskussion gestellt. So kann etwa der von der Rechtsgutsdiskussion beeinflußte Streit um den Unrechtsbegriff im Rahmen der hier interessierenden Aufgabenstellung unentschieden bleiben.[8] Schließlich steht für die Lehre vom Verbrechen als Rechtsgutsverletzung ohnehin das Rechtsgut im Mittelpunkt ihrer Betrachtung,[9] und ebensowenig verzichtet die personale Unrechtslehre auf das Rechtsgut als Voraussetzung ihrer Unrechtssystematik.[10] Zwar faßt die personale Unrechtslehre den Rechtsgüterschutz nicht als "die" zentrale Aufgabe des Strafrechts auf, doch erkennt sie ihn zumindest auch als eine Aufgabe des Strafrechts an.[11] Für die personale Unrechtslehre steht nicht der ak-

---

8 Vgl. die Übersicht über diesen Streit z.B. bei Krümpelmann, Bagatelldelikte, S. 66 ff. Die h.M. geht davon aus, daß sich die Aufgabe des Strafrechts in eine monistische Konstruktion nicht widerspruchslos einfügen läßt, sich vielmehr nur dadurch sinnvoll erfassen läßt, daß Rechtsgüterschutz und Einwirkung auf den Handlungswillen der Rechtsgenossen als gleichwertige, sich gegenseitig ergänzende, bedingende und beschränkende Aufgaben des Strafrechts verstanden werden. Vgl. Jescheck, AT, 4. Aufl., S. 7; Schönke/Schröder-Lenckner, Vor § 13 Rdn. 10 f.; Würtenberger, Das System der Rechtsgüterordnung in der deutschen Strafgesetzgebung seit 1532, 1933.

9 Lehre vom Verbrechen als Rechtsgutsverletzung, vertreten von v. Hippel, Lehrbuch II, S. 184 f.; v. Liszt/Schmidt, 25. Aufl., S. 144; Mezger, Lehrbuch, S. 198 ff.; Würtenberger, Situation, S. 66 f. Die Betonung des Rechtsgüterschutzes als vorrangige Aufgabe des Strafrechts ist ein Kennzeichen der liberalen Staatsauffassung. Dahinter steht die Überzeugung, daß die innere Qualität menschlicher Handlungen nicht der Beurteilung durch das Strafrecht unterworfen werden dürfe, weil dafür nur das Forum des Gewissens anerkannt werden dürfe; vgl. Jescheck, AT, S. 7.

10 Welzel, Lehrbuch, S. 3 f.; Jakobs, AT, 41 f., 45.

11 Welzel, Lehrbuch, 6. Aufl., S. 2 ff., 10. Aufl., S. 1 ff., 11. Aufl., S. 3 ff.; H. Mayer, AT, S. 51 ff. Zur Bedeutung des Rechtsguts im Rahmen der personalen

tuelle Rechtsgüterschutz im Vordergrund, sondern sie versucht, ihn durch die motivierende Einwirkung auf die rechtliche Gesinnung des einzelnen zu erreichen.

Um zu einer Antwort auf die Frage nach dem Charakteristikum eines Rechtsguts zu kommen, liegt es nahe, die Fülle der in der Literatur diskutierten[12] Rechtsgutsdefinitionen auf etwaige Gemeinsamkeiten hin in ihren Beschreibungen, was ein Rechtsgut ist, zu untersuchen. Das Auffinden eines möglichen Minimalkonsenses könnte dann als gesicherte Ausgangsbasis für eine weitere Annäherung an das

---

Unrechtslehre vgl. Bettiol, ZStW 72 (1960), S. 276, 280 f.; Krümpelmann, Bagatelldelikte, S. 74, 77.

12 Beispiele für die verschiedenen Rechtsgutsdefinitionen vgl. auch die Übersicht bei Otto, in: Müller-Dietz, S. 2 f.; Welzel, Lehrbuch, 11. Aufl., S. 4; Richard Schmidt, Grundriß, 2. Aufl., S. 77; Schmidhäuser, AT, 2. Aufl., Anm. 5/27; Jescheck, AT, 2. Aufl., S. 206; Marx, S. 62; Lampe, in: Welzel-FS, S. 151, 164; v. Liszt, ZStW 3 (1882), S. 1; ZStW 6 (1886), S. 663, 672, 674; ZStW 8 (1888), S. 133, 137, 139 f., 151, Lehrbuch, 18. und 19. Aufl., S. 72 und Fn. 1; Maurach/Zipf, AT I, 7. Aufl., S. 256, 258 f.; M.E. Mayer, AT, S. 21 und Fn. 7; v. Hippel, Lehrbuch I, S. 10, Lehrbuch II, S. 186; Stooß, ZSchR VII, S. 370; Hegler, ZStW 36 (1915), S. 19, 27 ff. Kritik am Rechtsgut als rechtlich geschütztes Interesse z.B. von Rudolphi, SK, 5. Aufl., Vor § 1 Rdn. 8 ff.; Marx, S. 20, 21. Autoren, die das Rechtsgut als werthaften Zustand begreifen: Roxin, JuS 1966, S. 381 f.; Welzel, Lehrbuch, S. 4; Oetker, ZStW 17 (1897), S. 493, 495; H. Mayer, AT, S. 53; Hirschberg, S. 72; ähnlich Mezger, Grundriß, 2. Aufl., S. 65, Lehrbuch, S. 200. Kritik am Rechtsgut als werthafter Zustand: Rudolphi, SK, 5. Aufl., Vor § 1 Rdn. 8 ff.; Rudolphi, Honig-FS, S. 151, 162 f.; Marx, S. 20; Sina, Dogmengeschichte, S. 59, 95 f.; Tiedemann, Tatbestandsfunktionen, S. 116; Honig, Einwilligung des Verletzten, S. 116; v. Hippel, Lehrbuch I, S. 13. Autoren, die die Rechtsgüter als werthafte Funktionseinheiten begreifen: Rudolphi, SK, 5. Aufl., Vor § 1 Rdn. 8 f.; Rudolphi, Honig-FS, S. 151, 163 f., 166; Otto, in: Müller-Dietz, S. 1, 6, 8; Sieber, S. 257; Tiedemann, Tatbestandsfunktionen, S. 115 f.; Jakobs, AT, S. 41 f.; Weigend, ZStW 98 (1986), S. 51. Ohne sich endgültig zu entscheiden, tendiert Sina, Dogmengeschichte, S. 101 ff., zur Annahme, daß die Beziehungsstruktur das für das Rechtsgut wesentliche Merkmal ist.

sich hinter dem Begriff Rechtsgut verbergende Phänomen fungieren.

1. Trennung zwischen Rechtsgut und Tatobjekt

Trotz der noch andauernden Erörterungen um den Rechtsgutsbegriff ist die Unterscheidung zwischen Rechtsgut und Tatobjekt wohl einhellige Ansicht.[13] Dieser Umstand wird zwar bei manchen Delikten (etwa bei §§ 223, 212 StGB) infolge der inhaltlichen Übereinstimmung von Rechtsgut und Tatobjekt nicht immer hinreichend deutlich, doch ist er gerade bei den Urkundendelikten augenfällig; Tatobjekt des § 267 StGB ist die Urkunde selbst, wohingegen man als Rechtsgut des § 267 die Sicherheit und Zuverlässigkeit des Rechtsverkehrs ansieht.[14] Tatobjekt ist derjenige im Tatbestand genannte oder bei der Umschreibung der Handlung vorausgesetzte Mensch oder Gegenstand, an dem sich die Deliktsverwirklichung tatbestandlich vollzieht, während das Rechtsgut ein "gedankliches Gebilde"[15] dar-

---

13 Maurach/Zipf, AT I, S. 259 Rdn. 12, 14 ff.; Baumann/Weber, AT, 9. Aufl., S. 140; Heimann-Trosien, LK, 9. Aufl., Einl. Rdn. 45; Jescheck, AT, S. 233 f.; Schönke/Schröder-Lenckner, Vor § 13 Rdn. 9; Blei, AT, 18. Aufl., S. 89; Stratenwerth, AT, 1. Teil, Rdn. 214; v. Liszt, ZStW 8 (1888), S. 133, 151, 153; Welzel, Lehrbuch, S. 4 f.; Schmidhäuser, Engisch-FS, S. 444; Mezger, Grundriß, 2. Aufl., S. 64; ders., Lehrbuch, S. 188; Kienapfel, Strafrecht, AT, 3. Aufl., S. 7; Haft, AT, 5. Aufl., S. 73 f. Auch die personale Unrechtslehre erkennt der Sache nach den Unterschied zwischen Rechtsgut und konkretem Tatobjekt an. Vgl. dazu Krümpelmann, Bagatelldelikte, S. 74 i.V.m. Fn. 46.

14 Vgl. nur Welzel, Lehrbuch, 11. Aufl., S. 5, h.M.; vgl. aber unten S. 43 ff.

15 Grundlegend Mezger, Lehrbuch, S. 197 ff.; Jescheck, AT, S. 233 f.: "die Idee"; ders., LK, 10. Aufl., Vor § 13 Rdn. 6, "als Teil der geistigen Welt"; Mezger, Grundriß, 2. Aufl., S. 65; Jäger, Strafgesetzgebung, S. 15: "Sie sind Kategorien, Wertgattungen, isoliert von den Menschen."

stellt, das unter rechtlichen Gesichtspunkten geformt und "nur unter bestimmten Gesichtspunkten ein Gut ist."[16]

2. Limitierende Funktion der Rechtsgutsbestimmung im Hinblick auf die Strafgesetzgebung

Heute ist man sich weitgehend einig, daß der Rechtsgutsbestimmung eine limitierende Funktion bezüglich der Gesetzgebung zukommt.[17] Der Gesetzgeber hat die Grundlagen des rechtlich geordneten Gemeinschaftslebens durch die Aufstellung entsprechender Straftatbestände zu schützen und damit für die Bewahrung der rechtlichen Gemeinschaftsordnung im ganzen zu sorgen.[18] Die Grundlagen des Gemeinschaftslebens sind diejenigen Bedingungen - verstanden im weitesten Sinne -, die aus der Sicht und nach den in der Rechtsgemeinschaft geltenden Gerechtigkeitsvorstellungen für deren rechtlich zu gestaltende und zu sichernde Lebensordnung als wertvoll erscheinen, oder: - wie v. Hippel formuliert - es handelt "sich um allgemeine Existenzbedingungen des menschlichen Geschlechts".[19] Schon v. Liszt[20] beantwortet die Frage, warum das Recht mit dieser Tatsache gerade diese Rechtsfolge verknüpfe, mit dem Hinweis, daß alles Recht um der Menschen willen da ist; ihre Interessen, die der einzelnen wie die der Gesamtheit, sollen geschützt und geför-

---

16 M.E. Mayer, Rechtsnormen, S. 65.

17 Weigend, ZStW 98 (1986), S. 44 (51); Otto, in: Müller-Dietz, S. 1; Haft, AT, 5. Aufl., S. 73; Rudolphi, Honig-FS, S. 151, geschichtlicher Überblick: S. 154 ff.; Roxin, JuS 1966, S. 377 ff. Schönke/Schröder-Lenckner, 24. Aufl., Vor § 13 Rdn. 10; a.A.: Jescheck, LK, 10. Aufl., Vor § 13 Rdn. 8; einschränkend: Jescheck, AT, S. 232.

18 Mattes, S. 143, 144; ebenso Ebert, AT, S. 1; vgl. auch Rudolphi, SK, Vor § 1 Rdn. 1.

19 v. Hippel, Lehrbuch I, S. 10.

20 v. Liszt, ZStW 6 (1886), S. 663 (673), ZStW 8 (1888), S. 133, 138 f.; ähnlich v. Hippel, Lehrbuch I, S. 14:

dert werden durch die Satzungen des Rechts. Legt man diese Ansicht zugrunde, dann dürfen bloße Moral- und Sittenwidrigkeiten mangels einer Rechtsgutsverletzung nicht strafrechtlich sanktioniert werden.[21] Auch wer die Aufgaben des Strafrechts nicht allein auf den Rechtsgüterschutz beschränken will,[22] erkennt ihn zumindest als eine von mehreren Aufgaben des Strafrechts an.[23] Auch Welzel,[24] der die primäre Aufgabe des Strafrechts in dem Schutz der elementaren sozialethischen Handlungswerte sieht, geht davon aus, daß darin eingeschlossen, und damit auch mittelbar geschützt, die einzelnen Rechtsgüter sind. Selbst die sogenannte Kieler Schule behielt, wenngleich ohne liberalen Gehalt, den Rechtsgutsgedanken neben der Pflichtverletzung bei.[25] Man spricht in diesem Zusammenhang von einer bloßen Akzentverschiebung.[26]

---

21 Vgl. auch Hanack, 47. Deutscher Juristentag, Rz 26 f., 29 f.; Amelung, S. 314 ff.; Hassemer, Theorie, S. 98 ff.; Jäger, Sittlichkeitsverbrechen, S. 6 ff., 121 ff.; Rudolphi, Honig-FS, S. 151 (161), SK, 5. Aufl., Vor § 1 Rdn. 1; Marx, S. 84 ff.; Roxin, JuS 1966, S. 377, 382; v. Hippel, Lehrbuch I, S. 14; a.A.: Bockelmann, AT, § 3 II, 1; Jescheck, LK, 10. Aufl., Vor § 13 Rdn. 8; Preiser, ZStW 82 (1970), S. 655 (658);

22 So aber Lampe, GA 1964, S. 321; vgl. auch § 2 I Alternativ-Entwurf eines Strafgesetzbuches zum AT, 1966; Rudolphi, SK, 5. Aufl., Vor § 1 Rdn. 2 und 10; Maurach/Zipf, AT I, 7. Aufl., S. 256; M.E. Mayer, AT, S. 21 und Fn. 7; Ebert, AT, S. 1.

23 Rechtsgüterschutz ist nicht die einzige Aufgabe, vgl. H. Mayer, AT, S. 50 ff.; Jakobs, AT, S. 41 i.V.m. Fn. 29, S. 42; Roxin, JuS 1966, S. 377, 381. Anders Otto, in: Müller-Dietz, S. 1 Fn. 3, wonach die Abgrenzung des Strafrechtsschutzes erst problematisch wird, wenn der Rechtsgutsbegriff auf "handgreifliche" Güter beschränkt wird.

24 Welzel, Lehrbuch, S. 3 ff. (5).

25 Sogenannte "Kieler Schule"; Dahm, ZStW 57 (1938), S. 225 (235)

26 So Schaffstein, Das Verbrechen als Pflichtverletzung, S. 21; ders., DStR 1937, S. 335 f. Ein Teil der Lehre behält den Begriff des Rechtsguts bei, färbt ihn aber mit den damals vorherrschenden Gesinnungswerten

3. Das Rechtsgut als Auslegungsprinzip (methodologischer Rechtsgutsbegriff)

Schließlich kommt dem Rechtsgut bei der Auslegung der jeweiligen Tatbestände maßgebliche Bedeutung zu.[27] Sind - wie oben angeführt - die Straftatbestände nach einem oder mehreren Rechtsgütern ausgerichtet, so müssen alle objektiven und subjektiven Merkmale einer Strafvorschrift danach bestimmt werden, was sie im Hinblick auf das geschützte Rechtsgut zu bedeuten haben, denn diese Merkmale wollen ja gerade den Schutz des Rechtsguts gegen bestimmte Angriffe sicherstellen. Diese Bedeutung des Rechtsguts als Auslegungskriterium rücken gerade die Vertreter des sogenannten methodologischen Rechtsgutsbegriffs in den Vordergrund ihrer Überlegungen.[28] Indem sie das Rechtsgut mit der ratio legis, dem Sinn und Zweck des Straftatbestandes gleichsetzen und die alleinige Aufgabe des Rechtsguts darin sehen, als Maßstab für die Auslegung zu dienen, machen sie den Rechtsgutsbegriff zu einem bloßen Auslegungsprinzip. Dieser methodologische Rechtsgutsbegriff, verstanden als "eine Substantivierung, Abbreviatur des Zweckgedankens",[29] als "kategoriale Synthese, mit welcher juristisches Denken Sinn und Zweck der einzelnen Strafrechtssätze in komprimierter Form zu erfassen bestrebt ist",[30] will den inhaltlichen Rechtsgutsbegriff

---

(Volksschutz); vgl. Klee, DStR 1936, 2, 14, 16; Lobe, GS 106 (1935), S. 281.

27 Otto, AT, S. 4; Rudolphi, Honig-FS, S. 151; Jescheck, AT, S. 231, 233; ders., LK, 10. Aufl., Vor § 13 Rdn. 8 mit der Angabe der weiteren Aufgaben des Rechtsguts; Gössel, Oehler-FS, S. 102; im Hinblick auf die Urkundendelikte: Ob eine Urkunde vorliegt, läßt sich vielfach erst unter Heranziehung der auf das geschützte Rechtsgut bezogenen Beweisbestimmtheit feststellen. Vgl. BayObLG, NJW 1980, S. 1057; Mezger, Lehrbuch, S. 200.

28 Grundlegend Honig, Einwilligung, S. 94.

29 Grünhut, Festgabe für Frank (1930), S. 8.

30 Honig, Einwilligung, S. 94.

ablösen, der seinerseits das Rechtsgut als einen besonders werthaften "Zustand" (Erscheinung, Gegebenheit)[31] der äußeren Lebenswirklichkeit begreift, welcher durch das wertende Bewußtsein der Allgemeinheit Anerkennung gefunden hat.[32] Demgegenüber wehrt sich der methodologische Rechtsgutsbegriff gegen das Verständnis des Rechtsguts als eines der Norm vorgelagerten konkreten Interesses. Danach kommt es nicht mehr auf den realen Schutzgegenstand an, sondern es geht nur noch um die methodische Brauchbarkeit.[33] Demzufolge wird das Rechtsgut zur abstrakten Formel, um den Normzweck zu erfassen und auszudrücken, und entfernt sich durch diese Entmaterialisierung von seiner Bedeutung. Jedoch lehnen die Vertreter des methodologischen Rechtsgutsbegriffs nicht nur die "Metaphysik eines den positiven Normen als begriffsrealistische 'Idee' vorgelagerten Rechtsgutsbegriffs",[34] entschieden ab, sondern sie kritisieren auch den Gedanken des Schutzobjekts, das als Allgemeinbegriff nicht verletzbar sei.[35]

---

31 Vgl. schon Oetker, ZStW 17 (1897), S. 493, 495; Welzel, Lehrbuch, S. 4; heute Roxin, JuS 1966, S. 381 f.

32 Wie bereits oben A I gezeigt, ist es innerhalb der Vertreter eines substanzgefüllten Rechtsgutsbegriffs streitig, worin im einzelnen die Substanz bestehen soll. Eine traditionelle Lehre sieht den materiellen Gehalt eines Verbrechens in der Rechtsgutsverletzung als solcher, während die personale Unrechtslehre nicht den Erfolgsunwert, sondern das sozial unerträgliche Verhalten des Täters in den Vordergrund stellt.

33 Schwinge/Zimmerl, S. 69: "Ursprünglich eine Aussage über das Substrat des Verbrechens, liegt in ihm heute nur noch ein Hinweis auf die Methode der strafrechtlichen Begriffsbildung." Ähnlich Gallas, Gleispach-FS, S. 61.

34 Vgl. dazu die Ansicht von v. Liszt, ZStW 6 (1886), S. 663 ff.; ders., ZStW 8 (1888), S. 133 ff.: Der Zweck allen Strafrechts sei nur der Schutz menschlicher Lebensinteressen. Diese Lebensinteressen - durch den strafrechtlichen Schutz zu Rechtsgütern erhoben - sind nicht ein Produkt der Rechtsordnung, sondern des Lebens und damit der Rechtsordnung bereits vorgegeben.

35 Gallas, Gleispach-FS, S. 57 f.

Diese methodologische Begriffsbildung - also die Gleichsetzung von Rechtsgut und Schutzzweck der einzelnen Strafvorschrift - reicht nicht aus, da sie keine klare Trennung von Rechtswidrigkeit und Schuld ermöglicht. Schließlich kann man den Schutzzweck sowohl objektiv, etwa als Schutz des Eigentums, des Lebens oder der Sicherheit und Zuverlässigkeit des Rechtsverkehrs als auch subjektiv als Schutz vor in den Menschen liegenden gefährlichen Triebe, wie die Mißachtung der Urkunde oder fremden Eigentums, verstehen. Der Begriff des Rechtsguts muß demnach deutlicher gefaßt werden, wenn er die Aufgabe erfüllen soll, die Trennung von Rechtswidrigkeit und Schuld dogmatisch zu sichern.[36] Dem von den Anhängern des methodologischen Rechtsgutsbegriffs geführten Einwand gegen die Brauchbarkeit des substantiellen Rechtsgutsbegriffs läßt sich mit dem Hinweis begegnen, daß als Verletzung der Schaden für die Institution als ganze anzusehen ist, die auch durch den einzelnen Angriff beeinträchtigt wird, indem er ihre Geltung in Frage stellt.[37]

Folglich kann der methodologische Rechtsgutsbegriff, der des materialen Gehalts entkleidet und somit offen für jede beliebige inhaltliche Ausfüllung ist, weder einen allen Delikten gemeinsamen materiellen Unrechtskern umschreiben, noch dem Gesetzgeber Grenzen setzen, und reicht daher zur Lösung inhaltlicher Fragen nicht aus. Es ist deshalb weiterhin davon auszugehen, daß dem Rechtsgut eine über die Auslegungsfunktion hinausgehende Bedeutung zukommt.[38]

---

36 Nowakowski, ZStW 63 (1951), S. 287, 310 f.; Rudolphi, Honig-FS, S. 151, 154.

37 Amelung, S. 106; Jescheck, AT, S. 234; ders., LK, 10. Aufl., Vor § 13 Rdn. 6; Krümpelmann, Bagatelldelikte, S. 70;

38 Rudolphi, Honig-FS, S. 151, 153.

4. Unterscheidung in Individual- und Allgemeinrechtsgut

Heute besteht im Ergebnis Einigkeit darüber, daß Träger des Rechtsguts sowohl das Individuum (sogenannte Individualrechtsgüter) als auch die Allgemeinheit (sogenannte Universalrechtsgüter) sein kann.[39] Zwar vertrat insbesondere Binding die Ansicht, daß Träger eines Rechtsguts nur die Allgemeinheit sein könne.[40] Er mußte jedoch einräumen, daß es bestimmte Güter gibt, welche die Rechtsordnung der Verfügungsbefugnis des einzelnen überantwortet hat. Die Zweiteilung in Individual- und Universalrechtsgüter, also in dispositive und indisponible Rechtsgüter, wird heute, vor allem aus Gründen der Systematik des Besonderen Teils und im Hinblick auf die exakte Bestimmbarkeit der Grenzen eines wirksamen Rechtsgutsverzichts vertreten.[41] Es handelt sich bei Individual- und Universalrechtsgüter jedoch nicht um kategorial unterschiedliche Rechtsgutstypen mit je eigener ratio der Schutzwürdigkeit, sondern die Interessen des einzelnen und der Allgemeinheit sind als ineinander verschränkt zu betrachten: Der Staat verteidigt "seine" Rechtsgüter im wohlverstandenen Interesse jedes einzelnen Bürgers, und die Güter des Individuums werden als Voraussetzungen für dessen Fähigkeit zur Partizipation an der Gemeinschaft geschützt.[42]

---

[39] Vgl. ausführlich dazu Jakobs, AT, S. 38 f.

[40] Binding, Normen I, S. 358; ebenso Hegler, ZStW 36 (1919), S. 19 (28 ff.); vgl. dazu die Kritik durch v. Hippel, Lehrbuch I, S. 16. Diametral entgegengesetzt geht v. Liszt davon aus, daß das Rechtsgut in letzter Linie stets das Dasein des Individuums sei; v. Liszt, ZStW 8 (1888), S. 133, 142 f..

[41] Maurach/Zipf, AT I, S. 258 f.; Krümpelmann, Bagatelldelikte, S. 70 Fn. 30; Jescheck, LK, 10. Aufl., Vor § 13 Rdn. 6.

[42] So schon v. Hippel, Lehrbuch I, S. 15; Hassemer, Theorie, S. 231; Jakobs, AT, S. 38; Schönke/Schröder-Lenckner, Vor § 13 Rdn. 10; a.A.: Weigend, ZStW 98

B. Schlußfolgerungen für die Begriffsbestimmung

I. "Gut" als ein für den Menschen wertvoller komplexer Sachverhalt

Faßt man die gewonnenen Zwischenergebnisse zusammen, so ergibt sich als gesicherter Ausgangspunkt für die Begriffsbildung folgendes Bild:

Die Erkenntnis, daß zwischen dem Tatobjekt und dem Rechtsgut zu unterscheiden ist, zwingt dazu, daß sich die Bestimmung des Rechtsgutsbegriffs von der Orientierung an den im Sinne einer naturwissenschaftlichen Kausalität verletzbaren Objekten löst. Statt dessen kann der aus der Ethik und Wertlehre geläufige umfassendere Gutsbegriff zugrunde gelegt werden, wonach ein "Gut" immer einen mehr oder weniger komplexen Sachverhalt, der für einen Menschen oder eine menschliche Gemeinschaft wertvoll ist, meint.[43]

II. Unabhängigkeit des liberalen rechtsstaatlichen Rechtsgutsbegriffs vom positiven Recht

Die Kritik am methodologischen Rechtsgutsbegriff und das Bekenntnis zur liberal-rechtsstaatlichen Forderung, wonach es die Aufgabe des Strafrechts ist, Rechtsgüter zu schützen, bringt es mit sich, daß der liberale Rechtsgutsbegriff unabhängig vom positiven Recht, d.h. ihm vorgelagert sein muß.[44] Nur dann richtet er sich als limi-

---

(1986), S. 53 ff., wonach auch bei Individualgütern nur das Sozialinteresse an ihrer Verfügbarkeit durch den einzelnen strafrechtlich geschützt ist.

43 Schmidhäuser, Engisch-FS, S. 444.

44 Die Frage ist umstritten.
a) Gutseigenschaft besteht unabhängig vom Recht: Naucke, Einführung, 6. Aufl., S. 194 f.; Jakobs, AT, S. 39; v. Liszt, ZStW 6 (1886), S. 673; v. Liszt/Schmidt, 25. Aufl., S. 4 Fn. 1; Jescheck, AT, S. 231 f.: "... der Begriff Rechtsgut ... muß einen

tierende Grenze an den Gesetzgeber selbst, indem er ihm sachliche Kriterien für die Aufstellung der Normen gibt, die sozialschädliche Verhaltensweisen bekämpfen sollen.[45] Die Frage, ob ein Gut unabhängig vom Recht besteht oder von ihm abhängig ist, wird zu klären sein. Darüber hinaus bedarf es eines Eingehens auf die Frage, ob und inwieweit die aufgrund vorrechtlicher Wertvorstellungen gewonnene Forderung, daß das Strafrecht allein dem Rechtsgüterschutz zu dienen habe, überhaupt Einfluß auf die Auslegung positiver Strafvorschriften zu gewinnen vermag.

1. Probleme bei der Bestimmung des Rechtsguts

Die damit angesprochenen zwei Problempunkte lassen sich dahin präzisieren: Zum einen ist ein verbindliches Maßprinzip zu finden, das dem positiv-rechtlich vorgelagerten Rechtsgutsbegriff feste Konturen verleiht. Das heißt, es sind solche Wertvorstellungen zu suchen, die der Strafgesetzgebung zwar vorgelagert, aber doch für sie verbindlich sind.[46] Zum anderen muß dieses Maßprinzip auch geeignet sein, im Rahmen der Auslegung positiver Strafnormen die dafür verbindliche Richtschnur anzugeben.

---

selbständigen, der Strafnorm vorgelagerten in sich schlüssigen realen Sinngehalt besitzen, ..."
b) Gutseigenschaft ist abhängig vom Recht: Mattes, S. 144, 145; wohl auch Maurach/Zipf, AT I, S. 258, 262.
c) Der Rechtsgutsbegriff ist ein durch und durch positiv-rechtlicher, denn konstruktiv für das Rechtsgut ist stets ein Werturteil der Rechtsordnung; vgl. Rudolphi, SK, 5. Aufl., Vor § 1 Rdn. 4.
"Lebensgüter werden als Rechtsgüter überhaupt erst dadurch, daß sie dieses strafrechtlichen Schutzes teilhaftig werden."

45 Vgl. Rudolphi, Honig-FS, S. 151 (158).

46 Rudolphi, Honig-FS, S. 151 (158).

2. Lösungsmöglichkeiten

a) v. Liszt: Das "Leben" als Quelle der dem Recht vorgelagerten verbindlichen Wertentscheidungen

v. Liszt[47] kommt durch die Erkenntnis, "nicht die Rechtsordnung erzeugt das Interesse, sondern das Leben; aber der Rechtsschutz erhebt das Lebensinteresse zum Rechtsgut", zu dem Ergebnis, daß das zu schützende Gut ein dem Recht vorgegebenes Interesse ist. Die der Strafgesetzgebung vorgelagerten, aber gleichwohl verbindlichen Wertentscheidungen sind den dem Recht vorgelagerten gesellschaftlichen Verhältnissen zu entnehmen. Freilich schweigt er darüber, nach welchen Kriterien das positive Recht zwischen anzuerkennenden und zu verwerfenden Interessen unterscheidet,[48] denn allein mit der Feststellung, **daß** ein Rechtsgut geschützt wird, wird lediglich gesagt, daß ein von der Rechtsordnung geschütztes Lebensinteresse vorliegt, nichts aber darüber, **wann** die Rechtsordnung solchen Schutz gewährt und damit ein Lebensgut zum Rechtsgut erhebt.[49]

b) M.E. Mayer: Die "Kultur" als Quelle der schützenswerten Interessen

Andere[50] versuchen, statt auf das interessenerzeugende "Leben" auf die "Kultur" als Quelle der schützenswerten

---

47 v. Liszt, ZStW 6 (1886), S. 662, 673; ders., ZStW 8 (1888), S. 133 ff.; ders., Lehrbuch, 18./19. Aufl., S. 73; v. Liszt/Schmidt, Lehrbuch, 25. Aufl., S. 4 f.

48 Jakobs, AT, S. 40; vgl. zur Kritik im einzelnen Amelung, S. 82 ff., 95.

49 v. Hippel, Lehrbuch I, S. 12, 13.

50 M.E. Mayer, AT, S. 21; Lampe, Welzel-FS, S. 151 (164): "... sind Rechtsgüter daher diejenigen kulturellen Werte, auf deren Bestand die Allgemeinheit vertraut und zu deren Schutz sie den Einsatz von Zwang für erforderlich hält." Richard Schmidt, Grundriß, 2. Aufl., S. 77: "Güter ... als irgendwelche im sozialen Leben

Interessen abzustellen. Angesichts der Unbestimmtheit der Interessenquelle "Kultur" kann dieser Versuch nicht überzeugen.[51] M.E. Mayer, ein Verfechter dieser Ansicht, gesteht selbst zu, "daß einige fundamentale Interessen mit der Natur des Menschen gegeben sind".[52] Seine Aussage ist nur dahin zu verstehen, daß es seiner Ansicht nach neben der Kultur auch noch eine andere Quelle der schützenswerten Interessen geben muß, ohne diese zu beschreiben.

c) Neuerer Vorschlag: Die Beziehung der Person zu einem als wertvoll bewerteten Sachverhalt (Funktionseinheit)

Die beiden Versuche, die Quelle der dem Strafrecht vorgelagerten Güter oder Interessen[53] zu identifizieren, sind demnach angreifbar. Es dürfte daher lohnend sein, einen anderen Gedanken zu verfolgen. Betrachtet man das "Gut" als einen mehr oder weniger komplexen Sachverhalt, der für einen Menschen oder eine menschliche Gemeinschaft wertvoll ist, dann liegt es nahe, die durch den Begriff "Interesse" erfaßte, positiv bewertende Beziehung zwischen einer Person und einem Sachverhalt für den Rechtsgutsbegriff beizubehalten, jedoch den Begriff nicht mit der Aufgabe zu belasten, diese bewertende Quelle zu bezeichnen.

Mit der Einbeziehung der Person in den Rechtsgutsbegriff läßt sich das Werthafte des Rechtsguts besser treffen als

---

wertvolle Beziehungen und Verhältnisse der Menschen, als menschliche Kulturwerte."

51 Jakobs, AT, S. 40.

52 M.E. Mayer, AT, S. 21.

53 Der Streit, ob die Schutzobjekte Güter oder Interessen sind, ist rein terminologischer Art, denn beide Begriffe "Rechtsgut" und "Interesse" drücken die gleiche Beziehung in verschiedener Beziehungsrichtung aus: Das Rechtsgut ist "Gut für" den Menschen, der Mensch hat "Interesse am" Gut. Siehe Krümpelmann, Bagatelldelikte, S. 69.

durch die bloße Benennung von Objekten.[54] Damit wird nämlich deutlich, daß das strafrechtlich geschützte Gut nicht die statische Sache in ihrem jeweiligen Zustand ist, sondern vielmehr die Funktion, die dieser Sache für den einzelnen oder die Gesellschaft zukommt.[55] Ganz in diesem Sinne begreift Jakobs das Rechtsgut als die einer Person zugeordnete, auf sie bezogene Möglichkeit der Nutzung und des Genusses eines positiv bewerteten Sachverhalts oder - kurz - als Funktionseinheit.[56] Ähnlich formuliert Otto: "Sinnvoll kann als 'Rechtsgut' nur die tatsächliche Beziehung einer Person zu einem Objekt im weitesten Sinne, die durch eine Rechtsnorm geschützt wird, bezeichnet werden. Es ist der Zustand einer bestimmten, in den einzelnen Tatbestände umrissenen, realen Beziehung der Person zu konkreten, von der Rechtsgemeinschaft anerkannten Werten - 'soziale Funktionseinheiten' -, in der sich das Rechtssubjekt mit Billigung durch die Rechtsordnung personal entfaltet."[57] Andere Autoren stellen, ohne die Bezeichnung Funktionseinheit zu gebrauchen, die Bezogenheit der Rechtsgüter auf die Bedürfnisse der Rechtssubjekte dadurch in den Mittelpunkt ihrer jeweiligen Rechtsgutsbestimmung, daß sie die Rechtsgüter als "Gegenstände in ihrer Bezogenheit auf den Menschen",[58] "Potentiale"[59] oder als "Achtungsanspruch, den

---

54 Jakobs, AT, S. 41.

55 Sieber, S. 257; Schönke/Schröder-Lenckner, Vor § 13 Rdn. 9; Tiedemann, S. 116.

56 Jakobs, AT, S. 41. Auch Rudolphi, Honig-FS, S. 151 (163), spricht von "sozialen Funktionseinheiten", meint jedoch weniger die Beziehung der Person zu einem bestimmten Objekt, sondern das Objekt selbst: "... die für den Bestand unserer Gesellschaft in ihrer konkreten Ausgestaltung erforderlichen und deshalb werthaften sozialen Funktionseinheiten ...", vgl. aber ebd., S. 164!

57 Otto, in: Müller-Dietz, S. 6, 8.

58 Marx, S. 67.

59 Loos, Welzel-FS, S. 888.

nur das Objekt in seiner Wertbeziehung zur Person verdient",[60] umschreiben.

Freilich besteht zwischen dem ursprünglichen, z.B. von Welzel vertretenen Rechtsgutsbegriff, wonach Rechtsgut "der durch die Norm geschützte Gegenstand" ist,[61] und dem neuen, die Subjektsbezogenheit betonenden Rechtsgutsbegriff kein sich gegenseitig ausschließendes Verhältnis.[62] Vielmehr wird mit der Subjektsbezogenheit nur ein anderer Aspekt besonders betont.[63] Allerdings stellt der Begriff "Funktionseinheit" nicht nur die neue Akzentuierung im Rahmen der Rechtsgutsbestimmung in den Vordergrund, sondern verdeutlicht darüber hinaus auch, daß nur ein solcher Regelungsgegenstand, der eine Aufgabe für die Gesellschaft oder für den Bürger zu erfüllen hat, Rechtsgut sein kann. Es läßt sich zwar nicht leugnen, daß das Rechtsgut durch die Subjektsbezogenheit an Anschaulichkeit verliert, doch kommt diesem Aspekt des Rechtsguts klarstellende Funktion zu. Die Betonung der Subjektsbezogenheit bei der Rechtsgutsbestimmung verhindert nämlich das Mißverständnis, ein Rechtsgut müsse etwas sinnlich Wahrnehmbares sein oder doch auf ein solches Objekt bezogen sein.[64] Somit erfüllt diese Rechtsgutsbestimmung die an sie gestellte Anforderung, wonach die Bestimmung des Rechtsguts von den im Sinne einer naturwissenschaftlichen Kausalität verletzbaren Objekten zu lösen und ein umfassenderer Gutsbegriff im Sinne eines für den einzelnen Menschen oder der Gemeinschaft wertvollen komplexen Sachverhalt der Rechtsgutsbestimmung zugrunde zu legen ist.

---

60 Schmidhäuser, Engisch-FS, S. 444; vgl. auch ders., AT, S. 24 f.; Otto, in: Müller-Dietz, S. 3 Fn. 16.

61 Welzel, ZStW 58 (1939), S. 509 (insbes. Fn. 30 auf S. 512).

62 So zutreffend Sieber, S. 257.

63 Ähnliche Einschränkung von Schönke/Schröder-Lenckner, Vor § 13 Rdn. 9.

64 Jakobs, AT, S. 40 f.

d) Lösungsvorschlag: Die im Rechtsstaatsprinzip verkörperte materielle Gerechtigkeit als die dem Strafgesetzgeber vorgegebene Wertentscheidung

Zwar gefährdet die Beziehung des Rechtsguts auf das Subjekt die Anschaulichkeit, doch kann man dem entgegenwirken, wenn man die Frage stellt, ob es dem Strafgesetzgeber vorgelagerte, aber verbindliche Wertvorstellungen gibt, die als materielle Kriterien die Aufstellung und Auslegung von Verbotsnormen reglementieren.[65]

In Betracht kommen dafür die in unserer Verfassung enthaltenen Wertentscheidungen. Zu denken ist vor allem an die im Begriff "Rechtsstaat" gesetzlich verkörperte Idee der materiellen Gerechtigkeit, die sich im Schutz der persönlichen und politischen Freiheit des Bürgers und der Mäßigung und rechtlichen Bindung aller öffentlichen Machtausübung konkretisiert. Wenn aber das Ziel des Rechtsstaates die materielle Gerechtigkeit ist, dann kann eine Strafrechtsnorm ihre Existenzberechtigung nur daraus herleiten, daß sie auf Wahrung und Sicherung der Lebensbedingungen gerichtet ist, die für ein gedeihliches Zusammenleben freier Individuen erforderlich sind. Infolgedessen scheiden reine Moralwidrigkeiten als Gegenstände von Strafnormen aus, da der strafrechtliche Schutz von Moralvorstellungen mit dem Prinzip der materiellen Gerechtigkeit unvereinbar ist und deshalb eine solche Strafnorm verfassungswidrig wäre. Diese im Grundgesetz enthaltene und deshalb dem Strafgesetzgeber vorgegebene Wertentscheidung bewirkt die Limitierung der Strafgesetzgebung und erfüllt dadurch die an den Rechtsgutsbegriff gestellte Anforderung. Darüber hinaus kann sich auch die Auslegung der einzelnen Tatbestandsmerkmale an diesem materialen Kriterium orientieren, so daß damit der Ausle-

---

65 Bedenken an der Verknüpfung des formell-methodischen Rechtsgutsbegriffs mit dem materiellen Rechtsgutsbegriff siehe Baumann, AT, 6. Aufl., S. 143 Fn. 36.

gung eine verbindliche Richtschnur zur Verfügung steht. Indem man sich auf die Wertentscheidungen des Grundgesetzes besinnt, löst man sich von rechtsphilosophischen Theoremen und dem völlig vorrechtlichen Charakter einer Rechtsgutsbestimmung,[66] und entgeht dadurch den an dieser Vorrechtlichkeit anknüpfenden Kritiken.

Die gewonnenen Einzelerkenntnisse lassen sich dahin zusammenfassen, daß der Begriff "Gut" einen mehr oder weniger komplexen Sachverhalt meint, der für einen Menschen oder eine menschliche Gemeinschaft wertvoll ist. Die dadurch zum Ausdruck gebrachte Subjektsbezogenheit, d.h. die einer Person zugeordnete Möglichkeit der Nutzung des Sachverhalts, beschreibt nicht nur zutreffend das Charakteristische des Rechtsguts, sondern verdeutlicht zugleich durch die Betonung der Beziehungsstruktur Person-Objekt die Wandelbarkeit des Rechtsgutsbegriffs. Diese Beziehungsstruktur Person und Objekt läßt sich sprachlich mit dem Begriff der "Funktionseinheit" erfassen. Demnach sind Rechtsgüter die für unsere verfassungsmäßige Gesellschaft und damit auch für die verfassungsgemäße Stellung und Freiheit der einzelnen Bürger unverzichtbaren und deshalb werthaften sozialen Funktionseinheiten.[67]

---

66 Wie etwa die bei v. Liszt, ZStW 6 (1886), S. 661 ff.; ders., ZStW 8 (1888), S. 133 ff.

67 Vgl. zum ganzen Rudolphi, Honig-FS, S. 151, 158 ff.

Zweites Kapitel
Das Rechtsgut des § 267 StGB

A. Historischer Überblick über die wechselhafte Tatbestandsausgestaltung

Nun geht es um das Rechtsgut des § 267 StGB.[1] Das Rechtsgut des § 267 StGB könnte Aufschluß über den für eine Bestrafung notwendigen Vorsatzumfang beim "Urkundenfälscher" bzw. über den Irrtum geben.[2]

Damit die wechselhafte und bis heute nicht zur Ruhe gekommene Diskussion um das Rechtsgut des § 267 StGB verständlich wird, muß man kurz die geschichtliche Entwicklung der Urkundendelikte streifen.[3] Denn wie sich noch zeigen wird, haben zahlreiche inhaltlich unterschiedliche Stellungnahmen zum Rechtsgut des § 267 StGB ihren Grund ausschließlich in der sich verändernden Ausgestaltung der Tatbestände. Zunächst kannte die "lex Cornelia Testamentaria Numeria" zur Zeit der Römischen Republik mit der Geldfälschung und der Testamentsfälschung nur einzelne und genau festgelegte Fälschungstatbestände. Dieser streng begrenzte enumerative Strafrechtsschutz wurde in der Kaiserzeit durch die "lex Cornelia de falsi" auf alle öffentlichen und privaten Urkunden erweitert und gipfelte im "crimen falsi", wonach selbst die inhaltliche Richtig-

---

[1] Die Urkundendelikte sind im wesentlichen im 23. Abschnitt des Strafgesetzbuches in den §§ 267 f. geregelt. Daneben zählt auch die in § 348 StGB unter Strafe gestellte Falschbeurkundung im Amt zu den Urkundendelikten. Die Überschrift "Urkundenfälschung" für den fraglichen 23. Abschnitt ist irreführend, weil pars pro toto lediglich die in der Praxis wichtigste Form der Urkundendelikte genannt wird. Die Arbeit wird im folgenden § 267 StGB untersuchen, es sei denn, daß sich die Aussagen auch auf die anderen Urkundendelikte übertragen lassen.

[2] Vgl. zur Notwendigkeit der Rechtsgutsdiskussion gerade bei den Urkundendelikten Sieber, Computerkriminalität, S. 253 f.

[3] Ausführlich dazu Kienapfel, Urkunden im Strafrecht.

keit von Urkunden - ohne Ausnahme - geschützt wurde. Auch das deutsche Recht kannte bis zum 16. Jahrhundert bestimmte, genau festgelegte Fälschungsverbrechen, wie die Artikel 111 bis 114 der Constitutio Criminalis Carolina belegen. Allerdings entwickelte sich in Deutschland im Rahmen der Rezeption ein allgemeiner Fälschungstatbestand, der geprägt war durch die Akzentverlagerung von der objektbezogenen Verfälschung zur "Täuschung", die jetzt Betrug genannt wurde.[4] Eine Folge dieser Entwicklung war es, daß z.B. das allgemeine preußische Landrecht die Urkundenfälschung als einen qualifizierten Fall des Betruges ansah. Die Verbindung der Fälschung mit dem Betrug endete 1851 durch das preußische Strafgesetzbuch, das wieder klar die Urkundendelikte von dem Betrugstatbestand trennte, eine Trennung, die das heutige Strafgesetzbuch beibehielt.[5]

B. Verschiedene in der Literatur auftauchende Auffassungen zum Rechtsgut des § 267 StGB

Vor diesem Hintergrund der geschichtlich bedingten unterschiedlichen Tatbestandsausgestaltung sollen nun die Hauptlinien der Rechtsgutsdiskussion nachgezeichnet werden.[6]

---

[4] In Verkennung des Umstandes, daß Menschen belogen und betrogen werden, während Gegenstände gefälscht werden. Vgl. dazu etwa v. Dohna, Zycha-FS, S. 482.

[5] Vgl. den Überblick bei Botzem, S. 3, über die jeweiligen Regelungen in den verschiedenen Strafgesetzbuchentwürfen; ebenso Stahl, S. 65, 66 Fn. 213.

[6] Allerdings ohne den Anspruch auf Originalität und Vollständigkeit; vgl. den Vorwurf an der Arbeit Rheinecks bei Schroeder, GA 1981, S. 524.

I. Urkundendelikte als eine durch das Mittel des Angriffs charakterisierte Gruppe, insbesondere der Vorschlag von Weismann

Es ist unter anderem eine Folge der Verschränkung von Betrug und Fälschung, daß man den Grund für die Strafbarkeit der Urkundenfälschung in der Herstellung eines besonders gefährlichen Angriffsmittels bei der Beeinträchtigung der verschiedenartigsten Rechtsgüter sah. Die Urkundendelikte seien eine durch das Mittel des Angriffs und nicht durch ein gemeinsames Rechtsgut charakterisierte Deliktsgruppe.[7] Der Gesetzgeber habe durch die Schaffung des § 267 StGB lediglich "die Rüstkammer zum Schutze längst vorhandener, wenn auch ungenügend geschützter Rechtsgüter"[8] vervollständigt.

Weismann sieht die Urkundenfälschung als Qualifizierung oder Strafschärfungsgrund für das mit ihrer Hilfe begangene Delikt an und spricht ihr deshalb einen eigenständigen Deliktscharakter ab.[9] Ein solches sogenanntes "vages Verbrechen"[10] muß sich freilich den von Mezger[11] ins Feld geführten methodischen Einwand gefallen lassen, die "Art des Angriffs" umschreibe allein die äußere Begehungsform. Die äußere Begehungsform werde aber nur dadurch zu einem neuen Wertgesichtspunkt, weil die an jenen besonderen Mitteln bestehenden Interessen als neue Rechtsgüter gestempelt würden. Inwieweit dieser Einwand an Überzeugungskraft verliert angesichts der unterschiedlichen Rechtsgutsbestimmung beider Autoren, kann offen bleiben,

---

7 v. Liszt, Lehrbuch, 18./19. Aufl., S. 258; v. Liszt/Schmidt, Lehrbuch, 25. Aufl., S. 739, 457 und Fn. 3; Teichmann, ZSchwR, N.F. VII, S. 347, unter Berufung auf Goos; Teichmann, SchwZStr X, S. 173 und Fn. 2; Feuerbach, Lehrbuch, 14. Aufl., S. 670.

8 v. Liszt/Schmidt, Lehrbuch, 25. Aufl., S. 457.

9 Weismann, VDA BT VII, S. 356 (360).

10 Vgl. zur unterschiedlichen Terminologie z.B. Weismann, VDA BT VII, S. 356 Fn. 1.

11 Mezger, Lehrbuch, S. 189 Fn. 13.

da die kriminalpolitischen Bedenken an dem Vorschlag von Weismann evident sind. Denn würde eine Strafbarkeit der Fälschung als solche aufhören zu existieren und eine Bestrafung nur noch eintreten, wenn die Urkundenfälschung zur Begehung oder Verdeckung einer anderen strafbaren Handlung dient, dann hätte diese "Akzessorietät" von der "Haupttat" zur Folge, daß die bewiesene Fälschung etwa mangels eines Strafantrags bezüglich der "Haupttat" straflos bliebe. Eine derartige Abhängigkeit würde überall dort zu bedenklichen Strafbarkeitslücken führen, wo es zu keiner Bestrafung der "Haupttat" kommt, etwa weil Verjährung eingetreten oder die Haupttat nicht zu beweisen ist oder sonstige Hindernisse entgegenstehen. Doch sind nicht nur Strafbarkeitslücken zu befürchten, sondern auch in den Fällen der Strafbarkeit des Hauptdelikts kann, wenn sich die Fälschung auf ein geringfügiges Delikt bezieht, der Unrechtsgehalt der Fälschung durch die Erhöhung der niedrigeren Strafe des Hauptdelikts nicht ausgeglichen werden. In einer solchen Situation stellt sich dann aber mit aller Schärfe die Frage, ob der Sinn und Zweck der Strafe - unabhängig davon, welchen der Aspekte General-, Spezialprävention oder Vergeltung man in den Vordergrund stellt - überhaupt noch zu erreichen ist. Darüber hinaus dürfte mit der vorgeschlagenen strafrechtlichen Abwertung der Urkundenfälschung eine Verunsicherung und Beunruhigung hinsichtlich der Wirksamkeit des verbliebenen Strafrechtsschutzes in weiten Kreisen der Bevölkerung einhergehen. Eine solche Verunsicherung wäre angesichts des nachweisbaren Interesses an der Sicherung der Echtheit von Urkunden kaum hinnehmbar.[12]

Doch sprechen nicht nur diese praktischen Bedenken gegen Weismanns Ansicht, sondern er kann auch sein Versprechen, seine Konzeption könne dem Streit um den Begriff der Urkunde aus dem Wege gehen, nicht einlösen. Schließlich ist

---

[12] Vorentwurf zu einem deutschen Strafgesetzbuch, Begründung, Besonderer Teil, Berlin 1909, S. 788 f.

zu ermitteln, welche Fälschungen der Gesetzgeber für so gefährliche Mittel zur Begehung oder Verdeckung einer strafbaren Handlung ansieht, daß diese das Delikt qualifizieren können.[13] Auch Weismann[14] selbst hegt Zweifel an der Richtigkeit seiner Konzeption, da er - ohne die Ausdehnung anderer Delikte zu erwägen - eine allgemeine Strafdrohung gegen die Urkundenfälschung an sich für erforderlich hält. Mit diesem Zugeständnis geht aber notwendigerweise eine Anerkennung eines selbständigen, durch die Urkundenfälschung geschützten Rechtsgut einher. Die Annahme, der Urkundenfälschung liege ein selbständiges Rechtsgut zugrunde, wird unausweichlich, wenn man den § 267 a.F. StGB mit der 1943 eingeführten Fassung des § 267 StGB vergleicht.[15] Nach der Neufassung des § 267 StGB handelt es sich bei der Urkundenfälschung nun um ein einaktiges Delikt, das schon das bloße Fälschen unter Strafe stellt. Ein Gebrauchmachen, das zur Verwirklichung anderer Straftatbestände führen kann, ist im Gegensatz zu § 267 a.F. StGB nicht mehr erforderlich. Der Strafgesetzgeber hält also bereits das Manipulieren des Beweiswertes für strafwürdig. Diese gesetzgeberische Entscheidung ist jedenfalls vor dem Hintergrund der Ansicht, daß jedem Straftatbestand ein Rechtsgut zu eigen ist, nur dahin zu verstehen, daß man bei der Neufassung des § 267 StGB von einem eigenständigen Rechtsgut ausging, das wegen seiner Selbständigkeit und Bedeutung nicht dem Schutz durch andere Tatbestände überlassen bleiben könnte und auch die Bestrafung der bloßen Fälschung notwendig machte.[16] Spätestens seit dieser gesetzgeberischen Klarstellung, daß § 267 StGB ein selbständiges Rechtsgut zugrunde liegt, ist - ungeachtet der übrigen Kritikpunkte - eine Anerken-

---

[13] Hanssen, S. 19; vgl. auch Olbricht, ZStW 31 (1911), S. 357, 364.

[14] Vgl. Hanssen, S. 19; Olbricht, ZStW 31 (1911), S. 357, 364.

[15] Strafrechtsangleichungsverordnung vom 29.5.1943.

[16] Forbrich, S. 37; Stehling, S. 244, 245.

nung des "vagen Verbrechens" ausgeschlossen.[17]

II. Das Vermögen als geschütztes Rechtsgut

Die Ansicht, geschütztes Rechtsgut sei das Vermögen, ist ein weiterer Auswuchs der Verquickung von Betrug und Fälschung.[18] Eine solche Schlußfolgerung lag nahe, da zahlreiche Gesetze, wie etwa das Allgemeine Preußische Landrecht,[19] keine eigenständigen Urkundendelikte kannten, sondern diese nur als qualifizierte Betrugsfälle auffaßten. Bei dieser Gesetzeslage bot es sich geradezu an, neben der "immutatio veritatis" als Rechtsgefährdung vor allem auf die konkrete Rechtsverletzung abzustellen. Damit rückte das Vermögen in den Mittelpunkt der Rechtsgutsdiskussion bei § 267 StGB. Schließlich ist das Vermögen das Rechtsgut, das durch eine Urkundenfälschung in zahlreichen Fällen verletzt wird, da die gefälschte Urkunde häufig als Täuschungsmittel eingesetzt wird, um das Opfer zu vermögensmindernden Verfügungen zu bewegen.

Begreift man aber das Vermögen als das durch § 267 StGB geschützte Rechtsgut, so betont man die individuelle Berechtigung bzw. Betroffenheit des Opfers und verkennt, daß es sich bei der Urkundenfälschung um ein eigenständiges Beweisverbrechen handelt. Mag auch der kriminologische Schwerpunkt bei den Fälschungen liegen, die vermögensrechtlichen Folgen bewirken, so besteht aus dogmati-

---

17 Siehe auch Lenz, S. 41, 32 ff.; Olbricht, ZStW 31 (1911), S. 357 (364); Motive, Bd. I, S. 131 f., zum Entwurf eines Strafgesetzbuches für den Norddeutschen Bund nebst Motiven und Anlagen, 1870.

18 Vgl. Vorentwurf zu einem deutschen Strafgesetzbuch, Begründung, Besonderer Teil, Berlin 1909, S. 789.

19 Auch dem 1. Entwurf zu einem preußischen Strafgesetzbuch lag im Anschluß an ALR II 20, §§ 1378 ff., zuletzt noch die Auffassung der Urkundenfälschung als qualifizierten Betrug zugrunde, während das Gesetz selbst diese Auffassung nicht mehr vertrat. Vgl. Lampe, Fälschung, S. 4.

scher Sicht keine Veranlassung, die Urkundenfälschung in die Gruppe der Vermögensdelikte einzubeziehen. Ihr Unrecht liegt nicht in der Interessenverletzung eines Individuums, sondern in der Gefährdung von - noch näher zu bestimmenden - Allgemeininteressen durch die Herstellung oder Verwendung eines Täuschungsmittels.[20] Bereits der Strukturvergleich zwischen Betrug und Urkundendelikt zeigt, daß eine Verquickung von Betrug und Urkundendelikt und die daraus resultierende Annahme, das Vermögen sei das von beiden Delikten geschützte Rechtsgut, nicht haltbar ist. Der Betrug setzt den Eintritt eines Individualvermögensschadens oder zumindest - beim Versuch - einer Vermögensgefährdung voraus, während die Urkundenfälschung bereits durch das Herstellen oder Gebrauchen unechter Urkunden vollendet ist, ohne Rücksicht darauf, ob ein Vermögensschaden oder eine Vermögensgefährdung eingetreten ist oder nicht. Das Erfordernis einer dogmatisch klaren Trennung von Betrug und Fälschung läßt sich auch aus der gesetzgeberischen Entscheidung ablesen, die Fälschung von Legitimationspapieren unter Strafe zu stellen. Diese Strafbarkeitsandrohung ist nicht erklärbar, wenn man das Vermögen als das den Urkundendelikten zugrunde liegende Rechtsgut ansieht, da die Fälschung von Legitimationspapieren als solche keine Vermögensbeeinträchtigung darstellt.[21] Daß das Vermögen bestenfalls ein mittelbar durch § 267 StGB geschütztes Rechtsgut ist, verdeutlicht auch der Umstand, daß sich der Angriff mittels einer gefälschten Urkunde - etwa eines gefälschten Haftbefehls - auch auf ein anderes Rechtsgut - etwa die Freiheit - richten kann.[22] Aus der Erkenntnis, daß das Vermögen

---

20 P.F. Aschrott, in: Reform, S. 228. Ähnlich Sauer, System, S. 181; Geerds, Handwörterbuch der Kriminologie, S. 205, 208; Lampe, Fälschung, S. 4.

21 Dazu Stehling, S. 242 f.; Hanssen, Begriff der Urkunde, S. 22.

22 Lampe, Fälschung, S. 4 unter Hinweis auf Hanssen, S. 22.

nicht das primär durch § 267 geschützte Rechtsgut ist,[23] folgt die klare Trennung von Betrug und Fälschung. Es setzte sich nämlich die Annahme durch, daß der Betrug und die Fälschung zwei voneinander zu trennende Delikte mit jeweils eigenständigen Rechtsgütern sind.

III. Das Recht auf Wahrheit

Als Folge dieser Trennungsbemühungen und aus dem Wissen heraus, daß die Wahrheitsentstellung nicht mehr als Tatmittel, sondern selbst als Rechtsgutsverletzung anzusehen ist, setzt die Entwicklung ein, das Recht auf Wahrheit[24] als das maßgebliche Rechtsgut herauszuarbeiten. Bauer[25] trennt - wohl als erster Vertreter dieser Ansicht - Fälschung und Betrug voneinander, indem er zwischen der "aus einer Verletzung des Rechts auf Wahrheit entspringenden Gefahr einer schädlichen Täuschung" (= Fälschung) und der "durch wirkliche Täuschung verursachten Beschädigung" (= Betrug) unterscheidet. In diesem Differenzierungsversuch Bauers zeigt sich das Bestreben, die bisher bestehende Vermengung von Fälschung und Betrug aufzulösen, d.h. den Betrug aus dem crimen falsi auszugliedern und das crimen falsi auf die Fälschungsdelikte zu beschränken. Mit dem Recht auf Wahrheit erklärt man die Fälschung

---

[23] Ebenso Wach, DJZ 1910, 9 (15); Mittermaier, ZStW 30 (1910), S. 623; Begründung zum Gegenentwurf 1911, S. 161, 212; Stahl, S. 66 Fn. 213; ohne nähere Begründung wird das Vermögen als das durch § 267 StGB geschützte Rechtsgut abgelehnt u.a. von Welzel, Lehrbuch, 11. Aufl., S. 402; Kohlrausch/Lange, 38. Aufl., Vorbem. 3 zu § 267; Blei, BT, S. 252; Schönke, DStR 1943, 137; Forbrich, S. 38; Olbricht, ZStW 31 (1911), S. 357 (358); Ebermayer, Frank-FS II, S. 418, 432; Kern, GS 95 (1927), S. 219 (220).

[24] Vertreter, die das Recht auf Wahrheit als das durch § 267 StGB geschützte Rechtsgut begreifen: Bauer, Lehrbuch, 2. Aufl., § 272; Heffter, Lehrbuch, S. 402 ff.; v. Wächter, Lehrbuch, 2. Teil, S. 212, 220; Henke, Handbuch, 3. Teil, § 151, insbes. S. 5; RGSt 12, 170 (171); Cucumus, NAC X, 513 ff., 681 ff.

[25] Bauer, Lehrbuch, 2. Aufl., § 272.

bereits mit der Vornahme der reinen Fälschungshandlung als erfüllt, während sich der Betrug durch die Vermögensbeschädigung als weitere Rechtsverletzung auszeichnet.[26] Somit gebührt der Lehre von der Verletzung des Rechts auf Wahrheit das Verdienst, den nahezu grenzenlosen Bereich der durch Täuschung bewirkten Rechtsverletzung aufgegliedert und die Verquickung von Betrug und Fälschung beendet zu haben.[27] Allerdings nimmt sie keine Stellung zu dem Problem, daß doch jede Lüge eine Verletzung des Rechts auf Wahrheit darstellt.

Damit ist die entscheidende Schwäche dieser Auffassung angesprochen.[28] Das Strafrecht kennt keine Strafdrohung für die Lüge schlechthin. Es ist immer ein anderes Rechtsgut, um dessentwillen die Lüge bestraft wird, wenn sie dieses Rechtsgut verletzt. So zeigt sich, daß der Gesetzgeber offensichtlich das Recht auf Wahrheit nicht generell für einen ausreichenden Strafgrund ansieht.[29] Auch stellt sich die Frage, ob es ein Recht auf Wahrheit, das man als geschütztes Rechtsgut ansehen könnte, überhaupt gibt. Es ließe sich zwar eine generelle Pflicht zur Wahrheit aus den Sittengesetzen begründen, doch hätte dies keine direkten Auswirkungen auf den Rechtsbereich, denn Recht und Sittlichkeit überschneiden sich zuweilen in ihren Herrschaftsbereichen, sind aber nicht deckungsgleich. Das Recht hat das Sittengesetz nur in dem Umfang zu verwirklichen, als sittlich verwerfliches Verhalten sozial-

---

[26] Vgl. dazu Rheineck, S. 112.

[27] Schilling, Augenscheinsbeweis, S. 47.

[28] Vgl. dazu insbesondere Stehling, S. 243; Rheineck, S. 112; Stahl, S. 66; Samson, JuS 1970, S. 369; Köstlin, Abhandlungen, S. 120; Hanssen, Begriff der Urkunde, S. 23 f.; in diesem Sinne Weismann, VDA BT VII, S. 360; Samson, JA 1979, S. 526, 658.

[29] Womit sich das Problem stellt, das zusätzliche Kriterium zu finden, das die Verletzung des Rechts auf Wahrheit gerade für den Fall der Fälschungsdelikte als strafwürdig erscheinen läßt, vgl. Rheineck, S. 112; Lampe, Fälschung, S. 6 und Fn. 3; Puppe, Jura 1979, S. 630 i.V.m. Fn. 2.

schädlich ist. Demzufolge kann es auch nicht schlechthin die Aufgabe des Strafrechts sein, die Verwirklichung der im Sittengesetz begründeten generellen Pflicht zur Wahrheit sicherzustellen, sondern nur in bestimmten sozialschädlichen Fällen.[30] Fehlt es aber an einer im Recht begründeten Pflicht zur Wahrheit, so scheidet das "Recht auf Wahrheit" als das § 267 StGB zugrunde liegende Rechtsgut aus.[31]

IV. Die verschiedenen Ausprägungen der Publica-fides-Lehre, insbesondere die Ansicht von Hasselberg

Das Fehlen eines absoluten Rechts auf Wahrheit im Sinne eines erzwingbaren Rechtssatzes war Anlaß für die Frage,[32] ob es nicht ein Recht auf Wahrheit wenigstens in bestimmten Fällen gibt. Es scheint doch denkbar zu sein, daß ein durch Strafdrohungen erzwingbares Recht des Staates besteht, im öffentlich-rechtlichen Verkehr mit seinen Bürgern die Wahrheit verlangen zu können.[33] Im Privatverkehr könnte statt dessen ein Recht auf Wahrheit "in solchen objektiven Verhältnissen, deren Natur schon ein größeres und sichereres Vertrauen einflößt, wie bei den Gewährschaften der Treu und des Glaubens oder in Verhältnisse, welche eine besondere Gegebenheit zur Täuschung

---

[30] Vgl. dazu Stehling, S. 243; Botzem, S. 4.

[31] Kritiker des Rechts auf Wahrheit sind u.a.: Hanssen, S. 23 f.; Weismann, VDA BT VII, S. 360; Geßler, GS 14 (1862), S. 141; Samson, JA 1979, S. 526 (658); ders., JuS 1970, S. 369; ders., SK, 4. Aufl., Rdn. 1 zu § 267; Klien, NAC 1817, S. 138 (139); Stehling, S. 243; Köstlin, Abhandlungen, S. 120 f.; Stahl, S. 66; Rheineck, S. 112; Lenz, S. 5.

[32] Begünstigt wurde diese Fragestellung durch den Umstand, daß einige Landesstrafgesetzbücher des 19. Jahrhunderts eine Gruppe von Delikten kannten, die als gegen Treu und Glauben gerichtet zusammengefaßt wurden. Vgl. u.a. Bayern 1813, Oldenburg 1814, Württemberg 1839 - zitiert nach Botzem, S. 4 einschl. Fn. 1.

[33] Ortloff, Lüge, S. 58.

bieten",[34] anzuerkennen sein. Solche Gewährschaften wären insbesondere die Urkunden, da sie neben den Münzen oder Gewichten zu den spezifischen Formen gehören, denen ein durch Gesetz oder allgemeine Rechtsanschauung begründetes Vertrauen entgegengebracht wird.[35] Die Urkunden sind nicht nur das Mittel zur Beglaubigung von erheblichen Tatsachen, sondern ihnen wird in jedem Fall aufgrund der Dauerhaftigkeit der Gedankenverkörperung ein höherer Wert beigelegt als der einfachen mündlichen Versicherung.[36] Mit dieser Einsicht war die Lehre von der publica fides[37] geboren. Denn man leitete aus diesem Vertrauen nicht nur den Anspruch auf Erzwingbarkeit der Nichttäuschung ab, sondern sah auch darin die Berechtigung für das Aufstel-

---

34 Ortloff, Lüge, S. 40.

35 Marezoll, Criminalrecht, § 157 S. 538, ; Lenz, S. 30; v. Dohna, Zycha-FS, S. 482. - Vgl. auch Rheineck, S. 113: Für sie liegt in der Erkenntnis von Cucumus, Betrug, S. 11, daß sich der Bereich des Rechts auf Wahrheit durch das Kriterium der Anwendung besonders gefährlicher Täuschungsmittel beschränken läßt, bereits der Ausgangspunkt für die Weiterentwicklung der Lehre vom Recht auf Wahrheit zur Publica-fides-Lehre. Cucumus, Betrug, S. 11: "Diejenigen Fälle des Gebrauchs der Unwahrheit, in welchen diese bleibend thatsächlich geworden ist, müssen also eigens aufgefaßt werden als Verbrechen wider das Recht auf Wahrheit." Hierin zeigt sich, daß für Cucumus sich die Täuschungsabsicht des Täters in dem gefälschten Gegenstand manifestiert und objektiviert mit der Folge, daß dessen Einsatz bei der Begehung der Tat das Erkenntnisvermögen des Opfers zwingend in eine bestimmte Richtung lenkt.

36 Schwarze, GA 22 (1874), S. 3.

37 Vertreter der Lehre von der publica fides (zum Teil mit Differenzierungen) sind u.a. Köstlin, Abhandlungen, S. 120 f.; Ortloff, Lüge, S. 240; Hälschner II, S. 513 ff. (514, 516); P. Merkel, Urkunden im Strafrecht, S. 202 ff.; Schütze, Lehrbuch, S. 470 f., 484 f.; Berner, Lehrbuch, S. 578; Wachenfeld, Lehrbuch, S. 490; RGSt 27, S. 301; Beling, Grundzüge, S. 92; Mezger, Grundriß, 3. Aufl., S. 210 f.; ders., ZdAfdR 1941, S. 181 f., unter starker Betonung der Form; ebenso Schwarze, GA 22 (1874), S. 3; Warhaneck, Reform (1926), S. 290 f. Der Begriff publica fides wird wohl von Roßhirt, S. 13, geprägt. Vgl. dazu Lampe, Fälschung, S. 5.

len von Strafnormen.[38] Die unterschiedlichen Ansichten über Umfang und Gegenstand des öffentlichen Vertrauens zeigen aber, daß es sich bei den unter den Oberbegriff "fides publica" zusammengefaßten Lehrmeinungen um eine sehr heterogene Gruppe handelt.[39] Die Bandbreite der Auffassungen erstreckt sich von einem sehr weitgefaßten bis zu einem auf Urkunden- und Münzdelikte begrenzten Bereich der fides publica:

Einige Autoren gehen[40] von einer derart weiten Fassung der publica fides aus, daß sie neben den Urkundendelikten nicht nur die Münz- und Eidesdelikte, sondern auch die falsche Anschuldigung in die Gruppe der Delikte gegen Treu und Glauben einordnen, da ihrer Ansicht nach die Fälschung dort Echtheit und Wahrheit untergräbt, wo sie im Rechtsverkehr in besonderem Maße erwartet wird. Dieser Ansicht nahe kommen diejenigen Verfechter der "Fides-publica-Lehre", die die Fälschung als "Gefährdung des öffentlichen Vertrauens mittels Verletzung der Echtheit von oder an Beglaubigungsformen, Zeichen und Gegenstände für rechtlich bedeutsame Tatsachen"[41] verstehen. Demgegenüber beschränken Wachenfeld[42] und, ihm folgend, Beling,[43] die fides publica auf das Vertrauen in die Echtheit von Urkunden und Münzen. Unabhängig von der jeweiligen Ausprägung der Lehre von der fides publica gebührt ihr - genau wie der Lehre vom Recht auf Wahrheit, mit der sie die naturrechtliche Wurzel teilt[44] - das Verdienst, die verschiedenen Bereiche von Betrug und Fälschung aus der

---

38 Vgl. Botzem, S. 4 f.

39 Vgl. den Überblick bei Samson, Urkunde und Beweiszeichen, S. 103; v. Wissel, S. 13 ff. Nach Rheineck, S. 114, bleibt es unklar, auf welche Gegenstände sich die publica fides richten soll.

40 Mezger, Grundriß, 3. Aufl., S. 210.

41 Schütze, Lehrbuch, S. 470 f.

42 Wachenfeld, Lehrbuch, S. 566.

43 Beling, Grundzüge, S. 92.

44 Botzem, S. 4.

grenzenlosen Weite des crimen falsi herauskristallisiert zu haben.[45] Darüber hinaus hat sie erkannt, daß es bei der Urkundenfälschung nicht um Individualschutz geht, sondern daß es sich um ein Rechtsgut der Allgemeinheit handelt.[46] Doch zeigt gerade das uneinheitliche Bild der zahlreichen voneinander abweichenden Auffassungen die inhaltliche Unbestimmtheit der publica fides.[47] Diese Lehre kann daher weder den Verbotsinhalt einer Norm kennzeichnen noch eine den rechtsstaatlichen Anforderungen entsprechende Tatbestandsbeschränkung bieten.[48] Schließlich läßt sich je nachdem, was man unter Treu und Glauben versteht, jedes Delikt als Verstoß gegen Treu und Glauben auffassen.

Die Publica-fides-Lehre wirft ein weiteres Problem auf: Erblickt man in der Fälschung die Verletzung des öffentlichen Vertrauens, so scheint auch der Urkundenbegriff vorgegeben zu sein. Schließlich soll die Strafvorschrift

---

45 Rheineck, S. 116; Schilling, S. 52.

46 Sieber, S. 267; Stehling, S. 263; vgl. schon v. Lilienthal, ZStW 15 (1895), S. 260, 341.

47 v. Liszt, Die falsche Aussage vor Gericht oder öffentlicher Behörde nach deutschem oder österreichischem Recht, Graz 1877, S. 10: "Publica fides! In der Tat ein dichterisch schönes ideal klingendes Wort, mit dem sich unsere verunglückte deutsche Zwitterbildung 'öffentliche Treue und Glauben' lange nicht messen kann. Aber wenn wir uns anschicken, den Begriff zu zergliedern, merken wir da nicht sofort, daß sein Ursprung nicht in den Schriften der haarspaltenden, eleganten distinguierenden Juristen des klassischen römischen Rechts zu suchen ist, sondern daß er den berühmtesten Viel- und Schönredner des Altertums zum Vater hat. Gleicht die publica fides nicht jenen Seetieren, welche aus der Ferne betrachtet durch ihr Phosphorisieren das Auge des sinnenden Beschauers entzücken, und mit der Hand ergriffen in eine gallertartige Masse zerfließen?" Binding, Lehrbuch, S. 124; Botzem, S. 5; Hanssen, S. 23 und Fn. 53 auf S. 24; Schilling S. 49; Sieber, S. 267; Rheineck, S. 114 f.; v. Hippel, Lehrbuch I, S. 340: "Interessen der Allgemeinheit".

48 Im einzelnen Stehling, S. 243 f.; ebenso auch Geerds, ZStW 74 (1962), S. 245 (263), ausgehend von der Warenfälschung.

zum Schutz des Rechtsguts ergehen, d.h. hier, zum Schutz der publica fides. Wenn die Rechtsgüter dem Strafgesetzgeber vorgegeben sein sollen[49], dann muß das öffentliche Vertrauen etwas sein, was vor und unabhängig von der Strafnorm existiert. Dann aber hat sich der Umfang der Verbotsnorm an der Existenz und Weite des Rechtsguts zu orientieren. Die Vielfalt dessen, was man unter publica fides verstand, steht aber dieser Erwartung entgegen.[50] Die publica fides ist folglich als Bestimmung des Rechtsguts zu allgemein, um genaue Schlußfolgerungen für den Tatbestand des § 267 StGB zuzulassen.[51]

Die Fides-publica-Lehre gibt auch keine Antwort auf die Frage, warum nur die Herstellung unechter und nicht auch unwahrer Urkunden bestraft wird, obwohl doch das öffentliche Vertrauen auch durch letztere beeinträchtigt wird.[52] Schon Binding erhebt den Vorwurf, die Lehre von der publica fides sei das alte Recht auf Wahrheit im neuen Gewand,[53] was angesichts der gemeinsamen im Naturrecht liegenden Wurzel sowohl der Lehre von der publica fides als auch der Lehre vom Recht auf Wahrheit nicht überrascht.[54] Binding hat gezeigt, daß die Gegenstände, die als Gegenstand der öffentlichen Treue gelten, nur deshalb als solche qualifiziert werden, weil an diese Gegenstände, an denen sich die Fälschung vollzieht, nach Gesetz oder Gewohnheit der Glaube an die Wahrheit geknüpft ist. Jedenfalls läßt sich die Beschränkung des Strafrechtsschutzes auf die Echtheit der Urkunde nicht

---

49 Siehe oben S. 12 ff.

50 Samson, Urkunde und Beweiszeichen, S. 103.

51 Rheineck, S. 115; Lampe, Fälschung, S. 5 (nicht so deutlich); Kohler, VDA BT III, S. 211.

52 Samson, JuS 1970, S. 369; ausführlich Binding, Lehrbuch, S. 121 ff.; Rheineck, S. 115; Hanssen, S. 23; Stahl, S. 66.

53 Binding, Lehrbuch, S. 121 ff. (124); ebenso Lampe, Fälschung, S. 5 f.

54 Botzem, S. 4; Lampe, Fälschung, S. 5.

aus dem Rechtsgut der publica fides ableiten - dann müßte die Wahrheit gleichfalls geschützt sein. Die Beschränkung auf die Echtheit erfolgt vielmehr aus der positiven Ausgestaltung des § 267 StGB; der Grundsatz, daß der Strafrechtsschutz dem Rechtsgut zu folgen habe, wird hier geradezu in sein Gegenteil verkehrt.[55] Die Publica-Fides-Lehre versäumt auch darzulegen, warum die plump gefälschte und als solche erkennbare Urkunde überhaupt geeignet sein soll, stets das öffentliche Vertrauen in die echte Urkunde zu erschüttern.[56] Diesem Einwand begegnen zwar einige Vertreter der Publica-fides-Lehre mit dem Argument, daß der Schutz des Vertrauens in eine "Wahrheit der Form" den Kern des § 267 StGB erfasse. Doch verkennen sie, daß die Errichtung von Urkunden weder an eine besondere Form, noch an ein staatlich kontrolliertes Verfahren, noch an bestimmte, besonders bedeutsame Inhalte gebunden ist. Ein gewisses formales Element enthält die Urkundenfälschung nur insofern, als die Täuschung über den Aussteller durch Herstellung einer unechten Erklärungsverkörperung geschehen muß, also nicht jede mündliche oder schriftliche Behauptung genügt, ein anderer habe eine bestimmte Erklärung abgegeben. Im übrigen ist die durch § 267 StGB unter Strafe gestellte Täuschung nur durch ihren Inhalt bestimmt, nämlich, daß eine bestimmte Person eine bestimmte Erklärung abgegeben hat.[57] Das alles sind Bedenken, auf die die publica fides keine Antworten weiß, und die mit ein Grund für die Ablehnung dieser Ansicht sind.[58]

---

55 Vgl. auch Rheineck, S. 116; ebenso Samson, SK, 4. Aufl., Rdn. 1 zu § 267.

56 Binding, Lehrbuch, S. 121 ff. (126).

57 Puppe, Jura 1979, S. 630 f.

58 Siehe außer den bisher genannten Kritikern noch Mittermaier, Criminalgesetzgebung, S. 123 f., 132; Weismann, VDA BT VII, S. 360; Lampe, Fälschung, S. 5 f.; Puppe, Technische Aufzeichnungen, S. 168 ff.

In neuerer Zeit hat Hasselberg[59] versucht, den Strafrechtsschutz, den Urkunden genießen, mit dem gesteigerten Vertrauen der Öffentlichkeit zu rechtfertigen. Insoweit stimmt er mit den übrigen Vertretern der alten Publica-fides-Lehre überein. Er unternimmt es, den Hauptkritikpunkt an der Publica-fides-Lehre auszuräumen und zu erklären, warum die Urkunde nur bezüglich ihrer Echtheit, nicht aber bezüglich ihrer inhaltlichen Richtigkeit geschützt wird. Seiner Argumention legt er folgendes Gegensatzpaar zugrunde: Die Wahrheit einer schriftlichen Erklärung beurteile sich für den Empfänger der Erklärung aus der persönlichen Glaubwürdigkeit des Ausstellers. Dahingegen beurteile sich die Echtheit nach Kriterien wie der Handschrift, der Verwendung von Vordrucken, Firmenköpfen auf Briefbogen und ähnlichem, also nach sachlichen, von der persönlichen Glaubwürdigkeit des Ausstellers unabhängigen Kriterien. Diese sachlichen, von der persönlichen Glaubwürdigkeit des Ausstellers unabhängigen Kriterien seien grundsätzlich durch Augenschein feststellbar, so daß der Echtheitsbeweis Augenscheinsbeweis sei, der losgelöst von irgendwelchen Behauptungen des Ausstellers erfolge. Diese Gegebenheiten sollen - nach Ansicht von Hasselberg - Anlaß für den Empfänger sein, auf die Echtheit stärker zu vertrauen als auf die inhaltliche Richtigkeit der verkörperten Gedankenerklärung. Infolgedessen sei die "visuelle Nachprüfbarkeit von Urkunden in bezug auf ihre Echtheit" eine ihrer typischen Eigenschaften. Diesen äußeren Anschein der Echtheit trage aber auch die gefälschte Urkunde, so daß sie die "Verläßlichkeit objektiver Erkenntnismittel" zerstöre, also das Vertrauen auf die Echtheit enttäusche. Diesen Gedanken baut Hasselberg bei solchen Schriftstücken aus, die über keine nachprüfbaren Echtheitsmerkmale verfügen, wie etwa bei einem mit Maschinenschrift ge- und unterschriebenen Brief, der keine sonstigen Zusätze wie Briefkopf oder an-

---

59 Hasselberg, S. 38 ff.

dere Besonderheiten, etwa Papiersorte, aufweist.[60] Für solche Fälle stützt Hasselberg seine These vom Vertrauen auf die Echtheit darauf, daß er von einem zugunsten der Echtheit bestehenden erheblichen Vertrauensvorschuß ausgeht. Schließlich habe, so argumentiert er, die Rechtsordnung mit Hilfe der gegen Urkundenfälschung angeordneten Strafe Wertungen zum Ausdruck gebracht, die die Schwere der Verstöße gegen wichtige Ordnungsnormen aufzeigen. Dieser zugunsten der Echtheit bestehende Vertrauensvorschuß hebe die unechten Urkunden aus dem Kreis der schriftlichen Lüge heraus.[61]

Nun mag Hasselberg Recht mit seiner Annahme haben, daß eine Echtheitsvermutung zugunsten von Urkunden besteht. Doch kann er diese Echtheitsvermutung nicht zwingend und ausschließlich als Grundlage für ein gesteigertes Vertrauen in die Echtheit von Urkunden ansehen, da jede Vermutung der Möglichkeit des Gegenbeweises unterliegt und deshalb mit dem Vorbehalt der Widerlegbarkeit behaftet ist.[62] Deshalb ist der Rettungsversuch Hasselbergs zugunsten der Fides-publica-Lehre als gescheitert zu betrachten. Auch er konnte keine plausible Erklärung für die Differenzierung zwischen Fälschungs- und Wahrheitsschutz geben.

V. Der Beweisakt als geschütztes Rechtsgut

Während die Lehren vom Recht auf Wahrheit und der publica fides bei ihren Rechtsgutsbestimmungen die Wahrheitserwartungen des einzelnen oder der Gemeinschaft mehr oder weniger in den Vordergrund stellen, gibt es gegenläufige Tendenzen, die auf das Tatobjekt selbst und seine Beweiseignung abstellen.

---

60 Hasselberg, S. 61 ff.

61 Hasselberg, S. 65 ff.

62 Schilling, S. 102 ff. (106); Rheineck, S. 119.

Diese Entwicklung deutet sich schon bei denjenigen Befürwortern der publica fides an, die besonders in der Form der Urkunde den Gegenstand des öffentlichen Vertrauens sehen.[63] Hier ist besonders Binding zu nennen.[64] Im Gange seiner Kritik, die Lehre von der publica fides gehe auf das Recht auf Wahrheit zurück, zeigt er auf, der Beweisakt sei das geschützte Rechtsgut. Für ihn stellt die Urkundenfälschung keinen Angriff auf das Beweismittel dar, sondern er sieht sie als einen durch verbotenes Manipulieren mit den Beweismitteln bewirkten Angriff auf den Beweis selbst an. Indem Binding auf den Beweisakt als geschütztes Rechtsgut abstellt, versucht er, sich vom Recht auf Wahrheit als Rechtsgut zu lösen. Dies gelingt ihm allerdings nicht. Er bleibt trotz seiner geharnischten Kritik an diesem Ausgangspunkt letztlich der Idee des Rechts auf Wahrheit verhaftet,[65] da über die Wahrhaftigkeit des Beweismittels die Wahrheit schlechthin als geschütztes Rechtsgut erscheint. Denn Bindings Ansicht nach wird die "Reinheit der Beweisführung" durch die "Echtheit und Wahrhaftigkeit" bedingt, so daß nicht nur die "Reinheit des Beweisaktes", sondern auch die Wahrheit als

---

63 Mezger, ZdAfdR 1941, 181 (182); Schwarze, GA 22 (1874), S. 3; wohl auch A. Merkel, Abhandlungen, 1. Hälfte, S. 15 ff., 67 f., 71 f., noch unter Berufung auf die publica fides; ebenso ders., Rechtsgutsachten, S. 338; wohl schon Alsberg, GS 66, (1905) S. 60 f., nennt als Gegenstand der publica fides "bestimmte Formen, die die Rechtssprache als Beweismittel" ansieht.

64 Binding, Lehrbuch, S. 115:

65 Siehe die Einschätzung bei Weismann, VDA BT VII, S. 360, 361 und Fn. 1, 363; Schilling, S. 134; Rheineck, S. 120 f.; Samson, Urkunde und Beweiszeichen, S. 107; Puppe, Technische Aufzeichnungen, S. 168; vgl. auch P. Merkel, Urkunden im Strafrecht, S. 203 und Fn. 3 auf S. 204, der die "Sicherheit des außergerichtlichen und gerichtlichen Beweises mit Urkunden" als Rechtsgut begreift und sich damit in Übereinstimmung mit Binding sieht, aber die Bindingsche Auffassung teils erweitert und teils begrenzt.

Beweisziel gewährleistet ist, wenn diese beiden Voraussetzungen gegeben sind.[66]

VI. Das Erkennen der Bedeutung des Tatobjektes und seiner Beweiseignung für die Rechtsgutsbestimmung

1. Adolf Merkel

Nach Merkel[67] ist das Tatobjekt und seine Beweiseignung das ausschlaggebende Moment der Rechtsgutsbestimmung: "Demnach ist ... gemeinsam die Verletzung des Kredits (der Beweiskraft) gewisser Beglaubigungsformen (Urkunde ...) für rechtlich relevante Tatsachen."[68]

Diese Ansicht blieb freilich nicht unwidersprochen.[69] Ihr wurde etwa vorgeworfen, das Objekt der Fälschung ließe sich so nicht mehr vom Rechtsgut trennen, oder die Be-

---

66 Schilling, S. 134; weitere Kritik an Bindung bei v. Wissel, S. 58.

67 A. Merkel, Abhandlungen, 1. Hälfte, S. 15 ff., 67 ff.; Rechtsgutachten, S. 331, 338 f. Merkel hat sich wohl als erster von der Auffassung gelöst, bei der Fälschung werde zunächst die den Tatobjekten entgegengebrachte Wahrheitserwartung enttäuscht, vgl. auch ders., Handbuch, S. 784; ders., Betrug, S. 17; ähnlich allerdings schon Geßler, GS 14, S. 148, der die Urkundendelikte als "Mißbrauch der im Verkehre als Beglaubigungsmittel ... dienenden Schriften" bezeichnet.

68 Merkel, Rechtsgutachten, S. 331, 338. Damit gelingt es ihm, die Ausdehnung seiner Fälschungslehre auf die schlichte Täuschung zu verhindern. Die Weiterentwicklung dürfte in der von v. Dohna vertretenen Auffassung zu sehen sein, daß als taugliche Fälschungsobjekte nur sogenannte Gewährschaftsträger in Betracht kommen. Darunter versteht er alle Sachen, an die sich "die Gewährschaft einer in ihnen dokumentierten Rechtsposition knüpft", v. Dohna, Zycha-FS, S. 482; kritisch dazu Schilling, S. 140, 141 und Fn. 74.

69 Binding, Lehrbuch, S. 127; P. Merkel, Urkunden im Strafrecht, S. 202 f.; Lampe, Fälschung, S. 6; Jagusch, LK, 8. Aufl., Vor § 267 Anm. 2; Schilling, S. 137 f.

glaubigungsform werde überbetont.[70] Obwohl Merkels Ansicht vorerst nur vereinzelt Anhänger fand, lenkte sie doch das Augenmerk der verschiedenen Autoren auf die Bedeutung des Tatobjekts und stärkte die - heute wohl einhellig vertretene - Auffassung,[71] daß § 267 StGB dem Schutz von Allgemeininteressen dient.

2. Die heute herrschende Meinung: "Sicherheit und Zuverlässigkeit des Rechtsverkehrs"

Die Entwicklung zum Allgemeinrechtsgut hat ihren vorläufigen Abschluß in der heute überwiegend vertretenen Feststellung gefunden, daß die Sicherheit und Zuverlässigkeit des Rechtsverkehrs[72] als das den Urkundendelikten zugrunde liegende Rechtsgut anzusehen ist. Die Urkunde verkörpere eine Gedankenerklärung und mache sie so dauerhaft und rational nachvollziehbar. Gerade durch diese Perpetuierung hebe sie sich von den anderen prozessualen Beweismitteln ab - insbesondere vom Zeugenbeweis -, sei ihnen überlegen und gewinne damit an Bedeutung für den Rechtsverkehr. Schließlich beruhe die Sicherheit des Rechtsverkehrs auf der Echtheit und der Existenz der in ihm verwendeten Urkunden. Denn genau wie der wirtschaftliche Verkehr der Zirkulationsmittel als abstrakter und damit perpetuierter Wertträger bedürfe, so bediene sich der Rechtsverkehr der Urkunden als verkörperter und damit gleichfalls perpetuierter Erklärungen.

---

70 Binding, Lehrbuch, S. 127; Schilling, S. 138; Lampe, Fälschung, S. 6.

71 Vgl. nur die Einschätzung Kienapfels, Jura 1983, S. 185, 187.

72 RGSt 7, 52; Frank, 18. Aufl., Vorbem. vor § 267, S. 607; Gerland, S. 432; Niethammer, S. 302 Anm. 1 d; Schönke, DStR 1943, S. 137; Ebermayer, Frank-FS II, S. 418; Tröndle, Niederschriften VI, S. 152, 171; Dreher/Tröndle, 45. Aufl., Rdn. 1 zu § 267; Burkhardt, SchwZStr 76 (1964), 81; Forbrich, S. 48; Hirsch, ZStW 83 (1970), S. 411; Seier, JA 1979, S. 133 f.; Schlüchter, Normative Tatbestandsmerkmale, S. 110.

Die von vielen Autoren stereotyp übernommene Floskel[73], wonach die Sicherheit und Zuverlässigkeit des Rechtsverkehrs das dem § 267 StGB zugrunde liegende Rechtsgut sei, krankt an ihrer mangelnden Aussagekraft. Sie findet schon keine Absicherung durch die systematische Stellung des § 267 StGB im Gesetz, da die dem 23. Abschnitt vorhergehenden und nachfolgenden Abschnitte, also Betrug und Erpressung auf der einen und die Konkursstraftaten auf der anderen Seite, keine Fälschungsdelikte enthalten. Aus dieser systematischen Stellung des § 267 StGB könnte man allenfalls den Schluß ziehen, daß die Paragraphen des 23. Abschnitts[74] dem Vermögensschutz dienen sollen, ein Ergebnis, das für § 267 StGB - wie bereits gezeigt - nicht überzeugen kann.[75]

Der Wortlaut des § 267 StGB gibt zwar nur den vagen Hinweis, daß der Täter die strafbaren Handlungen zur "Täuschung im Rechtsverkehr" vornehmen muß, doch ist der Wortlaut auslegungsfähig. Der Rechtsverkehr ist geprägt von den Beziehungen der verschiedenen Rechtssubjekte, die darauf gerichtet sind, Rechte zu begründen, aufzuheben, inhaltlich zu verändern oder festzustellen. Die Urkunden als Tatobjekte des § 267 StGB können diesen Rechtsverkehr

---

[73] Siehe nur Schöning, Telegramm, S. 213, 215, 295, 298; Ebermayer, Frank-FS II, S. 418; Niese, DRiZ 1951, S. 177; Sax, MDR 1951, S. 587 f..

[74] Vgl. die umstrittene Frage, ob allen Urkundendelikten das gleiche Rechtsgut zugrunde liegt: Dafür: ausführlich Forbrich, S. 48-51; Schilling, S. 141, der die Institution der Urkunde als das Rechtsgut auffaßt; Stahl, S. 60 ff., insbes. S. 64; Maurach, BT, 4. Aufl., S. 450; 5. Aufl., S. 475; ohne nähere Begründung: Lampe, Fälschung, S. 6; wohl auch Warneyer, GA 41 (1893), S. 2, 4 f. - Dagegen: Kohlrausch, Handwörterbuch, S. 335; Schöning, Telegramm, S. 295; Mezger, Grundriß, S. 211; Teuffel, Materialien, 2. Bd., S. 388; vgl. Kienapfel, Jura 1983, S. 185, 187 f., der zwischen Rechtsgut und ratio legis der einzelnen Urkundendelikte trennt.

[75] Der gegenwärtige Standort der Urkundendelikte im Strafgesetzbuch läßt sich nur aus der historischen Zuordnung zum Betrug erklären; vgl. Geerds, Handwörterbuch der Kriminologie, S. 205.

aber nur dann beeinflussen, also solche Rechtsbeziehungen gestalten, wenn sie selbst eine rechtserhebliche Eigenschaft haben. Diese Schlußfolgerung findet in der vor 1943 geltenden Fassung des § 267 StGB eine Stütze. Danach waren nämlich unter anderem Privaturkunden, welche zum Beweis von Rechten oder Rechtsverhältnissen erheblich waren, geschützt. Insofern liegt es nahe, die Beweismitteleigenschaft für die rechtserhebliche Eigenschaft der durch § 267 StGB geschützten Gegenstände zu halten.[76]

Dieses Ergebnis findet seine zusätzliche Bestätigung in den gesetzgeberischen Leitgedanken, die der Normierung des § 267 StGB zugrunde liegen. Die in den Motiven[77] festgehaltenen gesetzgeberischen Aussagen, wonach die Urkundengegenstände in ihrer Eigenschaft als "Beweismittel für Rechte und Rechtsverhältnisse" und wegen "dieser gerichtlichen wie außergerichtlichen Bedeutung" zu schützen seien, lassen nämlich den Schluß zu, daß die Sicherheit und Zuverlässigkeit des Rechtsverkehrs das durch § 267 StGB geschützte Rechtsgut ist. Der Gesetzgeber hat seiner Auffassung durch die Strafrechtsangleichungsverordnung des Jahres 1943 Rechnung getragen, indem er konsequenterweise den § 267 StGB in ein einaktiges Delikt umgestaltete. Schließlich gefährdet bereits die Fälschung als solche die Sicherheit des Rechtsverkehrs, ohne daß es eines Gebrauchmachens zu Täuschungszwecken bedürfte. Dies zeigt sich gerade in den Fällen, in denen ein Gutgläubiger das Falsifikat gebraucht.[78]

---

[76] Vgl. dazu Forbrich, S. 38.

[77] Motive zu den Entwürfen eines Strafgesetzbuches für den Norddeutschen Bund, Berlin 1870, S. 131 f.

[78] Vgl. dazu auch die Motive zu den Entwürfen eines Strafgesetzbuches für den Norddeutschen Bund, Berlin 1870, S. 131, wonach "... bereits in der Fälschung der Urkunde überhaupt die Herstellung eines gefährlichen Mittels zur Täuschung anderer" liege.

Es wäre allerdings falsch zu glauben, man habe mit der "Sicherheit und Zuverlässigkeit des Rechtsverkehrs" bereits das Rechtsgut des § 267 StGB bestimmt.

So hält Schilling[79] den meisten Vertreter der referierten Ansicht entgegen, durch die Publica-fides-Lehre beeinflußt zu sein. Bereits Hälschner,[80] der die Wahrheitsentstellung für das entscheidende Moment bei den Urkunden- und Münzdelikten hielt, glaubte, daß diese Wahrheitsentstellung die Sicherheit des rechtlichen Verkehrs gefährde. Mit dieser Feststellung eröffnet er das Einfallstor für die Publica-fides-Lehre, um die Ansicht, das geschützte Rechtsgut sei die Sicherheit und Zuverlässigkeit des Rechtsverkehrs, zu unterwandern. Demzufolge verwundert es nicht, daß die Einwände gegen die Auffassung, die Sicherheit und Zuverlässigkeit des Rechtsverkehrs sei das Rechtsgut der Urkundendelikte, denen ähneln, die gegen die Publica-fides-Lehre ins Feld geführt werden.[81] Dem Rechtsgut der Sicherheit und Zuverlässigkeit des Rechtsverkehrs wird vorgeworfen, es sei trotz Ausklammerung der privaten Interessen[82] zu allgemein und zu weit umschrieben und könne deshalb keine konkrete Hilfe für die Auslegung einzelner Tatbestandsmerkmale geben.[83] Die Rechtsgutsbeschreibung "Sicherheit und Zuverlässigkeit des Rechtsverkehrs" gibt auch keine Anhaltspunkte dafür, nach welchen Kriterien die Urkundenfälschung von den Aussagedelikten abzugrenzen sind, obwohl auch diese sich gegen

---

79 Schilling, S. 64 ff.; ähnlich Rheineck, S. 116; Lenckner, NJW 1967, S. 1890 (1892).

80 Hälschner, II, 2, S. 514 ff., 904.

81 Rheineck, S. 118.

82 Rheineck, S. 118.

83 Schilling, S. 133; Kienapfel, Jura 1983, S. 185 f.; dagegen Sauer, System, S. 180 f., der sogar glaubt, durch die Beschränkung auf den Rechtsverkehr werde das Schutzgut zu stark eingeschränkt, und deshalb Rechts- und Gerichtsverkehr zugrunde legt.

den Beweisverkehr richten.[84] Die gewählte Rechtsgutsumschreibung erfaßt demnach als konturenloser Auffangbegriff die verschiedenartigsten Rechtsgüter, denen lediglich gemeinsam ist, daß sie mittelbar oder unmittelbar durch die Fälschung verletzt werden.[85] Außerdem kann die Sicherheit und Zuverlässigkeit des Rechtsverkehrs keine Antwort auf die Frage geben, warum nicht auch die schriftliche Lüge als ein Verstoß gegen die Wahrheit von Urkunden verboten wird, obwohl auch diese die Sicherheit und Zuverlässigkeit des Rechtsverkehrs berührt.[86] Allerdings begegnet man dem Vorwurf, die Rechtsgutsbestimmung verliere sich in einer uferlosen Weite, mit einem Hinweis auf die Rechtswirklichkeit. Eine Folge des geordneten und immer komplexer werdenden Gemeinschaftslebens sei die engmaschig gewordene Gesetzgebung und die daraus resultierende Dichte der rechtlich geregelten Beziehungen zwischen den Rechtssubjekten. Aus dieser Situation sei aber kein Argument gegen die allgemeine Fassung des Rechtsguts herzuleiten, denn mit der Dichte der rechtlich geregelten Beziehungen steige auch die Bedeutung der urkundlichen Beweismittel. Schließlich dienten sie dazu, die Geltendmachung von Ansprüchen und den Nachweis der verschiedenen Rechte und Pflichten zu ermöglichen. Erst wenn der in der Definition als Rechtsverkehr gekennzeichnete Bereich die ungeschriebenen Regeln der Sitte und Moral erfassen würde, verlöre sich der Begriff ins Ufer- und Konturenlose.[87] Ebenso zeige der weitere Einwand, die Sicherheit und Zuverlässigkeit des Rechtsverkehrs sei ein Pauschalbegriff für die verschiedenartigsten, durch die Fälschung verletzten Rechtsgüter, daß ihre Kritiker der Alternative des § 267 StGB in der Form des "Gebrauchmachens von einer

---

84 Stehling, S. 245; ähnlich Kienapfel, Jura 1983, S. 185 f.: Er kritisiert die Untauglichkeit bezüglich der Abgrenzung der verschiedenen Urkundendelikte; S. 187: "Kautschukformel".

85 Hasselberg, S. 56, 57 und Fn. 2.

86 Puppe, Jura 1979, S. 630; Sieber, S. 268.

87 Forbrich, S. 45.

unechten Urkunde" zu große Bedeutung zuerkannt hätten. Unbestritten hätten doch die Alternativen Herstellen und Verfälschen keine Außenwirkung im Rechtsverkehr und trotzdem würden sie ihn abstrakt in erheblichem Maße gefährden.[88]

Es bleibt die Frage, warum nicht auch die schriftliche Lüge von § 267 StGB verboten wird, und sodann das Problem, warum das unzweifelhaft ebenfalls zum Rechtsverkehr zählende Beweismittel des Augenscheins nicht unter den Schutz des § 267 StGB fällt.[89]

3. Versuche, die Formel "Sicherheit und Zuverlässigkeit des Rechtsverkehrs" zu konkretisieren

Diese ungelösten Fragenkreise haben die Autoren vor Augen, die durch konkretisierende Zusätze das gewonnene Ergebnis "Sicherheit und Zuverlässigkeit des Rechtsverkehrs" zumindest als Ausgangspunkt der Rechtsgutsdefinition zu retten versuchen. Die Erweiterung der Rechtsgutsbeschreibung als "Sicherheit und Zuverlässigkeit des Beweisverkehrs **mit Urkunden**"[90] bringt freilich nicht den

---

88 Vgl. Cramer, JZ 1968, 30, 32 f.

89 Vgl. weiterhin Puppe, Jura 1979, S. 630, nach Puppe ist der Formel "Sicherheit und Zuverlässigkeit des Rechtsverkehrs" lediglich zu entnehmen, daß der Rechtsverkehr und nicht der Aussteller geschützt werden soll. Ansonsten sei die Formel nichtssagend, weil tautologisch, was nicht verwundert, wenn man in Betracht zieht, daß sie für den Echtheitsschutz des § 267 StGB den Wahrheitsschutz der §§ 271 ff., 278 f., 348 StGB den Mißbrauchsschutz des § 281 StGB und schließlich auch für den Bestandsschutz des § 274 StGB richtig sein soll. Ähnlich Puppe, Jura 1986, S. 22.

90 Stahl, S. 60 ff., insbes. 61; Geerds, Handwörterbuch der Kriminologie, S. 205; Jagusch, LK, 8. Aufl., Anm. 2 vor § 267; Eser, Studienkurs IV Nr. 19 A 2, S. 205, aber mit weiterer Beschreibung der besonderen Leistungsfähigkeit der Urkunde; Lenckner, NJW 1967, S. 1890 f.; Otto, BT, S. 341; Niese, DRiZ 1951, S. 177: "die Sicherheit des Urkundenbeweisverkehrs";

erstrebten Fortschritt, da sie zu einem Zirkelschluß führt. In der Antwort auf die Frage nach dem Rechtsgut der Urkundenfälschung wird ja gerade die unbekannte Komponente verwendet, der man sich im Wege der Rechtsgutsbestimmung zu nähern hofft.[91] Deshalb haben andere Autoren die Feststellung, geschütztes Rechtsgut sei die Sicherheit und Zuverlässigkeit des Rechts- bzw. Beweisverkehrs - gegebenenfalls erweitert durch den Zusatz "mit Urkunden" - mit Hilfe von solchen Erläuterungen ergänzt, die die eine oder andere Besonderheit der Urkunde ins Rampenlicht rücken.[92] Die Äußerungen einiger exemplarisch ausgewählter Autoren sollen ihre dahingehenden Bemühungen verdeutlichen: Schon Schröder, und ihm folgend Eser[93] und Cramer[94], äußerte sich über das Rechtsgut des § 267 StGB wie folgt: "Denn primäres Schutzgut der Urkundendelikte ist die Sicherheit und Zuverlässigkeit des Rechtsverkehrs mit Urkunden, und zwar insbesondere des Beweisverkehrs, der auf stofflich verkörperte Erklärungen als Beweismittel angewiesen ist und sich darauf soll verlassen können, daß hinter der Erklärung ein bestimmter Aussteller steht, der gleichsam als Garant für die Sicherheit und Verläßlichkeit der Beweisführung einsteht."[95] Lackner[96] vervollständigt seine Feststellung, daß § 267 StGB die Si-

---

Sax, MDR 1951, S. 587 f.: "Sicherheit und Reinheit des Urkundenverkehrs".

91 Sieber, S. 268.

92 Verfechter dieser Ansicht dürften auch die Autoren sein, die den Beweiswert der Urkunde in den Mittelpunkt ihrer Rechtsgutsbestimmung stellen: Lampe, JR 1964, S. 14; ders., Gesamturkunde, S. 6 f.; ders., GA 1964, S. 321; Mosiek, Bestandteilsprinzip, S. 109; Hanssen, S. 25 ff.

93 Eser, Studienkurs IV Nr. 19 A 2, S. 205.

94 Schönke/Schröder-Cramer, Rdn. 1 zu § 267; Cramer, JZ 1968, 31, unter Berufung auf Schröder, in: Schönke/Schröder, 13. Aufl., § 267 Anm. 1.

95 Schröder, in Schönke/Schröder, 14. Aufl., § 267 Rdn. 1.

96 Lackner, 20. Aufl., Anm. 1 zu § 267; Cramer, JZ 1968, 31, unter Berufung auf Schröder, in: Schönke/Schröder, 13. Aufl., § 267 Anm. 1.

cherheit und Zuverlässigkeit des Beweisverkehrs mit Urkunden schützt, mit der weitergehenden Erläuterung, ihre Bedeutung bestehe darin, "daß sie zum Zwecke des Beweises (Beweisfunktion) menschliche Erklärungen perpetuieren (Perpetuierungsfunktion) und dadurch bewirken, daß der jeweilige Urheber (der Aussteller) für seine Erklärung einzustehen hat (Garantiefunktion)." Demgegenüber begnügt sich Seier[97] damit, allein auf die Bedeutung der Perpetuierung abzustellen: "Geschütztes Rechtsgut ist ... die Sicherheit und Zuverlässigkeit des Rechtsverkehrs, für den das wegen seiner Perpetuierungsleistung eminent wichtige Beweismittel der Urkunde unentbehrlich ist."

Allerdings zeigen die wiedergegebenen Beispiele, daß es sich bei deren inhaltlichen Umschreibungen weniger um die Erfassung und Konkretisierung des Rechtsguts, als vielmehr um einzelne Leistungen des strafrechtlichen Urkundenbegriffs geht.[98]

VII. Der gegenüber den Augenscheinsobjekten besondere Wert der Urkunde als Ausgangspunkt für die Rechtsgutsbestimmung des § 267 StGB

Alle bisher vorgestellten Rechtsgutsdefinitionen konnten keine befriedigende Antwort auf die Frage geben, warum unter den sachlichen Beweismittel nur die Urkunde, und diese nur im Hinblick auf ihre Echtheit geschützt wird. Infolgedessen muß diese Frage Ausgangspunkt für die Annäherung an das Rechtsgut des § 267 StGB sein, d.h. eine Antwort hat sich an dem besonderen Wert der Urkunde im Vergleich zu reinen Augenscheinsobjekten zu orientieren. Da diese Vorgehensweise bereits andere Autoren wählten,

---

97 Seier, JA 1979, S. 134.

98 Sieber, S. 269.

um das Rechtsgut des § 267 StGB zu bestimmen, sind deren Einsichten auf ihre Ergebnisrelevanz hin zu überprüfen.[99]

1. Die Zuverlässigkeit der Urkunde als Beweismittel

Manche Autoren[100] erblicken die Besonderheit der Urkunde im Unterschied zu den Augenscheinsobjekten in der Zuverlässigkeit als Beweismittel. Diese Einschätzung findet sich sowohl bei den Autoren, die den Beweiswert der Urkunde[101] als das dem § 267 StGB zugrunde liegende Rechtsgut begreifen, als auch bei denjenigen, die im Mißbrauch der Urkundenform[102] das entscheidende Moment erblicken. Auf die Einzelheiten ist hier nicht einzugehen.[103] Die besondere Zuverlässigkeit der Urkunde ist aber höchst zweifelhaft. Gerade die beim Urkundenbeweis eröffnete Fehlermöglichkeit, nämlich die Möglichkeit zu lügen, fehlt ja dem Augenscheinsbeweis. Die Gefahr einer falschen Deutung bei den Augenscheinsobjekten kommt der Gefahr einer Lüge beim Urkundenbeweis kaum gleich; außerdem ist auch beim Urkundenbeweis eine Fehldeutung möglich.[104]

---

[99] Vgl. etwa Samson, SK, 4. Aufl., Rdn. 2 zu § 267; v. Wissel, S. 58.

[100] Vgl. etwa Frank, 5.-7. Aufl., § 267 Anm. 1; Zeiler, ZStW 34 (1913), S. 846, 850; Burckhardt, SchwZStr 76 (1964), S. 81: "die überragende Bedeutung als klassisches Beweismittel"; D. Meyer, MDR 1973, S. 9 f.

[101] So schon Geßler, GA 10 (1862), S. 441, 443; vgl. auch Lampe, GA 1964, S. 321; ders., Gesamturkunde, S. 6; ders., JR 1964, S. 14.

[102] Pfeiffer/Maul/Schulte, Anm. 1 zu § 267; RG GA 41, S. 221 (225); Kohlrausch, Handwörterbuch, S. 335: Schutz gewisser sachlicher Beweismittel; Bockelmann, BT III, S. 92.

[103] Vgl. v. Wissel, S. 62, der zeigt, wie Beweiskraft, Beweiswert und letztlich die gesamte Institution Urkunde miteinander verwoben sind.

[104] So auch die Einschätzung bei Teuffel, Materialien, 2. Bd., S. 379; vgl. die Fälle bei Peters, Fehlerquellen im Strafprozeß, Bd. II, S. 189; vgl. auch Puppe, Technische Aufzeichnungen, S. 153 f.; Sieber, S. 269 f.

Demnach ist nicht die Zuverlässigkeit als Beweismittel das herausragende Bedeutungsmerkmal der Urkunde.

2. Der "objektive Sinn" als Charakteristikum der Urkunde

Daß Urkunden als menschliche Zeichen einen "objektiven Sinn" besitzen, soll nach Ansicht von Blei[105] das Charakteristikum einer Urkunde sein. Zuzugeben ist natürlich, daß die Urkunde einen Sinn haben muß;[106] doch ist die Urkunde genauso subjektiv und empfängerabhängig wie die Augenscheinsobjekte.[107] Folglich kann der "objektive Sinn" nicht das Urkundenmerkmal sein, das die besondere strafrechtliche Schutzbedürftigkeit dieses Beweismittels erklären kann.

3. Samson: Die Perpetuierungsfunktion

Samson[108] erkennt zu Recht, daß das Vertrauen in die Echtheit von Urkunden erst durch den Strafschutz des § 267 StGB bewirkt wird, also nicht Grund, sondern Folge der Sanktion ist. Er stellt stofflich fixierte und mündliche Erklärung gegenüber und lokalisiert die Überlegenheit der Urkunde in der Perpetuierung der Erklärung und

---

105 Blei, BT, 12. Aufl., S. 307; vgl. dazu ausführlich: Puppe, Technische Aufzeichnungen, S. 154 f. unter Hinweis auf Weismann, ZStW 11 (1891), S. 197; P. Merkel, Die Urkunde im Strafrecht, S. 309; Welzel, Lehrbuch, 11. Aufl., § 59 II, S. 403 ff., als weiteren Vertretern dieser Ansicht.

106 Sieber, S. 270.

107 So überzeugend Puppe, Technische Aufzeichnungen, S. 154 f. i.V.m. Fn. 20; zustimmend: Sieber, S. 270, 305.

108 Samson, Urkunden und Beweiszeichen, S. 107 ff., 111, 117 f.; ders., JA 1979, S. 526 ff.; ders., JuS 1970, S. 369 f.; zustimmend: Rheineck, S. 126, mit der Heranziehung des so gewonnenen Rechtsguts für den Fälschungsbegriff S. 126 ff.

der besseren Beweislage desjenigen, der über eine Urkunde als Beweismittel verfügt. Demgegenüber hängt die mündliche Zeugenaussage zum einen von dem mit der Zeit nachlassenden und deshalb besonders bedenklichen Erinnerungsvermögen des Zeugen ab, und zum anderen gewinnt die Aussagebereitschaft des Zeugen, insbesondere seine Bereitschaft, die Wahrheit zu sagen, für das Zustandekommen der Zeugenaussage ein maßgebliches Gewicht. Die Loslösung der Aussage von ihrem Urheber durch die Perpetuierung begründet aber nicht nur die besondere Bedeutung und Nützlichkeit der Urkunde für den Rechtsverkehr. Die Perpetuierung ist auch die Quelle der urkundenspezifischen Fälschungsmöglichkeit. Die Urkunde kann nicht nur wie jede mündliche Erklärung unwahr sein oder falsch verstanden werden, sie kann darüber hinaus nach ihrer Errichtung verfälscht oder überhaupt gefälscht werden,[109] was angesichts des Umstandes, daß die Urkunde häufig in Abwesenheit des Urkundenempfängers hergestellt wird, sehr leicht fällt. Diese im Gegensatz zur mündlichen Aussage bestehende Unsicherheit hinsichtlich der Authentizität zwischen Aussteller und Erklärung läßt sogar die Frage aufkommen, warum diese faktische Gegebenheit nicht zur völligen Wertlosigkeit der Urkunde und damit der Perpetuierungsleistung führt. Die Antwort darauf gibt die Existenz des § 267 StGB. Denn indem er die Täuschung über den Aussteller als Fälschung bestraft, wird die geschilderte Fälschungsanfälligkeit als typische Schwäche der Urkunde zur kriminellen Ausnahme und ermöglicht dadurch die volle Entfaltung des Perpetuierungsvorteils. Erst die Pönalisierung der Fälschungshandlungen führt zur Tauglichkeit der Urkunde als voll brauchbares Beweismittel. Infolgedessen ist für Samson die Urkunde wegen ihrer Perpetuierungsleistung besonders schutzwürdig und schutzbedürftig, so daß § 267 StGB

---

109 Ein Umstand, den auch andere Autoren betonen: Teuffel, Materialien, 2. Bd., S. 379; v. Wissel, S. 61.

die Funktion hat, die Urkunde zum tauglichen Werkzeug des Rechtsverkehrs zu machen.[110]

Samson hat demnach ein Rechtsgut erarbeitet, das der konkreten Tatbestandsausgestaltung gerecht wird.[111] Er kann zum einen die Besonderheit der perpetuierten gegenüber der mündlichen Aussage erklären,[112] und zum anderen kann er eine nachvollziehbare Erklärung für die bis jetzt ungelöste Frage anbieten, warum nur die Echtheit, nicht aber die Wahrheit der Urkunde geschützt ist. Schließlich hat er dargelegt, daß eine mündliche Aussage mangels einer Verkörperung gar nicht die Leistung einer Urkunde erbringen kann, ein strafrechtlicher Schutz aber nur im Falle der Perpetuierung aufgrund der dadurch eröffneten Fälschungsmöglichkeit erforderlich ist. Demgegenüber muß aber die schriftliche Lüge seiner Ansicht nach konsequenterweise straflos bleiben, weil die Garantie der **besonderen** Urkundenleistung, also der Perpetuierung, nur den Fälschungsschutz erforderlich macht und die Möglichkeit der Lüge sowohl bei der schriftlichen als auch mündlichen Erklärung in gleichem Umfang besteht. Freilich spricht gegen Samsons Beweisführung die Tatsache, daß die vorgestellte Perpetuierungsfunktion jedem körperlichen Gegenstand zukommt.[113] Demzufolge muß es ein anderes Kriterium geben, das - allein oder zusammen mit der Perpetuierungsfunktion - das Charakteristikum der Urkunde ausmacht.

---

110 Die Weiterentwicklung dieses Ansatzes bei v. Wissel, S. 61 ff., führt zu dem Ergebnis, daß letztlich die Institution der Urkunde das durch § 267 StGB geschützte Rechtsgut ist.

111 So mit Recht Rheineck, S. 125 f.

112 So auch Sieber, S. 269.

113 Hirsch, ZStW 85 (1973), S. 696, 702 f.; Sieber, S. 269; Puppe, Jura 1979, S. 630, 634 Fn. 16.

4. Schilling: Die Institution der Urkunde

Auch Schilling[114] sieht in der Perpetuierungsleistung ein wesentliches Begriffsmerkmal der Urkunde, wonach die Urkunde als eine Grundbedingung für den menschlichen Verkehr den Vorzug hat, "daß sie eine unmittelbar erkennbare rechtserhebliche Erklärung perpetuiert und sich somit durch den sichtbaren Beweiswert und dessen Dauerhaftigkeit gegenüber den übrigen Beweismitteln auszeichnet."[115] Allerdings führt er seine Überlegungen abweichend von Samson zu dem Ergebnis, daß im durch die Fälschung bewirkten Angriff auf die "Institution der Urkunde"[116] der Strafgrund des § 267 StGB zu sehen ist, der seinerseits die zur Aufrechterhaltung des allgemeinen Urkundenverkehrs notwendige Sicherung der Echtheit urkundlicher Erklärungen übernimmt. Eine Erklärung für die Differenzierung zwischen Echtheits- und Wahrheitsschutz, gibt Schilling nicht, obwohl doch gerade das Verbot der schriftlichen Lüge eine Steigerung der Urkundennützlichkeit bedeuten würde.[117]

5. Stehling: Die Urkundenfälschung zugleich als Beweisverbrechen und Identitätstäuschungsverbrechen

Stehling fahndet nicht nach dem Rechtsgut des § 267 StGB, sondern nach dem Unrechtsgehalt der Urkundenfälschung.[118] Er stellt fest, daß zwei Komponenten den Unrechtsgehalt der Urkundenfälschung prägen: Die Urkundenfälschung ist

---

114 Schilling, S. 133 ff.

115 Schilling, S. 141.

116 Auf die "Institution der Urkunde" als geschütztes Rechtsgut stellen noch andere Autoren ab: Kohler, VDA BT III, S. 211 f.; ders., Leitfaden, S. 145; Kern, S. 163; v. Wissel, S. 62; zur Kritik vgl. nur Forbrich, S. 43; Rheineck, S. 122.

117 Rheineck, S. 122, ebenfalls ablehnend: Forbrich, S. 43.

118 Stehling, S. 236 ff.

Urkundenbeweisverbrechen und Identitätstäuschungsdelikt.[119] Sie ist ein Urkundenbeweisverbrechen, weil Urkunden ihrer Funktion nach der Beweisführung im Rechtsverkehr dienen, also nicht schon durch ihr Dasein, sondern erst durch die Art ihrer Verwendung zur Geltung kommen. § 267 StGB dient nun dem Schutz dieser Funktion und ist deshalb bei den Beweisverbrechen einzuordnen, da er den strafrechtlichen Beweisschutz zum Gegenstand hat.[120] Die Urkundenfälschung ist darüber hinaus ein Identitätstäuschungsdelikt,[121] weil eine Gefährdung des Vertrauens der Allgemeinheit in die Beweiskraft von Urkunden bereits vorliegt, wenn die Allgemeinheit über die Identität des Ausstellers getäuscht werden soll, indem der Täter auf einen Aussteller hinweist, der in Wahrheit nicht als Garant hinter der Gedankenerklärung steht.

Bei dieser richtigen Erkenntnis bleibt Stehling in seinen Ausführungen stehen. Er macht die gewonnenen Ergebnisse für die Rechtsgutsbestimmung des § 267 StGB nicht fruchtbar und muß sich insoweit den Vorwurf von Sieber[122] gefallen lassen, mit seiner Überlegung im Ansatz steckengeblieben zu sein.

6. Puppe und Sieber: Die auf dem Zurechnungsprinzip basierende personelle Garantie des Ausstellers für seine Erklärung als geschütztes Rechtsgut des § 267 StGB

Die Feststellung, daß die Urkundenfälschung Urkundenbeweisverbrechen und Identitätstäuschungsverbrechen ist, bietet sich aber an, um als Lösungsansatz weiter verfolgt zu werden.

---

119 Stehling, S. 245 ff.
120 Stehling, S. 245 ff.
121 Stehling, S. 247 ff.
122 Sieber, S. 270.

Auch Puppe[123] macht den zweiten angesprochenen Aspekt, die Eingruppierung der Urkundenfälschung in die Identitätstäuschungsverbrechen, zum Angelpunkt ihrer Rechtsgutsbetrachtung: "Das Interesse des Rechtsverkehrs daran, daß der in einer Erklärungsverkörperung als Erklärender (Aussteller) Erscheinende auch wirklich zu dieser Erklärung in der spezifischen Beziehung des Erklärenden steht, ist das Rechtsgut des Tatbestandes der Urkundenfälschung. Seine eminente Bedeutung für das Funktionieren des Rechtsverkehrs, der Ausübung von Rechtsmacht und Privatautonomie und der Rechtsverfolgung rechtfertigt seinen strafrechtlichen Schutz."[124] Auf eine Kurzformel gebracht, ist für sie das Rechtsgut des § 267 StGB im Schutz des Rechtsverkehrs vor dauerhaft fixierten Scheinerklärungen zu sehen.[125] Inwieweit allerdings diese Rechtsgutsbestimmung geeignet ist, die beiden Ausgangsfragen zu beantworten, also warum nur Urkunden, und diese nur im Hinblick auf ihre Echtheit, durch § 267 StGB geschützt werden,[126] muß sich noch zeigen. Der Vergleich zwischen Urkunde, Augenscheinsobjekt und falscher Aussage bietet hierfür den richtigen Anknüpfungspunkt. Denn es muß eine spezifische Besonderheit der Urkunde auszumachen sein, damit sich der auf die Urkunden begrenzte strafrechtliche Schutz des § 267 StGB rechtfertigen läßt.[127]

---

123 Puppe, Technische Aufzeichnungen, S. 197 ff.; dies., JR 1978, S. 206 f.; dies., Jura 1979, S. 630, 632 f.; dies., Jura 1986, S. 22.

124 Puppe, Jura 1986, S. 22.

125 Ebenso Otto, JuS 1987, S. 769. In seinem Studienkurs (BT, 2. Aufl. 1987, S. 341) hält Otto die Sicherheit und Zuverlässigkeit des Rechtsverkehrs, insbesondere des Beweisverkehrs mit Urkunden, für das Rechtsgut der Urkundendelikte; so noch unverändert, BT, 3. Aufl., S. 330.

126 Bedenken gegen diese Ansicht Puppes bei Rheineck, S. 124; Sieber, S. 270.

127 Das Unterschieben eines gefälschten Sachverständigengutachtens - das Sachverständigengutachten ist neben der Zeugenaussage, dem Augenscheinsobjekt und der Urkunde das im Strafprozeß vorgesehene vierte Beweismit-

Der Unterschied zu den mündlichen Aussagen liegt in der Besonderheit der Urkunde, die menschliche Erklärung dauerhaft zu verkörpern, also in dem Festhalten des sich sonst verflüchtigenden gesprochenen Wortes. Die Möglichkeit der Lüge besteht in beiden Fällen in gleich großem Umfang. Sowohl bei der Urkunde als auch bei dem gesprochenen Wort stützt der Erklärungsempfänger seine Einschätzung im Hinblick auf den Wahrheitsgehalt der Erklärung auf die Vertrauenswürdigkeit der Persönlichkeit des Erklärenden. Im Regelfall kann sich der Erklärungsempfänger bei der mündlichen Aussage aber durch die Anwesenheit des Erklärenden ein Bild von diesem machen und diese Eindrücke seinem Urteil "wahr oder gelogen" zugrunde legen. Demgegenüber bleibt dem Empfänger einer Urkunde häufig der Absender insoweit verborgen, als er ihn bei der Abgabe der Erklärung nicht persönlich vor Augen hat. Die durch die Anwesenheit des Erklärenden gegebene Möglich-

---

tel - braucht im Vergleich zur Urkunde nicht besonders untersucht zu werden, da nicht das schriftliche Gutachten, also das Schriftstück selbst als Augenscheinsobjekt oder Urkunde in den Prozeß eingeführt wird, sondern das Gutachten im Wege der mündlichen Aussage in den Prozeß eingebracht wird (die gegebenenfalls im Rahmen des Gutachtens angefertigten Fotografien als Augenscheinsobjekte). Entsteht nun beim Gutachter aufgrund des inhaltlich veränderten Gutachtens ein Irrtum und sagt er deshalb falsch aus, so liegt in der Manipulation am Schriftstück zunächst "nur" ein Mittel zum Angriff auf die Rechtspflege über die durch die Täuschung bedingte falsche Gutachteraussage vor. Der Zusammenhang zwischen Erklärung und Aussteller bleibt bei der mündlichen Aussage durch den Gutachter vor Gericht erhalten, so daß diese durch die Manipulation des Gutachtens erreichte Täuschung als aus der Sicht des Gutachters unbewußte Lüge mit der schriftlichen Lüge vergleichbar ist. Ob die Manipulation des Gutachtens selbst nach § 267 StGB zu beurteilen ist, da nun der Inhalt nicht mehr von dem faktischen Aussteller herrührt, ist keine spezifische Frage des Sachverständigenbeweises, sondern betrifft die allgemeine Frage, unter welchen Voraussetzungen eine Urkunde zu bejahen ist. Es zeigt sich also, daß durch die Untersuchung von falscher Aussage und Augenscheinsobjekt im Vergleich zur Urkunde inzident auch der Unterschied zum Sachverständigenbeweis mit geklärt wird. Vgl. Roxin, Strafprozeßordnung, 23. Aufl., S. 165 ff., über die verschiedenen Beweismittel.

keit, seine Aussage als Lüge zu enttarnen, dürfte grundsätzlich aber nicht größer sein als im Fall der schriftlichen Lüge. Schließlich dürfte nur in den seltensten Fällen dem Lügner die Unwahrheit "auf der Stirn geschrieben stehen".

Die dauerhafte Verkörperung ist freilich auch Kennzeichen des Augenscheinsobjektes. Dieses unterfällt aber gerade nicht dem Schutz des § 267 StGB; es muß ein anderer Unterschied zwischen Urkunde und Augenscheinsobjekt bestehen, der die unterschiedliche Behandlung von Urkunden und Augenscheinsobjekten rechtfertigt. Dieser Unterschied läßt sich nun aber nicht darin sehen, daß eine Urkunde nur von einer Person verursacht werden kann, während dies bei einem Augenscheinsobjekt nicht notwendig so ist. Es ist zwar für manche Augenscheinsobjekte charakteristisch, daß sie nicht nur durch Menschen verursacht werden können, doch ist dieser Unterschied nicht der Grund für einen fehlenden Strafrechtsschutz der Augenscheinsobjekte durch § 267 StGB. Darüber hinaus darf die Aussage "von einer Person verursacht" nicht dahin mißverstanden werden, als bestünde der - vermeintliche - Unterschied[128] zwischen Urkunde und Augenscheinsobjekt darin, daß die Urkunde etwas außerhalb ihrer selbst Liegendes aussagt, während dies beim Augenscheinsobjekt nicht der Fall ist. Entscheidendes Abgrenzungskriterium zwischen beiden Beweismitteln ist vielmehr der Umstand, daß der Person die Äußerungen im Falle der Urkunde zuzurechnen sind, daß die Person aber nicht über die Informationen aus den Augenscheinsobjekten entscheiden kann. Demzufolge charakterisiert die Zurechenbarkeit eines Willensaktes, der sich in der Außenwelt verkörpert, eine Urkunde. Bei der Urkunde

---

128 So aber Heusler, AcP 62 (1879), S. 209, 241: "Urkunde ist eine Sache, welche über den außerhalb ihrer selbst liegenden Strafpunkt Auskunft gibt." Kritisch Samson, Urkunden und Beweiszeichen, S. 29 ff., 32; Sieber, S. 272 Fn. 98; ausführlich Puppe, Technische Aufzeichnungen, S. 16 ff.; dies., Jura 1979, S. 635 Fn. 20, 636.

trifft die Person die Entscheidung sowohl über das Ob als auch über das Wie der Äußerung. Die unerläßliche Voraussetzung hierfür ist freilich eine bewußte Gestaltung oder - wie Puppe analog zur Tatherrschaft formuliert - "Erklärungsherrschaft" des Erklärenden in freier Entscheidung über den Inhalt der Information.[129] Die Gegenüberstellung Urkunde, Augenscheinsobjekt und mündliche Aussage hat somit zweierlei ergeben: Den besonderen Wert der Urkunde macht ihre Perpetuierungsleistung aus. Darüber hinaus kann der Urheber des Urkundeninhalts frei über den Inhalt der Information entscheiden, was zugleich seine Verantwortlichkeit für den Urkundeninhalt begründet: Er muß ihn sich als seine Erklärung zurechnen lassen.

Der Gedanke der Zurechenbarkeit von Erklärungen muß aber auch in der Lage sein, die Unterscheidung zwischen Echtheit und Wahrheit von Urkunden nachvollziehbar zu begründen. Infolgedessen rückt die zweite Ausgangsfrage in den Blickpunkt des Interesses, nämlich die Frage, warum die schriftliche Lüge nicht von § 267 StGB erfaßt wird.

Eine Überlegung taucht bei dieser Frage immer wieder auf. Es ist der Umstand, daß bei schriftlichen Erklärungen durch das Auseinanderfallen von Erklärung und Urheber der Erklärung nicht nur eine inhaltliche Veränderung der Erklärung möglich ist, sondern auch die Beziehung Aussteller und Erklärung verändert werden kann. Diese urkundenspezifische Manipultionsmöglichkeit, über den Aussteller täuschen zu können, besteht bei der mündlichen Erklärung

---

129 Ob der Erklärende in dem Bewußtsein handeln muß, rechtserhebliche Erklärungen abzugeben, kann an dieser Stelle offen bleiben. Einige Autoren verwenden den Gedanken der rechtlichen Zurechenbarkeit auch im Rahmen der Diskussion um die "Geistigkeitstheorie", also der Frage, wer Aussteller einer Urkunde ist. Vgl. dazu Schröder, GA 1974, S. 225, 230; Otto, JuS 1987, S. 761, 764; Sieber, S. 271 ff., zieht dann den richtigen Schluß, die Unechtheit der Urkunde und damit das Kriterium der Zurechnung für das Rechtsgut heranzuziehen.

nicht. Nur diese Veränderung der Beziehung Aussteller und Erklärung erfaßt das Gesetz mit § 267 StGB als Identitätstäuschung.

Mit der Feststellung dieser durch das Auseinanderfallen von Aussteller und Erklärung eröffneten Manipulationsmöglichkeit ist freilich noch nichts über das Besondere an dieser Beziehung gesagt, das die Begrenzung des Strafrechtsschutzes auf den Echtheitsschutz plausibel macht. Nur wenn ein Grund ausfindig zu machen ist, wieso ein Interesse der Teilnehmer am Rechtsverkehr gerade daran bestehen soll, über den Aussteller einer schriftlichen Erklärung nicht getäuscht zu werden, kann der Gedanke der Zurechenbarkeit von Erklärungen als Rechtsgut des § 267 StGB Anerkennung gewinnen.

Schon Lange hat diesen Gedanken klar umrissen:[130] "Für die Urkundenfälschung ist doch nun einmal die Kreditfunktion der Urkunde das Wesentliche, d.h., daß hinter einer solchen Erklärung - mehr oder weniger erkennbar - ein bestimmter Aussteller steht, auf dessen Erklärung man sich verläßt." Diese Kreditfunktion der Urkunde hat Samson näher begründet: "Der Tatbestand der Urkundenfälschung will nicht generell den unehrlichen Umgang mit Urkunden verbieten, sondern lediglich den normativen Ausgleich einer besonderen Urkundenschwäche erreichen. Allein die Täuschung über die Ausstelleridentität soll verboten sein, dadurch erreicht das Gesetz, daß die Zuordnung einer bestimmten Erklärung zu einer bestimmten Person leicht beweisbar ist."[131] Auf den Kern der Sache aber kommt Puppe.[132] Sie vergleicht die durch § 267 StGB verbotene Täuschung mit den anderen Täuschungsverboten des Strafge-

---

130 Lange, Niederschriften VI, 62. Sitzung, S. 158 f.; ihm zustimmend Gallas, Niederschriften VI, 63. Sitzung S. 164, im Zusammenhang mit der Frage, ob Beweiszeichen dem Urkundenschutz zu unterstellen sind.

131 Samson, JA 1979, S. 526, 528.

132 Vgl. dazu im einzelnen Puppe, Jura 1979, S. 630 ff.

setzbuchs und kommt zu dem Ergebnis, daß die Täuschung des § 267 StGB ihre besondere Qualität allein dadurch gewinnt, daß eine bestimmte Erklärung durch eine ganz bestimmte Person abgegeben worden sein soll. Weiterhin weist sie anhand der Existenz von Dispositivurkunden und Zeugnisurkunden nach, daß der Urheber der Erklärung mit der Abgabe der Erklärung sowohl Rechtsmacht ausübt als auch sich gleichzeitig selbst bindet.

Hinter allen drei Äußerungen steht eine gemeinsame Erkenntnis: Die Selbstbindung oder personelle Garantie des Ausstellers für seine Erklärung, das Einstehenmüssen oder Festgehaltenwerden an dieser Erklärung macht den schützenswerten Kern des § 267 StGB aus. Diese Schlußfolgerung ist aus der spezifischen Situation der Trennung des Ausstellers von seiner Erklärung und der dadurch eröffneten urkundenspezifischen Manipulationsmöglichkeit - die Täuschung über den Aussteller - zu ziehen. Allein diese Schwäche der Urkunde gilt es durch § 267 StGB auszugleichen.

Der Rechtsverkehr hat ein berechtigtes Interesse zu wissen, gegen wen die Erklärung wirkt. Jede verkörperte Erklärung entfaltet allein schon durch ihre Existenz die Möglichkeit, als Anlaß für Reaktionen eines anderen herangezogen zu werden; allein das Schaffen einer verkörperten Erklärung kann nicht ausreichen, um für diese einstehen zu müssen.[133] Der Erklärende muß für seine Erklärung nur einstehen, wenn er sich an die Erklärung bindet. Dies geschieht dadurch, daß er sich gegenüber einem anderen in einer durch die Rechtsordnung vorgesehenen Weise erklärt. In diesem Fall nimmt er nämlich die durch die Rechtsmacht gegebene Freiheit in Anspruch, die es als Äquivalent rechtfertigt, ihn an sein Wort zu binden. Diese Überlegung läßt sich durch den Vergleich mit der

---

133 So aber Samson, wenn er allein auf die Perpetuierungsfunktion abstellt.

mündlichen Aussage untermauern. Auch die mündliche Erklärung, die mit "Erklärungsherrschaft" abgegeben wird, ist in der Lage, den Erklärenden zu binden, was sich etwa in § 116 BGB zeigt. Ebenso verdeutlicht § 123 BGB die Bindung des Erklärenden an seine Erklärung. Bei § 123 BGB wird sogar der arglistig Täuschende, also der Lügner, zunächst an seinem Wort festgehalten und nur dem Vertragsgegner die Möglichkeit der Anfechtung seiner eigenen Willenserklärung gegeben. In dieser Regelung spiegelt sich die herausragende Bedeutung einer dem Erklärenden zurechenbaren Erklärung für die Rechtsordnung besonders eindrucksvoll wider. Auch das Strafrecht hält den Lügner an seinem Wort fest, und zwar indem es die Echtheit der Urkunde im Falle der schriftlichen Lüge bejaht. An die Stelle der Anfechtungsmöglichkeit im Sinne von § 123 BGB tritt im Strafrecht beispielsweise der Strafrechtsschutz nach § 263 StGB, wenn die Lüge ein Individualrechtsgut in Form des Vermögensschadens verletzt. Der Grund für das Festhalten des Lügners an seiner Erklärung und die damit korrespondierende Straflosigkeit der schriftlichen Lüge findet sich in der Vergleichbarkeit der beiden Situationen. Genau wie der Vertragsschließende unter Anwesenden in Betracht ziehen muß, beim Vertragsschluß belogen zu werden, dafür aber denjenigen kennt, gegen den er vorgehen kann, um seine Rechte im Falle der Lüge geltend zu machen, ist der Empfänger der Urkunde sich darüber im klaren, mit ihrer Hilfe möglicherweise belogen zu werden; er erkennt dafür denjenigen, der hinter der Erklärung steht und den er haftbar machen kann. Ausschließlich die Erwartung der personellen Garantie gilt es, strafrechtlich zu schützen. Sie stellt die selbständige Komponente des § 267 StGB im Unterschied zu den übrigen Täuschungsverbrechen des Strafgesetzbuchs dar.

Dieses Ergebnis findet seine Bestätigung beim erneuten Vergleich von mündlicher Aussage und Urkunde. Der Gesetzgeber läßt sich nämlich bei beiden Deliktsgruppen von einem einheitlichen Prinzip leiten, wenn er im Rahmen der §§ 153 ff. StGB die Lüge bestraft, während er in § 267

StGB darauf verzichtet. Als Anknüpfungspunkt für das Vertrauen in die Wahrheit bleibt sowohl bei der mündlichen Aussage als auch bei der schriftlichen Erklärung die Person selbst übrig und nicht ihr Auftreten und ihr äußeres Verhalten bei der Abgabe der Erklärung. Es erscheint deshalb denkbar, daß inzident durch den Schutz der Echtheit bei § 267 StGB auch die Grundlage für das Vertrauen in die Wahrheit geschützt wird und insoweit der strafrechtliche Urkundenschutz mit dem der mündlichen Aussage vergleichbar ist. Es könnte also eine Wechselbeziehung zwischen dem Schutz vor Lüge bei der mündlichen Aussage und dem Schutz der Echtheit bei der schriftlichen Erklärung bestehen. Bei einer mündlichen Erklärung ist derjenige bekannt - da faktisch greifbar -, der die Erklärung abgibt. Damit ist in der Regel die Echtheit garantiert, und die Beziehung Erklärung-Aussteller bedarf keines weitergehenden Schutzes. Während bei mündlichen Aussagen als alleiniger schutzwürdiger Umstand die inhaltliche Richtigkeit übrigbleibt, bedarf es bei schriftlichen Erklärungen des Schutzes der Echtheit. Nur durch den Schutz der Echtheit kann für den Empfänger einer schriftlichen Erklärung die Grundlage für sein Urteil "falsch oder wahr" garantiert werden.

Der Grund dafür, daß § 267 StGB darüber hinaus nicht auch den Urkundeninhalt schützt, ergibt sich ebenfalls aus einem direkten Vergleich zu den §§ 153 ff. StGB. Auch die mündliche Aussage wird nicht generell geschützt, sondern nur in Ausnahmefällen, nämlich wenn sie vor bestimmten Stellen erfolgt und der Rechtsfindung dient. Wird die mündliche Aussage innerhalb eines besonderen formellen Verfahrens abgegeben, so ist dieselbe Situation gegeben, in der auch öffentliche Urkunden gegen Lüge geschützt sind, wenn sie nämlich vor einer zuständigen Stelle errichtet werden und also einem förmlichen Verfahren unterworfen sind. Sonstige Urkunden müssen - genau wie jede sonstige mündliche Aussage - mit Rücksicht auf die Beweglichkeit und Reibungslosigkeit des Rechtsverkehrs nur insoweit geschützt werden, wie es erforderlich ist, um dem

Empfänger der Nachricht die Einschätzung wahr oder unwahr zu ermöglichen. Damit ist der Grund für die Beschränkung des § 267 StGB auf den Echtheitsschutz genannt, denn das Urteil "wahr oder unwahr" knüpft sich - wie oben gezeigt - immer an die Person des Erklärenden an. Bei der mündlichen Aussage hat der Erklärungsempfänger ihn vor Augen; bei schriftlichen Aussagen muß er ihn sicher ermitteln können. Infolgedessen ist nur ein solches Verhalten strafbar, das den Empfänger um den Anspruch bringt, durch die Identifizierung des Urhebers der Nachricht sein Urteil "wahr oder unwahr" fällen zu können. Demnach kann nur die Beziehung Aussteller-Erklärung eine Rolle spielen bei der Frage, welcher Aspekt der Urkunde so schutzwürdig und schutzbedürftig ist, daß strafrechtlicher Schutz erforderlich ist. Indem man die Manipulation dieser Beziehung unter Strafe stellt, also nur die Echtheit der Urkunde schützt, wird die Quelle der Wahrheitsermittlung für den Erklärungsempfänger gewährleistet. Der Urkundenfälscher erweckt den Anschein, daß mit der für einen anderen bestimmten Erklärung auch die personelle Garantie des Ausstellers für diese Erklärung besteht. An dieser Zurechnung der Erklärung zum Aussteller fehlt es aber in Wirklichkeit. Derjenige, der die personelle Garantie des Ausstellers für die Erklärung seinem Urteil über deren Inhalt "wahr oder gelogen" zugrunde legen will, wird in seiner berechtigten Erwartung enttäuscht. Auch beim Verfälschen im Sinne von § 267, 2. Alt. StGB ist die anfangs bestehende personelle Garantie gestört. Auch in diesem Fall fehlt das spezifische, durch die Ausübung von Rechtsmacht entstehende Band der Selbstbindung. Der ursprüngliche Aussteller hat bezüglich der Erklärung mit dem neuen Inhalt keine Rechtsmacht ausgeübt, so daß ihn auch nicht das Äquivalent in Form der Selbstbindung trifft. Diese Überlegungen lassen sich auf folgende Kurzformel bringen: Es besteht ein Interesse des Rechtsverkehrs daran, daß hinter einer konkreten Erklärung eine bestimmte Person steht, die sich an ihre Erklärung gebunden wissen will. Zum Schutz vor Manipulationen dieses Vertrauens dient § 267 StGB.[134]

An dieser Stelle sei nochmals daran erinnert, daß im ersten Kapitel der Arbeit die Rechtsgüter als die für unsere verfassungsmäßige und damit auch für die verfassungsmäßige Stellung und Freiheit der einzelnen Bürger unverzichtbaren und deshalb werthaften sozialen Funktionseinheiten identifiziert wurden. Die Funktionseinheit, die § 267 StGB schützt, ist die Subjektsbezogenheit des Ausstellers zu seiner Erklärung, also die personelle Garantie für die ihm zurechenbare Erklärung. Die Bewertung als wertvoll ergibt sich aus der im ganzen Recht anerkannten Bedeutung der Zurechnung von Erklärungen, was sich im Zivilrecht - man denke hier nur an das Prinzip der Privatautonomie und der darauf basierenden Rechtsgeschäftslehre - und im öffentlichen Recht zeigt. Durch die Zurechnung von Erklärungen wird - ausgehend vom Prinzip der Verantwortlichkeit des einzelnen - die größtmögliche Freiheit für jeden erreicht. Es wird ihm zugestanden, lenkend in die Geschicke der rechtlich reglementierten Gesellschaft einzugreifen. Das Äquivalent für diese dem einzelnen eingeräumte Rechtsmacht ist sein Einstehenmüssen und Festgehaltenwerden an seiner Erklärung, was die verschiedensten Rechtsfolgen auslösen kann. Der Umstand, daß das Zurechnungsprinzip das ganze Recht durchzieht, offenbart die unverzichtbare Rolle, die dem Prinzip der Zurechnung von Erklärungen für das Funktionieren der Rechtsordnung zukommt, und rechtfertigt zwanglos die Begrenzung des Urkundenschutzes auf die Echtheit. Schließlich soll das Strafrecht - eingedenk seines fragmentarischen Charakters - nur die für das Funktionieren der Gesellschaft unverzichtbaren Funktionseinheiten schützen, so daß es nahe liegt, den Strafrechtsschutz des § 267 StGB auf den Schutz des Zurechnungsprinzips zu begrenzen,

---

134 Im Ergebnis ähnlich (neben den Arbeiten von Puppe): Sieber, S. 271 ff.

also auf den Schutz der Zurechnung von Erklärungen zum Aussteller, oder kurz, auf die personelle Garantie. Ein Schutz der inhaltlichen Wahrheit und damit ein Verbot der schriftlichen Lüge gehört dagegen nicht mehr zu den elementaren Voraussetzungen des Zusammenlebens. Sie geht über das fundamentale Prinzip der Zurechnung hinaus und stellt eine Forderung an das Strafrecht auf, der es nicht nachkommen kann. Es ist nicht die Aufgabe des Strafrechts, die moralische Pflicht zur Wahrheit mit Androhung und Verhängung von Strafen zu verwirklichen, sondern seine Aufgabe ist die Verhinderung der unerträglichen sozialschädlichen Verhaltensweisen.

Zusammenfassend: Das von § 267 StGB geschützte Rechtsgut ist die auf dem Prinzip der Zurechnung basierende personelle Garantie des Ausstellers für seine Erklärung, da die schriftlich fixierte Erklärung aufgrund der durch die Perpetuierung eröffnete Fälschungsmöglichkeit eines besonderen Strafrechtsschutzes bedarf und der Rechtsverkehr auf diese personelle Garantie als Folge des allgemein herrschenden und anerkannten Zurechnungsprinzips vertraut.

C. Läßt sich das gewonnene Ergebnis anhand der Rechtsprechung verifizieren?

Der Bundesgerichtshof setzt sich in rund sechzig Urteilen mit den Urkundendelikten auseinander.[135] Er nimmt allerdings nur in zwei Urteilen Stellung zur Frage des Rechtsguts bei § 267 StGB,[136] so daß es schwierig ist, aus den knappen Äußerungen eine "Ansicht des BGH" herauszulesen.

---

135 Die Analyse ist damit begrenzt auf die derzeit vorliegenden 34 Bände der Amtlichen Sammlung, und zwar vor allem mit § 267, 271 StGB (sonstige Urkundendelikte bleiben außer Betracht).

136 Nämlich BGHSt 2, 50, 52 und BGHSt 9, 44 f. Zu § 271 in BGHSt 9, 44 f. und BGHSt 18, 333 f.

Diesen Umstand des spärlichen Materials darf man bei der Analyse der beiden Urteile nicht unberücksichtigt lassen.

In BGHSt 2, 50 (52) beschränkt sich der 1. Strafsenat auf die Feststellung: "§ 267 soll die Sicherheit und Zuverlässigkeit des Rechtsverkehrs mit Urkunden schützen. (RGSt 76, 233). Die Bedeutung der Urkunde im Rechtsverkehr besteht darin, daß sie wegen ihrer Beglaubigungsform dazu fähig ist, Beweis zu erbringen." Dahingegen grenzt der 5. Strafsenat in BGHSt 9, 44 (45) das Rechtsgut des § 267 StGB zu § 271 StGB ab und schreibt in diesem Zusammenhang: "Sinn und Zweck des § 267 ist im Gegensatz zur Auffassung der Strafkammer nicht, den Rechtsverkehr vor jedem Urkundenmißbrauch zu schützen. Die Vorschrift will nur vor unechten oder verfälschten, nicht aber vor bloß unwahren Urkunden schützen" - eine (inhaltlich richtige) Aussage, die aber bei der Interpretation des vom BGH zugrunde gelegten Rechtsguts nicht weiterhilft. Daß § 267 StGB die Urkunden nur im Hinblick auf ihre Echtheit und nicht auch im Hinblick auf ihre inhaltliche Richtigkeit schützt, ist unstreitig. Die entscheidende Frage, die Angelpunkt der Rechtsgutsbestimmung bei § 267 StGB sein muß - nämlich warum diese Begrenzung des Strafrechtsschutzes besteht -, läßt der BGH aber nicht nur hier in BGHSt 9, 44 unbeantwortet, sondern letztlich auch in BGHSt 2, 50. Dort scheint der BGH - vordergründig - auf die Sicherheit und Zuverlässigkeit des Rechtsverkehrs als Rechtsgut abzustellen, zumal er sich zur Stützung seiner Aussage auf RGSt 76, 233 beruft, also auf ein Urteil, das feststellt: "Gegenstand des strafrechtlichen Schutzes des § 267 ist es, die Urkunde für die Sicherheit und Zuverlässigkeit des Rechtsverkehrs unversehrt zu erhalten."[137]

Sollte die "Sicherheit und Zuverlässigkeit des Rechtsverkehrs" das vom BGH angenommene Rechtsgut des § 267 StGB sein, so wäre diese Rechtsgutsbestimmung der bereits oben

---

137 RGSt 76, 233 f.

genannten Kritik ausgesetzt und müßte deshalb als untauglich - weil nichtssagend - abgelehnt werden. Doch bleibt der BGH an diesem Punkt nicht stehen, sondern er erkennt die besondere Leistung der Urkunde in der Beweisfähigkeit der Urkundenform. Diese Feststellung ist nur so zu verstehen, daß nach der Ansicht des BGH die Form der Urkunde ihre strafrechtliche Schutzbedürftigkeit begründet. Damit löst sich der BGH von der zumeist stereotyp gebrauchten Behauptung, geschütztes Rechtsgut sei die Sicherheit und Zuverlässigkeit des Rechtsverkehrs. Allerdings gibt er keine Erklärung dafür, warum die Schutzbedürftigkeit der Urkundenform dazu führen soll, daß § 267 StGB auf den Echtheitsschutz beschränkt ist. Aus der Auswertung allein der beiden BGH-Urteile ließe sich als Ergebnis nur festhalten: Der BGH scheint den - hier als maßgebend eingestuften - Schritt, nämlich die Einbeziehung des Echtheitsbegriffs in die Rechtsgutsbestimmung, noch nicht vollzogen zu haben. Er bleibt vielmehr den früheren, bereits kritisierten Lösungsansätzen verhaftet. Diese Stagnation ist freilich nur eine scheinbare. Der BGH sieht nämlich die Frage nach dem Rechtsgut des § 267 StGB als bereits durch das Reichsgericht abschließend geklärt an. Statt seiner Aussage eine Begründung folgen zu lassen, verweist er auf eine reichsgerichtliche Entscheidung; er faßt die dort zum Rechtsgut des § 267 StGB vertretene Auffassung kurz zusammen und macht sie dadurch zum Bestandteil seiner eigenen Ansicht. So entfällt für ihn die Notwendigkeit, sich selbst näher mit der Frage des § 267 StGB zugrunde liegenden Rechtsguts zu beschäftigen. Dieses Verfahren des Bundesgerichtshofs macht es erforderlich, die reichsgerichtlichen Urteile einer Analyse im Hinblick auf das § 267 StGB zugrunde liegende Rechtsgut zu unterziehen. Aus der Fülle der reichsgerichtlichen Urteile, die in der Amtlichen Sammlung[138] abgedruckt sind und die Urkundendelikte zum Gegenstand haben, lassen sich

---

138 Auch hier ist die Analyse begrenzt auf die 77 Bände der Amtlichen Sammlung.

etwa zwanzig Urteile finden[139], in denen sich das Reichsgericht dem Rechtsgut des § 267 StGB zuwendet. Das Reichsgericht setzt sich zuerst in Band 1[140] und zuletzt in Band 76[141] mit dem Rechtsgut des § 267 StGB auseinander. Innerhalb dieser Zeitspanne von 62 Jahren (1880-1942) wechselt das Reichsgericht, wohl bedingt durch die in der Literatur geführte Diskussion um das Rechtsgut, mehrfach seine Ansicht, ohne allerdings zu erkennen zu geben, warum es die eine Ansicht aufgibt, um eine andere zu favorisieren. Das Reichsgericht sieht in RGSt 1, 230 die Bedeutung der Urkunde in dem Umstand begründet, daß sie Beweismittel ist.[142] Später hält es die Nachahmung der Beglaubigungsform[143] oder gar die Verletzung des Rechts auf Wahrheit[144] oder den Verstoß gegen Treu und Glauben[145] jeweils für das von § 267 StGB geschützte Rechtsgut. Unter diesen Varianten ist jedoch einer der Fixpunkte des Reichsgerichts die Ansicht, daß § 267 StGB nicht den Namensträger vor den Mißbrauch seines Namens schützt[146] und daß es für § 267 StGB gleichgültig ist, ob eine Person existiert, der die angebliche Bezeichnung gebührt. Den zweiten Fixpunkt markiert die Ablehnung der Ansicht, geschütztes Rechtsgut sei das Vermögen,[147] und

---

139 RGSt 1, 230; 5, 151, 259 (261), 410 (412); 7, 52; 8, 187 (190); 9, 399 (400); 12, 170 (171); 13, 65 (66), 171 (174); 16, 325 (326); 17, 200 (201); 23, 249 (250); 27, 300 (301); 33, 137 (138); 37, 83 (87); 48, 43 (44); 49, 32 (33); 50, 420 (421); 52, 319; 76, 233 (234).

140 RGSt 1, 230.

141 RGSt 76, 233 f.

142 Ebenso RGSt 7, 52; 9, 399; 48, 43 (44).

143 RGSt 5, 259 (261), 410 (412); 8, 187 (190); 13, 171 (174); 17, 200 (201); 23, 249 (250); 33, 137 (138); 50, 420 (421); 52, 319. In RGSt 37, 83 (87) findet sich eine stärkere Betonung des Beweisaktes selbst.

144 RGSt 12, 170 (171).

145 RGSt 16, 325 (326); 27, 300.

146 RGSt 5, 151; 8, 187 (190); 13, 171 (174); 16, 325 (326); wohl auch RGSt 50, 420.

147 RGSt 27, 300 (101).

die dadurch bedingte Erkenntnis, daß es sich bei dem § 267 StGB zugrunde liegenden Rechtsgut nicht um ein Individual-, sondern um ein Allgemeinrechtsgut handelt.[148] Die Urteile, die auf das Recht auf Wahrheit[149] oder auf Treu und Glauben[150] abstellen, sind ohne Nachfolger gebliebene Einzel- und Ausnahmeentscheidungen. Die Mehrzahl der Entscheidungen betont allerdings die Urkundenform. Die Urteile erschöpfen sich aber nicht in der Aussage, daß das Wesen der Urkundenfälschung in der Nachahmung einer Urkundenform besteht. Das Reichsgericht registriert darüber hinaus die besondere Bedeutsamkeit der in urkundlicher Form auftretenden Beweismittel im Verkehrsleben. Seiner Ansicht nach entspricht es dem öffentlichen Interesse und dem Bedürfnis nach Sicherung des rechtlichen Verkehrs, wenn der Mißbrauch der urkundlichen Form und die dadurch bewirkte Störung ihrer Bedeutsamkeit bestraft wird.[151] Bei dieser richtigen und empirisch nachweisbaren Einschätzung der besonderen Bedeutung der Urkunde für den Rechtsverkehr verharrt das Reichsgericht nicht. Es versucht nämlich, eine Begründung dafür zu geben, warum der Urkundenform als formales Beweismittel diese besondere Bedeutsamkeit vom Rechtsverkehr zuerkannt wird. Ein Umriß der Ansicht des Reichsgerichts geben die folgenden vier Zitate:[152] "Das Wesen der Urkundenfälschung durch falsche Anfertigung einer Privaturkunde besteht darin, daß eine echte Beglaubigungsform nachgeahmt und damit der Urkunde der Schein verliehen wird, als sei sie von einer anderen Person ausgestellt, als von der sie

---

148 Diese Ansicht klingt in RGSt 8, 187 (190) an, ebenso in RGSt 13, 171 (174); 16, 325 (326); 50, 420 (421).

149 RGSt 12, 170 (171).

150 RGSt 16, 325 (326); 27, 300.

151 So RGSt 8, 187 (190); 7, 52; 48, 43 (44); angedeutet auch in RGSt 13, 65 (66).

152 Vgl. Kienapfel, Urkunden, S. 183 ff., und Forbrich, S. 40 f., die die Rechtsprechung des Reichsgerichts danach einteilen, ob das Reichsgericht die Urkundendelikt als "Formal-" oder "Gefährlichkeitsdelikte" auffaßt.

tatsächlich ausgestellt ist." (RGSt 5, 259 (261)). "Das Wesen der Urkundenfälschung ... liegt ausschließlich in dem Mißbrauch der Form ..., durch welche einer Urkunde bei deren Anfertigung der Schein verliehen wird, als rühre sie von einem anderen her als von demjenigen, auf welchen die Urkunde als den Aussteller hinweist." (RGSt 5, 410 (412)). "Durch die Bestimmungen der §§ 267 ff. sollen die Urkunden in ihrer Eigenschaft als Beweismittel gesichert werden. Gegen diese Bestimmungen verstößt jeder, welcher ..., d.h. sie [die Urkunde] im Rechtsverkehr zu dem Zwecke produziert, um den Glauben zu erwecken, daß derjenige, dessen Namen durch die Unterschrift (S. 401) bezeichnet oder durch den Inhalt der Urkunde klargestellt wird, sich zu dem Inhalt derselben bekannt habe." (RGSt 9, 399 (400, 401)). "Das Wesen der Urkundenfälschung besteht ..., sondern in dem Mißbrauch der urkundlichen Form. Es muß der falsche Schein erweckt werden, daß die Urkunde von einer anderen Person als von dem wirklichen Aussteller herrühre." (RGSt 52, 319). Diese Äußerungen lassen zwar den Schluß zu, daß die "Institution der Urkunde" das Rechtsgut des § 267 StGB sei,[153] doch wird eine solche Deutung dem Inhalt der reichsgerichtlichen Äußerungen nicht ganz gerecht. Denn es fällt auf, daß das Reichsgericht die Beziehung Aussteller - Erklärung mitheranzieht, um den Inhalt des Rechtsguts zu bestimmen. Vor allem in RGSt 9, 399 stellt das Reichsgericht deutlich auf das Einstehenmüssen des Ausstellers für seine Erklärung ab und weist auf die im Falle der Nachahmung der Urkundenfälschung nur scheinbar gegebene Garantie des Ausstellers für die Erklärung hin. Diese Beobachtung einer Verknüpfung von Rechtsgutsbestimmung und Betonung der Beziehung zwischen Aussteller und Erklärung ist auch keine willkürliche und ergebnisorientierte Überinterpretation der Reichsgerichtsurteile oder eine Falschinterpretation dieser Aus-

---

153 So denn auch Schilling, S. 141; vgl. auch Kienapfel, Jura 1983, S. 185 ff.

sagen, indem etwa Äußerungen zum Fälschungsbegriff und der Geistigkeitstheorie für die Erklärung des Rechtsgutes herangezogen würden. Vielmehr belegen die zitierten Äußerungen, daß das Reichsgericht seine Überzeugungen zur Relevanz der personellen Garantie für die Erklärung systematisch im Rahmen der Rechtsgutserörterung anstellt. An dieser Einschätzung ändert auch die mangelnde Repräsentativität der Aussagen nichts. Es fehlt zwar in den genannten Urteilen noch die unmißverständliche Aussage, daß gerade die Beziehung Aussteller - Erklärung, d.h. die Zurechenbarkeit einer Erklärung zu einem bestimmten Aussteller, die Schutzwürdigkeit und Schutzbedürftigkeit der Urkunde ausmacht und daß diese durch § 267 StGB strafbewehrte Beziehung letztlich die besondere Vertrauenswürdigkeit der Urkunde im Rechtsverkehr begründet, also Sicherheit und Zuverlässigkeit des Rechtsverkehrs erst die Folge des Schutzes der Beziehung Aussteller - Erklärung sind. Doch resultiert aus der mangelhaften Formulierungsschärfe der vorgestellten höchstrichterlichen Entscheidungsbegründungen kein stichhaltiges Argument gegen die hier getroffene Schlußfolgerung. Schließlich ist der jeweilige Senat dazu berufen, einen bestimmten Einzelfall zu entscheiden und keine erschöpfende Darstellung von abstrakten Problemen zu geben. Deshalb bedarf es in der Regel der Ermittlung des Gesamtzusammenhanges und der Verfolgung der Entwicklungslinien der Rechtsprechung, um eine vielleicht unpräzise formulierte Entscheidungsbegründung in ihrer vollen Aussagekraft erfassen zu können.[154] Die anhand der vier Urteile nachgezeichnete Rechtsprechungslinie zeigt aber, daß das Reichsgericht trotz bestehender Unschärfen bei der Be-

---

154 Vgl. dazu auch die Aussage von Traub, JuS 1967, S. 117, bezüglich der Beweiskraft von BGH-Urteilen für die Absicherung irgendwelcher Thesen. "Nun mag es allerdings fraglich erscheinen, ob sich aus einer einzigen Entscheidung eine dahingehende so weittragende Tendenz ableiten läßt, wie es überhaupt mißlich ist, den Äußerungen des BGH, die doch in erster Linie zur Entscheidung eines bestimmten Falles gemacht werden, eine allzu verallgemeinernde Bedeutung beizulegen."

schreibung der Zusammenhänge die Bedeutung des Tatbestandsmerkmals "echt" für die Bestimmung des Rechtsguts bei § 267 StGB gesehen hat. Die Konsequenz dieser Feststellung für die Interpretation der zitierten BGH-Rechtsprechung liegt damit auf der Hand. Mit seinen Rückverweisen übernimmt der BGH nämlich nicht nur die reichsgerichtliche Formulierung der "Sicherheit und Zuverlässigkeit des Rechtsverkehrs mit Urkunden", sondern beruft sich - wie gezeigt - ausdrücklich auf die reichsgerichtliche Begründung. Die Rechtsprechung des Reichgerichts und des BGH steht daher nicht im Gegensatz zu der im vorigen Abschnitt entwickelten Rechtsgutsbestimmung, sondern unterstützt sie vielleicht sogar.

Mustert man die Entscheidungssammlung[155] des Bayerischen Obersten Landesgerichts durch, so begnügt sich auch dieses Gericht damit, die "Sicherheit und Zuverlässigkeit des Rechtsverkehrs mit Urkunden" als Rechtsgut zu nennen und auf BGH 2, 50 (52) zu verweisen.[156] Dieses Vorgehen haben sich auch andere Gerichte[157] zu eigen gemacht, soweit man überhaupt derartige Äußerungen in den wenigen Entscheidungen zum Rechtsgut findet. Somit bieten - soweit ersichtlich[158] - auch die anderen Gerichte keinen begründeten Anlaß, die gewonnene Rechtsgutsbestimmung zu revidieren. An dieser Einschätzung ändert auch eine Äußerung des OLG Düsseldorf[159] nichts. Danach soll § 267 StGB beim Bestehen gesetzlicher Formvorschriften auch das Ver-

---

155 In der Amtlichen Sammlung finden sich etwa fünfzehn Entscheidungen zu § 267 StGB.

156 In zwei Urteilen nimmt das BayObLG Stellung zum Rechtsgut: BayObLGSt 1979, 136 (137); 1980, 153 (157).

157 OLG Saarbrücken, JR 1975, S. 514; LG Berlin, wistra 1985, S. 241; OLG Köln, StrV 1987, S. 267; OLG Köln, MDR 1981, S. 71; OLG Zweibrücken, NJW 1982, S. 2268.

158 Es wurden folgende Werke auf obergerichtliche Äußerungen zum Rechtsgut des § 267 StGB durchgesehen: NStZ 1981-1987, OLGSt, StrV 1981-1987; MDR 1980-1987; JuS 1980-1987; Jura 1979-1986; JA 1981-1987.

159 OLG Düsseldorf, NJW 1966, S. 749; zustimmend Ohr, JuS 1967, S. 255 (257).

trauen des Rechtsverkehrs in die Ordnungsmäßigkeit der Entstehung einer Urkunde schützen. Diese - soweit ersichtlich - allein gebliebenen OLG-Entscheidung erweckt schon Bedenken durch eine zumindest mißverständliche Formulierung der Urteilsgründe: "..., weil durch § 267 StGB die Urkunde nicht nur im Interesse ihres geistigen Urhebers, sondern auch im Interesse der Sicherheit des Rechtsverkehrs geschützt wird."[160] Damit erweckt das Oberlandesgericht den Eindruck, als sei neben dem Allgemeinrechtsgut - der Sicherheit des Rechtsverkehrs - auch ein irgendwie geartetes Individualrechtsgut geschützt. Allerdings fehlen nähere Ausführungen dazu, worin das Individualrechtsgut zu sehen sei - etwa im Vermögen oder im Eigentum des geistigen Urhebers an der Urkunde, im Schutze seines Namens als Teil seines Persönlichkeitsrechts oder in seinem "geistigen Eigentum" am Inhalt der Urkunde. Ein solches Individualrechtsgut, das neben dem heute unstreitig durch § 267 StGB geschützten - wie auch immer näher zu bestimmenden - Allgemeinrechtsgut Bestand haben sollte, hätte zumindest einer ausführlichen Darlegung bedurft, wenn es hätte überzeugen sollen. Darüber hinaus besteht der Verdacht, als habe das Oberlandesgericht Fragen der Geistigkeits- und Körperlichkeitstheorie, also solche, die sich mit der Frage der Echtheit beschäftigen, unreflektiert mit Fragen des Rechtsguts verwechselt. Günstigstenfalls könnte man die Formulierung des Oberlandesgericht als mißglückt ansehen und dahingehend auslegen, als habe der Aspekt der Zurechenbarkeit der Erklärung zum Aussteller als das § 267 StGB zugrunde liegende Rechtsgut angesprochen werden sollen, so daß das Oberlandesgericht bereits erkannt hätte, welche Bedeutung dem Tatbestandsmerkmal der "Echtheit" für die Bestimmung des Rechtsguts zukommt. Diese Interpretation der OLG-Entscheidung ist angesichts der weiteren Ausführungen allerdings kaum haltbar, da die vom Oberlandesgericht gewählte Formulierung "nicht nur ..., sondern auch" den Eindruck

---

160 Düsseldorf, NJW 1966, S. 749.

erweckt, daß es von zwei durch § 267 StGB geschützten Rechtsgütern ausgeht. Das Urteil ist auch überwiegend kritisiert worden.[161]

---

161 Vgl. vor allem Mohrbotter, NJW 1966, S. 1421 (1422); ferner Sonnen, JA 1981, S. 366 (367); Schönke/Schröder-Cramer, § 267 Rdn. 59; Tröndle, LK, 10. Aufl., Rdn. 24 zu § 267; Dreher/Tröndle, 45. Aufl., § 267 Rdn. 20; Lackner, 16. Aufl., § 267 Anm. 3 a.

Drittes Kapitel
Allgemeine Grundstrukturen des Irrtums unter besonderer Berücksichtigung des Reichsgerichts

Erster Teil: Begriffsklärung und Irrtumstypologie

A. Begriffsklärung vor dem Hintergrund der heutigen Gesetzeslage

Bevor die Frage weiterverfolgt wird, inwieweit das Rechtsgut des § 267 StGB für die Behandlung der im Rahmen der Urkundenfälschung auftretenden Irrtümer fruchtbar zu machen ist, bedarf es einer kurzen Begriffserklärung und Darstellung von häufig bei Urkundendelikten anzutreffenden Irrtumskonstellationen.

Den gesetzlichen Ausgangspunkt bilden die Zentralvorschriften der §§ 16 und 17 StGB. Beide zusammen stecken den Rahmen ab, in dem sich ein Behandlungsvorschlag für die Irrtümer bei Urkundendelikten bewegen darf, ohne sich dem Einwand auszusetzen, der Vorschlag sei contra legem. Nach der Regelung des § 16 Abs. 1 Satz 1 StGB handelt der Täter ohne Vorsatz, der bei Begehung der Tat - verschuldet oder unverschuldet - einen Tatumstand nicht kennt, der zum gesetzlichen Tatbestand gehört (Tatbestandsirrtum). Das Gesetz verlangt in § 16 StGB, daß sich das Täterwissen auf die realen Tatumstände erstreckt und nicht, wie häufig gesagt wird, auf die Tatbestandsmerkmale. Die Tatbestandsmerkmale gehören nämlich der Begriffswelt an. Der Tatvorsatz bezieht sich infolgedessen auf diejenigen konkreten Fakten, Ereignisse und Zusammenhänge der Täteraußenwelt, die unter die begrifflichen Merkmale des objektiven Tatbestandes zu subsumieren sind.[1] In § 17 StGB ist der sogenannte Verbotsirrtum behandelt. Bei Unvermeidbarkeit des Verbotsirrtums ist die Schuld ausgeschlossen, während bei Vermeidbarkeit die Strafe gemildert werden kann. Der hier gewählte Begriff

---

1 Struensee, ZStW 102 (1990), S. 23.

"Tatbestandsirrtum" ist zwar nicht unumstritten für die Beschreibung des Irrtums über Tatumstände,[2] die zum gesetzlichen Tatbestand gehören (§ 16 StGB), doch ist er gebräuchlich und als Arbeitsbegriff genau so geeignet wie der ebenfalls verwendete Begriff "Tatumstandsirrtum".[3] Beide Begriff umschreiben nämlich - inhaltlich übereinstimmend - jeweils die in § 16 Abs. 1 StGB normierte Irrtumssituation unvollständig und unterscheiden sich nur dadurch, daß sie unterschiedliche Aspekte aussparen: Der Begriff des Tatbestandsirrtums betont die Tatbestandsbezogenheit, der Begriff des Tatumstandsirrtums die Sachverhaltsbezogenheit des vorsatzausschließenden Irrtums im Sinne von § 16 Abs. 1 StGB; der vollkommene Begriff müßte beide Aspekte zum Ausdruck bringen.

Der Begriff des Tatbestandsirrtums vernachlässigt die Sachverhaltsbezogenheit dieses Irrtums, also die Voraussetzung, daß der Täter, den das abstrakte Tatbestandsmerkmal des den jeweiligen Tatbestand erfüllenden Sachverhalts in seiner Bedeutung erkannt haben muß, damit er vorsätzlich gehandelt hat, oder negativ formuliert, daß nur ein Irrtum auf Sachverhaltsebene zum Vorsatzausschluß führen kann. Allerdings stellt der Begriff Tatbestandsirrtum klar, daß nur solche Sachverhalte - oder wie das Gesetz formuliert "Tatumstände" - vom Täter erkannt werden müssen, die tatbestandsrelevant sind, also auf objektive Merkmale des jeweiligen Tatbestands bezogen werden können. So sind beispielsweise bei § 212 StGB das Alter und Geschlecht, die Haarfarbe oder Na-

---

[2] Der Begriff "Tatbestandsirrtum" ist umstritten. Vgl. dazu etwa: Schroeder, LK, 10. Aufl., § 16 Rdn. 113 ff.; H. Mayer, Studienbuch, S. 128, schlägt "Sachverhaltsirrtum" vor; richtig schränkt Mezger, LK, 8. Aufl., § 59 II Anm. 10, S. 483, den Begriff "Tatbestandsirrtum" in seiner Tauglichkeit dahin ein, daß es sich dabei nicht um einen Irrtum über den "Tatbestand" im ganzen handelt, sondern um einen Irrtum über einen einzelnen "Tatumstand" des gesetzlichen Tatbestandes. Zutreffend dürfte die Bezeichnung "Tatumstandsirrtum" sein, die aber noch nicht eingebürgert ist, vgl. Ebert, Subsumtionsirrtum, S. 118, ausführlich S. 545 ff.

[3] Siehe S. 160 ff.; Ebert, Subsumtionsirrtum, S. 547 f.

tionalität Tatumstände, die **nicht** zum Tatbestand gehören, da § 212 StGB weder Alter, Geschlecht, Haarfarbe oder Nationalität zu den tatbestandsrelevanten Merkmalen zählt, die das getötete Opfer aufweisen muß, damit der Täter wegen Totschlags bestraft wird. Anders bei § 176 StGB (sexueller Mißbrauch von Kindern), wo das Alter des Opfers ein objektives Tatbestandsmerkmal des Tatbestands ausmacht und der Täter insoweit die Tatumstände in ihrer Bedeutung, nämlich daß das Opfer unter 14 Jahren alt ist, erkannt haben muß. Die dem Tatbestandsirrtumsbegriff fehlende Sachverhaltsbezogenheit des Irrtums im Sinne von § 16 StGB bringt demgegenüber der von anderen Autoren favorisierte Begriff des Tatumstandsirrtums zum Ausdruck. Doch fehlt ihm die Tatbestandsbezogenheit, also der Hinweis darauf, daß es sich um einen Irrtum über einen solchen Sachverhalt handeln muß, der vom Tatbestand umschrieben wird, kurz: Es fehlt die Aussage, daß ein Irrtum über Tatumstände nur dann zum Vorsatzausschluß führt, wenn es sich um tatbestandsrelevante Tatumstände handelt. Alter und Geschlecht sind zwar Sachverhalte, doch haben sie bei § 212 StGB keinen Einfluß auf den Vorsatz, da es sich bei ihnen um tatbestandsirrelevante Tatumstände handelt. Anders bei § 176 StGB: Dort ist das Alter ein tatbestandsrelevanter Tatumstand, so daß ein derartiger Tatumstandsirrtum zum Vorsatzausschluß führt. Da beide Begriffe als verkürzte Arbeitsbegriffe jeweils unvollständig den Regelungsbereich des § 16 Abs. 1 Satz 1 StGB umschreiben, stehen beide gleichberechtigt nebeneinander, so daß keinem Begriff der Vorrang gegenüber dem anderen gebührt. Der Begriff des "tatbestandsbezogenen Tatumstandsirrtums" würde den Regelungsbereich des in § 16 StGB umschriebenen vorsatzausschließenden Irrtums präzise umschreiben, doch ist diese Bezeichnung unüblich, so daß hier - trotz seiner Schwächen - mit dem vertrauten Begriff des Tatbestandsirrtums gearbeitet werden wird.[4]

---

[4] Mit der Bevorzugung des Ausdrucks "Tatumstandsirrtum" vor "Tatbestandsirrtum" verfolgt Ebert das über das Terminologische hinausweisende systematische Grundanliegen. Der

Mit der Einführung der §§ 16, 17 StGB hat sich der Gesetzgeber für die Schuldtheorie entschieden, darüber besteht in der Literatur Einigkeit,[5] von vereinzelten Gegenstimmen abgesehen.[6] Demnach sieht der Gesetzgeber das Unrechtsbewußtsein als selbständiges, vom Vorsatz getrennt zu behandelndes Schuldelement.[7]

Die Begrenzung der Untersuchung auf den Wirkungsbereich von § 16 StGB und § 17 StGB bringt es mit sich, daß die Fälle des "Irrtums zuungunsten des Täters" und die daran anknüpfende Frage, ob ein versuchtes Delikt oder ein Wahndelikt

---

tatbestandsirrelevante Tatumstandsirrtum erscheint bei ihm als "zweite Form des Subsumtionsirrtums", die - obwohl rechtsfolgenirrelevant - ihm die Möglichkeit gibt, alle Erkenntnisakte als Vorgang der Subsumtion unter Begriffe darzustellen (vgl. Ebert, Subsumtionsirrtum, S. 170 ff.). Die erste Form des Subsumtionsirrtums bezieht sich auf den Text des gesetzlichen Tatbestands und ist eine Fehlreflexion über "gesetzliche" Begriffe; vorsatzausschließender und vorsatzrelevanter Irrtum im Tatbestandsbereich ist also durch den Gegensatz von Gesetz und Sachverhalt als Objekt des Verständnisakts getrennt (vgl. dazu unten S. 172 ff.).

[5] Haft, AT, 5. Aufl., S. 248; Eser, Studienkurs I, 4. Aufl., Nr. 14, S. 163; Jakobs, AT, S. 543; Schönke/Schröder-Cramer, § 15 Rdn. 104, § 16 Rdn. 1; Rudolphi, SK, 5. Aufl., Stand: März 1992, § 17 Rdn. 1; Samson, StrafR I, 7. Aufl., Fall 22, S. 110.

[6] § 16, § 17 müssen im Sinne der Vorsatztheorie interpretiert werden: So Schmidhäuser, NJW 1975, S. 1807, 1810, 1813; ders., JZ 1979, S. 361; ders., JZ 1980, S. 396; ders., AT, 2. Aufl., 10/64, S. 419; Langer, GA 1976, S. 193, 214 ff.; ähnlich: Otto, AT, 2. Aufl., § 7 V, 13 IV: Er verlangt für den Vorsatz das Bewußtsein der Sozialschädlichkeit; Tiedemann, Tatbestandsfunktionen, S. 327 ff., 372 ff.: Einbeziehung der abstrakten Verbotskenntnis in den Vorsatz; Schönke/Schröder-Cramer, § 15 Rdn. 104: § 17 ist die Anhängung der Rechtsfahrlässigkeit an die Vorsatzdelikte; Kritik: Jakobs, AT, S. 549; ausführlich: Kuhlen, S. 276-298.

[7] Da sich der Gesetzgeber gegen die Vorsatztheorie entschieden hat, bleibt sie außer Betracht, vgl. aber die ausführliche Auseinandersetzung mit diesem Problemkreis bei Kuhlen, S. 275-298. Angesichts der unterschiedlichen Rechtsfolgen, die § 16 und § 17 StGB an verschiedene Irrtümer knüpfen, bleibt es dagegen entscheidungsbedürftig, wie diese Irrtumsarten gegeneinander abzugrenzen sind.

anzunehmen ist, außer Betracht bleiben.[8] Hier sollen diejenigen Kategorien von Fehlvorstellungen untersucht werden, die durch ein Wissensdefizit auf Seiten des Täters gekennzeichnet sind. Nur derartige Fälle, die im Vorstellungsbild des Täters ein "Zuwenig" gegenüber dem tatsächlich verwirklichten kriminellen Geschehen aufweisen, werden herkömmlich als "Irrtum" bezeichnet.[9] Das Strafrecht bezeichnet mit dem Begriff "Irrtum" aber jedes Auseinanderfallen von Bewußtseinsinhalt und real gegebenem Sachverhalt.[10] Infolgedessen erfaßt der Begriff "Irrtum" nicht nur die Fehlvorstellungen, was angesichts des allgemeinen Sprachgebrauchs gut denkbar wäre, sondern er umschreibt jede Abweichung des individuellen Vorstellungsbildes von den real existierenden Sachverhaltsgegebenheiten. Deshalb ist es richtig, sowohl die falsche Vorstellung (= positive Vorstellung oder "error") als auch die fehlende Vorstellung (= negativer Irrtum oder "ignorantia"),[11] als Irrtum zu bezeichnen. Beiden Irrtümern ist gemeinsam, daß zwischen objektivem Geschehen und Vorstellungsbild keine Kongruenz besteht, und demzufolge der Täter in beiden Situationen keine zutreffende Vorstellung von dem realen Lebenssachverhalt hat.

Eine ausführliche Auseinandersetzung mit dem Thema der deskriptiven und normativen[12] Tatbestandsmerkmale dürfte ver-

---

8 Der Umkehrschluß ist umstritten, vgl. Puppe, Lackner-FS, S. 199 ff., und an Material mangelt es nicht, wenn man hier nur die Irrtümer zugunsten des Täters untersucht.

9 Vgl. Maurach/Zipf, AT I, 7. Aufl., S. 310.

10 M.E. Mayer, AT, S. 315; Schlüchter, JuS 1985, S. 374.

11 Hälschner I, S. 250; Jescheck, AT, 4. Aufl., S. 275; Liftschütz, ZStW 36 (1915), S. 573 f.; Krümpelmann, ZStW Beiheft 1978, S. 14.

12 Der Begriff stammt von M.E. Mayer, AT, S. 182; allerdings versteht Mayer darunter Merkmale, die Tatbestandsbegriff und zugleich Rechtswidrigkeitselement sind, während heute darunter im allgemeinen alle Wertbegriffe verstanden werden.

zichtbar sein; der früher so lebhafte Streit darüber dürfte seine Bedeutung weitgehend eingebüßt haben.[13]

Freilich wird immer noch die Ansicht vertreten, die Art des für den Vorsatz erforderlichen Wissens sei abhängig zu machen von der Art des jeweiligen Tatbestandsmerkmals. Manche Autoren gehen etwa davon aus,[14] daß bei deskriptiven, also rein sinnlich wahrnehmbaren Merkmalen, das richtige sensuelle Erfassen der die abstrakten Merkmale ausfüllenden Lebenskonkreta ausreicht, um den Vorsatz bezüglich dieser Merkmale bejahen zu können. Ein vorsatzausschließender Irrtum kommt dann nur bei fehlerhafter Wahrnehmung dieser Lebenskonkreta in Betracht. Demgegenüber kann ein vorsatzausschließender Irrtum bei einem normativen Tatbestandsmerkmal entweder auf einer fehlerhaften sensuellen Sachverhaltswahrnehmung oder auf einer unzutreffenden Bedeutungseinschätzung des Geschehens beruhen. Die hier andersgearteten Irrtumskonstellationen erklärt man aus der besonderen Natur des normativen Merkmals. Es bedürfe für das Erfassen eines normativen Merkmals zusätzlich einer noch näher zu charakterisierenden Bedeutungskenntnis. Während es also für ein deskriptives Tatbestandsmerkmal als ausreichend angesehen wird, daß der Täter die Tatsachen sensuell richtig erfaßt hat, genügt es bei einem normativen Merkmal nicht, die Kenntnis dieser Tatsachen erlangt zu haben, sondern der Täter muß auch den unter das normative Tatbestandsmerkmal zu subsumierenden Sachverhalt in seinem für die Unrechtsbegründung wesentlichen Bedeutungsgehalt erfaßt haben. Nur dann, so wird argumentiert, habe der Täter wirklich alle für das Rechtswidrigkeitsurteil des Gesetzgebers maßgebenden Umstände erfaßt. In dieser Situation vermittle ihm sein Vorsatz nicht nur einen Impuls, über die Rechtswidrigkeit

---

13 Eine Unterscheidung, deren Wert für die Irrtumsfragen bestritten wird: Schönke/Schröder-Cramer, § 15 Rdn. 43; Dopslaff, GA 1987, S. 1, 24.

14 Rudolphi, SK, 5. Aufl., § 16 Rdn. 21, mit der Einschränkung: "in der Regel"; Wex, S. 42.

seines Verhaltens nachzudenken, sondern eröffne ihm erst die Möglichkeit der Rechtswidrigkeitskenntnis.[15]

Die - scheinbar durch die Art der verschiedenen Tatbestandsmerkmale bedingte - direkte Unterscheidung zwischen der zusätzlich erforderlichen Bedeutungskenntnis bei normativen Tatbestandsmerkmalen und der allein ausreichenden Tatsachenwahrnehmung bei deskriptiven Tatbestandsmerkmalen ist in dieser strikten Form nicht haltbar.[16] Auch Merkmale, die durch ihre Zugehörigkeit zur sinnlich wahrnehmbaren Welt gekennzeichnet sind, können in ihrer sozialen Bedeutung häufig nicht durch die bloße Kenntnis der Tatsachen erfaßt werden. Auch die sogenannten deskriptiven Tatumstände werden nicht als individuelle Fakten, sondern durch abstrakte Begriffe beschrieben. Dann ist aber für das Erfassen der sozialen Bedeutung dieser abstrakten Begriffe ein über die sinnliche Wahrnehmung hinausgehender Akt geistigen Verstehens notwendig.[17] Selbst solche Begriffe, die rein naturhafte Daten wiederzugeben scheinen - wie z.B. Mensch (§ 212 StGB), Wild (§ 292 StGB), Nachtzeit (§ 292 Abs. 2 StGB), beschädigen (§ 303 StGB) - sind sinnhaft, denn die Deliktstatbestände erfassen die Tatumstände jeweils in einer bestimmten Bedeutung. Der Täter handelt demzufolge nur dann in Kenntnis der Tatumstände im Sinne von § 16 Abs. 1 Satz 1 StGB, wenn er die Tatumstände in ihrer vom Tatbestand vorausgesetzten Bedeutung erkannt hat. Beispielsweise muß der Täter das Wild im Sinne von § 292 StGB nicht nur sensuell wahrgenommen haben, sondern er muß es auch als jagdbares Tier begriffen haben, wenn sich seine Zueignung des Tieres als Unrecht darstellen soll. Zwar erschließt sich dem Täter das unbestritten deskriptive Tatbestandsmerkmal "Mensch" in der Regel allein durch sinnliche Wahrnehmung eines konkreten Menschen, doch ist dies keines-

---

15 Rudolphi, SK, 5. Aufl., § 16 Rdn. 21.

16 Ebert, Subsumtionsirrtum, S. 427 ff., 430 ff.

17 Schönke/Schröder-Cramer, § 15 Rdn. 43; Kuhlen, S. 196 ff.

wegs immer der Fall.[18] Die Einsicht etwa, daß ein Verletzter, dessen Hirnfunktionen endgültig erloschen sind, aber noch an eine Herz-Lungen-Maschine angeschlossen ist, nicht mehr ein lebender Mensch ist, bedarf der Erkenntnis, daß trotz Fortbestehens einiger körperlicher Funktionen der Verletzte als Folge seines Gehirntodes in seiner Personenhaftigkeit endgültig vernichtet ist. Das Wissen des Täters um das Ende des Menschseins bedarf demzufolge seiner Bedeutungskenntnis über Beginn und Ende der Menschqualität, d.h. die Frage, ob ein menschliches Lebewesen als Objekt der Tötungsdelikte noch existiert, ist ohne einen Akt geistigen Verstehens nicht zu beantworten. Demnach ist festzuhalten, daß bei den deskriptiven Tatbestandsmerkmalen mit der richtigen Tatsachenwahrnehmung die Erkenntnis des sozialen Bedeutungsgehaltes meist[19] bewußtseinsautomatisch verknüpft ist.[20] Am richtigen Bedeutungsverständnis kann es also trotz richtig erkannter Tatsachen auch bei deskriptiven Begriffen fehlen. Die reine Tatsachenwahrnehmung ist nur eine bloße Vorbedingung für den allein maßgeblichen Verständnisakt.[21] Vor diesem Hintergrund erscheint es berechtigt, zwischen deskriptiven und normativen Tatbestandsmerkmalen keinen qualitativen, sondern nur einen quantitativen Unterschied hinsichtlich der für den Vorsatz erforderlichen Be-

---

18 Vgl. ausführlich Ebert, Subsumtionsirrtum, S. 433 f.

19 Backes, S. 36, verabsolutiert diese Aussage, indem er davon ausgeht, daß bei deskriptiven Tatbestandsmerkmalen der soziale Sinn des jeweiligen Tatumstandes unmittelbar an das Wahrnehmbare geknüpft ist.

20 Triffterer, Mallmann-FS, S. 381 Fn. 23, stimmt Krümpelmann, ZStW Beiheft 1978, S. 15, 16, in diesem Punkt zu. Backes, S. 35: "Zwar ist neben der bloßen Wahrnehmung stets noch eine geistige Verarbeitung erforderlich. Jedoch ist dieser Vorgang gegenüber der sinnlichen Übermittlung von untergeordneter Bedeutung, da der jeweilige soziale Sinn bei den deskriptiven Tatbestandsmerkmal unmittelbar an das (sinnlich) Wahrnehmbare knüpft." Siehe auch Ebert, Subsumtionsirrtum, S. 435.

21 Warda, Jura 1979, S. 81 und Fn. 58; Samson, StrafR I, Fall 16, S. 96; Krümpelmann, ZStW Beiheft 1978, S. 15, 16.

deutungskenntnis anzunehmen.[22] Infolgedessen entfällt schon aus diesem Grund die Notwendigkeit, die umstrittenen Abgrenzungsmodelle[23] für die Unterscheidung zwischen deskriptiven und normativen Elementen zu diskutieren. Aber auch wenn man der Ansicht zuneigen sollte, die zwischen deskriptiven und normativen Merkmalen einen qualitativen Unterschied annimmt und deshalb nur bei normativen Merkmalen die Bedeutungskenntnis fordert, gewinnt die Abgrenzung zwischen deskriptivem und normativem Merkmal, vor dem Hintergrund des von der herrschenden Meinung vertretenen Urkundenbegriffs keine maßgebliche Bedeutung. Es handelt sich bei ihm um einen aus mehr oder weniger nur geistig verstehbaren, d.h. normativen Einzelmerkmalen zusammengesetzten Begriff.

B. Auftretende Irrtumskonstellationen (Evidenzbeispiele)

Da es bei den sogenannten normativen Tatbestandsmerkmalen[24] neben der Kenntnis der die Tatbestandsmerkmale ausfüllenden Sachverhaltsausschnitte noch einer Beurteilung[25] bedarf, um

---

22 Ebert, Subsumtionsirrtum, S. 432 f.; Maurach/Zipf, AT I, S. 282 f.; Samson, StrafR I, 7. Aufl., Fall 16, S. 96; Schlüchter, JuS 1985, S. 375; dies., wistra 1985, S. 44; Mezger, LK, 8. Aufl., § 59 I 3 a, S. 477. Dieser Aussage steht Kuhlen, S. 196 f. i.V.m. Fn. 168, kritisch gegenüber; die Abgrenzung von normativen und deskriptiven Tatbestandsmerkmalen könne nur eine **strafrechtlich-praktische** Pointe haben, nämlich "die Art des für den Vorsatz erforderlichen Wissens, d.h. eben: den Geltungsbereich des Parallelerfordernisses festzulegen".

23 Vgl. dazu Zielinski, AK, §§ 15, 16 Rdn. 42 zu den unterschiedlichen Inhalten für die Bestimmung von deskriptiven und normativen Tatbestandsmerkmalen; Ebert, Subsumtionsirrtum, S. 147 ff.; Warda, JR 1950, S. 548; ders., Jura 1979, S. 81.

24 Die Merkmale als sinnbezüglich zu bezeichnen, ist aussagekräftiger.

25 Der hier meist verwendete Begriff der Bewertung ist problematisch. Die Kenntniserlangung hinsichtlich eines sogenannten normativen Tatbestandsmerkmals im Sinne von § 16 Abs. 1 Satz 1 StGB, so wird sich zeigen, hat gerade nichts mit einer Wertung zu tun. Die sogenannten normativen Tatbestandsmerkmale sind nämlich sinnbezügliche Merkmale und keine Wertungsmerkmale. Deshalb muß der Tä-

dem Täter die für den Vorsatz erforderliche Bedeutungskenntnis zu vermitteln, zeichnen sich drei Gruppen des Irrtums über normative Tatbestandsmerkmale ab. Drei Evidenzbeispiele[26] sollen dies belegen und zeigen, daß gerade in der Differenz zwischen Kenntnis der die Tatbestandsmerkmale ausfüllenden Sachverhaltsausschnitte und ihrer Beurteilung einer der Hauptansatzpunkte für die urkundendeliktsspezifische Irrtumsproblematik liegt.

1. Unkenntnis des Vorliegens der tatsächlichen Voraussetzungen der Urkunde.

   Beispiel: A zerreißt ein Stück Papier, ohne erkannt zu haben, daß dieses beschrieben ist.

2. Dem Täter sind die Tatsachen bekannt. Er gelangt aber nicht zu der erforderlichen Bedeutungskenntnis, daß es sich bei dem Gegenstand um eine Urkunde handelt.

   Beispiel: Der frisch zugereiste Ausländer A rückt bewußt dem von der Bedienung, wie er meint, "verunzierten" Bierfilz zu Leibe und radiert die Striche aus. Er weiß nicht, welche Funktion den von ihm getilgten Aufzeichnungen nach den Bräuchen in deutschen Gaststätten zukommt.

3. Der Täter kennt die Tatsachen und würdigt sie auch richtig, d.h., er erlangt die Bedeutungskenntnis. Er kommt aber infolge falscher Auslegung des tatbestandlichen Begriffs gleichwohl zu dem Ergebnis, daß die Voraussetzungen der Urkunde nicht erfüllt seien.

---

ter nur diese Sinnbezüglichkeit erfassen, aber keine Wertung vornehmen, d.h., es kommt auf die Bedeutungskenntnis und nicht auf eine irgendwie geartete Wertung des Sachverhalts durch den Täter an; näher dazu unten S. 228 ff.

26 Mit dem Evidenzbeispiel ist folgendes beabsichtigt: Eine Struktur und eine rechtliche Lösung sollen sich geradezu als selbstverständlich aufdrängen. Bei der Erörterung komplizierter Zusammenhänge mag die spätere Gegenüberstellung mit solchen Evidenzstrukturen hilfreich sein.

Beispiel: A zerbröselt aus Langeweile den Bierdeckel, auf dem der Kellner als Abrechnungsgrundlage durch Markierung die servierten Getränke vermerkt hat, wie A weiß. A glaubt, eine Urkunde müsse "Brief und Siegel" tragen, so daß der Bierdeckel keine Urkunde sei.

4. Der Täter kennt die Tatsachen und besitzt die Bedeutungskenntnis von den erkannten Tatsachen. Er kommt aber infolge falscher Auslegung des tatbestandlichen Begriffes gleichwohl zu dem Ergebnis, daß deren Voraussetzungen nicht erfüllt seien und deshalb sein Verhalten nicht verboten sei.

Beispiel: A wechselt die jeweils mit der Zulassungsplakette versehenen Nummernschilder seiner beiden Personenkraftwagen Marke VW und Ford gegeneinander aus. Dieses Vorgehen hält er für erlaubt, da beide Autos auf ihn ordnungsgemäß von der zuständigen Behörde zugelassen worden sind.

Diese Fehlvorstellung dürfte eher eine zusätzliche Variante des Irrtums als eine eigenständige "Gruppe" darstellen; sie ist eng mit der dritten Gruppe verbunden.

C. Zwei sich ausschließende Fragestellungen

An dieser Stelle seien noch zwei Problemkreise vorgemerkt, die es im Laufe der Untersuchung zu erörtern gilt:

Zum einen dürfen die ausgewählten einfach strukturierten Evidenzbeispiele nicht den Blick auf eine möglicherweise bestehende Besonderheit des Urkundenbegriffs gegenüber anderen sogenannten normativen Tatbestandsmerkmalen verdekken, wie etwa gegenüber der Fremdheit der Sache. Bereits das zweite Beispiel wirft die Frage auf, ob dem A die Bedeutungskenntnis hinsichtlich des Urkundenbegriffs selbst fehlt oder diejenige hinsichtlich eines der Einzelmerkmale im hoch normativen Urkundenbegriff. Es ginge dann um Art und Umfang des Defektes der Bedeutungskenntnis. In diesem Zusammenhang bedarf es der weitergehenden Überlegung, ob die mangelnde Bedeutungskenntnis hinsichtlich des Urkundenbegriffs überhaupt denkbar ist, wenn der Täter die Einzeltatumstände in ihrer Bedeutung erkannt hat, denn bei richtiger Kenntnis der Einzeltatumstände könnte eine mangelnde Bedeutungskenntnis bezüglich des gesamten Tatumstandes nur in Form einer falschen rechtlichen Wertung möglich sein. Man müßte klären, ob eine derartige Fehlvorstellung noch als Tatbestandsirrtum aufzufassen oder sie dem Bereich des Verbotsirrtums zuzuordnen ist.

Der zweite Fragenkreis, der zur Erörterung ansteht, betrifft den Tatumstand der Echtheit. Es ist festzustellen, ab wann der Täter weiß, daß er eine unechte Urkunde vor sich hat. Ein Beispiel mag die zur Beurteilung stehende Situation verdeutlichen:

> A, der Trauzeuge des B, unterschreibt dessen Heiratsurkunde nicht nur in seiner Funktion als Trauzeuge mit seinem eigenen Namen, sondern auch mit dem Namen des B, da B schreibunkundig ist und ihn, A, zur Unterschrift ermächtigt hat.

In diesem Fall hat A die das Tatbestandsmerkmal "Urkunde" ausfüllenden Lebenskonkreta voll erfaßt. Er befindet sich aber über das Merkmal der Echtheit im Irrtum. Das Unterzeichnen der Heiratsurkunde mit dem Namen des B interpretiert A als einen Vorgang, den er lediglich als Werkzeug des B vornimmt. Infolgedessen sieht er die verfaßte Erklärung ausschließlich als das dem B zurechenbare Werk an, wonach auch die Folgen der Erklärung nur den B treffen sollen. Danach handelt es sich aus der Sicht des A um eine echte Urkunde. Objektiv liegt jedoch eine unechte Urkunde vor, da die Ermächtigung zum Unterzeichnen der Heiratsurkunde mit Namen des B infolge der Höchstpersönlichkeit des Rechtsgeschäfts rechtlich nicht zulässig ist, so daß auch die Erklärung dem B nicht als eigene zugerechnet werden kann.

Diese Beispiele sollen am Anfang genügen, um die zur Diskussion stehenden Irrtumskonstellationen vorzustellen.

Die Beispiele sollen aber auch das Ziel der Untersuchung verdeutlichen. Das Ziel ist es, für diese Fälle eine handhabbare Richtlinie zur Lösung der Frage zu finden, ob in dem jeweiligen Fall ein vorsatzausschließender Tatbestandsirrtum oder ein - gegebenenfalls als Verbotsirrtum - zu berücksichtigender Subsumtionsirrtum vorliegt. Sehr bald wird sich die Unterscheidung des Tatbestandsirrtums und des Subsumtionsirrtums als eine der schwierigsten und wichtigsten Fragen herausstellen.

Zweiter Teil: Dogmengeschichtlich orientierter Überblick über die Lösungsversuche

A. Die Irrtumsrechtsprechung des Reichsgerichts

I. Thematische Einschränkung und Präzisierung des Untersuchungsfeldes

Die Irrtumsrechtsprechung des Reichsgerichts ist einer der Hauptlösungsansätze zu diesem Fragenkomplex. Die Erörterung hat heute keineswegs nur historisches Interesse. Der seit 1908 immer wieder erhobene Vorwurf, daß das Reichsgericht mit seiner Irrtumslehre "so einsam und verlassen dasteht, wie dies wohl in keiner sonstigen wichtigen Frage der Fall ist",[27] wird durch zahlreiche Reaktivierungsversuche hinfällig.[28] Diese Irrtumskonzeptionen sehen ihre Wurzeln in

---

[27] v. Hippel, VDA III, S. 557; ähnlich in: DStRZ 1917, S. 15.

[28] Herzberg, JuS 1980, S. 469; Blei, JA 1973, S. 604; Haft, JA 1981, S. 284 f.; ders., JuS 1980, S. 591; ders., AT, 5. Aufl., S. 254 f.; Nierwetberg, Jura 1985, S. 239; sehr vorsichtig: Schröder, ZStW 65 (1953), S. 179: "... wenn sich auch die Erwartung [genährt durch BGHSt 2, 194], die Unterscheidung zwischen Tat- und Rechtsirrtum sei damit endgültig tot, nicht zu erfüllen scheint." Puppe, GA 1990, S. 145 ff. (180): "Unsere Überlegungen über den Sinn der Tatbestände und ihrer einzelnen Merkmale ... haben im Prinzip zu den gleichen Unterscheidungen geführt, die das Reichsgericht schon mit seiner Lehre vom strafrechtlichen und außerstrafrechtlichen Irrtum getroffen hat." - Vgl. vor allem Kuhlen, Vom vorsatzausschließenden und nichtvorsatzausschließenden Irrtum, 1987; ausführlich unten Viertes Kapitel.

der reichsgerichtlichen Irrtumsrechtsprechung[29] und verknüpfen daher ihr eigenes Schicksal zumindest auch mit der Frage, ob die gegen die Unterscheidung des Reichsgerichts erhobenen Einwände entkräftet werden können. Diese Einwände führten nämlich zur Abkehr von der Reichsgerichtsrechtsprechung[30] und stünden auch den Neubelebungsversuchen entgegen.[31]

1. Ausklammerung bestimmter Irrtumskonstellationen

Aus Raumgründen können nicht alle denkbaren, mit dieser Konzeption zusammenhängenden Problempunkte erörtert werden. Es soll nur auf diejenigen eingegangen werden, die im Rahmen der Aufgabenstellung dieser Arbeit Relevanz erlangen. Demnach kann die zu Zeiten der Reichsgerichtsrechtsprechung lebhaft diskutierte Problematik, ob das Bewußtsein der Rechts- oder Pflichtwidrigkeit Bestandteil des Vorsatzes ist oder nicht, völlig außer Betracht bleiben. Es ist zwar nicht zu leugnen, daß dieser Streitpunkt häufig von Autoren im Zusammenhang mit einer kritischen Analyse der reichsgerichtlichen Rechtsprechung diskutiert wird,[32] doch handelt es sich bei dieser Standortfrage um den zwischen Schuld- und Vorsatztheorie streitigen Komplex der sachgerechten Handhabung des sogenannten Verbotsirrtums. Ebensowenig interessiert hier die Entwicklung einer akzeptablen und stimmigen Lösung für die umstrittene Behandlung von Blankett-

---

29 Herzberg, JuS 1980, S. 473; Haft, AT, 5. Aufl., S. 254 f.

30 Vgl. Welzel, MDR 1951, S. 65: "Die Lehre des Reichsgerichts von der grundsätzlichen Unbeachtlichkeit des Verbotsirrtums ... ist ... von den unabweisbaren Erfordernissen der Rechtswirklichkeit überwunden worden."

31 So auch die Einschätzung von Burkhardt, JZ 1981, S. 687.

32 Beispielsweise diskutieren folgende Autoren das Problem des Verbotsirrtums im Rahmen einer Analyse des Rechtsirrtums mit: Gerland, Lehrbuch, S. 136; Beck, S. 3 f.; v. Bar, S. 382 ff.; Winnefeld, DRZ 1947, S. 365 ff.; Lobe, DRiZ 1913, S. 150; Conrad, DJZ 1912, S. 1489 ff.; Hälschner, Bd. I, S. 251 ff.

merkmalen, da es sich bei den in der Arbeit zu untersuchenden Begriffen der Urkunde und der Echtheit im Rahmen des § 267 StGB nicht um solche Blankettmerkmale handelt.

2. Präzisierung des Untersuchungsfeldes

Infolgedessen lautet die zu untersuchende Frage: Wie muß der Vorsatz oder, genauer, seine Wissenskomponente beschaffen sein, damit der Täter bei Begehung der Tat die Tatumstände im Sinne von § 267 StGB gekannt hat? Gemäß § 16 Abs. 1 Satz 1 StGB (insoweit sachlich übereinstimmend mit § 59 StGB a.F.)[33] handelt der Täter nämlich dann ohne Vorsatz, wenn er die zum gesetzlichen Tatbestand gehörenden Tatumstände nicht gekannt, er sich also geirrt hat. Die Regelung des § 16 Abs. 1 Satz 1 StGB gibt demnach zu erkennen, daß der sogenannte Tatbestandsirrtum die Umkehrform der Wissenskomponente des Vorsatzes ist, und bestätigt dadurch die Aussage, die Irrtumslehre sei die Vorsatzlehre mit negativem Vorzeichen.[34]

Allerdings läßt sich das damit grundsätzlich abgesteckte Untersuchungsfeld weiterhin auf zwei ineinander verschränkte Fragen abschichten. Zunächst ist zu klären, ob es über die Sachverhaltswahrnehmung hinaus noch eine irgendwie geartete Kenntnis hinsichtlich der faktischen Umstände bedarf, bevor man die Wissenskomponente bejahen kann. An diese Überlegung knüpft sich dann das Folgeproblem an, wie diese gegebenenfalls erforderliche besondere Kenntnis von Tatumständen gegenüber der allgemeinen Verbotskenntnis, also dem sogenannten Verbotsirrtum, abgegrenzt werden kann.

Im zweiten Untersuchungsschritt gilt es zu prüfen, ob diese denkbare besondere Wissenskomponente des Vorsatzes bei einem normativen Tatbestandsmerkmal geeignet ist, die Grenze

---

[33] Ebenso Schlüchter, S. 38 i.V.m. Fn. 1.

[34] Gerland, S. 134.

zwischen dem Tatbestandsirrtum bezüglich eines normativen Tatbestandsmerkmals und dem Verbotsirrtum klar festzulegen. Die Notwendigkeit, ein taugliches Kriterium zu ermitteln, ergibt sich nicht nur aus dem Umstand, daß bis heute die Grenzziehung zwischen den Anwendungsbereichen des § 16 StGB und des § 17 StGB als ungeklärt gilt,[35] sondern auch aus

---

[35] Vgl. zum Thema der Abgrenzung Verbotsirrtum und Irrtum über normative Tatbestandsmerkmale im einzelnen folgende Ansichten: Verbotsirrtum und Irrtum über normative Tatbestandsmerkmale sind identisch - vertreten von Weinberg, S. 17, 111 ff.; unter Berufung auf Weinberg auch Vollmar, S. 32 Fn. 14; ähnlich Mangakis, S. 33, 54, der die Ansicht vertritt, der Verbotsirrtum lasse sich in der großen Mehrzahl der Fälle in einen Irrtum über die normativen Einzelmerkmale umdeuten. Ähnlich Sauer, Mezger-FS, S. 119 Fn. 1: Kenntnis der normativen Tatbestandselemente nach Laienart bedeutet Kenntnis der allgemeinen Unerlaubtheit; ähnlich Naucke, Einführung, 6. Aufl., S. 293; Lang-Hinrichsen, JR 1952, S. 303; Arthur Kaufmann, Unrechtsbewußtsein, S. 169 f. Eine Unterscheidung von Tatbestands- und Verbotsirrtum ist angesichts der normativen Tatbestandsmerkmale sogar unmöglich: Schröder, MDR 1951, S. 387 f.; Lang-Hinrichsen, JR 1952, S. 303; Schönke/Schröder-Cramer, 19. Aufl., § 15 Rdn. 101. Die eine Fehlvorstellung (Irrtum über normatives Tatbestandsmerkmal) tritt praktisch nicht ohne die andere (Verbotsirrtum) auf: Bockelmann, ZStW 70 (1958), S. 647; Hofmann, S. 55, 69: Das Unrechtsbewußtsein ist immer Begleiterscheinung des Tatvorsatzes (S. 55), das vom Täter automatisch assoziiert wird, wenn er tatbestandsmäßig handelt (S. 69). Ähnlich sieht Fieseler, S. 58 f., im Kernstrafrecht mit dem Tatvorsatz notwendig auch das Unrechtsbewußtsein verbunden. Ausnahmen sind für ihn lediglich die Annahme rechtfertigender Umstände und der "Mann vom anderen Stern" (S. 67, 76). Ähnlich Wegner, Raape-FS, S. 408: Der Vorsatz hinsichtlich der Tatbestandsmerkmale erlaubt in der Regel einen zwingenden Rückschluß auf das Unrechtsbewußtsein. Bedenken gegen eine klare Unterscheidbarkeit zwischen Tatbestands- und Verbotsirrtum finden sich bei H. Hartung, NJW 1951, S. 209 f.; v. Weber, JZ 1951, S. 260 f.; H. Mayer, Studienbuch, S. 127; Würtenberger, Die geistige Situation, S. 12 f.; ders., Rittler-FS, S. 128 (insbesondere bei normativen Tatbestandsmerkmalen); Schröder, JR 1962, S. 347 f.; Spendel, Gedächtnisschrift für Radbruch, S. 321: Die Bemühungen um die Herausarbeitung von Kriterien zur Trennung des Verbotsirrtums vom Irrtum über normative Tatbestandsmerkmale dienen nicht dazu, eine Grundlage zu finden, von der sich die Entscheidung praktischer Fälle ableiten läßt. Ihr Zweck besteht vielmehr darin, Argumente zu liefern, um die Entscheidung nachträglich zu begründen, die nach anderen im Verborgenen

der jeweils unterschiedlichen Rechtsfolge der §§ 16, 17 StGB. Während § 16 Abs. 1 Satz 1 StGB beim Vorliegen eines Tatbestandsirrtums zum Vorsatzausschluß, also nach heute ganz herrschender Meinung zum Entfallen des subjektiven Tatbestandes führt, gewährt der in § 17 StGB normierte Verbotsirrtum, und auch das nur bei seiner Unvermeidbarkeit, den Ausschluß der Schuld.

II. Inhaltliche Darstellung der reichsgerichtlichen Irrtumslehre

1. Grundsätze

Der allgemeine Ausgangspunkt der reichsgerichtlichen Irrtumsrechtsprechung war die Unterscheidung von Tat- und Rechtsirrtum,[36] wonach grundsätzlich nur der Tatirrtum, gewöhnlich verstanden als Tatsachenirrtum,[37] den Vorsatz ausschloß. Schon der Begriff des Tatirrtums wirft Fragen auf.

---

gehaltenen Kriterien getroffen worden sind. Baumann, Welzel-FS, S. 542: Der Übergang vom Irrtum über ein normatives Tatbestandsmerkmal zum Verbotsirrtum ist gleitend. - Die Gegenmeinung: Auch im Rahmen der normativen Tatbestandsmerkmale kann zwischen Tatbestandsvorsatz und Verbotskenntnis differenziert werden, so daß die Schuldtheorie ihre Berechtigung behält - vertreten von Geisler, S. 122 f., 130, 139 f., 148; H. Müller, S. 47; Krümpelmann, ZStW Beiheft 1978, S. 16 f.; Bockelmann/Volk, AT, S. 75; Ebert, Subsumtionsirrtum; mit erheblichen Einschränkungen auch Spendel, a.a.O., S. 321; dagegen wiederum Tischler, S. 349 f. Die Grenze zwischen relevanter Bedeutungskenntnis und (irrelevanter) Subsumtion ist nicht als eine feste, sondern als eine elastische anzusehen - vertreten von Mezger, LK, 8. Aufl., § 59 Anm. 1, 3 b, S. 477; Anm. II, 10 a, S. 484; ders., JZ 1951, S. 180 Abschn. I am Ende; Traub, JuS 1967, S. 112, 116.

36 Befürworter der Reichsgerichtsrechtsprechung waren Lucas, Die subjektive Verschuldung, S. 88 f.; ders., Anleitungen, S. 135 f.; Berner, Lehrbuch, S. 121 Fn. 1; v. Lilienthal, Grundriß, S. 38; Schwartz, StGB, § 59 Anm. 12, S. 194 f.; Wegner, Raape-FS, S. 405, 413; H. Mayer, MDR 1952, S. 392; ders., Studienbuch, S. 123 f. und Fn. 2 auf S. 124.

37 Vgl. Eichmann, S. 22; Hobe, S. 55.

Meist wird er als Irrtum über die sinnenfälligen Eigenschaften verstanden.[38] Kuhlen[39] hat gegen diese Interpretation Bedenken angemeldet. Diese Deutung führt er vor allem auf den Einfluß Franks und Kohlrauschs zurück,[40] die diese These jedoch nur recht halbherzig vertreten hätten. Richtig ist, daß das Reichsgericht selbst den Tatirrtum nicht als "Irrtum über sinnlich Wahrnehmbares" definiert hat. Die Sinnenfälligkeitsdeutung läßt sich auch nicht auf einen in der damaligen strafrechtlichen Literatur explizierten Sprachgebrauch stützen, den man als vom Reichsgericht stillschweigend zugrunde gelegten fachsprachlichen Gebrauch von Tatirrtum ansehen könnte.[41] Vielmehr ist anzuerkennen, daß das Reichsgericht nicht nur Irrtümer über rein sinnlich Wahrnehmbares, sondern auch solche, die offenkundig darüber hinausgehende Schlußfolgerungen betrafen, als Tatsachenirrtümer bezeichnete.[42] Der Rechtsirrtum über Rechtsbegriffe und damit auch der Irrtum über die Rechtswidrigkeit der gesamten Tat sollten grundsätzlich ohne Einfluß auf den Vorsatz bleiben. Dieser Grundsatz, error iuris nocet, fand bei den sogenannten außerstrafrechtlichen Rechtsirrtümern eine Einschränkung. Einem Rechtsirrtum, der sich auf einen nicht dem Strafrecht angehörenden Rechtsbegriff bezog, wurde eine vorsatzausschließende Wirkung zuerkannt, so daß in einem derartigen Falle die rechtliche Fehlbeurteilung trotz richtiger sensueller Wahrnehmung den Vorsatz beseitigte.

---

38 So besonders deutlich Hobe, S. 55. Ebenso Eichmann, S. 22; Mezger, LK, 8. Aufl., § 59 II, 14, S. 492; Arthur Kaufmann, Unrechtsbewußtsein, S. 48.

39 Kuhlen, S. 165.

40 Frank, ZStW 1892, S. 277; Kohlrausch, Irrtum, S. 84 ff.

41 So überzeugend Kuhlen, S. 166 f.: Angesichts dieser Situation sei es unangemessen, zunächst dem Reichsgericht die referierte Sinnenfälligkeitsdeutung zuzuschreiben, um sodann kritisch zu zeigen, daß das Gericht dieser Abgrenzung nicht wirklich gefolgt ist.

42 Kuhlen, S. 168; ähnlich schon Krümpelmann, ZStW Beiheft 1978, S. 8.

Diese Ausnahme vom Grundsatz der Unbeachtlichkeit des Rechtsirrtums erfuhr ihrerseits aber eine neuerliche Einschränkung. Das Reichsgericht hat nicht jeden Rechtsirrtum, der sich auf einen dem Strafrecht nicht angehörenden Rechtsbegriff bezog, als vorsatzausschließend behandelt. Vielmehr unterschied das Reichsgericht zwischen Rechtsbegriffen, die der Gesetzgeber aus einem außerstrafrechtlichen Rechtsgebiet unverändert in den Tatbestand eines Strafgesetzes aufgenommen hat, und solchen außerstrafrechtlichen Rechtsbegriffen, die der Strafgesetzgeber seinen eigenen Regelungen unterwarf. Nur bei der unveränderten Übernahme des außerstrafrechtlichen Rechtsbegriffs in den Straftatbestand führt ein Irrtum über diesen Rechtsbegriff als außerstrafrechtlicher Rechtsirrtum zum Vorsatzausschluß.[43]

So oder ähnlich formuliert findet man die auf den beiden Grundsätzen "error facti non nocet" und "error iuris nocet" basierende Irrtumsrechtsprechung des Reichsgerichts in zahlreichen Veröffentlichungen wiedergegeben.[44]

---

[43] Vgl. zum Ganzen Mezger, LK, 8. Aufl., § 59 II Anm. 15 6, S. 494: "Im allgemeinen läßt sich die Stellungnahme des Reichsgerichts also dahin zusammenfassen, daß Begriffe und Befugnisse, die das Strafgesetzbuch selbst bestimmt oder im Anschluß an ein anderes Gesetz selbst regelt (z.B. ... Fälschung und Öffentlichkeit der Urkunde ...), dem Rechtsirrtum unterfallen und daher durch § 59 StGB nicht entschuldigt werden." Beispiele: Der Vermögensschaden ist strafrechtlicher Rechtsbegriff (RGSt 58, 172); als außerstrafrechtlicher Rechtsbegriff wird etwa die Herrenlosigkeit der Sache (RGSt 42, 44), die Handlungsbefugnis des Beamten in § 113 StGB (RGSt 33, 415) angeführt.

[44] Vgl. etwa v. Hippel, VDA III, 541 ff.; Arthur Kaufmann, Unrechtsbewußtsein, S. 47 f.; Backmann, JuS 1972, S. 328; Ebert, Subsumtionsirrtum, S. 17 f.

2. Divergierende Interpretationen der reichsgerichtlichen Begriffspaare

Allerdings bietet die Literatur hinsichtlich der Wiedergabe der reichsgerichtlichen Irrtumsgrundsätze und der darauf beruhenden Begriffspaare kein geschlossenes Bild. Nicht alle Autoren sind sich über die mit den jeweiligen Begriffspaaren Tat- und Rechtsirrtum, strafrechtlicher und außerstrafrechtlicher Rechtsirrtum bezeichneten Irrtumsfälle einig.

Im folgenden soll das an einigen Autoren beispielhaft aufgezeigt werden. Ebermayer[45] geht davon aus, daß das Reichsgericht in den Fällen, die als strafrechtlicher Irrtum qualifiziert werden, in Wirklichkeit eine unwiderlegbare Vermutung des dolus vornahm. Diese Dolus-Vermutung verwehrte dem Täter die Möglichkeit, im Prozeß vorzutragen, er habe das Gesetz im einzelnen Falle nicht gekannt oder falsch ausgelegt. Infolgedessen trug der Gesetzgeber mit der Dolus-Vermutung die Forderung an den Täter heran, daß jedermann die Strafgesetze kennen und richtig auslegen müsse. Demgegenüber stellt Hellmuth Mayer[46] die Identität des strafrechtlichen Rechtsirrtums mit dem Verbotsirrtum und die Identität des außerstrafrechtlichen Rechtsirrtums mit dem Tatbestandsirrtum fest; die Rechtsprechung des Reichsgerichts sei mit der heutigen Situation deckungsgleich gewesen. Diese sich widersprechenden Äußerungen über die angeblich vom Reichsgericht der Lösung von Irrtumsfällen zugrunde gelegten Prinzipien sind keine Ausnahmeerscheinungen.

Die Uneinheitlichkeit der Wiedergabe der vom Reichsgericht praktizierten Irrtumsrechtsprechung setzt sich auch bei der Schilderung fort, wie das Reichsgericht bei normativen Tatbestandsmerkmalen den § 59 StGB a.F. und die zugrunde ge-

---

45 Ebermayer, LZ 1918, S. 802 ff.

46 H. Mayer, AT, S. 124; MDR 1952, S. 392.

legte Unterscheidung zwischen Tat- und Rechtsirrtum anwendet. Niese[47] faßt den Standpunkt des Reichsgerichts dahin zusammen, daß die Kenntnis der deskriptiven Tatbestandsmerkmale und der außerstrafrechtlichen Rechtsbegriffe erforderlich sei. Demgegenüber geht Warda[48] davon aus, daß das Reichsgericht beim Irrtum über normative Tatbestandsmerkmale zunächst danach differenziert habe, ob sich der Irrtum auf die kognitiven, rein sinnlich wahrnehmbaren gegenständlichen Voraussetzungen des normativen Tatbestandsmerkmals bezog, oder ob die Bedeutungskenntnis nicht erlangt wurde. Die Anwendung der beiden Grundsätze "error iuris nocet" und "error facti non nocet" habe dann nur beim rein tatsächlichen Irrtum zum Vorsatzausschluß geführt. Der Rechtsirrtum, also der nicht gelungene Verstehensakt bezüglich des rein tatsächlich richtig erkannten Gegenstandes, habe nur dann vorsatzausschließende Wirkung gehabt, wenn es sich bei dem betroffenen normativen Tatbestandsmerkmal um einen aus dem außerstrafrechtlichen Bereich übernommenen Begriff handelte. Warda unterstellt daher dem Reichsgericht, es habe den normativen Begriff selbst in den rein sinnlich wahrnehmbaren Teil und den rechtlichen Teil aufgespalten und diese jeweiligen Begriffsbestandteile den entsprechenden Irrtumsgrundsätzen zugeordnet.

Die von Niese vorgenommene Deutung der reichsgerichtlichen Rechtsprechung übernimmt partiell Probst.[49] Auch er sieht in der Unterscheidung zwischen Tat- und Rechtsirrtum die eigentliche Alternative, vor der das Reichsgericht bei seiner Irrtumsrechtsprechung gestanden habe. Allerdings qualifiziert er den außerstrafrechtlichen Rechtsirrtum als systemfremde Figur des reichsgerichtlichen Irrtumssystems, die nur als "Gerechtigkeitsreserve" dieser Irrtumsrechtsprechung fungierte.

---

47 Niese, SJZ 1950, S. 32; im Ergebnis ebenso Hartung, DRZ 1949, S. 342.

48 Warda, JR 1950, S. 548; ähnlich Backmann, JuS 1972, S. 453 und Fn. 6.

49 Probst, S. 120, 122 ff.

Demgegenüber teilt Schröder[50] die Annahme Wardas, wonach die normativen Tatbestandsmerkmale in den tatsächlichen und rechtlichen Teil zu untergliedern seien. Allerdings beschränkt er seine Aussage darauf, den Gegensatz "rechtlicher Schluß" und "zugrundeliegender Sachverhalt" für entscheidungsrelevant zu erklären und es als ausreichend anzusehen, daß der Täter die "Tatsachen" gekannt habe, die den Schluß auf das normative Tatbestandselement zulassen. Danach vermittelt seine Einschätzung der reichsgerichtlichen Vorgehensweise den Eindruck, als habe das Reichsgericht im Rahmen seiner Aufspaltung des normativen Tatbestandsmerkmals nur zwischen dem vorsatzausschließenden Tatirrtum und dem nicht vorsatzausschließenden Rechtsirrtum unterschieden, ohne die weitere sonst gebräuchliche Differenzierung nach strafrechtlichem und außerstrafrechtlichem Rechtsirrtum vorzunehmen. Schröder sieht den Grund für diese Beschränkung der reichsgerichtlichen Irrtumsdifferenzierung im Fall der normativen Tatbestandsmerkmale in dem Bestreben, den Irrtum über die rechtliche Wertung auszuschließen und dadurch das Problem auch bei normativen Voraussetzungen auf einen Tatsachenirrtum zu reduzieren.[51]

3. Reichsgerichtliche Vorschläge zur Irrtumsbehandlung bei Urkundendelikten

Die uneinheitliche Interpretation der angeblich vom Reichsgericht seinen Entscheidungen zugrunde gelegten Grundsätze macht eine Stellungnahme zu diesem Punkt erforderlich. Klarheit könnte bereits die eigene Stellungnahme des Reichsgerichts in RGSt 40, 203, verschaffen. Dort äußert sich das Reichsgericht zu den Irrtumsmöglichkeiten hinsichtlich einer öffentlichen Urkunde und stellt drei Fallgruppen vor:

---

50 Schröder, ZStW 65 (1953), S. 178 (180); so auch Wex, S. 40 ff.; vgl. auch Ebert, Subsumtionsirrtum, S. 189.

51 Schröder, ZStW 65 (1953), S. 181.

a) Der Täter hat "den allgemeinen gesetzlichen Begriff oder einzelne Begriffsmerkmale unrichtig erfaßt",

b) er kennt nicht "eine oder mehrere der maßgebenden sinnfälligen Eigenschaften der in Frage stehenden Urkunde oder der für ihre Entstehung bedeutsamen Vorgänge",

c) der Täter begeht einen "Denkfehler" bei ihrer Vergleichung mit den gesetzlichen Begriffsmerkmalen.

Das Reichsgericht hat ausschließlich den Irrtum der zweiten Art als Irrtum über Tatumstände im Sinne des § 59 StGB a.F. angesehen und daher den Vorsatzausschluß bejaht.

Aus diesen Äußerungen läßt sich der Schluß ziehen, daß nach Ansicht des Reichsgerichts der Irrtum über die sinnfälligen Eigenschaften stets - also auch bei Merkmalen, die wie das hochnormative Merkmal der Urkunde neben Tatsachen nur geistig verstehbare Elemente erfassen - vorsatzausschließend wirkt. Eine ausdrückliche Stellungnahme des Reichsgerichts zu den sensuell nicht erfaßbaren Merkmalselementen, also etwa zur Beweiseignung oder Beweisbestimmung des Urkundenbegriffs, fehlt. Trotz dieser Lücke verdeutlichen aber die im Urteil genannten drei Gruppen von Irrtumskonstellationen, daß das Reichsgericht auch innerhalb des in tatsächliche und rechtliche Seite aufgespaltenen normativen Tatbestandsmerkmal zwischen error facti und error iuris unterscheidet.

Aus diesem Vorgehen könnte man den Schluß ziehen, daß das Reichsgericht die Möglichkeit eines außerstrafrechtlichen Rechtsirrtums ignoriert und jeden nicht bloß tatsächlichen Irrtum zum unbeachtlichen Strafrechtsirrtum stempelt.[52] Auch RGSt 50, 420 (422) läßt sich zur Unterstützung dafür heranziehen. In diesem Urteil hat das Reichsgericht für den Vorsatz bei § 267 StGB nur verlangt: "Es genügt ..., was das Merkmal der beweiserheblichen Privaturkunde anlangt, daß sich der Täter derjenigen Tatsachen bewußt ist, die zusammen den bezeichneten Rechtsbegriff gegebenenfalls erfül-

---

52 v. Hippel, VDA III, S. 554.

len, an die also das Recht die Schlußfolgerung knüpft, daß eine zum Beweise von Rechten und Rechtsverhältnissen erhebliche Urkunde vorliegt. Ein Irrtum über den Rechtsbegriff, sei es im allgemeinen, sei es über einzelne Begriffsmerkmale oder über die Unterstellbarkeit der vom Täter bekannten Tatsachen unter den Begriff, ist daher strafrechtlich belanglos." Somit scheint das Reichsgericht auch bei diesem Urteil nur zwischen Tat- und strafrechtlichem Rechtsirrtum zu differenzieren.[53] Freilich könnte es sich bei den beiden Reichsgerichtsurteilen um nur unvollständig formulierte Einzelfallentscheidungen handeln, bei denen das Reichsgericht keinen Anlaß dafür sah, auf die hier aufgeworfene Frage einzugehen. Allerdings besteht ebenso die Möglichkeit, daß sie die generelle reichsgerichtliche Linie bei der Behandlung normativer Tatbestandsmerkmale repräsentieren. Indessen sprechen andere Entscheidungen für eine differenziertere Handhabung. Das Reichsgericht entscheidet in RGSt 39, 370, einen ähnlichen Fall wie in RGSt 40, 203; auch hier geht es um die Frage, ob der Täter sich über den Tatumstand der "öffentlichen Urkunde" geirrt hat. Dazu nimmt das Reichsgericht wie folgt Stellung (S. 374, 375): Sollte sich der Täter "in Verkennung der Bedeutung und Tragweite der Bestimmungen des preußischen Stempelgesetzes und der Ausführungsbestimmungen darüber im Irrtum befunden haben ..., daß diese Bestimmungen dem Entwertungsvermerk eine über seine gewöhnliche Beweisbestimmung hinausgehende Beweiserheblichkeit beilegen und ihm gerade hierdurch die Urkundeneigenschaft verschaffen, oder ob er sich über den öffentlichen Charakter der von ihm vorgenommenen Beurkundung geirrt hat, [so würde] ein derartiger Irrtum nicht mehr auf strafrechtlichem Gebiete liegen und deshalb geeignet sein, daß Bewußtsein der Rechtswidrigkeit und damit das subjektive Verschulden des Angeklagten zu beseitigen."

---

53 Infolgedessen wäre die von Schröder, ZStW 65 (1953), S. 178 ff., angebotene Einschätzung der vom Reichsgericht bei normativen Tatbestandsmerkmalen zugrundegelegten Irrtumslehre die zutreffende.

In diesem Urteil schließt das Reichsgericht den Vorsatz aus, weil der Irrtum auf einem außerstrafrechtlichen Rechtsirrtum beruht. Diese Anerkennung eines außerstrafrechtlichen Rechtsirrtums blieb auch kein Einzelfall, wie folgende Fälle belegen:

1. Irrtum über das Einverständnis des Ausstellers einer Urkunde mit deren nachträglichen Abänderungen (RGSt 51, 31; 53, 240),

2. Irrtum über die bürgerlich-rechtliche Wirksamkeit eines diktierten Testaments (RGSt 57, 235).

Gerade im Rahmen der letztgenannten Entscheidung RGSt 57, 235, demonstriert das Reichsgericht, daß es geradezu spitzfindig an die Lösung solcher Fälle herangeht. Das Reichsgericht unterscheidet danach, ob der Irrtum die "Wirksamkeit des dem Täter erteilten Auftrags" oder aber "die Gültigkeit des Testaments" betraf: Den ersten Irrtum erklärt es für vorsatzausschließend, da Grundsätze des bürgerlichen Rechts Gegenstand des zugrunde liegenden Irrtums seien; den anderen Irrtum stuft es als nicht vorsatzausschließenden Irrtum über den Straftatbestand ein.[54]

In RGSt 11, 77 (81) findet sich ein weiterer Beleg für die vom Reichsgericht sehr wohl bei normativen Tatbestandsmerkmalen - hier beim Merkmal der "Rechtserheblichkeit" der beurkundeten Tatsache - praktizierten Unterscheidung zwischen strafrechtlichem und außerstrafrechtlichem Irrtum. Danach soll ein außerstrafrechtlicher Rechtsirrtum über die gesetzlichen Zustellungsvorschriften der Post vorliegen, wenn der Postbote angenommen hat, "er habe die Zustellung ordnungsmäßig bewirkt, wenn er den Brief nur einem Verwandten des Adressaten übergeben" habe. Der Postbote handelt unvorsätzlich, wenn er sich in einem Irrtum über den Inhalt der Zustellungsvorschriften befindet. Befindet er sich demgegenüber in einem Irrtum, daß "wenn er nur richtig zustelle,

---

[54] Ausführlich zu dieser vielleicht schwierigsten Entscheidung des Reichsgerichts zum Irrtum vgl. unten S. 110, 305 ff., 326 ff.

[es] nicht darauf ankomme, was er hierüber beurkunde, daß also bei richtiger Zustellung die Beurkundung der Art derselben rechtlich unerheblich sei, dann hat er sich, weil die Tatsachen, welche er instruktionsmäßig zu beurkunden hat, auch als rechtlich erheblich im Sinne des § 348 StGB zu gelten haben, in einem Irrtum über einen Bestandteil des Strafgesetzes bildenden Rechtsbegriff des 'rechtlich Erheblichen' befunden, welcher als Irrtum über den Sinn des Strafgesetzes auf Entschuldigung keinen Anspruch haben könnte".

Angesichts dieser reichsgerichtlichen Urteile, in denen sich das Reichsgericht der Unterscheidung strafrechtlicher und außerstrafrechtlicher Rechtsirrtum bedient, ist der Schluß unhaltbar, das Reichsgericht habe seine Irrtumslehre auf die Unterscheidung Tat- und strafrechtlichen Rechtsirrtum verkürzt, wenn der Täter sich über ein normatives Tatbestandsmerkmal irrt. Statt dessen hat die Bestandsaufnahme das Festhalten des Reichsgerichts an der Unterscheidung strafrechtlicher und außerstrafrechtlicher Irrtum dokumentiert.

4. Eigene Interpretation der reichsgerichtlichen Irrtumsrechtsprechung

Unumstrittener Ausgangspunkt der reichsgerichtlichen Irrtumslehre sind die Annahmen "error facti non nocet" und "error iuris nocet". Dieses Gegensatzpaar vom vorsatzausschließenden Tatirrtum und dem nicht vorsatzausschließenden Rechtsirrtum wurzelt in einem altertümlichen Tatbestandsverständnis,[55] das prinzipiell alle Verhaltensumschreibungen für deskriptiv und unumstößlich hielt. Der Grundsatz error iuris nocet spiegelt dabei die Annahme wider, daß jeder das Strafgesetz, da es unveränderlich sei, auch

---

[55] Vgl. dazu auch die Einschätzung von Maurach/Zipf, AT I, 7. Aufl., S. 312 f.

kenne.[56] Das Werk v. Liszts belegt eindrucksvoll ein derartiges Tatbestandsverständnis. Er versteht unter dem Tatbestand im engeren Sinne die wertfreie Beschreibung der äußeren Merkmale und vertritt damit eine vom Positivismus und Naturalismus geprägte Tatbestandsauffassung, die frei von rechtlichen Wertungen war. Es entspricht der naturalistischen, am rein kausal-mechanischen Weltbild orientierten Grundauffassung des späten 19. Jahrhunderts, die Tat als das Bewirken eines "Erfolges", nämlich einer "sinnenfälligen Veränderung der Außenwelt",[57] anzusehen. Infolgedessen ist das Verbrechen "jederzeit eine, wenn auch noch so unscheinbare, materielle, sinnlich wahrnehmbare Veränderung der Außenwelt, ... mag sie sich auch, wie regelmäßig bei den durch das gesprochene Wort begangene Verbrechen, auf die Erregung von Luftschwingungen und von physiologischen Prozessen in dem Nervensystem des Angegriffenen beschränken",[58] oder, wie Heinemann bündig sagt,[59] nichts als ein "Ereignis der Sinnenwelt". Denn: "Die Wirkung des menschlichen Willens als einer der Sinnenwelt angehörigen Erscheinung kann immer nur ein Vorgang sein, welcher ebenfalls sinnenfälliger Art ist, d.h. stets nur eine in der Außenwelt geschehene Veränderung."[60] "Tatumstände" sind folglich nur "sinnlich wahrnehmbare Eigenschaften" der Tat.[61] Demnach muß der Täter gemäß § 59 Abs. 1 StGB (entspricht dem heutigen § 16 StGB), um die "Tatumstände" erkannt zu haben, nichts als die Kenntnis eben dieser sinnfälligen Verände-

---

56 Zu dieser Aussage, die nicht in den Zusammenhang einer naturalistischen Tatbestandskonstruktion gehört, vgl. im einzelnen unten III.

57 v. Liszt/Schmidt, Lehrbuch, 26. Aufl., S. 157.

58 v. Liszt, Lehrbuch, 2. Aufl., S. 107 f.; dazu die Kritik von Radbruch, Frank-FS I, S. 161, die Beleidigung als "eine Reihe von Kehlkopfbewegungen, Schallwellenerregungen, Gehörreizungen und Gehirnvorgängen" anzusehen, gehe am "Wesentlichsten" gerade vorbei: dem "sprachlichen Sinn" und der "sozialen Bedeutung".

59 Heinemann, ZStW 13 (1893), S. 382.

60 Heinemann, Die Bindingsche Schuldlehre, S. 34.

61 M.E. Mayer, Lehrbuch, S. 7 i.V.m. S. 268 ff.

rung der Außenwelt erlangt haben, und nur die Unkenntnis dieser sinnfälligen Momente kann den Vorsatz ausschließen.[62] Eine rechtliche Fehlannahme des Täters konnte, da der Tatbestand frei von rechtlichen Wertungen war, nicht nach § 59 StGB a.F. Beachtung finden.

Vor dem Hintergrund dieses kausalwissenschaftlichen Denkmodells lag zwar die Unterscheidung Tat- und Rechtsirrtum nahe, doch mußte angesichts der "Entdeckung" der normativen Tatbestandsmerkmale ein Wandel im Tatbestandsbegriff und damit auch bei der Irrtumslehre eintreten. Schließlich war es dem Reichsgericht verwehrt, den Irrtum über normative Tatbestandsmerkmale, deren Platz im Tatbestand anerkannt war, als Tatsachenirrtum anzusehen. Vielmehr war es gezwungen, einen Rechtsirrtum anzunehmen. Diesen Rechtsirrtum konnte aber das Reichsgericht nicht durchgängig unberücksichtigt lassen, wenn es nicht völlig unbillige Ergebnisse provozieren wollte. Das Reichsgericht sah sich deshalb durch die unbewältigte Irrtumsproblematik bei den normativen Tatbestandsmerkmalen zur Korrektur seiner Irrtumslehre veranlaßt und unterschied nunmehr zwischen strafrechtlichem und außerstrafrechtlichem Rechtsirrtum.[63] Demzufolge wendet das Reichsgericht grundsätzlich den Satz "error iuris nocet" an, mildert ihn aber im Ergebnis durch die Lehre vom außerstrafrechtlichen Rechtsirrtum ab. Das Reichsgericht kann seine Lehre vom außerstrafrechtlichen Rechtsirrtum mit seiner Annahme, daß der Tatbestand ausschließlich aus Tatsachen besteht, nur dadurch harmonisieren, daß es auch die außerstrafrechtlichen Rechtsbegriffe in den Tatbestand einordnet und sie damit dem Anwendungsbereich des § 59 StGB a.F. unterwirft. Diese Eingliederung der außerstrafrechtlichen Rechtsbegriffe in den Tatbestand kann vom Standpunkt des altertümlichen Tatbestandsbegriffs des Reichsgerichts aus aber nur bedeuten, daß sie ihren Charakter als Rechts-

---

62 Vgl. Ebert, Subsumtionsirrtum, S. 189 f.

63 So auch die Einschätzung von Haft, AT, 5. Aufl., S. 240 f.

begriffe - strafrechtlich gesehen - verlieren. Daraus folgt, daß es dann auch für den Vorsatz nicht auf die Frage einer irgendwie gearteten Bedeutungskenntnis ankommen kann, da nun diese außerstrafrechtlichen Rechtsbegriffe als Tatsachen zu behandeln sind. Der Grund für diese Konstruktion der den Tatsachen "gleichzustellenden" Rechtsverhältnisse und Rechtsbegriffe, also kurz die Anerkennung des außerstrafrechtlichen Rechtsirrtums liegt ausschließlich in der Beibehaltung der naturalistischen Grundposition und des römisch-rechtlichen Satzes "regula est iuris quidem ignorantiam cuique nocere, facti vero ignorantiam non nocere"[64], aber unter Umgehung seiner vollen Konsequenzen. Das Reichsgericht eröffnet sich mit der Figur des außerstrafrechtlichen Rechtsirrtums für seine Entscheidungen eine Flexibilität, die es ihm gestattet, den vermeidbaren Rechtsirrtum formal als unbeachtlichen Strafrechtsirrtum einzustufen. Die Qualifizierung eines Irrtums nach unvermeidbar oder vermeidbar gewinnt demnach bereits für die Unterscheidung zwischen strafrechtlichem und außerstrafrechtlichem Rechtsirrtum an Bedeutung.[65] Das Reichsgericht entscheidet vom Ergebnis her. Es stellt auf den Einzelfall ab und fragt danach, ob ein Vorsatzausschluß angezeigt ist oder nicht. Von der Antwort auf diese Frage hängt dann die Einteilung in strafrechtlichen oder außerstrafrechtlichen Rechtsirrtum ab.

Diese Vorgehensweise des Reichsgerichts erklärt dann auch die in der Literatur herrschende Unsicherheit und Unausgewogenheit bei der Wiedergabe der reichsgerichtlichen Grundsätze. Das Reichsgericht geht nämlich nicht von einer abstrakt formulierten, in sich abgeschlossenen Theorie aus, sondern es bemüht sich im wesentlichen um Einzelfallgerechtigkeit. Demnach ist es für das Reichsgericht nicht von

---

64 Paulus, D 22, S. 6, 9 (zit. nach Kunert, S. 5).

65 Die Ansicht, daß die Frage, ob ein Irrtum vermeidbar oder unvermeidbar war, ein Kriterium für die Einordnung als außerstrafrechtlicher oder strafrechtlicher Rechtsirrtum abgibt, vertritt auch v. Weber, Grundriß, S. 124.

ausschlaggebender Bedeutung, in allen getroffenen Entscheidungen die gleichen Grundsätze anzuwenden. Vielmehr ordnet es die Begriffspaare strafrechtlicher/außerstrafrechtlicher Rechtsirrtum, Tat-/ und Rechtsirrtum so auf den Fall zu, daß der Ausspruch des für angemessen gehaltenen Ergebnisses möglich ist. Das Fehlen einer abstrakt formulierten Theorie macht es deshalb unmöglich, von den getroffenen Entscheidungen aus auf die ihnen zugrunde liegenden Prinzipien zu schließen. Im Ergebnis hat sich damit die Ansicht von Probst bestätigt, wonach die eigentliche Alternative des Reichsgerichts Tat- und Rechtsirrtum gewesen sei und der außerstrafrechtliche Rechtsirrtum nur als Gerechtigkeitsreserve fungiert habe.

5. Lösung der Evidenzbeispiele[66] mit Hilfe der reichsgerichtlichen Irrtumsgrundsätze

a) Fall 1

Die reichsgerichtliche Irrtumslehre käme für Fall 1 zu folgender Lösung: Der Täter irrt sich über das sinnlich wahrnehmbare Faktum des Beschriebenseins und damit über die Verkörperung der menschlichen Gedankenerklärung, er ist also einem vorsatzausschließenden Tatirrtum erlegen.

Dieses Ergebnis findet seine Bestätigung durch die Reichsgerichtsentscheidung JW 1936, 2235. Dort verlangt das Reichsgericht für den subjektiven Tatbestand einer Urkundenvernichtung vom Täter nicht das Bewußtsein, daß der von ihm vernichtete Gegenstand eine Urkunde im Rechtssinne darstellt. Vielmehr ist es erforderlich, aber auch ausreichend, daß der Täter diejenigen Tatsachen kennt, die den Gegenstand zur Urkunde stempeln. Fehlt es beim Täter an dieser Tatsachenkenntnis, so handelt er ohne Vorsatz.

---

66 Vgl. oben S. 85 ff.

b) Fall 2 und 3

Beim zweiten Beispielsfall kommt ein vorsatzausschließender Tatirrtum nicht in Betracht, da der Täter die sinnlich wahrnehmbaren Tatsachen, also die Schreibunterlage und das Beschriebensein des Bierdeckels sensuell richtig erfaßt hat. Statt dessen befindet er sich in einem Irrtum darüber, daß die Markierungen auf dem Bierdeckel zum Beweis der zu begleichenden Zeche geeignet und bestimmt sind. Da es sich weder bei der Beweiseignung noch bei der Beweisbestimmung um rein kognitiv erfaßbare Umstände handelt, ist dieser Irrtum nur als Rechtsirrtum einzustufen. Allerdings ist mit dieser Eingruppierung die entscheidende Frage noch unbeantwortet, nämlich die, ob A sich in einem vorsatzausschließenden außerstrafrechtlichen oder in einem strafrechtlichen Rechtsirrtum befunden hat, als er den Begriff der Urkunde falsch auslegte.

Der Täter hat sich sowohl im Fall 2 als auch im Fall 3 jeweils über den Begriff der Urkunde geirrt. Deshalb liegt die Vermutung nahe, daß beide unter Zugrundelegung der reichsgerichtlichen Irrtumslehre gleichzubehandeln sind. Es handelt sich also in beiden Fällen entweder um einen strafrechtlichen oder um einen außerstrafrechtlichen Irrtum, je nachdem, ob man den Urkundenbegriff als originären Strafrechtsbegriff oder Außerstrafrechtsbegriff identifiziert. Das Reichsgericht unterstellt, daß der an sich dem Zivilrecht entlehnte Begriff der Urkunde im Strafrecht eigenständig bestimmt ist und es sich somit um einen strafrechtlichen Rechtsbegriff handelt.[67] Demnach müßte es sich in den beiden Beispielsfällen um jeweils einen nicht vorsatzausschließenden strafrechtlichen Irrtum handeln.

Dieses Ergebnis wird durch RG, GA 65 (1918), S. 366, zumindest für die im zweiten Evidenzbeispiel vorgestellte Kon-

---

67 RGSt 57, 235 f.; ebenso RGSt 50, 420, 422 ff.; Allfeld, Rechtsirrtum, S. 34 f. Fn. 26.

stellation bestätigt, bei der dem A die Beweiseignung und Beweisbestimmung des Bierdeckels verborgen bleibt. Das Reichsgericht stellt ausdrücklich fest, daß "das Bewußtsein des Täters von der Beweiserheblichkeit nicht erforderlich [ist], da dieser Begriff als Teil der Strafvorschrift des § 267 StGB dem Strafrecht angehört; ein Irrtum über die Beweiserheblichkeit kann mithin den Täter nicht schützen." Bei der Durchsicht der in der Amtlichen Sammlung veröffentlichten reichsgerichtlichen Strafurteile war ein dem dritten Evidenzbeispiel exakt gleichgelagerter Fall nicht auffindbar, der die Richtigkeit des hier gewonnenen Ergebnisses hätte belegen können. Doch findet das dort erzielte Ergebnis, also die Annahme eines nicht vorsatzausschließenden Strafrechtsirrtums, seine Bestätigung durch RGSt 50, 420 (422). Dort ist ausgeführt, daß "ein Irrtum über den Rechtsbegriff, sei es im allgemeinen, sei es über einzelne Begriffsmerkmale oder über die Unterstellbarkeit der dem Täter bekannten Tatsachen unter den Begriff" strafrechtlich belanglos sei. Diese Äußerungen treffen auf das vorliegende dritte Evidenzbeispiel zu. In diesem Fall irrt sich A über den Rechtsbegriff der Urkunde im allgemeinen, weil er die Erfüllung der Urkundendefinition fälschlicherweise noch vom Vorliegen von "Brief und Siegel" abhängig macht. Demnach befindet er sich in einem nicht vorsatzausschließenden strafrechtlichen Rechtsirrtum.

c) Besonderheiten der ausgewählten Beispiele und ihre Auswirkung auf die inhaltliche Darstellung der reichsgerichtlichen Grundsätze

Aus den gewählten Beispielen darf nun nicht der Schluß gezogen werden, es sei gleichgültig, über welches Einzeldefinitionsmerkmal sich der Täter geirrt habe; letztlich liege doch ein Irrtum über den Urkundenbegriff vor, der als strafrechtlicher Rechtsirrtum vorsatzunbeachtlich sei. Es ist zwar richtig, daß der Täter sich im zweiten und dritten Evidenzbeispiel jeweils über den Begriff der Urkunde geirrt hat, doch folgt daraus nicht notwendigerweise, daß es sich bei beiden Irrtümern entweder um einen strafrechtlichen oder außerstrafrechtlichen Rechtsirrtum handeln muß. Gerade bei einem sich aus mehreren Einzeldefinitionsmerkmalen zusammensetzenden normativen Tatbestandsmerkmal wie der Urkunde kommt es darauf an zu ermitteln, über welches dieser selbst schon als normativ zu bezeichnenden Einzelmerkmale der Täter sich geirrt hat, und wie der sich darauf zu beziehende Irrtum zu qualifizieren ist. Dies hängt davon ab, ob der Täter sich über dieses Merkmal als solches geirrt hat, also z.B. über die Beweiseignung oder Beweisbestimmung selbst, oder ob der Irrtum einen Umstand betrifft, der außerstrafrechtlicher Art ist und aus dem lediglich als Folge auch das Verkennen des strafrechtlichen Merkmals resultiert.

Diese Klarstellung der reichsgerichtlichen Grundsätze ändert an den festgestellten Ergebnissen hinsichtlich der drei Beispielsfälle nichts, da sich der Täter im Fall 2 und 3 jeweils nur über den Urkundenbegriff als solchen irrt. Der Täter läßt sich von keinen anderweitigen rechtlichen Fehldeutungen leiten als der Annahme, daß der jeweilige Gegenstand keine Urkunde sei. Zu dieser Einsicht kommt er im zweiten Fall, weil er sich überhaupt keine auf die Urkunde gerichtete Vorstellungen macht, und im dritten Fall, weil er die strafrechtliche Definition der Urkunde selbst verändert, indem er sie erweitert. In beiden Fällen handelt es sich demnach um rechtliche Annahmen, die allein das Strafrecht als solches betreffen und keine anderweitigen Rechtsgebiete berühren.

Es ist somit als Ergebnis festzuhalten, daß im ersten Evidenzbeispiel ein vorsatzausschließender Tatirrtum vorliegt; im zweiten und dritten Evidenzbeispiel ist der Vorsatz wegen eines strafrechtlichen Rechtsirrtums nicht berührt.

d) Beispiel für einen außerstrafrechtlichen Rechtsirrtum

Bevor auf die gegen die reichsgerichtliche Irrtumslehre vorgebrachte Kritik eingegangen wird, sei an dieser Stelle ein Beispiel für die Annahme eines außerstrafrechtlichen Rechtsirrtums vorgestellt. Dies erscheint notwendig, um die an der Konstellation des außerstrafrechtlichen Rechtsirrtums ansetzende Kritik zu verdeutlichen.

Hierfür bietet sich das vieldiskutierte Urteil[68] vom 1. Strafsenat des Reichsgerichts vom 6.2.1923 an (RGSt 57, 235). Im Rahmen dieses Urteils legt das Reichsgericht dar, wann ein außerstrafrechtlicher und wann ein strafrechtlicher Rechtsirrtum im Falle einer gutgläubigen Niederschrift eines Privattestaments für den Erblasser vorliegen soll.

Dem Urteil liegt folgender Sachverhalt zugrunde: A schreibt auf Diktat des B dessen privatrechtliches Testament und unterschreibt dieses auch mit dem Namen des B, nachdem B ihn ausdrücklich zu diesem Vorgehen aufgefordert hat.

Das Reichsgericht hat dazu ausgeführt: "Der Irrtum des eine solche Testamentsurkunde Niederschreibenden über die bürgerlich-rechtliche Wirksamkeit des ihm erteilten Auftrages des Erblassers wäre allerdings, weil außerstrafrechtlicher Art, nach § 59 geeignet, das Bewußtsein von der Anfertigung einer falschen Urkunde auszuschließen. Dagegen genügt dazu die Annahme noch nicht, ein auf Geheiß des letztwillig Verfügungen von fremder Hand für ihn niedergeschriebenes Testament sei auch dann schon formgerecht errichtet und gültig, wenn es nur den wahren und vom Recht nicht aus sonstigem Grund mißbilligten Willen des Erblassers zum unverfälschten Ausdruck bringe."

---

68 Vgl. nur die gegensätzlichen Ausführungen zu diesem Punkt bei v. Hippel, Lehrbuch II, S. 344 Fn. 4: "zweifellos Irrtum über Erb-, also Zivilrecht"; a.A.: Wegner, AT, S. 151 ff. - Ausführlich zum "Testamentserrichtungs-Fall" RGSt 57, 235, unten S. 305 ff.

III. Diskussion des reichsgerichtlichen Lösungsansatzes

1. Beibehaltung der Abgrenzung strafrechtlicher/ außerstrafrechtlicher Rechtsirrtum?

Das Reichsgericht hat, soweit ersichtlich, die Unterscheidung des Rechtsirrtums in strafrechtlichen und außerstrafrechtlichen nirgends dogmatisch begründet.[69] Dieses Versäumnis ist der Grund für das in der Literatur festzustellende uneinheitliche Verständnis. Einige Autoren gehen etwa davon aus, daß dieses Begriffspaar von naturrechtlichen Gedankengängen beeinflußt sei,[70] während andere wie z.B. Kuhlen[71], Rudolphi[72] und sachlich mit beiden übereinstimmend auch Frisch[73] die reichsgerichtliche Irrtumslehre auf den Gedanken der Generalprävention zurückführen. All diese Autoren übersehen bei ihren Einschätzungen einen der Grundpfeiler, auf dem die vom Reichsgericht gewählte Irrtumsrechtsprechung ruht. Dieser Grundpfeiler ist in der Überzeugung des Reichsgerichts zu sehen, daß im Strafrecht Rechtsirrtümer grundsätzlich nicht entschuldbar sind, da

---

69 Was dem festgestellten Ergebnis, daß sich das Reichsgericht mit der Anerkennung dieser dritten Gruppe von Irrtümern eine "Gerechtigkeitsreserve" eröffnet hat, entspricht. Daß eine dogmatische Begründung durch das Reichsgericht fehlt, sieht auch Mangakis, S. 34 f.

70 Mangakis, S. 34; Kunert, S. 6; Welzel, Lehrbuch, 1. Aufl., S. 80; Arthur Kaufmann, Unrechtsbewußtsein, S. 51; a.A.: Oehler, JR 1951, S. 65 ff.

71 Kuhlen, S. 336 ff. (insbes. S. 339, 345), wo ein generalpräventiver Gedanke, umschrieben mit "Schutz der strafgesetzgeberischen Definition vor individuellen Fehlannahmen", eingeführt wird.

72 Rudolphi, Unrechtsbewußtsein, S. 5.

73 Frisch, Vorsatz, S. 100 f., stellt in völliger sachlicher Übereinstimmung mit dem Reichsgericht darauf ab, ob der Handelnde den Konflikt der Interessen nach anderen Maßstäben entscheidet als die Rechtsordnung. Derartige Entscheidungen seien in erhöhtem Maße verunsichernd und mit einem "besonders großen Risiko" verbunden, "wenn auf die Tat nicht reagiert wird. Nachsicht gegenüber abweichenden Entscheidungen kann sehr leicht den Eindruck erwecken, daß der Staat bestimmte Maßstäbe und Werte selbst nicht mehr ernstnehme."

ansonsten die sittlichen Grundlagen des Gemeinschaftslebens in Frage gestellt würden.[74] Das Reichsgericht geht von der Annahme aus, daß die Normen des Strafrechts einer verinnerlichten Wertvorstellung von jedermann entsprechen, so daß konsequenterweise ein Rechtsirrtum keine Beachtung finden kann. Als zweiten Grundpfeiler darf man den Einfluß des damals ganz überwiegend vertretenen psychologischen Schuldbegriffs auf die Irrtumslehre des Reichsgerichts[75] ansehen, denn der psychologische Schuldbegriff betont die Wahrnehmungsbeziehung zwischen Täter und Tatumstand und rückt diese Wahrnehmungsbeziehung in den Vordergrund der Betrachtung. Es entspricht dieser rein psychologischen Auffassung des Vorsatzes, nur dem Irrtum über Tatsachen infolge sensueller Fehlleistungen eine vorsatzausschließende Wirkung beizulegen.

a) Beide "Grundpfeiler" der reichsgerichtlichen Irrtumslehre werden sich aber als nicht tragfähig erweisen. Die auf den psychologischen Schuldbegriff zurückführbare Annahme, daß nur dem Tatirrtum vorsatzausschließende Wirkung zukomme und der Rechtsirrtum unbeachtlich sei, gerät mit der - heute herrschenden - Anerkennung des normativen Charakters der Schuld als Vorwerfbarkeit in Widerspruch und ist infolgedessen unhaltbar geworden.[76] Bedeutet nämlich die Schuld Vorwerfbarkeit, dann ist es erforderlich, daß sich der Täter von der Rechtsnorm zu rechtmäßigem Verhalten hätte bestimmen lassen können. Von diesem Standpunkt aus wird der Vorsatz als Tatbestandskenntnis zur Vorbedingung für die Möglichkeit, sich rechtmäßig zu verhalten. Das

---

74 Wegner, Raape-FS, S. 413; Jescheck, AT, 2. Aufl., S. 229; Baumann, AT, 6. Aufl., S. 424.

75 So auch die Einschätzung von Jescheck, AT, 2. Aufl., S. 229; Wolf, Schuldlehre, S. 146. - Zwar wird der psychologische Schuldbegriff bald nach der Jahrhundertwende vom normativen Schuldbegriff überholt, doch lag die Irrtumslehre des Reichsgerichts in allen wichtigen Elementen schon vor; vgl. Frank, Über den Aufbau des Schuldbegriffs, Gießener Festschrift, S. 3 ff.

76 Jescheck, AT, 2. Aufl., S. 338; Krümpelmann, ZStW 87 (1975) S. 888, 889 ff.

Schuldhafte am Vorsatz liegt demnach darin, daß der Täter die Kenntnis von den Tatbestandsmerkmalen nicht zu Motiven hat werden lassen, um von der Tat Abstand zu nehmen. Folglich handelt derjenige Täter ohne Schuld, dem infolge eines Strafrechtsirrtums die notwendige Kenntnis von der Tat verborgen bleibt, denn Gegenstand des Schuldvorwurfs kann der Vorsatz nur dann sein, wenn die ihm innewohnende Kenntnis so umfassend ist, daß der Täter aufgrund dieser Kenntnis einen Einblick in die Bedeutung seines Tun zu gewinnen vermag. Der Vorsatz soll ja die Grundlage sein, auf der sich das Bewußtsein der Rechtswidrigkeit "aufbauen" kann, so daß zum Vorsatz die Kenntnis aller Merkmale gehört, die für die rechtliche Mißbilligung der Tat wesentlich sind.[77] Mit der Handhabung des Strafrechtsirrtums als ausnahmslos vorsatzirrelevant verkennt das Reichsgericht, daß das Fehlen des Bewußtseins, etwas Unrechtes zu tun, ebensogut aus der Unkenntnis von strafrechtlichen wie irgendwelcher anderer Begriffe resultieren kann.[78]

b) Auch die andere Grundannahme ist nicht schlüssig. Schon zu Zeiten des Reichsgerichts mußte angesichts des damals bereits entwickelten Nebenstrafrechts die reichsgerichtliche Überzeugung, die Normen des Strafrechts entsprächen einer verinnerlichten Wertvorstellung von jedermann, als unrealistisch eingestuft werden. Die reichsgerichtliche Einschätzung mag im Bereich des Kernstrafrechts, das sich mehr oder minder an den Zehn Geboten ausrichtet, noch eine gewisse Plausibilität für sich in Anspruch nehmen, doch ist sie nicht nur im Bereich des Nebenstrafrechts, sondern auch in entlegeneren, weil weniger handgreiflichen Bereichen des Strafgesetzbuches - und hierzu zählen auch die Urkundendelikte -, völlig illusorisch. Es läuft demzufolge schlichtweg auf eine Fiktion hinaus, wenn man von insoweit verwur-

---

77 Vgl. im einzelnen Welzel, Lehrbuch, 11. Aufl., S. 166 deutlicher noch 4. Aufl., S. 119 f.; Beck, S. 4.

78 v. Hippel, Lehrbuch II, S. 343 ff. mit Fn. 7.

zelten Wertvorstellungen ausgeht.[79] Diesen Einwand kann man auch nicht durch den Hinweis darauf entkräften, es handele sich gar nicht um eine Fiktion, sondern um die Tatsache, daß die staatliche Strafgewalt denjenigen, der einen Straftatbestand verwirkliche, strafe und auch strafen müsse, unabhängig von seiner Gesetzeskenntnis. Nach dieser Ansicht resultiert also die Notwendigkeit der Täterbestrafung allein aus dem Umstand, daß der Staat die Tatbestandsverwirklichung für strafbar hält.[80] Diese gekünstelte Konstruktion offenbart, daß hinter ihr ausschließlich das rechtspolitisch motivierte und vermeintlich prozessuale Bedürfnis steht, allzu bequeme Schutzbehauptungen abzuschneiden.[81] Im übrigen dürfen prozessuale Beweisschwierigkeiten kein Argument in dogmatischen Streitfragen abgeben. Sie werden erst dann zu einem ernstzunehmenden Einwand, wenn theoretische Differenzierungen so subtil und unpraktikabel werden, daß sich die Praxis darüber hinwegsetzt und letztlich Strafwürdigkeitserwägungen über die Vorsatzrelevanz eines Irrtums entscheiden läßt. Im übrigen besteht für das Gericht die Möglichkeit, im Rahmen der freien Beweiswürdigung eine

---

[79] v. Dohna, Aufbau der Verbrechenslehre, S. 42 f.; Arthur Kaufmann, Unrechtsbewußtsein, S. 150 ff.; Krümpelmann, ZStW Beiheft 1978, S. 9; Hartung, DRZ 1949, S. 343; Baumann, AT, 6. Aufl., S. 424; Backmann, JuS 1972, S. 453; v. Hippel, Lehrbuch II, S. 343; ders., DStrZ 1917, S. 16: "Kein Jurist kennt heute die Fülle unserer Strafgesetze in dem Sinne, daß sie ihm momentan gegenwärtig wären. Das gilt schon gegenüber dem Reichsrecht, erst recht gegenüber dem Landesrecht und in noch gesteigertem Maße gegenüber dem Kriegsverordnungsrecht. ... Massenhafte Strafrechtssätze treten heute 'mit dem Tag der Verkündung' in Kraft, also ehe die Behörden und Untertanen davon überhaupt Kenntnis haben, in massenhaften Fällen ferner sind Geltung und Umfang des Gesetzes zweifelhaft. ... Von Laien aber fordert die Lehre vom Strafrechtsirrtum, daß er alle für sein Handeln wesentlichen Strafgesetze kenne und sie richtig, also im Sinne des zur Entscheidung berufenen Gerichts anwende. Das ist eine direkt sinnlose Anforderung."

[80] Lucas, DJZ 1914, S. 252.

[81] Jescheck, AT, 2. Aufl., S. 229; Nierwetberg, Jura 1985, S. 238; Hartung, DRZ 1949, S. 343.

entsprechende Behauptung des Täters als nicht glaubwürdig zurückzuweisen.[82]

Der Hinweis auf die Staatssicherheit und die zu schützende Autorität der Staatsordnung kann nicht überzeugen.[83] Schließlich würde die Staatssicherheit mit der uneingeschränkten Anwendung des Satzes "error iuris nocet" weit mehr geschützt werden als mit der vom Reichsgericht gebräuchlichen Unterscheidung strafrechtlicher/außerstrafrechtlicher Rechtsirrtum, so daß die reichsgerichtliche Irrtumsrechtsprechung nicht durchgängig als eine Garantie für die Staatssicherheit anzusehen ist.[84] Die reichsgerichtliche Voraussetzung, jedermann müsse das Strafgesetz kennen, schwächt vielmehr die Staatssicherheit, da solche Fiktionen zu ungerechten Verurteilungen führen und dadurch nicht nur die Achtung vor dem Gesetz untergraben, sondern auch die oppositionelle Stimmung erhöhen.[85] Das Reichsgericht ignoriert mit seiner Annahme, das Strafgesetz müsse man - und zwar nicht nur im Bereich des Kernstrafrechts - kennen, daß allein die Lage des Einzelfalls entscheidend sein kann. Der Täter kann sich doch über das Strafgesetz in entschuldbarer, über andere Gesetze aber in leichtfertiger Weise irren.[86] Demzufolge läßt sich auch die Frage, ob der Täter das Gesetz kennen mußte oder nicht, nicht durch einen Hinweis auf die systematische Stellung der jeweiligen Vor-

---

82 Beling, Lehre vom Verbrechen, S. 180 f. mit weiteren Überlegungen zu der mangelnden Stichhaltigkeit dieser Argumentation. Ebenso Finger, S. 243.

83 Lucas, DJZ 1914, S. 252; v. Hippel, DStrZ 1917, S. 14 f.

84 Was erneut die getroffene Feststellung, daß es sich bei dem außerstrafrechtlichen Rechtsirrtum um die systemfremde "Gerechtigkeitsreserve" der reichsgerichtlichen Lehre handelt, bestätigt.

85 v. Dohna, Aufbau der Verbrechenslehre, S. 50. Interessanterweise stellt Wegner, Raape-FS, S. 413, ein Befürworter des Reichsgerichts die Behauptung auf, daß das Strafrecht nur solche Taten erfaßt, die gegen die elementaren Gebote verstoßen und die jeder kennt, so wie die Zehn Gebote Gottes. Über Ausnahmen ("meist") und deren Behandlung äußert sich Wegner nicht.

86 Jakobs, AT, S. 544.

schrift entscheiden. Maßgeblich kann nur sein, ob dem jeweiligen Täter im konkreten Einzelfall die fahrlässige Verbotsunkenntnis vorzuwerfen ist oder nicht.

c) Weitere Bedenken aus heutiger Sicht ergeben sich aus dem modernen Tatbestandsverständnis. Schon v. Hippel hat Pionierarbeit geleistet und schon damals die wichtigsten Einwände gültig formuliert:[87] Nach seiner Ansicht begeht das Reichsgericht den Fehler, zwei gegensätzliche Gruppen von Fällen nach denselben Grundsätzen: Tat-/Rechtsirrtum, strafrechtlicher/außerstrafrechtlicher Rechtsirrtum lösen zu wollen, nämlich den Fall, daß der Täter infolge eines Rechtsirrtums von einem Deliktsmerkmal des besonderen Deliktstatbestandes keine Kenntnis erlangte,[88] und auf der anderen Seite den Fall, daß der Täter infolge eines Rechtsirrtums die Handlung nicht für rechtswidrig hält. Dabei übersehe das Reichsgericht, daß im Falle der Unkenntnis eines Tatbestandsmerkmals unter allen Umständen der Vorsatz ausgeschlossen sei, unabhängig davon, ob die Unkenntnis auf einem Tat- oder Rechtsirrtum basiere, denn nach § 59 StGB a.F. sei es gleichgültig, woran die Kenntnis der einzelnen Tatbestandsmerkmale scheitere. Erst wenn diese Kenntnis des Tatbestandsmerkmals vorliege, könne die Frage akut werden, ob darüber hinaus das Bewußtsein der Rechtswidrigkeit zum Vorsatz gehöre. v. Hippel wirft dem Reichsgericht vor, sich mit seiner Irrtumsrechtsprechung in direkten Widerspruch zu § 59 StGB a.F. zu setzen. Obwohl § 59 StGB a.F. für den Vorsatz Kenntnis der Tatbestände fordere, unterstelle das Reichsgericht einem Täter, der infolge eines Strafrechtsirrtums ein Tatbestandsmerkmal nicht kenne und infolgedessen die Tat nicht mit dem nach § 59 StGB a.F. nötigen Wissen begehe, Vorsatz bezüglich aller Tatbestandsmerkmale.

---

87 v. Hippel, DStrZ 1917, S. 18.

88 Man kann cum grano salis den ersten Fall mit dem heutigen Tatbestandsirrtum, den zweiten mit dem Verbotsirrtum gleichsetzen - v. Hippel ist einer der wichtigsten Pioniere der modernen Irrtumslehre.

Demnach interpretiere das Reichsgericht unvorsätzliches Handeln in vorsätzliche Deliktsverwirklichung um.

Der Vorwurf v. Hippels verliert aber an Plausibilität, wenn man die unterschiedlichen Tatbestandsbegriffe beim Reichsgericht und bei v. Hippel berücksichtigt. Das Reichsgericht versteht ja unter einem Tatumstand nur das Vorliegen einer Tatsache. Diese Sichtweise hat ihren Grund unter anderem darin, daß das Reichsgericht die Handlung - jedenfalls überwiegend - allein als ein Ereignis der Sinnenwelt auffaßt. Will das Reichsgericht seiner Grundüberzeugung error iuris nocet treu bleiben, muß es dem Strafrechtsirrtum die Vorsatzrelevanz absprechen. v. Hippel sieht demgegenüber auch Rechtsbegriffe oder kurz: normative Merkmale als Tatbestandsmerkmale an, die für ihn damit auch Vorsatzgegenstand werden mußten. Solche Differenzen im Tatbestandsverständnis machen die Gegensätze zwischen den Befürwortern und den Gegnern der reichsgerichtlichen Irrtumslehre unüberbrückbar.

Auch das kritische Argument, das Reichsgericht vernachlässige mit der Nichtberücksichtigung des fehlenden Unrechtsbewußtseins ein wesentliches und unverzichtbares Element der Schuld des Täters, muß vor dem Hintergrund des gegensätzlichen Tatbestandsverständnisses gesehen werden. Wenn der Täter das verwirklichte Unrecht seiner Tat nicht kennt, soll ihm nach der Meinung der Kritiker die Einsicht fehlen, objektiv gegen die Rechtsordnung zu verstoßen. Dieser im Verbotsirrtum handelnde Täter wolle sich genausowenig wie der sich in einem Tatirrtum befindliche Täter gegen das Recht auflehnen, denn er werte sein Verhalten in der fraglichen Situation nicht als Ausdruck eines der Befolgung von rechtlichen Ge- und Verboten zuwiderlaufenden Willens. Folglich seien beide Irrtumsarten wertmäßig vergleichbar und ihre völlig entgegengesetze Behandlung verfehlt. Dieser Gedankengang kann vor dem hier geschilderten dogmatischen Ausgangspunkt des Reichsgerichts keine Überzeugungskraft beanspruchen, da das Reichsgericht unbeirrt an der Unbeachtlichkeit des Rechtsirrtums infolge allgemeiner Kenntnis des Strafgesetzes festhält.

d) Allerdings bleibt der Willkürlichkeitsvorwurf[89] gegenüber der reichsgerichtlichen Differenzierung strafrechtlicher-außerstrafrechtlicher Irrtum bestehen. Er dokumentiert sich in der hoffnungslosen Kasuistik, worin bis jetzt jeder Versuch, einen Differenzierungsmaßstab anzugeben, endete.[90] Die Zugehörigkeit eines Begriffs zum Strafrecht oder zu einem außerstrafrechtlichen Rechtsgebiet hätte nämlich zur Folge, daß materiell gleichliegende Fälle verschieden behandelt werden müßten, nur weil der Gesetzgeber bei den gesetzestechnischen Formulierungen zufällig einen Strafrechts- oder Außerstrafrechtsbegriff verwendet hätte. Ein solches Vorgehen hätte aber ein großes Maß an Rechtsunsicherheit zur Folge. Die Rechtssicherheit verlangt es, die praktische Undurchführbarkeit einer Theorie anzuerkennen und daraus resultierende, sich innerlich widersprechende Entscheidungen zu vermeiden.[91] Das Festhalten an dieser unter dem Gesichtswinkel Rechtssicherheit so bedenklichen Einteilung bekommt seinen Sinn jedoch unter dem Aspekt der Gerechtigkeit, wenn man nämlich diese Einteilung als den vom Rechtsgefühl gesteuerten Versuch des Reichsgerichts begreift, überall dort, wo es dem Irrtum entschuldigende Kraft zubilligen wollte, einen außerstrafrechtlichen Irrtum

---

89 Warda, JR 1950, S. 547.

90 Finger, S. 239 Fn. 322; v. Sikorski, S. 77; v. Hippel, ZStW 31 (1911), 562, 579 (eingehend auf den deutschen Entwurf für eine Änderung der Irrtumsbehandlung); ders., Lehrbuch II, S. 344 f.; Baumgarten, S. 179 Fn. 10; Köhler, Deutsches Strafrecht, S. 299; v. Weber, Grundriß, S. 122, 2. Aufl., S. 124; Ebermayer, LZ 1918, S. 801, 803, 809; Gerland, S. 136; Allfeld, S. 33; Beck, S. 4 f.; Wolf, Schuldlehre, S. 154; V. Calker, Grundriß, 4. Aufl., S. 50; 1; Mezger, Grundriß, 3. Aufl., S. 109; Hartung, DRZ 1949, S. 343; v. Winterfeld, JR 1950, S. 385 ff.; Lang-Hinrichsen, JR 1952, S. 184 f.; Kunert, S. 10 Fn. ; Welzel, Lehrbuch, 11. Aufl., S. 158; Schmidhäuser, Lehrbuch, Rdn. 10/54, S. 324; ders., Lehrbuch, 2. Aufl., Rdn. 10/58, S. 413; Wex, S. 41; Jescheck, AT, 2. Aufl., S. 228; Maurach/Zipf, AT I, 7. Aufl., S. 503.

91 Beck, S. 4 f.

anzunehmen, während es beim vermeidbaren und unentschuldbaren Irrtum einen strafrechtlichen Rechtsirrtum unterstellte.[92] Die Irrtumsrechtsprechung des Reichsgerichts dokumentiert die immer wieder zu beobachtende Neigung der Rechtsprechung, sich dogmatische Flexibilitätsräume zur Ergebniskorrektur offenzuhalten. Selbst die schärfsten Kritiker haben dem Reichsgericht die Ausgewogenheit und Gerechtigkeit der Ergebnisse bescheinigt,[93] wenn dieses Ziel auch nicht in jedem Fall erreicht wurde. Ferner ist die mit Hilfe der "Gerechtigkeitsreserve" außerstrafrechtlicher Rechtsirrtum erzielte Billigkeit des Ergebnisses noch kein Argument für die Richtigkeit seiner dogmatischen Grundlagen.[94] Insgesamt muß sich die Rechtsprechung den Vorwurf der Undurchführbarkeit und letztlich der Willkürlichkeit gefallen lassen.[95]

●) Den Willkürlichkeitsvorwurf verdeutlichen folgende Überlegungen: Zum einen kann man schon den Standpunkt vertre-

---

92 Vgl. Probst, S. 120 ff.: "Gerechtigkeitsreserve", siehe oben S. 87; Welzel, Lehrbuch, 11. Aufl., S. 159; v. Hippel, Lehrbuch II, S. 344; Maurach/Zipf, AT I, 7. Aufl., S. 503; Jakobs, AT, S. 544; Kohlrausch/Lange, StGB, 38. Aufl., § 59 V 3, S. 234; Köhler, Deutsches Strafrecht, S. 299; Backmann, JuS 1972, S. 453 Fn. 12; Arthur Kaufmann, Unrechtsbewußtsein, S. 46; Hartung, DRZ 1949, S. 343; v. Winterfeld, JR 1950, S. 385 f.; Bemmann, S. 18 Fn. 140.

93 Gegner der reichsgerichtlichen Irrtumslehre, die ihr aber angemessene Ergebnisse bescheinigen. Vgl. z.B. Krümpelmann, ZStW Beiheft 1978, S. 9; einschränkend v. Weber, Grundriß, 1. Aufl., S. 122 f.

94 Bemmann, S. 18 Fn. 140. Und umgekehrt ist die die Seltsamkeit eines Resultats kein unbedingt durchschlagendes Argument gegen seine Richtigkeit.

95 Warda, JR 1950, S. 547: "Diese 'Unsicherheit, Unberechenbarkeit, ja Willkürlichkeit' (Hartung, DRZ 1949, 343) der Irrtumsrechtsprechung des Reichsgerichts kann nicht nachhaltiger unterstrichen werden als durch die Tatsache, daß es kaum einen Band der Entscheidungen des Reichsgerichts in Strafsachen gibt, in dem sich nicht mehrere Urteile mit der Frage des Rechtsirrtums befassen. Daß eine derartige 'Lehre' keine brauchbare Grundlage für die Spruchtätigkeit der Untergerichte bildet ..., liegt auf der Hand."

ten, daß es rein strafrechtliche Begriffe gar nicht gibt und demzufolge die reichsgerichtliche Unterscheidung von vornherein zum Scheitern verurteilt ist. Es läßt sich nämlich argumentieren, daß das Strafrecht seine Begriffe insgesamt den übrigen Rechtsbereichen entlehne und daß es deshalb nur außerstrafrechtliche Begriffe und damit nur einen außerstrafrechtlichen Rechtsirrtum gebe.[96] Geht man demgegenüber von der Zweiteilung der Rechtsirrtümer je nach ihrer Zugehörigkeit zu dem einen oder anderen Rechtsgebiet aus, so drängt sich eine zweite Überlegung als schlüssig auf: Es hänge allein von Zufälligkeiten ab, ob das Strafrecht einen aus einem anderen Rechtsgebiet übernommenen Begriff für seine Zwecke selbst näher umreiße, so daß ein Irrtum darüber strafrechtlicher Art sei, oder ob das Strafrecht diesen Begriff unverändert aus einem anderen Rechtsgebiet in den Straftatbestand transferiere, so daß ein Irrtum darüber als außerstrafrechtlicher Rechtsirrtum zu qualifizieren sei. Eine dritte Überlegung entwickelt die Kritik folgendermaßen: Die Unterscheidung finde im Gesetz keinerlei Stütze. Das Strafgesetz mache, wenn es anderweitig geregelte Rechtssätze in seinen Normierungen verwendet, diese zu integrierenden Teilen seiner selbst. Demzufolge könnten Rechtsirrtümer auf dem Gebiet des Strafrechts immer und in jedem Fall nur Strafrechtsirrtümer sein. Daher kommen alle drei Begründungsversuche mit schlüssigen Argumenten trotz ihrer abweichenden Ausgangspunkte übereinstimmend zum Ergebnis, daß die Unterscheidung des Reichsgerichts undurchführbar ist.[97]

---

96 v. Liszt/Schmidt, Lehrbuch, 25. Aufl., S. 240 Fn. 5.

97 Ein weiterer Begründungsansatz für die Unhaltbarkeit der Unterscheidung zwischen strafrechtlichem und außerstrafrechtlichem Rechtsirrtum findet man bei Rittler, Lehrbuch des österreichischen Strafrechts, Bd. 1, S. 206 Fn. 5 und S. 207 ff.. Es handele sich "in den in Frage stehenden Fällen niemals um einen Irrtum über das Strafgesetz, sondern immer um einen Irrtum über die hinter dem Strafgesetz stehenden Normen", welche "stets Rechtssätze des bürgerlichen Rechts, des Staatsrechts, des Verwaltungsrechts usw." seien, "auch wenn sie mit dem

f) Diese Undurchführbarkeit der reichsgerichtlichen Unterscheidung zeigt sich bei einigen Sachzusammenhängen besonders deutlich, zunächst bei solchen Begriffen, die einen Sachverhalt durch das Zusammenwirken von außerstrafrechtlichen und strafrechtlichen Normen regeln. Beispielsweise ist der Begriff der "fremden Sache" sowohl strafrechtlich durch das strafbewehrte Verbot, sie zu stehlen, wie auch außerstrafrechtlich durch die Zuständigkeit des Eigentümers für die Sache gleichermaßen definiert. Demzufolge bleibt es bei solchen Begriffen von vornherein völlig offen, auf welchen Rechtssatz sich der Rechtsirrtum bezieht, so daß die Einordnung eines derartigen Rechtsirrtums in strafrechtlich oder außerstrafrechtlich schon aus diesem Grund ungewiß ist. Noch deutlicher zeigt sich die verfehlte Trennung in strafrechtlichen und außerstrafrechtlichen Rechtsirrtum bei den normativen Tatbestandsmerkmalen. Die reichsgerichtliche Differenzierung ignoriert nämlich deren Struktur: Ihr Wesen erschöpft sich zumindest in der Regel nicht in einem Tatsachengehalt, sondern erschließt sich erst mit der Bedeutungskenntnis. Dieses Charakteristikum eines normativen Tatbestandsmerkmals findet bei der reichsgerichtlichen Irrtumsdifferenzierung keinerlei Beachtung.

g) Als Zwischenergebnis der bisherigen Erörterung ist festhalten: Die vorgeschlagene Unterscheidung zwischen strafrechtlichem und außerstrafrechtlichem Rechtsirrtum hat das Reichsgericht zumindest bei ihrer praktischen Anwendung inkonsequent gehandhabt und sich dadurch in unlösbare Widersprüche verwickelt.[98] Eine konsequente Handhabung der propagierten Einteilung etwa dahingehend, daß nur diejenigen Begriffe zu den strafrechtlichen zu zählen wären, die in keinem außerstrafrechtlichen Gesetz vorkommen, wäre viel zu

---

Strafgesetz erst zur Entstehung gelangen." Bedenken gegen diese Argumentation bei Küchenhoff, Rittler-FS, S. 196 f.

98 v. Sirkorski, S. 78.

formalistisch[99] und könnte häufig dem Standpunkt des Täters nicht gerecht werden: Der juristisch ungebildete Laie befindet sich in der Regel nicht im Irrtum über einen bestimmten Begriff, an den man die Frage anschließen könnte, ob dieser Begriff dem Strafrecht oder einem Rechtsgebiet zuzuordnen ist. Es entspricht eher der Wirklichkeit, daß der Laie aufgrund eines im Einzelfall nicht weiter zerlegten, kompakten, aber desto verschwommeneren Bildes von dem gesamten Rechtsverhältnis handelt. Demnach ist es ungewiß, über welchen Begriff er sich irrt; schon damit wird die Einstufung in strafrechtlichen oder außerstrafrechtlichen Rechtsirrtum unmöglich.

Allerdings berufen sich die Anhänger des Reichsgerichts auf den Wortlaut des § 59 StGB a.F., der zeige, daß die Trennung von strafrechtlichem und außerstrafrechtlichem Rechtsirrtum beabsichtigt sei, da dort die Gleichstellung des außerstrafrechtlichen Rechtsirrtums mit dem Tatirrtum geregelt sei. Der lediglich redaktionell geänderte § 59 StGB a.F. übernehme den § 44 des preußischen Strafgesetzbuchs sachlich unverändert. Bei ihm sei die Einordnung des außerstrafrechtlichen Rechtsirrtums als vorsatzausschließend unbestritten gewesen.[100]

Der Wortlaut des § 59 StGB a.F. ist nicht geeignet, die reichsgerichtliche Differenzierung zu bestätigen oder zu widerlegen. § 59 StGB a.F. besagt lediglich, daß der Täter den gesamten besonderen Deliktstatbestand mit Wissen und Wollen verwirklichen muß. Er enthält aber keine gesetzgeberische Entscheidung darüber, ob nach strafrechtlichem oder

---

99 Darüber hinaus ist zu beachten, daß man mit dieser Trennung des Irrtums je nach dem Sitz der Rechtssätze zwar theoretisch zu einer Gruppierung kommt, aber nicht im positiven Recht, da bei vielen Rechtsbegriffen ein fester Sitz derselben fehlt (z.B. Beamter, Urkunde). Vgl. dazu auch Köhler, Deutsches Strafrecht, S. 299.

100 Vgl. nur Hälschner I, S. 260 f.

außerstrafrechtlichem Irrtum zu differenzieren ist.[101] Dies gibt auch Lucas[102] zu, einer der Befürworter des Reichsgerichts. Auch er legt § 59 StGB a.F. zunächst dahin aus, daß dieser Paragraph allein beim Irrtum über tatsächliche Umstände direkt eingreift. Allerdings befürwortet er eine erweiternde Auslegung des § 59 StGB a.F. und kommt dadurch zur Anwendung des § 59 StGB a.F. auch auf den außerstrafrechtlichen Rechtsirrtum. Freilich hat schon v. Hippel[103] gezeigt, daß es sich hierbei um ein methodisch angreifbares Vorgehen handelt. Unterstellt man nämlich wie Lucas, daß § 59 StGB a.F. expressis verbis nur den Irrtum über tatsächliche Umstände regele, dann könnte eine "erweiternde" Auslegung doch nur eine analoge Anwendung des gleichen Satzes auf alle rechtlichen Merkmale zur Folge haben, denn § 59 StGB a.F. schließt den Vorsatz bei **jeder** Unkenntnis von Tatumständen, die zum gesetzlichen Tatbestand gehören, aus, und nicht nur bei einer auf bestimmten Grunde beruhenden Unkenntnis. Der Wortlaut des § 59 StGB a.F. hat sich somit für die zu entscheidende Frage als nichtssagend erwiesen. Dieses Urteil trifft auch auf die Entstehungsgeschichte des § 59 StGB a.F. zu. Der Satz error iuris nocet wurde nachweislich im deutschen Strafrecht des 19. Jahrhunderts derart unterschiedlich interpretiert,[104] daß es sich

---

101 Vgl. nur v. Hippel, ZStW 35 (1914), S. 833, 835 Fn. 6; Eichmann, S. 32; Maurach/Zipf, AT I, 7. Aufl., S. 312 f.

102 Lucas, DJZ 1914, S. 249 ff., 254.

103 v. Hippel, ZStW 35 (1914), S. 833, 835 Fn. 6.

104 Kunert, S. 5, dem diese Arbeit folgt, nimmt z.B. Engelmann in Anspruch, der davon ausgeht, daß der Satz "error iuris nocet" entgegen seinem allgemein gehaltenen Wortlaut "nicht aufs Strafrecht gemünzt", sondern "zivilrechtlich gedacht" sei und daß die Römer und, ihnen folgend, die italienischen Juristen des Mittelalters im Strafrecht auch dem Rechtsirrtum grundsätzlich vorsatzausschließende Kraft beigemessen hätten (Engelmann, Irrtum und Schuld nach der italienischen Lehre und Praxis des Mittelalters, Berlin 1920, S. 46, 175 ff.). Nach Kunert, S. 5, vertreten andere Autoren, etwa Pernice (Labeo, Römisches Privatrecht im ersten Jahrhundert der Kaiserzeit, 2. Bd., 1. Abt., Halle 1895, S. 119 ff. [122 f.]); und Mommsen (Römisches Strafrecht, 1899, S. 92 ff.) die Ansicht, daß ein festes Prinzip für die

bei ihm nur um ein nicht beweiskräftiges Schlagwort handelt. Darüber hinaus repräsentiert er in seiner durch die reichsgerichtliche Rechtsprechung erlangten Ausprägung sowohl gegenüber dem früheren deutschen Recht als auch gegenüber dem ausländischen Recht ein novum.

2. Durchführbarkeit der Unterscheidung Tat- und Rechtsirrtum?

Wenn auch die Unterscheidung zwischen strafrechtlichem und außerstrafrechtlichem Rechtsirrtum nicht überzeugen konnte, so könnte doch die vom Reichsgericht vorgenommene Zweiteilung in Tat- und Rechtsirrtum jedenfalls ein Ansatzpunkt für eine stimmige Irrtumslehre sein, wenn nämlich "ungeachtet dieser Kritik ... die Lehre des Reichsgerichts jedoch zumindest einen richtigen Kern ... hat."[105] Einige neuere Lehrmeinungen nähern sich der reichsgerichtlichen Irrtumsrechtsprechung dadurch an, daß sie den Tatsachenirrtum als maßgebliches Abgrenzungskriterium begreifen. Die Differenzierung nach Tat- und Rechtsirrtum scheint nicht nur ein gutes Stück Tatbestandsstrenge zu garantieren, sondern sie bietet sich auch auf den ersten Blick als praktikable Lösung an. Freilich ist dafür Voraussetzung, daß man rein formalistisch den Tatirrtum konsequent als Tatsachenirrtum versteht und jede rechtliche Fehlwertung sowohl hinsichtlich eines einzelnen Tatbestandsmerkmals als auch hinsichtlich der Tat insgesamt als Rechtsirrtum auffaßt. Ob und inwieweit es dem Reichsgericht in seinen Entscheidungen ge-

---

Behandlung des Rechtsirrtums im Strafrecht bei den Römern nicht existiert habe. Savigny, System des heutigen römischen Rechts, Bd. III, Berlin 1840, S. 114, interpretiert seinerseits den Satz dahin, er gehe auf den Grundsatz zurück, entschuldbarer Irrtum sei zu berücksichtigen, unentschuldbarer dagegen nicht; der Lehrsatz vom error iuris und error facti sei, da in der Regel der Rechtsirrtum als unentschuldbar angesehen worden sei, nur die erstarrte Formel für jenen Grundsatz; vgl. dazu Binding, Normen III, S. 40.

105 Nierwetberg, Jura 1985, S. 238 f.

lungen ist, das Begriffspaar Tat-/Rechtsirrtum näher voneinander abzugrenzen, ist Gegenstand der folgenden Untersuchung.

Zunächst fällt bei der Durchsicht der in der Amtlichen Sammlung abgedruckten reichsgerichtlichen Urteile, die sich mit dem Irrtum bei Urkundendelikten beschäftigen, auf, daß sich kein präzises Abgrenzungskriterium dafür finden läßt, wie der Tat- vom Rechtsirrtum abzugrenzen ist. Der Grund dürfte in folgendem liegen: Die Unschärfe, die bei der Abgrenzung des strafrechtlichen und des außerstrafrechtlichen Rechtsirrtums zu beobachten war, färbt auch auf die Grenzbildung zwischen Tat- und Rechtsirrtum ab. Die Abgrenzung strafrechtlicher/außerstrafrechtlicher Rechtsirrtum ließ sich ja auch bequem vorschalten. Wenn die Außerstrafrechtlichkeit - und damit die Vorsatzrelevanz feststand, brauchte die heikle Frage nach Rechtsirrtum oder Tatirrtum nicht mehr zur Entscheidung gebracht zu werden. Deshalb hat die Rechtsprechung eher dazu geneigt, den Vorsatzausschluß mit Hilfe eines unterstellten außerstrafrechtlichen Rechtsirrtums herbeizuführen, und brauchte sich nicht um abstrakte Kriterien für die Abgrenzung Tat- und Rechtsirrtum zu bemühen, so daß solche - soweit ersichtlich - auch nicht auffindbar sind.

Die Unterscheidung zwischen Tat- und Rechtsirrtum wirft aber mehrere grundsätzliche Fragen auf, auf die das Reichsgericht keine Antwort gibt. Die Frage ist ja, was denn eigentlich eine Tatsache ist und wie sie wahrgenommen wird. Das naive Tatsachenverständnis des Reichsgerichts, das auf jede Bedeutungskenntnis grundsätzlich verzichtet, läßt sich übrigens schon vor dem Hintergrund der älteren Literatur[106] nicht mehr durchhalten. Schon Welzel hat die Anwendung eines solchen Grundsatzes gerade bei normativen Tatbestandsmerkmalen ad absurdum geführt: "Wollte man mit der Formulierung in RGSt 40, 205 wirklich ernstmachen, daß der für

---

106 Siehe oben S. 96 ff.

den Tätervorsatz maßgebende Tatumstand 'Urkunde' nur in den sinnfälligen Eigenschaften eines Schriftstückes liegt, so müßte er lediglich aus dem Papier und der eingetrockneten Tinte bestehen. Denn nur diese sind 'sinnfällige Eigenschaften' einer Urkunde. Aber ebensowenig wie ein Bild nur aus Leinwand und Farbstrichen besteht, besteht eine Urkunde lediglich aus Papier und Tinte. Nur das, was allein geistig verstanden werden kann, der Aussageinhalt und die Beweisfunktion des Schriftstückes, machen das Stück Papier zur Urkunde. Darum muß der Vorsatz dieses Moment erfassen."[107] In Wirklichkeit beruht die reichsgerichtliche Unterscheidung zwischen Tatsachengrundlage und rechtlicher Schlußfolgerung[108] auf einer verfehlten Auffassung dessen, was unter Tatbestandsmerkmal zu verstehen ist; im übrigen darf man wohl auch in Zweifel ziehen, ob diese Auslegung dem Gesetz entsprach. Der Gesetzgeber wird ja nicht ohne Grund das Wort "Tatumstand" gewählt haben.[109] Hierunter ist gerade nicht notwendig eine sinnlich wahrnehmbare Tatsache zu verstehen, sondern sehr wohl auch "ein Bestandsstück der sozialen Welt, welches sowohl aus sinnlich wahrnehmbaren wie aus geistig verstehbaren Elementen zusammengesetzt sein kann."[110] Hätte der Gesetzgeber die Beschränkung des Vorsatzes auf das sensuell Erfaßbare gewollt, so hätte er vermutlich den Begriff "Tatsache" vorgezogen

Als Ergebnis bleibt festzuhalten, daß die reichsgerichtliche Irrtumsrechtsprechung - zumindest in ihrer ursprünglichen Form - von der Literatur zu Recht abgelehnt wurde.

---

107 Welzel, JZ 1954, S. 276, 279.

108 So die Deutung der reichsgerichtlichen Vorgehensweise bei Schröder, ZStW 65 (1953), S. 180; siehe oben S. 87.

109 Vgl. dazu Ebert, Subsumtionsirrtum, S. 190 f.

110 Welzel, JZ 1954, S. 276, 278 f.

B. Die beiden denkbaren Extrempositionen für die Bestimmung der Wissenskomponente beim Vorsatz

I. Tatsachenkenntnis

Nach § 16 Abs. 1 Satz 1 StGB ist die "Kenntnis der Tatumstände, die zum gesetzlichen Tatbestand gehören", gefordert. Die gesetzliche Formulierung legt es nahe, allein die gelungene sensuelle Erfassung der Tatsachen (= Sachverhaltskenntnis) für die Bejahung der Wissenskomponente beim Vorsatz ausreichend sein zu lassen. Der Rechtsirrtum hat nach dieser Auffassung entweder keine Bedeutung - so die frühere Variante[111] - oder er unterfällt nach der heutigen Gesetzeslage der Regelung des § 17 StGB. Diese Ansicht ist zwar eng mit der reichsgerichtlichen Irrtumslehre verwandt,[112] doch erspart sie sich deren Abgrenzungsprobleme, zwischen außerstrafrechtlichem und strafrechtlichem Rechtsirrtum. Dieser Vorteil mag der Grund dafür sein, daß diese Ansicht nicht nur in der Vergangenheit - zum Teil mit inhaltlichen Variationen - vertreten wurde, sondern auch heute wieder diskutiert wird. Allerdings wird sie heute vor dem Hintergrund des § 17 StGB erörtert. Naucke[113] etwa schlägt vor, einen Rechtsirrtum - und damit meint er **jeden** Rechtsirrtum - über ein normatives Tatbestandsmerkmal "eher" als Verbotsirrtum zu behandeln.[114] Demgegenüber will

---

111 Gerland, S. 131.

112 So auch die Einschätzung von Ebert, Subsumtionsirrtum, S. 341.

113 Naucke, Einführung, S. 293.

114 Ebenso nach Ansicht von Dahm, MDR 1959, S. 509, der BGH; ähnlich die Einschätzung des BGH durch Traub, JuS 1967, S. 113, 117: "Aber die Neigung, nur noch zwischen Tatsachenirrtum und Bewertungsirrtümern zu unterscheiden (wobei die Bewertungsirrtümer dann nach den Grundsätzen über den Verbotsirrtum behandelt werden sollen), ist auch bei anderen Entscheidungen des BGH zu beobachten." Siehe aber auch Fn. 36: "Der aufgezeigten Tendenz der neueren Rechtsprechung des BGH steht allerdings die bereits erwähnte Entscheidung BGHSt 15, 213 entgegen, die einen Bewertungsirrtum als Tatbestandsirrtum ansieht." Pfeiffer/Maul/Schulte, § 59 StGB a.F., Anm. 17, S. 230:

Herberger[115] ein Tatbestandsmerkmal in seine deskriptive und seine bewertende Komponente aufspalten. Die Kongruenz zwischen der dem Gesetzesbegriff eigenen Intention und der Tätervorstellung soll nur im Hinblick auf den deskriptiven Tatbestandsmerkmalsteil nötig sein, nicht auch im Hinblick auf den wertenden Teil des Tatbestandsmerkmals. Demnach genügt nach Herbergers Ansicht nur die Tatsachenkenntnis für die Bejahung des Vorsatzes, da allein eine Diskrepanz zwischen der dem Gesetzesbegriff eigenen Intention und der Tätervorstellung im Bereich der deskriptiven Komponente nach § 16 Abs. 1 Satz 1 StGB als vorsatzausschließend zu berücksichtigen sei. Diese Beschränkung des Vorsatzes auf die deskriptiven Tatbestandsmerkmalskomponenten ergebe sich aus der Überlegung heraus, daß es für die Bejahung des Vorsatzes nicht darauf ankommen könne, ob der Täter im gleichen Sinne werte, wie dies im Gesetz vorgesehen sei.

Läßt man die Tatsachenkenntnis für die Wissenskomponente des Vorsatzes genügen, so müssen die drei Beispielsfälle wie folgt beurteilt werden. Lediglich bei Fall 1 fehlte es am Vorsatz, da hier dem Täter die Tatsache des Beschriebenseins sensuell verborgen bleibt und damit die Tatsachenkenntnis mißlingt. Bei Fall 2 und Fall 3 ist der Vorsatz jeweils zu bejahen, da hier A alle faktischen Gegebenheiten sensuell richtig erfaßt hat. Diese augenfällige Überein-

---

"Der Irrtum über normativen Tatbestandsmerkmale ... kann Tatbestands- oder Verbotsirrtum sein, je nachdem, ob sich der Irrtum auf die äußeren, tatsächlichen Voraussetzungen des Tatbestandsmerkmals oder auf den Umfang des gesetzlichen Verbots bezog." - Rechtsirrtum soll also als Verbotsirrtum behandelt werden. Dagegen: BGH NJW 1989, S. 1939: "Ein Verbotsirrtum liegt auch nicht allein deswegen vor, weil dem Irrtum eine rechtliche Fehlbeurteilung zugrunde liegt. Rechtliche Fehlvorstellungen schließen auch sonst einen Tatbestandsirrtum nicht aus, wenn sie sich auf einen Bestandteil des Tatbestands beziehen." Kritisch zur Auffassung Traubs Ebert, Subsumtionsirrtum, S. 341 Fn. 842 a und S. 203 ff.: Traubs Erwägungen bauten auf einer verfehlten Einschätzung der BGH-Rechtsprechung auf.

115 Herberger, S. 124 ff., 150; vgl. auch die gegen Herberger vorgebrachte Kritik von Darnstädt, JuS 1978, S. 441, 443.

stimmung im Ergebnis mit der Lösung des Reichsgerichts darf weder verwundern noch zu voreiligen Kritiken verleiten, auch wenn das Reichsgericht mit der Anerkennung der Beachtlichkeit des außerstrafrechtlichen Rechtsirrtums die rein naturalistische Ansicht nur fortentwickelt hat. Vielmehr ist anzuerkennen, daß es für die ältere Lehre, die in der Handlung nur ein Ereignis der Sinnenwelt sah, konsequent war,[116] für den Vorsatz nur Tatsachenkenntnis zu fordern. Allerdings bedeutet die Beschränkung des Vorsatzes auf das faktisch Erkennbare, daß dem Täter auch in den Fällen Vorsatz unterstellt würde, in denen ihm der Sinn seiner Tat nicht klar war.

Zur Illustration dieser Schlußfolgerung soll folgender Sachverhalt dienen: Die Ehefrau A zerreißt beim Aufräumen das in Stenoschrift abgefaßte handschriftliche Testament ihres Mannes B, da sie glaubt, es handele sich dabei um die Aufzeichnungen der letzten Partie "Schiffeversenken". Was an jenem Papier sinnenfällig war, nämlich daß es sich um ein mit Tintenstrichen bedecktes Stück Papier handelte, hat A erkannt und den natürlichen Erfolg in der Sinnenwelt, als sie das Papier zerriß, gewollt, so daß Vorsatz hinsichtlich einer Urkundenvernichtung nach der zuletzt referierten Ansicht vorliegen müßte. Allenfalls stellt man mit der Annahme, es genüge für die Wissenskomponente des Vorsatzes die Kenntnis der Tatsachengrundlage die unwiderlegliche Präsumtion auf, daß mit der Kenntnis der Tatsachengrundlage auch der richtige Schluß daraus gezogen wurde. Daß es sich bei dieser Unterstellung um eine Präsumtion handelt, wird gerade anhand des vorgestellten Beispiels deutlich. A hatte

---

116 Demgegenüber spricht Mezger, LK, 8. Aufl., § 59 I Anm. 3 b, S. 477, klar aus, daß auch die Existenz "normativer" Tatumstände zeigt, daß die in § 59 StGB a.F. geforderte Kenntnis keineswegs bloße Tatsachenkenntnis ist. Statt dessen wird die Beschränkung auf Tatsachenkenntnis gerade auch als Vorteil der Vorsatzbestimmung gewertet: Hobe, S. 79; Backes, S. 120; Kohlrausch, Irrtum, S. 110.

zu keinem Zeitpunkt eine andere Erkenntnis, als daß sie ein belangloses Stück Papier zerreißt.

Es muß aber einen Unterschied für die Bestrafung ausmachen, wenn der Täter sich vorstellt, er habe ein fremdes handschriftliches Testament zerrissen oder nur ein bekritzeltes Stück Papier. Das sinnlich Wahrnehmbare als Bezugspunkt für den Vorsatz steht und fällt mit der Annahme, das Sinnverständnis (= Bedeutungskenntnis) eines bestimmten Erfolges könne allein aus einer Kette sinnlich wahrnehmbarer Ereignisse erschlossen werden. Wird der Erfolg als sinnenfälliges Ereignis aufgefaßt, ist der Vorsatz das subjektive Spiegelbild der objektiven Daten, und die Kongruenz zwischen objektivem und subjektivem Tatbestand ist gegeben. Kann nun aber die Prämisse widerlegt werden, der Erfolg eines Tatbestandes folge aus einer Kette sinnlich wahrnehmbarer Ereignisse, so entfällt mit ihr auch die Schlußfolgerung, der Vorsatz habe sich nur auf das sinnlich Wahrnehmbare zu beziehen.[117]

Hier nun kann auf die bereits von Kohlrausch[118] angestellten Überlegungen zurückgegriffen werden. Man braucht sich nicht mit seinem richtigen Hinweis zu begnügen, in zahlreichen Fällen würde niemand mit jener Ansicht ernstmachen wollen, etwa bei der Beleidigung oder dem Meineid. Er legt darüber hinaus viel grundsätzlicher dar, daß der Mensch nicht aufgrund sinnlicher Wahrnehmungen handelt, sondern aufgrund von höchst komplizierten Assoziationen und Begriffen, wenn auch in letzter Konsequenz die Elemente dieser Begriffe auf der sinnlichen Auffassung von Gegenständen oder auf der Reproduktion von früher wahrgenommenen Begriffen beruhen. Solche Begriffe kommen erst zustande durch be-

---

117 Kritik an der bloßen Kenntnis der Tatsachen als Vorsatzinhalt schon bei Kohlrausch, Irrtum, S. 88 ff., vgl. aus der gegenwärtigen Literatur Backes, S. 120, Bockelmann, Täterschaft, S. 26 f.; Bockelmann/Volk, AT, S. 74 f.; Kunert, S. 14 f.; Ebert, Subsumtionsirrtum, S. 341 f.

118 Kohlrausch, Irrtum, S. 88 ff.

stimmte Synthesen des menschlichen Denkens, die nach dem jeweiligen, mit der Begriffsbildung verfolgten Zweck sehr verschiedenartig sein können. Für den Vorsatz ergibt sich aus diesen Überlegungen, daß er sich nicht nur auf das sinnlich Wahrnehmbare beziehen kann, sondern daß er die geschilderte Beziehungsstruktur zwischen Erkennen und Verstehen, also das Nachvollziehen der in Zweckbeziehungen bestehenden Eigenschaften mitumfassen muß.

Zu diesem Ergebnis kann man auch von einem anderen Denkansatz aus gelangen, nämlich von der finalen Handlungslehre Welzels. Die Begrenzung des Vorsatzes auf das sinnlich Wahrnehmbare entspricht nicht seinem Verständnis des Vorsatzes als gesteuerter Finalität. Welzel sieht in der Handlung mehr als ein Ereignis der Sinnenwelt, ist doch "jede Handlung ... ein Sinngebilde, dessen Rückgrat der sie gestaltende und formende Handlungswille" ist und nicht bloße blinde kausale Auswirkung in der Außenwelt.[119] Unabhängig davon, wie man die zusätzlich zur Tatsachenkenntnis hinzutretende Bedeutungskenntnis im einzelnen zu bestimmen haben wird, tritt immer deutlicher hervor, daß allein die Kenntnis der "nackten" Tatsachen infolge richtiger sensueller Erfassung für die "Kenntnis der Tatumstände, die zum gesetzlichen Tatbestand gehören", nicht ausreichen kann.[120] Wenn damit auch feststeht, daß die Tatsachenkenntnis im Sinne vom Erfassen der rein faktischen Gegebenheiten - d.h. der Schreibunterlage und deren Beschriebensein bei der Urkunde - nicht geeignet ist, dem Täter die Bedeutung des gesehenen Gegenstandes als Urkunde im Sinne von § 267 StGB zu

---

119 Welzel, Vom Bleibenden und vom Vergänglichen, S. 9; vgl. auch Backes, S. 121.

120 Auch wer den Vorsatz nicht finalistisch auffaßt, dürfte jedenfalls davon ausgehen, daß nur eine Lehre, die sich an einer naturwissenschaftlichen Denkweise ausrichtet und damit die Handlung ausschließlich als ein physisches Ereignis versteht, konsequenterweise die These vertreten kann, daß die Tatsachenwahrnehmung für den Vorsatz ausreiche. Eine solche Ansicht verkennt aber, daß eine Handlung mehr ist als ein bedeutungsleeres Faktum. Vgl. Ebert, Subsumtionsirrtum, S. 341 f. i.V.m. S. 190.

vermitteln, sondern daß für den Vorsatz die Kenntnis von der Bedeutung der normativen Tatbestandsmerkmale erforderlich ist, so ist damit noch nichts über den nötigen Umfang der Bedeutungskenntnis gesagt.

II. Volle Subsumtion des Sachverhalts unter das Gesetz

Man kann daher den entgegengesetzten Weg einschlagen und das Bewußtsein der vollen Subsumtion des Sachverhaltes unter das Gesetz verlangen. In diesem Fall ist sichergestellt, daß der Täter in vollem Maße die Bedeutungskenntnis von dem normativen Tatbestandsmerkmal erlangt hat.[121] Diese Maximalanforderung hinsichtlich der intellektuellen Vorsatzkomponente kann als nicht zu unterschätzenden Pluspunkt für sich in Anspruch nehmen, daß "der Begriff, unter den der Täter [den erkannten Sachverhalt] subsumieren muß, unmittelbar und eindeutig am Gesetz ablesbar ist".[122]

Daraus folgt auch für die Lösung der drei Evidenzbeispiele eine klare Behandlungsrichtlinie: In allen drei Fällen haben die jeweiligen Täter den erkannten Sachverhalt nicht juristisch korrekt unter das Tatbestandsmerkmal "Urkunde" subsumiert, so daß in allen drei Fällen der Vorsatz des Täters zu verneinen ist.[123] Allerdings würde auch diese Ansicht den Vorsatzausschluß bei Fall 1 bereits mit der nicht sensuell richtig erkannten Tatsachengrundlage begründen und nicht darauf abstellen, daß es dem Täter in diesem Fall nicht gelingt, den Sachverhalt korrekt unter das Tatbestandsmerkmal "Urkunde" zu subsumieren. Der Vorsatzausschluß in allen drei Fällen weicht von den Ergebnissen des

---

121 v. Liszt, Lehrbuch, 18./19. Aufl., S. 180 f.

122 Hobe, S. 78 f.; Backes, S. 120; vgl. auch Ebert, Subsumtionsirrtum, S. 338.

123 v. Liszt, Lehrbuch, 16./17. Aufl., S. 173: "Zum Vorsatz gehört also auch die richtige Subsumtion der Tatsachen unter das Gesetz. Der Täter muß wissen, daß ... das gefälschte Schriftstück eine Urkunde ... ist."

Reichsgerichts zu den drei Evidenzbeispielen ab und mag in seiner Rigorosität befremden. Dieser vor allem von Franz v. Liszt vertretenen Ansicht ist immer wieder das Standardargument entgegengehalten worden, bei derart hohen Anforderungen würden vorsätzliche Verbrechen für die Juristen reserviert.[124] Freilich ist es unbestreitbar, daß die gesetzlichen Tatbestandsmerkmale entweder sehr abstrakt formuliert[125] sind oder daß gar rein juristisch-technische Ausdrücke[126] verwendet werden, deren Kenntnis nicht einmal von jedem Juristen, geschweige denn vom vom juristisch nicht vorgebildeten Laien erwartet werden kann. Jedenfalls dürfte kaum ein Laie einen Gedanken darauf verwenden, ob der Waldhammerschlag, das Siegel auf dem Spundloch eines Fasses oder gar die Stiche einer Kontrolluhr als Urkunden anzusehen sind.[127] Gerade die Urkundendelikte repräsentieren infolge ihrer weniger handgreiflichen Ausgestaltung De-

---

124 Frank, StGB, § 59 Anm. II, S. 182. - Ebenso v. Hippel, VDA III, 562: "Deshalb ist es unrichtig, zum Vorsatz zu fordern, daß der Täter das gefälschte Schriftstück für eine 'Urkunde' ... hielt. Das zu fordern, bedeutet zugleich praktisch, die Wirksamkeit dieser Strafgesetze zu annullieren. Denn was das Gesetz unter 'Urkunde' ... versteht, darüber streiten sich sogar die besten Juristen. Wie soll das also der Laie wissen? Weiß er es aber nicht, so ist für ihn auch 'die richtige Subsumtion der Tatsachen unter das Gesetz' unmöglich."

125 Nach Ebert, Subsumtionsirrtum, S. 338 f., handelt es sich hierbei um gesetzestechnische Gründe, die den Gesetzgeber zur abstrakten Formulierung der Tatbestandsmerkmale veranlassen. Es sei nicht einzusehen, "warum eine derart rein gesetzgebungstechnisch bedingte Begrifflichkeit für den Täter das einzige Medium sein soll, das ihm den Sinn der Tatumstände zu erschließen vermag." Schließlich kommen "als Begriffe, die eine solche Bedeutungskenntnis vermitteln, auch andere und insbesondere konkretere in Betracht als die, die der Gesetzgeber zur abstrakten Beschreibung des Geschehens gewählt hat." Verlangt man für die Vorsatzbejahung tatsächlich eine Subsumtion unter den abstrakten Gesetzesbegriff, dann macht man den Vorsatz letztlich vom Bildungsgrad des Täters abhängig, "da viele abstrakte Begriffe des Gesetzes dem einfachen Täter gar nicht geläufig sind."

126 Vgl. Ebert, Subsumtionsirrtum, S. 339 f.

127 Arthur Kaufmann, Unrechtsbewußtsein, S. 172.

likte, bei denen der Laie oft keine Veranlassung sieht, darüber nachzudenken, ob ein bestimmter Lebensvorgang unter das Tatbestandsmerkmal "Urkunde" einzuordnen ist oder nicht. In diesen Fällen auf die volle Subsumtion bestehen zu wollen, würde letztendlich tatsächlich dazu führen, daß (fast) nur Juristen vorsätzliche Verbrechen begehen konnten.

Aber die Kritik an der Auffassung v. Liszts greift noch weiter. Schon Beling[128] hat das referierte "Laienargument" noch dahingehend ergänzt, daß "außerdem die so zahlreichen Fälle aus dolosem Handeln [hinzuzurechnen wären], in denen überhaupt kein Gedanke des Täters an die begriffliche Einordnung der Tatumstände unter die Tatbestandsmerkmale gerichtet war." Auch in solchen Fällen den Vorsatz zu verneinen, würde den Wirkungsbereich des Vorsatzdeliktes nochmals erheblich einschränken. Max Ernst Mayer[129] hat die einleuchtende Überlegung angestellt, daß sich v. Liszt zu Unrecht auf § 59 StGB a.F. beruft, denn die Subsumtion von konkreten Umständen unter abstrakte Merkmale ist eine logische Operation und kein Tatumstand, und damit auch kein gesetzlich relevanter Tatumstand im Sinne von § 59 StGB a.F. Denn wäre "die Kenntnis eines Umstandes, dem unter einem bestimmten Gesichtspunkt Erheblichkeit zukommt und die Kenntnis dieser Erheblichkeit identisch, so wären die Ideen der sinnlichen Wahrnehmung zugänglich."[130] Der insoweit eindeutige Wortlaut des § 59 StGB a.F., der selbst nur von Kenntnis der Tatumstände spricht, die zum gesetzlichen Tatbestand gehören, bestätigt die Schlüssigkeit dieser Beweisführung, denn § 59 StGB a.F. fordert gerade nicht die Kenntnis der Tatumstände in der Eigenschaft ihrer "Zugehörigkeit".[131]

---

128 Beling, Lehre vom Verbrechen, S. 189.

129 M.E. Mayer, AT, S. 264.

130 M.E. Mayer, AT, S. 264.

131 v. Hippel, VDA III, 561. So auch für § 16 StGB Schroeder, LK, 10. Aufl., § 16 Rdn. 41.

Diesen Gedanken greift auch Warda[132] auf. Er führt ihn dahin fort, daß Gegenstand des im Tätervorsatz enthaltenen Wissens nicht die abstrakten Gesetzesbegriffe und deren fachgerechte Definition seien, sondern die mit diesen Begriffen umschriebenen Lebensumstände in ihrer Wirklichkeit. Infolgedessen kann es nicht darauf ankommen, ob der Täter die soziale Bedeutung seines Handelns mit den Mitteln des juristischen Sprachgebrauchs zu bezeichnen in der Lage ist. Vielmehr ist es allein ausschlaggebend, daß der Täter den Sinn der tatbestandsverwirklichenden Umstände selbst - und nicht deren gesetzlichen Beschreibungen - erkannt hat. Diese Erkenntnis, daß es auf die Subsumtion der sensuell richtig erkannten Tatumstände unter den Gesetzesbegriff nicht ankommt, ist heute unbestritten. Trotz dieses nur scheinbar historischen Werts der Theorie v. Liszts erfüllt sie eine in der Irrtumsdiskussion wichtige Funktion, da sie eine der beiden Extrempositionen bei den Antworten auf die Frage nach dem Inhalt der Wissenskomponente des Vorsatzes repräsentiert. Sie gibt einen Fixpunkt des Rahmens an, in dem sich die anzustrebende Lösung bewegen muß: Für die Wissenskomponente des Vorsatzes ist auf jeden Fall weniger zu fordern als die juristisch korrekte Subsumtion des Sachverhaltes unter den Gesetzesbegriff.

C. Vermittlungsversuche

I. Die Komplexbegriffslehre

Einige Autoren haben einen Vermittlungsversuch zwischen dem naturalistischen Vorsatzbegriff und dem juristischen Vorsatzbegriff v. Liszts als den beiden denkbaren Extrempositionen unternommen und das Problem dadurch zu lösen versucht, daß sie bestimmte Gruppen von Merkmalen einer Sonderbehandlung unterstellt haben. Vielfach wird danach dif-

---

132 Warda, Jura 1979, S. 80.

ferenziert,[133] ob es sich bei dem streitigen normativen Tatbestandsmerkmal um einen Rechtsbegriff handelt, der vom Vorsatz umfaßt sein muß, oder ob es sich dabei um einen sogenannten Komplexbegriff handelt, in dem tatsächliche und rechtliche Momente zusammengefaßt sind und bei dem der Vorsatz sich nur auf die tatsächlichen Momente zu erstrecken braucht.[134] Das Paradebeispiel solch eines Komplexbegriffs soll nach dieser Ansicht gerade der Begriff der "Urkunde" sein.[135] Die Auswirkungen dieser Komplexbegriffslehre auf die gewählten drei Evidenzbeispiele sind damit eindeutig. Wie das Reichsgericht, so kommt die Komplexbegriffslehre - zumindest in der referierten ursprünglichen Form[136] - in Evidenzbeispiel 1 zum Vorsatzausschluß, während in den Evidenzbeispielen 2 und 3 nur das Erkennen des Rechtsbegriffs als solcher mißlingt, aber die Tatsachenwahrnehmung erreicht wird, so daß der Vorsatz bezüglich § 267 StGB zu bejahen ist.

---

133 Bei den einzelnen Autoren finden sich unterschiedliche Begründungen, vgl. dazu Kunert, S. 108 ff., der bestimmte Vertreter der sogenannten Komplexbegriffslehre als Anhänger der Parallelwertungslehre identifiziert; ebenso Blei, AT, S. 120, der die Parallelwertungslehre ausdrücklich auf die Komplexbegriffslehre überträgt.

134 So Schröder, LK, 10. Aufl., § 16 Rdn. 44. Ähnlich v. Weber, Grundriß, S. 75 f.

135 Vgl. auch Ebert, Subsumtionsirrtum, S. 379.

136 Middel, S. 100, versucht nachzuweisen, daß die Komplexbegriffslehre auch vom Reichsgericht vertreten worden ist. Das wird freilich dahingehend modifiziert, daß ein Irrtum über das Gegebensein der Einzelmerkmale tatsächlicher oder außerstrafrechtlicher Natur beachtlich, der Irrtum über den Begriff selbst aber unbeachtlich war. Der Fortschritt der "reinen Form" der Komplexbegriffslehre bestand aber gerade darin, daß nicht zwischen strafrechtlichem und außerstrafrechtlichem Irrtum bei den Einzelmerkmalen differenziert wurde. Welche Entwicklung diese Komplexbegriffslehre im Laufe der Zeit nimmt, wird etwa sichtbar an der Äußerung von Blei, AT, S. 120, für den Komplexbegriffe lediglich solche Begriffe sind, "die tatsächliche und rechtliche oder sonstwie wertende Merkmale in sich vereinigen", ohne daß sich daraus gegenüber den anderen normativen Tatbestandsmerkmalen Unterschiede ergeben; auch bei diesen von ihm als

Es liegt angesichts dieser mit den reichsgerichtlichen Lösungen übereinstimmenden Ergebnisse nahe, die Komplexbegriffslehre zumindest bei den als Komplexbegriffe eingestuften Tatbestandsmerkmalen lediglich als Etikettenwechsel gegenüber der reichsgerichtlichen Irrtumslehre anzusehen. Die Komplexbegriffslehre ist zwar der problematischen Abgrenzung von strafrechtlichem und außerstrafrechtlichem Rechtsirrtum entkommen, steht aber vor einem anderen, nicht weniger schwerwiegenden Problem. Denn wird zwischen den "eigentlichen" Rechtsbegriffen und den "Komplexbegriffen" unterschieden, so müssen beide Gruppen anhand von eindeutigen Kriterien sicher voneinander abzugrenzen sein. Robert v. Hippel[137] fordert volle Kenntnis bei solchen Rechtsbegriffen, die nach ihrem Inhalt "jedem Laien so absolut verständlich und geläufig [sind], wie irgendeine Tatsache"; insoweit stimmt er mit der Ansicht v. Liszts überein. Davon unterscheidet v. Hippel die Rechtsbegriffe, von denen der Gesetzgeber annimmt, daß der jeweilige Begriff in einer für den Richter und den Bürger als Normadressaten verständlichen Weise "eine Reihe von tatsächlichen, möglicherweise aber auch rechtlichen Momenten zusammenfaßt, deren Verwirklichung unter Strafe gestellt werden soll. Dann ist für den Vorsatz die Vorstellung **dieser** den Begriff konstituierenden Merkmale, nicht diejenige des Rechtsbegriffs selbst wesentlich, da dieser hier nur den Charakter eines zusammenfassenden Schlagwortes hat." Auch v. Hippel faßt die Urkunde als einen Begriff auf, für den die Kenntnis der konstituierenden Merkmale ausreicht, erläutert aber den Inhalt der für diese Kenntnis erforderlichen Vorstellung nicht. Er beschränkt sich vielmehr auf den Hinweis, daß "sorgfältige Analyse" des Einzeltatbestandes ergeben müsse, ob ein "eigentlicher Rechtsbegriff" oder ein Komplexbegriff vorliege. Dabei soll es darauf ankommen, "zu welchem sachlichen Zweck der Rechtsbegriff verwertet ist, ob bloß zur Abkürzung oder weil von seiner Erkenntnis die Strafwürdigkeit

---

"Komplexbegriffe" bezeichneten Merkmalen wendet er die Parallelwertung in der Laiensphäre an.

[137] v. Hippel, VDA III, S. 562.

des Täters abhängen soll."[138] Der Zirkelschluß in dieser Formel ist augenfällig, denn ob von der Erkenntnis eines Rechtsbegriffs die Strafwürdigkeit abhängen soll, soll ja erst geprüft werden. Damit bleibt die Antwort auf die Frage aus, warum **volle** Bedeutungskenntnis unter Umständen "zur Strafwürdigkeit" erforderlich sein kann. Als Folge dieses Mangels verlagert sich die Entscheidung über die Strafwürdigkeit auf den einzelnen Richter, der anhand rechtspolitischer Wertentscheidungen die Frage beantworten muß, ob die volle Bedeutungskenntnis zur Strafwürdigkeit nötig ist. Diese Vorgehensweise ist aber weder mit dem Prinzip der Rechtssicherheit noch mit der Forderung nach Gleichmäßigkeit bei der Bestrafung vereinbar.[139]

Auch Frank hat sich mit der Frage befaßt und zieht die Grenze zwischen Rechtsbegriff und Komplexbegriff mit Hilfe einer rechtsgutsorientierten Betrachtungsweise.[140] Er fordert für den Vorsatz hinsichtlich eines Rechts, Rechtsverhältnisses oder einer sonstigen rechtlichen Beziehung das Bewußtsein, "daß sich die Handlung gegen dasjenige Interesse (Rechtsgut) oder diejenige spezielle Pflicht richtet, durch deren Verletzung oder Gefährdung objektiv der äußere Tatbestand erfüllt wird".[141] Insoweit hat also "auch der Subsumtionsirrtum entschuldigende Kraft, so daß der Vorsatz ausgeschlossen sein kann trotz Kenntnis der den Begriff konstituierenden Merkmale".[142] Dagegen reiche die Kenntnis der konstituierenden Merkmale eines vom Gesetz gebrauchten Rechtsbegriffs überall dort aus, wo "der Grundsatz nicht anwendbar" sei. Allerdings bleibt bei den Ausführungen Franks offen, **wann** denn der "Grundsatz" des Erfordernisses der Rechtsguts- oder Rechtspflichterkenntnis und damit der

---

[138] v. Hippel, LZ 1918, S. 1039 f.; vgl. auch ders., Lehrbuch II, S. 332.

[139] Vgl. Ebert, Subsumtionsirrtum, S. 355.

[140] Frank, StGB, § 59 Anm. II, S. 183 f.

[141] Frank, StGB, § 59 Anm. II, S. 183.

[142] Frank, StGB, § 59 Anm. II, S. 183.

Grundsatz des Erfordernisses der vollen Subsumtion nicht anwendbar sein soll. Demnach kann auch die Lösung von Frank nicht befriedigen.[143]

Die beiden Abgrenzungsvorschläge mögen zunächst genügen;[144] sie illustrieren den Haupteinwand gegen alle Anhänger der Komplexbegriffslehre.[145] Die beiden Unterscheidungsversuche konnten nicht überzeugen. Außer diesen ist eine Abgrenzung zwischen dem Komplexbegriff[146] und dem ein höheres Maß an Bedeutungskenntnis erfordernden Rechtsbegriff nicht wirklich entwickelt worden. Darüber hinaus bleibt zumindest gegenüber jenen Vertretern der Komplexbegriffslehre, die für die "zum eigentlichen Tatbestandsmerkmal erhobenen Rechtsbegriffe" volle Subsumtion verlangen, das gegen v. Liszt vorgebrachte "Laienargument" aktuell, wonach diese Fälle dann für Juristen als Täter reserviert wären. Das Verdienst

---

143 Kritisch auch v. Liszt, Lehrbuch, 18./19. Aufl., S. 179 Fn. 9; Ebert, Subsumtionsirrtum, S. 355.

144 Vgl. aber noch v. Weber, GA 1953, S. 161, 163; er grenzt ein normatives Tatbestandsmerkmal von einem Komplexbegriff dadurch ab, daß zwar beiden gemeinsam ist, im Ergebnis einen bewerteten Sachverhalt zum Inhalt zu haben; der Komplexbegriff ist aber aus bestimmten Sachverhalten zusammengesetzt, und sein Vorliegen ergibt sich im Einzelfall nicht durch eine Bewertung, sondern aus der Feststellung dieser Sachverhalte. Demnach genügt es für den Vorsatz die "den Komplexbegriff zusammensetzenden Sachverhalte" zu erkennen mit der Konsequenz, daß statt des "Wissens um die Bewertung" das "Wissen um die bewerteten Tatsachen" genügt. v. Weber sieht den Hauptvorteil dieser Auffassung in einer gerechten und praktikablen Behandlung der einzelnen Irrtumsfälle. Der Tatbestandsirrtum sei auf Fehlvorstellungen über den Sachverhalt beschränkt, während die irrige Nichtunterstellung des richtig erkannten Sachverhalts unter den Komplexbegriff den Vorsatz gerade nicht beseitigt, sondern zum Subsumtionsirrtum führe. Gegen die Brauchbarkeit dieser Abgrenzung vgl. Kunert, S. 17 ff., 21; kritisch auch Probst, S. 144 f. Vgl. auch die kritische Auseinandersetzung mit anderen Anhängern der Komplexbegriffslehre bei Ebert, Subsumtionsirrtum, S. 356 ff.

145 So auch Kuhlen, S. 192; Foth, JR 1965, S. 369 Fn. 93 gegen v. Hippel und v. Weber.

146 Zur Begriffsklärung vgl. Ebert, Subsumtionsirrtum, S. 356 ff., insbes. S. 361 ff., 381 ff.

der Komplexbegriffslehre - und damit auch ihre Eigenständigkeit und Fortschrittlichkeit gegenüber der reichsgerichtlichen Irrtumslehre - liegt freilich darin, daß sie für das Erfassen der den Komplexbegriff konstituierenden Einzelmerkmale nicht die Kenntnis der sinnlich wahrnehmbaren faktischen Umstände genügen läßt. Wenn v. Weber feststellt, daß "selbstverständlich diese Merkmale [= konstitutive Merkmale des Komplexbegriffes] nicht nur natürliche, sondern auch sinnhafte soziale Tatsachen [sind]", rückt er das Erfordernis des Bedeutungsverständnisses vom Tatbestandsmerkmal in seinen Sinnbezügen in den Vordergrund seiner Vorsatzbestimmung.[147] Ganz in diesem Sinn will Lange[148] unterscheiden: Hat der Täter bei der Urkunde die soziale Bedeutung etwa der materiellen Beweiserheblichkeit verkannt, so fehlt der Vorsatz; hat er lediglich formell den Begriff der Urkunde falsch ausgelegt, z.B. Brief und Siegel für erforderlich gehalten, so ist dies unbeachtlich. Der Bundesgerichtshof erhebt sogar die Forderung, daß die Bedeutungskenntnis sich auf sämtliche Tatbestandsmerkmale uneingeschränkt zu beziehen habe.[149] Für v. Weber geht das allerdings zu weit. Seiner Ansicht nach würde man dann nämlich die Figur des Komplexbegriffes völlig aufgeben, denn man würde einen Tatbestandsirrtum dem Täter auch dann zubilligen, wenn er zwar die Beweiserheblichkeit des von ihm verfälschten bleistiftbeschriebenen Zettels erkennt, aber doch meint, daß ein solcher "formloser Wisch" keine Urkunde sei. Wer mit der Bedeutungskenntnis ernstmachen wolle, der müsse diesen Fall genauso behandeln wie den anderen, wo der Täter schon die Beweiserheblichkeit des Schriftstücks verkannt habe. Fasse man dagegen den Urkundenbegriff als Komplexbegriff auf, so ist nach der Konzeption v. Webers nur der auf das konstituierende Merkmal der Beweiserheblichkeit gerichtete "Sachverhaltsirrtum" erheblich. v. Webers Analyse des BGH-Urteils zeigt, daß

---

147 v. Weber, GA 1953, S. 162.

148 Kohlrausch/Lange, 43. Aufl., § 59, S. 231.

149 BGHSt 3, 248 (255).

sein Rettungsversuch der Komplexbegriffslehre scheitern muß, denn es gelingt ihm nicht, dem Komplexbegriff die erforderliche Kontur zu geben. Vor allem gelingt ihm die Abgrenzung der Bedeutungskenntnis von der Kenntnis des Rechtsbegriffs nicht; auch im Verhältnis der Bedeutungskenntnis zur Tatsachenkenntnis ist die Grenze nicht genügend geklärt. Manchmal scheinen nur die "nackten" (sensuell erfaßbaren) Tatsachen gemeint zu sein. Dafür jedenfalls spricht der Ausdruck "Sachverhaltsirrtum". Dann wiederum sind soziale Umfeldstrukturen mit einbezogen (bei der Analyse der Beweiserheblichkeit). Damit ist der "Komplexbegriff" in beiden Flanken nicht genügend definiert und ist daher für eine konsistente Theorie nicht ausreichend.[150]

Nach und nach wich auch die Hoffnung, ein besseres Abgrenzungskriterium zu finden, der Erkenntnis, daß die Unterscheidung schon im Ansatz dogmatisch bodenlos war, da ein Unterschied zwischen der begrifflichen Struktur eines als Komplexbegriff eingestuften Merkmals - etwa der Urkunde - und eines als normatives Tatbestandsmerkmal anerkannten Elements - etwa der Fremdheit der Sache - nicht nachgewiesen werden konnte. Nicht nur das "komplexe", sondern jedes (normative) Tatbestandsmerkmal konnte in eine Fülle einzelner, das Vorliegen dieses Merkmals begründender Umstände zerlegt werden.[151] Gerade aus dieser Zerlegbarkeit sowohl des normativen Tatbestandsmerkmals als auch des sogenannten Komplexbegriffs leitet Eichmann[152] einen schlagenden Einwand gegen die Komplexbegriffslehre ab: Mit ihrer These, zum Vorsatz genüge bei Rechtsbegriffen die Kenntnis ihrer konstituierenden Merkmale, ist noch nichts Endgültiges gesagt. Denn man kann auch die auf diese Weise gewon-

---

150 Vgl. zur Kritik auch Ebert, Subsumtionsirrtum, S. 361 ff., 369 Fn. 956, 370 f., 383 ff., 390.

151 Vgl. die beiden Arten der Komplexität bei Ebert, Subsumtionsirrtum, S. 382, 385 f.; siehe unten S. 162 ff.

152 Eichmann, S. 40 ff. Bedenken aber bei Roxin, Offene Tatbestände, S. 152; Baumann, NJW 1962, S. 16 f.; Mlosch, S. 103 f.; Ebert, Subsumtionsirrtum, S. 387 f.

nenen Merkmale wieder in ihre konstituierenden Merkmale auflösen, aus diesen Elementen weitere Unterbegriffe bilden und so beliebig fortfahren. Deshalb läßt sich bei dieser Methode nicht feststellen, welche Umstände als endgültig "konstituierend" anzusehen sind und vom Vorsatz umfaßt sein müssen. Mit Hilfe des Komplexbegriffs sollte der unerwünschten Ausweitung des Tatbestandsirrtums im Bereich der normativen Merkmale entgegengesteuert werden. In der Konstruktion dieses Begriffes ist daher mehr eine vom Ergebnis her gesteuerte Beurteilungsrichtschnur zu sehen als eine in sich geschlossene "theoriegeleitete" Lehre.

Es darf auch nicht übersehen werden, daß die Kenntnis der "konstituierenden Merkmale" eines Komplexbegriffes nicht notwendigerweise den Tatbestandsvorsatz begründet. Dem Richter mag zwar die Subsumtion eines Sachverhaltes unter ein Tatbestandsmerkmal durch den Rückgang auf seine konstituierenden Merkmale möglicherweise leichter fallen, doch vermittelt die Kenntnis der konstituierenden Merkmale dem Täter nicht notwendigerweise die Bedeutungskenntnis. Denn für den Sinngehalt ist nicht nur die Tatsachengrundlage maßgebend, sondern auch der normative Bezug des Merkmals[153]. Die "konstituierenden Merkmale" mögen zwar beim Urkundenbegriff geeignet sein, dem Täter die Vorstellung von dessen Bedeutungsgehalt zu vermitteln, dies ist aber keineswegs bei allen angeblichen Komplexbegriffen der Fall.[154] Kunert hat das am Beispiel der "Zuständigkeit" im Sinne der §§ 153 ff. StGB deutlich gemacht.[155] Konstitutives Moment analog der Urkunde wäre etwa die Bestimmung: "vom Recht vorgesehene Befugnis, in dieser oder jener Weise, z.B. zur Eidesabnahme, tätig zu werden", nicht aber die Bestimmung z.B. "Notariat" (§ 22 Abs. 1 BNotarO), deren

---

153 Jescheck, AT, 3. Aufl., S. 217 Fn. 56.

154 Ebert, Subsumtionsirrtum, S. 379 f., 384, siehe unten S. 162 ff.

155 Kunert, S. 114; vgl. aber Ebert, Subsumtionsirrtum, S. 369 f., 371 ff.

Kenntnis für sich allein nicht ausreichte, dem Täter das notwendige Bedeutungswissen zu vermitteln.

Zu welch unterschiedlichen Ergebnissen man bei der Frage kommen kann, ob es für den Urkundenbegriff genügt, die konstituierenden Merkmale zu erkennen oder ob eine darüber hinausgehende Bedeutungskenntnis erforderlich ist, zeigt auch die Stellungnahme von H. Mayer[156]. Er will innerhalb der Gruppe der normativen Merkmale danach differenzieren, "ob das Gesetz einen gewerteten Sachverhalt zum Tatumstand im Sinne des § 59 machen will oder ob es den Tatbestand mittels normativer Merkmale objektiv umschreibt, den Täter aber bereits bestrafen will, auch wenn er nur um die tatsächliche Seite der Handlung weiß"[157]. Für die Entscheidung dieser Alternative soll "alles auf Sinn und Zweck des einzelnen normativen Merkmals im Zusammenhang des besonderen oder allgemeinen Tatbestandes [ankommen]". Wenn es auch bei der Abgrenzung letztlich auf den jeweiligen Willen des Gesetzgebers ankommen soll, so sieht H. Mayer den entscheidenden Differenzierungsmaßstab in der Frage, ob sich die Strafdrohung gegen den Angriff auf eine vom Recht geschaffene Einrichtung richtet oder nicht. Im ersten Fall handelt der Täter nur vorsätzlich, wenn er dieses Rechtsobjekt richtig erkennt. Ein solches vom Recht geschaffenes Objekt soll gerade die Urkunde sein. Demzufolge genüge nicht die Kenntnis der konstituierenden Einzelmerkmale, zumal niemand eine Urkunde fälschen könne, wenn er nicht deren Eignung zum Falschbeweis erkannt habe. Allerdings legt H. Mayer nicht dar, was er unter richtige Erkenntnis des Objekts versteht. Er könnte damit der v. Lisztschen Forderung nach voller Subsumtion das Wort reden, was angesichts seiner kategorischen Äußerung nicht auszuschließen ist. Freilich könnte er auch eine irgendwie niedriger angesiedelte Kennt-

---

156 H. Mayer, Studienbuch, S. 127 f.

157 H. Mayer, Studienbuch, S. 127, verwendet den Begriff "Komplexbegriff" in diesem Zusammenhang nicht.

nisstufe als Wissensintensität für ausreichend halten, aber dergleichen wird nicht deutlich.

Zusammenfassend: Die Vertreter der Komplexbegriffslehre sind sich über den Bestand der zu den Komplexbegriffen zählenden Merkmale nicht einig. Die unterschiedlichen Abgrenzungsvorschläge für die Differenzierung zwischen normativem Tatbestandsmerkmal und Komplexbegriff bei den umstrittenen Merkmalen kommen zu unterschiedlichen Ergebnissen. Beim Paradebeispiel des Komplexbegriffs, dem Urkundenbegriff selbst, gelangen die Stellungnahmen erst recht nicht zur einheitlichen Deutung.[158]

Ein Aufsatz von Kreutzer aus dem Jahre 1955 zeigt einen weiteren Versuch, die Komplexbegriffslehre zu retten. Die wichtigsten Gedanken dieser Lehre werden noch einmal aufbereitet; die Auseinandersetzung mit ihnen mag eine gewisse Zusammenfassung der Kritik darstellen.

Auch Kreutzer unterscheidet zwei Gruppen von normativen Tatbestandsmerkmalen. Die eine Gruppe umfaßt die Merkmale, die in ihrer gesetzlichen Fassung "ihrem sachlichen Gehalt nach entfaltet" und auch dem Laien geläufig sind. Gemeinsames Kennzeichen dieser Merkmale, zu denen Kreutzer etwa die Fremdheit einer Sache oder das Bestehen der Ehe im Ehebruchsdelikt des § 171 StGB a.F. zählt,[159] soll der Umstand sein, daß sie durch andere, inhaltlich differierende Begriffe nicht positiv umschrieben und ersetzt werden können[160]. Diesen gegenüber stehen die normativen Tatbestands-

---

158 Siehe unten S. 145 Fn. 161, S. 149 Fn. 168.

159 Z.B. auch den "Interessengegensatz" beim Parteiverrat.

160 Bei diesen Merkmalen ist nach Ansicht Kreutzers, NJW 1955, S. 1307 f., die für den Vorsatz erforderliche Parallelwertung in der Laiensphäre nur gegeben, wenn sich der Täter "das Vorliegen des Tatumstandes selbst - in der seinem rechtlichen Kenntnisbereich entsprechenden Bedeutung - vorstellt". "Die ersatzweise Kenntnis von konstituierenden, ausfüllenden Momenten ist nicht möglich", weil es solche Momente bei den Merkmalen dieser ersten Gruppe für Kreutzer nicht gibt.

merkmale, deren "begrifflicher Gehalt" in der Regel dem Rechtsunkundigen nicht gegenwärtig ist und die der Entfaltung durch allgemein geläufige Begriffe bedürfen. Sie sind "rechtstechnisch zusammenfassende, mehrschichtige Merkmale" und damit Komplexbegriffe. Solche Komplexbegriffe sind "schon dann dem Täter bewußt und von seinem Vorsatz umfaßt, wenn er die sie konstituierenden und täterverständlich ausfüllenden Momente kennt". Zu diesen so umschriebenen und von den übrigen normativen Tatbestandsmerkmalen abgeschichteten Komplexbegriffen zählt Kreutzer den Urkundenbegriff. Seiner Ansicht nach können nämlich die Merkmale der üblich gewordenen Definition des Urkundenbegriffs als ausfüllende Momente die Tatumstände jeweils "in allgemein verständlicher Weise" entfalten und ersetzen. Infolgedessen läge Vorsatz bezüglich des Urkundenbegriffs bereits vor, wenn der Täter die in der Definition enthaltenen Begriffe kennt.

Der Abgrenzungsversuch Kreutzers läßt die Frage offen, warum der Begriff des Beamten oder der Urkunde dem Bürger weniger geläufig sein soll als die Fremdheit oder die Ehe; auch diese Grenzziehung erscheint willkürlich.[161] Außerdem bleibt Kreutzers eigene Einschätzung unklar. Er setzt einerseits seine mehrschichtigen Merkmale ausdrücklich gleich mit den "Komplexbegriffen, bei denen die Kenntnis der konstituierenden Momente genügt"[162]. Andererseits lehnt er eine "Unterscheidung zwischen der Tatsachengrundlage und den rechtlichen Schlußfolgerungen" ab[163]. Schließlich gibt Kreutzer auch keine Entscheidungsrichtlinien für die Beantwortung der Frage an, ob ein Begriff dem Rechtsunkundigen geläufig ist oder nicht. Die von Kreutzer getroffene Unterscheidung ist auch keineswegs notwendig, da ein für den Vorsatzumfang relevanter Unterschied zwischen den von ihm als normative Tatbestandsmerkmale klassifizierten und den als Komplexbegriffen eingeordneten Merkmalen nicht besteht.

---

161 Ebenso Kunert, S. 21; Tischler, S. 211.

162 Kreutzer, NJW 1955, S. 1307, 1308 Fn. 4.

163 Kreutzer, NJW 1955, S. 1307, 1308 Fn. 14.

Kreutzer behauptet zunächst zwar, der Grundsatz der "Parallelbeurteilung im Täterbewußtsein" führe nicht bei allen normativen Tatbestandsmerkmalen zum Ziel, und läßt dadurch den Eindruck entstehen, als liege in der Art der inneren Betätigung des Täters bei der Bildung des Vorsatzes der relevante Unterschied zwischen normativem Tatbestandsmerkmal und Komplexbegriff. Doch relativiert er diese Aussage später durch die Feststellung, daß der Täter auch bei den Komplexbegriffen eine Parallelwertung in der Laiensphäre vornehme. Kreutzer fordert also doch die innere Betätigung des Täters in der Form der Parallelbeurteilung bei allen normativen Tatbestandsmerkmalen; dann aber kann in der Art der inneren Betätigung des Täters bei der Bildung des Vorsatzes nicht der Unterschied zwischen normativen Tatbestandsmerkmalen und Komplexbegriffen liegen. Zwar soll die Kenntnis vom Tatbestand, die durch diese Parallelwertung vermittelt werde, bei den normativen Tatbestandsmerkmalen und den Komplexbegriffen jeweils verschieden sein. Im Falle des normativen Tatbestandsmerkmals müsse sich die Kenntnis auf den Tatumstand selbst beziehen, während sich beim Komplexbegriff die Kenntnis auf die das gesetzliche Merkmal konstituierenden Momente erstrecke. Hiergegen ist jedoch einzuwenden, daß sich die durch die richtige Parallelbeurteilung gewonnene Kenntnis des Täters etwa von konstituierenden Momenten auch auf den Tatumstand selbst erstreckt. Die Beurteilung der "äußeren Tatsachen" des Tatumstandes führt nämlich beim Täter zum Bewußtsein der maßgeblichen Merkmale, die den sozialen Bedeutungsgehalt des Tatumstandes ausmachen. Wenn es aber nur darauf ankommt, daß der Täter diejenigen Kriterien aufgrund seiner Bewertung erkennt, die den sozialen Bedeutungsgehalt maßgeblich ausmachen, dann braucht er die genauen Merkmale der Urkundendefinition nicht unbedingt zu kennen, was gerade beim umstrittenen Urkundenbegriff auch von einem Laien kaum zu erwarten ist. Hat er die Kenntnis von den Kriterien, die den sozialen Bedeutungsgehalt enthalten, so hat er damit zugleich die Kenntnis des Tatumstandes selbst, denn die einzelnen sinnlich wahrnehmbaren und geistig verstehbaren Merkmale dieses normativen Tatumstandes machen in ihrer Gesamtheit den

Tatumstand selbst aus. Nicht das Wort "Urkunde" als ein zu nichts Realem in Beziehung stehender Begriff ist ja Tatumstand, sondern Tatumstand ist hier, was nach unserer Rechtsauffassung unter "Urkunde" zu verstehen ist, und das ist wiederum identisch mit den einzelnen Merkmalen, die diese Vorstellung ausmachen. Das ist auch gar nicht anders denkbar. Denn worin sollte der Tatumstand bestehen, wenn nicht in seinen Merkmalen? Und wie will man einen Unterschied machen zwischen der Summe der Merkmale des Tatumstandes und diesem selbst? Man kann zumindest beim Urkundenbegriff begrifflich nicht zwischen Kenntnis des Tatumstandes und Kenntnis der einzelnen Merkmale des Tatumstandes unterscheiden, weil die Kenntnis der maßgeblichen Merkmale mit der Kenntnis des Tatumstandes identisch ist. Die Unterscheidung, die Kreutzer glaubt durchführen zu müssen, ist demnach nicht nur willkürlich, sondern auch ohne praktischen Wert. Diese Feststellung läßt sich anhand des dem Ansatz von Kreutzer wohl zugrunde liegenden Stufenmodells von möglichen Vorsatzinhalten näher erläutern[164]. Kreutzer unterscheidet insoweit:

1. Kenntnis der Tatsachen. Übertragen auf den Urkundenbegriff heißt das beispielsweise Kenntnis von der Schreibunterlage und des Beschriebenseins.

2. Tatsachen- und Bedeutungskenntnisse bezüglich der einen Tatumstand konstituierenden Momente. Für den Urkundenbegriff ist somit neben der Kenntnis der Schreibunterlage und des Beschriebenseins die intellektuelle Erfassung der nicht sichtbaren Urkundenmerkmale erforderlich, also das Erkennen der dauerhaften Verkörperung einer menschlichen Gedankenerklärung, der Beweisbestimmung, der Beweiseignung, der Ausstellererkennbarkeit.

---

164 Wie das Tischler, S. 210, auch vorschlägt.

3. Tatsachen- und Bedeutungskenntnis bezüglich des Tatumstandes. Kreutzer versteht darunter nicht den Urkundenbegriff, sondern etwa die Fremdheit der Sache.

4. Juristisch exakte Subsumtion unter den gesetzlichen Begriff. Für unser gewähltes Urkundenbeispiel bedeutet dies Erkennen der Urkundeneigenschaft eines bestimmten Papiers oder Gegenstands.

Die beiden Extrempositionen lehnt Kreutzer als jeweiligen Vorsatzinhalt ab und fordert daher mehr als die reine Tatsachenkenntnis und weniger als die Subsumtion unter den Gesetzesbegriff. Er will allerdings anstelle der zwischen der Bedeutungskenntnis und der Subsumtion anerkanntermaßen existierenden Grenze zwei neue Grenzziehungen vornehmen. Die eine Grenze will er zwischen der Bedeutungskenntnis bezüglich eines Tatumstandes und der Subsumtion ziehen, die zweite zwischen der Bedeutungskenntnis bezüglich der einen Tatumstand konstituierenden Momente und der Subsumtion. Wo die jeweilige Grenze verläuft, soll davon abhängig sein, ob es sich um ein dem Laien geläufiges Merkmal handelt oder um ein sogenanntes mehrschichtiges, dem Laien in der Regel nicht geläufiges Merkmal. Handelt es sich um ein dem Laien geläufiges Merkmal, dann soll die Grenze zwischen Bedeutungskenntnis bezüglich dieses Tatumstandes und der Subsumtion zu ziehen sein, während die referierte zweite Grenze bei dem sogenannten mehrschichtigen, dem Laien in der Regel nicht geläufigen Merkmal einschlägig sein soll. Wenn Kreutzer auch berechtigterweise die Anforderungen an die Bedeutungskenntnis und damit an den Vorsatz je nach dem betroffenen Merkmal unterschiedlich hoch ansetzt, so wiederholt er damit nur die überwiegend anerkannte Feststellung, wonach die Grenze zwischen vorsatzrelevanter Bedeutungskenntnis und vorsatzirrelevanter Subsumtion für jedes normative Merkmal gesondert zu ziehen ist.[165] Diese Erkenntnis läßt

---

165 Vgl. etwa Mezger, LK, 8. Aufl., § 59 II Anm. 10 a, S. 484: "Wie weit dabei die durch die Tatumstände geforderte, also relevante Bewertung (sc. auf Seiten des Tä-

sich durch die vorgeschlagene Unterscheidung der normativen Tatbestandsmerkmale in zwei Gruppen nicht vertiefen und stellt deshalb lediglich eine überflüssige Differenzierung dar. Demnach ist auch dieser Rettungsversuch der Komplexbegriffslehre als gescheitert zu betrachten.[166]

Wie gesagt, ist Kreutzer als der letzte wirkliche Vertreter der Komplexbegriffslehre anzusehen.[167] Zwar hat es an späteren Versuchen nicht gefehlt, den Vorsatzumfang nach Arten von Tatbestandsmerkmalen zu differenzieren. Eine der fruchtbarsten Kritiker der Komplexbegriffslehre, Kunert, steht ihr selbst nicht ganz fern, wenn er bei sogenannten Aufzählungsbegriffen auf die Bedeutungskenntnis verzichtet.[168] Derartige Versuche werden immer wieder einmal geäußert, haben sich aber nicht durchsetzen können und entziehen sich der Beurteilung.[169] Im ganzen ergeben sich daraus

---

ters) zu gehen hat, bis sie zur irrelevanten Subsumtion wird, das läßt sich nicht in allgemeine starre Regeln fassen, sondern das ist eine konkrete Frage des einzelnen gesetzlichen Tatbestandes." Ders., a.a.O., Anm. I 3 b, S. 477: "Feste Regeln lassen sich hierüber nicht geben; die Abgrenzung ist Sache der Auslegung im Einzelfall."

166 Das Unbefriedigende aller Variationen der Komplexbegriffslehre hat seinen Grund wohl eigentlich darin, daß die Begriffe rein nominalistisch als bloße Namen angesehen werden, "die Akte des Begreifens als bloßes Einordnen in nähere oder höhere Nomenklaturen statt als Erfassen des Begriffenen in seinem Wesen, seinem Zusammenhang mit anderem, seinen Ursachen und seinem Zweck". Hoffmeister, Wörterbuch der philosophischen Begriffe, S. 106 ("begreifen"); siehe auch unten S. 286 ff.

167 Ebert, Subsumtionsirrtum, S. 380 f., 390 ff.; siehe auch unten S. 161 ff.

168 Aufzählungsbegriff ist z.B. der Verwandte; es genügt, wenn der Täter seinen Gegenüber als Bruder oder Schwester identifiziert, ohne den Sinngehalt der "Verwandtschaft" zu reflektieren. Interessanterweise ist der Urkundenbegriff nach Kunert ein Aufzählungsbegriff; Kunert, S. 108 ff.

169 Bei Schweikert, S. 67, 155 ff., spielt der Gedanke der Gerechtigkeitsreserven eine Rolle; bei Noll, ZStW 77 (1965), S. 3, 5 ff., ist die Vorstellung der Verantwortung für Kenntnis der Normen im Kernstrafrecht maßgebend; bei Naucke, Einführung, S. 293, scheint die Ab-

keine Einsichten, die der in der Auseinandersetzung mit der Komplexbegriffslehre entwickelten Kritik neue Argumente abforderten.

II. Die Lehre von der Parallelwertung in der Laiensphäre

Die Lehre von der "Parallelwertung in der Laiensphäre des Täters" geht zurück auf Binding.[170] Sein Ausgangspunkt ist allerdings, daß das Bewußtsein der Rechtswidrigkeit zum Vorsatz gehört. Binding geht von der Erwägung aus, daß "die Kreise, aus denen die Delinquenten zum größten Teile hervorgehen, ... die Strafgesetze als solche meist gar nicht, und die pflichtbegründenden Rechtssätze, selbst wenn sie gesetzliche Form erhalten haben, fast nie in der originellen Fassung zu kennen (pflegen)." Aus dem Unvermögen zu einer genauen begrifflichen Fixierung sowohl der Strafgesetze als auch der hinter diesen stehenden Normen zieht Binding die Folgerung, daß es sich "bei der Tätersubsumtion nie um Unterstellung (der Handlung) unter das Strafgesetz" handele, aber "auch unter den pflichtbegründenden Rechtssatz, die Norm als solche", werde der Täter seine rechtswidrige Handlung nur selten stellen. Man könne deshalb nicht mehr fordern und nichts anderes erwarten als eine "Subsumtion ... der Handlung des Täters nach Laienart."[171] Angesichts der Tatsache, daß sich der Täter häufig "höchst mangelhafte Surrogate von Rechtsbegriffen" schaffe und darauf "die doch ausreichende Vorstellung von seiner Handlung gründe", dürfe man auch bei der Entscheidung der Frage nach Kenntnis oder Unkenntnis der zum gesetzlichen Tatbestand gehörenden Tatumstände bei den Laien nie "ihr notwendiges Maß unvollkommener rechtlicher Vorstellung von ihrer Handlung" außer acht lassen.

---

grenzung zwischen Faktum und Rechtsbewertung leitend zu sein.

170 Binding, Normen III, S. 147 ff.

171 Binding, Normen III, S. 148.

Waren diese Gedanken Bindings vorwiegend der Normerfassung durch den (meist laienhaften) Täter einer strafbaren Handlung gewidmet, so beschäftigte sich Mezger[172] mit der Frage, welche Voraussetzungen an den Vorsatz des Täters beim Vorliegen normativer Tatbestandselemente zu knüpfen seien. Folglich ist Bindings Subsumtion "nach Laienart" nicht identisch mit der Mezgerschen "Parallelwertung in der Laiensphäre".[173]

Die Parallelwertungslehre fordert "eine der gesetzlich-richterlichen Bewertung gleichgerichteten Einschätzung des Tatbestandsmerkmals im Gedankenkreis der individuellen Person und Umgebung des Täters",[174] bevor sie dem Täter gegenüber den Vorsatzvorwurf erhebt. Danach müssen dem Täter die sogenannten normativen Tatbestandselemente in ihrer jeweiligen Bedeutung so bewußt geworden sein, wie diese Begriffe in der Laienwelt, und zwar insbesondere in seinen, des Täters, Kreisen verstanden werden.

Diese Lehre von der Parallelwertung in der Laiensphäre ist heute die in Literatur[175] und Rechtsprechung herrschende

---

[172] Mezger, Lehrbuch, S. 328, unter Hinweis auf seine Veröffentlichungen in JW 1927, S. 2006 Nr. 19, und in Träger-FS, S. 41 Anm. 41.

[173] So auch Schlüchter, S. 68; weitere "Vorläufer": Kohlrausch, Irrtum, S. 94; Bierling, S. 320 ff.; Cohn, S. 34; Baumgarten, S. 161 ff., 174 ff.

[174] Mezger, Lehrbuch, S. 328; ders., LK, 8. Aufl., § 59 II Anm. 10, S. 483.

[175] Jescheck, AT, 4. Aufl., S. 265 Fn. 12, geht so weit festzustellen, daß die "Lehre von der Parallelwertung inder Laiensphäre" "allgemein anerkannt ist". Er nennt nur Schlüchter, S. 115 ff., die gegenüber der Parallelwertungslehre einschränkend genügen läßt, daß der Täter nur die "Verletzungsbedeutung seines Verhaltens" erkannt haben muß. Jescheck unterschätzt allerdings wohl die sich mehrende Kritik an dieser Lehre, etwa durch Kuhlen oder auch durch die relativierenden Ausführungen von Eser, Studienkurs I, 3. Aufl., S. 165 f. (Fall 15), und 4. Aufl., S. 196 f. (Fall 16), entgegen der 2. Auflage seines Studienkurses.

Ansicht. [176] Infolgedessen fordert man heute überwiegend vom Täter, daß er sich neben der Kenntnis der Tatsachen ein nach dem Grad seiner Bildung und Sachkenntnis ausreichendes Vorstellungsbild über die Bedeutung des Umstandes im sozialen Leben gemacht hat, bevor man seinen Vorsatz bezüglich eines normativen Tatbestandsmerkmals bejaht. Indem man nur eine der richterlichen Subsumtion parallele Wertung durch den Täter verlangt, scheint das "Mehr" gegenüber der reinen Tatsachenkenntnis und das "Weniger" gegenüber der Subsumtion gefunden und damit das Ziel erreicht zu sein.[177]

Im Anschluß an diese Lehre begnügt sich Zipf[178] für das Erkennen des Urkundenbegriffs mit dem Wissen des Täters, "daß das von ihm nachgemachte Schriftstück im sozialen Leben Bedeutung und Beweiswert beanspruchen soll". Für Mezger[179] ist die Kenntnis des Täters ausschlaggebend, daß das ge-

---

176 Die Rechtsprechung hat die Formel von der Parallelwertung in der Laiensphäre wohl seit BGHSt 3, 248, übernommen. BGHSt 3, 248, 255, bemerkt zu den normatiaven Tatbestandsmerkmalen: "... bedeutet bei dem Täter das Kennen von Tatsachen, die der Rechtskundige, letztlich der Richter, in bestimmter Weise rechtlich wertet, noch nicht ein Kennen des Tatumstandes im Sinn des § 59 StGB. Weil vielmehr von Vorsatz nur dann die Rede sein kann, wenn sich das äußere Bild der Tat im Inneren des Täters vollständig wiederspiegelt, so gehört zum Vorsatz in Fällen jener Art die dem Gesetz entsprechende Wertung, d.h. eine 'Parallelwertung in der Laiensphäre des Täters' (Mezger, Strafrecht, 3. Aufl S. 328; JZ 1951, 179). Fehlt sie, so kann der Täter nach § 59 (a.F.) nicht wegen vorsätzlicher Tat bestraft werden; ist sie umgekehrt gegeben, ohne daß jedoch das Gesetz den Sachverhalt ebenso wertet, so steht einer Bestrafung wegen Versuchs nichts entgegen, wenn auch die sonstigen Voraussetzungen gegeben sind." Vgl. aber auch Schlüchter, S. 44 f., die feststellt, daß der BGH die Forderung eines im Täterbewußtsein parallelen Erfassens der Wertung nicht immer durchhält.

177 Eine Entwicklung, die sich bereits ankündigte, als Mezger den bewertenden Faktor als Kennzeichen der normativen Tatbestandsmerkmale im Gegensatz zu den deskriptiven Tatbestandsmerkmalen beschrieb. Diese Erkenntnis mußte auch Auswirkungen auf den inneren Tatbestand haben. Vgl. auch Schlüchter, S. 69.

178 Maurach/Zipf, AT I, 7. Aufl., S. 306.

179 Mezger, Lehrbuch, S. 328.

fälschte Schriftstück im Rechtsverkehr ein besonderes Vertrauen genießt.[180] Allerdings beantwortet die Feststellung, daß sich der Täter nach dem Grad seiner Bildung und Sachkenntnis ein ausreichendes Vorstellungsbild über die Bedeutung des Begriffs im sozialen Leben gemacht haben muß, nicht die Frage, worauf sich gegenständlich das Wissen des Täters bei einem normativen Tatbestandsmerkmal, insbesondere bei der Urkunde, zu beziehen hat. Daß es sich dabei nicht um das Erkennen des Tatbestandsmerkmals handeln kann, ist angesichts des Unterschieds zwischen Tatbestandsmerkmal und Tatumstand offensichtlich.[181] Nicht die abstrakten Gesetzesbegriffe muß der Täter kennen, sondern die konkreten Umstände der Tatbestandsverwirklichung oder - wie v. Liszt formulierte - die Lebenskonkreta, die die abstrakten Tatbestandsmerkmale in der Tat widerspiegeln. Diese Tatumstände muß der Täter nach seinem individuellen Bildungsgrad parallel richtig einschätzen und nicht nur die Tatsachen sensuell vollständig erfassen. Die Kenntnis des Bedeutungsgehalts eines Tatumstands ist strikt von der juristischen Definition des Tatbestandsmerkmals, dem der Tatumstand zu subsumieren ist, zu trennen. Diese Unterscheidung zwischen Tatumstand und Tatbestandsmerkmal wird häufig als Folge der Schwierigkeiten bei der sprachlichen Formulierung nicht hinreichend deutlich[182] und führt deshalb zu Mißverständnissen. Gegenstand des Bewußtseins ist aber nicht die ge-

---

180 Möglicherweise soll hier das § 267 StGB zugrunde gelegte Rechtsgut der Parallelwertungslehre einen Maßstab geben, dazu unten S. 242 ff.

181 Vgl. oben S. 77 ff.

182 Samson, StrafR I, Fall 15, S. 94, scheint die Parallelwertung auf die Tatbestandsmerkmale zu beziehen, wenn er schreibt: "Es genügt vielmehr, wenn er 'ungefähr' den die Bewertung tragenden Begriffskern erfaßt und das konkrete Sachverhaltselement diesem ungefähr erfaßten Begriff zugeordnet hat. Dieser Vorgang des ungefähren Erfassens des Begriffskerns und der zutreffenden Zuordnung zu ihm wird herkömmlich als 'Parallelwertung in der Laiensphäre' bezeichnet. Dennoch darf nicht übersehen werden, daß es sich dabei um einen Subsumtionsvorgang handelt, der freilich mit unpräzisen Begriffen arbeitet und häufig spontan erfolgt."

setzliche Beschreibung oder gar die Auslegung des Merkmals, sondern ausschließlich der konkrete Tatumstand des Sachverhalts, der dem Tatbestand zu subsumieren ist.[183] Hierzu muß freilich der Täter dasselbe Verständnis entwickeln, das der Gesetzgeber dem Merkmal beilegt, wenn er es in den Tatbestand einfügt.[184] Allerdings - und das ist das Verdienst der Parallelwertungslehre - ist dieses Verständnis vom bereits skizzierten persönlichen Horizont des Täters abhängig. Der vom Urkundenfälscher verlangte Erkenntnisakt besteht also darin, daß er den konkreten Tatumstand, etwa die unbefugte Unterzeichnung eines beweiserheblichen Schriftstücks mit fremdem Namen, richtig parallel wertet. Er muß das Geschehen in denselben - nur - konkreten Interessen- und Deutungszusammenhang einbringen, den der Gesetzgeber mit seinem Begriff, generell und abstrakt, wertend zum Ausdruck brachte. Deshalb ist es auch für den Vorsatz gleichgültig, ob der Täter nach richtig vollzogener Parallelwertung des konkreten Tatumstandes der Ansicht ist, das von ihm gefälschte Schriftstück sei gleichwohl keine Urkunde, weil etwa eine solche nur dann vorliege, wenn das Schriftstück gesiegelt sei. Der Täter irrt sich nicht über einen Tatumstand, sondern er ordnet lediglich die richtig erkannten Zusammenhänge, den gefundenen "Parallelwert", falsch unter das abstrakte Tatbestandsmerkmal ein und gibt diesem damit einen falschen Inhalt.

---

183 Dieser Zusammenhang wird besonders deutlich, wenn man sich vergegenwärtigt, was das Besondere an den normativen Tatbestandsmerkmalen ist - unabhängig davon, wie man diese Besonderheit letztlich im einzelnen zu fassen versucht, ob als Verstandesleistung im Sinne einer Bewertung oder eines geistigen Verstehens oder anderes. Gemeinsames Kennzeichen solcher normativer Tatbestandsmerkmale ist es, daß die Feststellung der im Gesetz umschriebenen Eigenschaft die Anerkennung von Normen (sozialen Regeln) voraussetzt, die ihrerseits sich wieder auf einen Sachverhaltsausschnitt beziehen. Die Regeln erkannt zu haben, macht das Kennen des Tatumstandes aus. Vgl. im einzelnen Schlüchter, wistra 1985, S. 44.

184 Ebert, Subsumtionsirrtum, S. 349 ff.; siehe unten S. 286 ff., 295 ff., 301 ff.

Der Umgang mit der Lehre von der "Parallelwertung in der Laiensphäre" ist vor dem Hintergrund der Schuldtheorie nicht ganz unproblematisch. Eser[185] mag mit seiner Vermutung Recht haben, daß gerade auch die Frage, ob der Tatumstand oder das Tatbestandsmerkmal Gegenstand des Vorsatzes sei, eine Nachwirkung der Vorsatztheorie sein könne, da es für diese auf eine solche Differenzierung angesichts der Zugehörigkeit des Unrechtsbewußtsein zum Vorsatz nicht ankomme. Mit der Trennung von Vorsatz und Unrechtsbewußtsein verbietet sich eine derart undifferenzierte Annahme, wonach es bei falscher Parallelwertung am Vorsatz des Täters fehle. Sie ist nämlich nur richtig, wenn man unter "fehlerhafter Parallelwertung" lediglich den Fall versteht, daß der Täter die soziale Bedeutung bestimmter Umstände (auf Sachverhaltsebene) nicht erfaßt, während der Vorsatz unberührt bleibt, wenn der Täter die Wort-Bedeutung einzelner Tatbestandsmerkmale auf Normebene verkennt. Diesen Zusammenhang hat Eser[186] in der neuesten Auflage des Studienkurses nunmehr klar herausgestellt, nachdem er noch in der Vorauflage seines Werkes die Parallelwertung in der Laiensphäre auf die Wortbedeutung einzelner Tatbestandsmerkmale bezogen hat. Jetzt legt er zu Recht dar, daß ein Tatbestandsirrtum zum einen vorliegt, wenn der Täter auf der Sachverhaltsebene "rein" tatsächlicher Gegebenheiten sinnlich nicht richtig wahrnimmt. Darüber hinaus ist ein Tatbestandsirrtum anzunehmen, wenn er sich über die soziale Relevanz bestimmter tatsächlicher Gegebenheiten irrt, also sich in einem Irrtum über den sozialen Sinngehalt befindet, der bestimmten tatsächlichen Vorgängen und Umständen innerhalb der Gesellschaft beigelegt ist.[187]

Löst man die Evidenzbeispiele unter Zuhilfenahme des Parallelwertungskriteriums, so lautet das Ergebnis für das erste

---

185 Eser, Studienkurs I, 3. Aufl., Nr. 15, S. 165.

186 Eser/Burkhardt, Studienkurs I, 4. Aufl., Nr. 16, S. 196 f.

187 Richtig erkannt z.B. von Bockelmann/Volk, AT, S. 74 f.

Evidenzbeispiel, bei dem der Täter das Vorliegen der rein tatsächlichen Voraussetzungen, nämlich das Beschriebensein des Papiers nicht erkennt: Vorsatzausschluß. Insofern kommt die Parallelwertungslehre zu keiner anderen Lösung als das Reichsgericht, so daß sich die Aussage, die Behandlung solcher tatsächlichen Irrtümer als vorsatzausschließend sei unproblematisch, zu bestätigen scheint. Die Lösung des zweiten Evidenzbeispiels wird nun die Leistungsfähigkeit der Parallelwertungslehre gegenüber der reichsgerichtlichen Lösung zeigen. Im zweiten Evidenzbeispiel legt nämlich A den Strichen auf dem Bierdeckel die Bedeutung "Schmierereien" bei, ohne zu wissen, daß die Striche auf dem Bierdeckel die Abrechnungsgrundlage für die zu zahlende Zeche sind, so daß ihm die Bedeutung des Tatumstandes, der das Tatbestandsmerkmal "Urkunde" ausfüllt, verborgen bleibt. Nur für den Fall, daß A beim Ausradieren der Striche erkannt hätte, eine beweisbestimmte und beweisgeeignete Gedankenerklärung des Kellners über die Anzahl der servierten Getränke zu zerstören, hätte A die für den Vorsatz erforderliche Parallelwertung des Sachverhalts in der Laiensphäre vorgenommen. Da aber A zu dieser Bedeutungskenntnis nicht gelangt ist, handelte er ohne Vorsatz. Somit gelangt die Parallelwertungslehre zum Vorsatzausschluß, während das Reichsgericht bei diesem Fall seine Unterscheidung zwischen strafrechtlichem und außerstrafrechtlichem Rechtsirrtum bemühen muß und beim Irrtum über die Beweiseignung und Beweisbestimmung zum nicht vorsatzausschließenden Strafrechtsirrtum kommt.[188]
Beim dritten Evidenzbeispiel erkennt der Täter, daß der Kellner die auf dem Bierdeckel angebrachten Zeichen als Grundlage für die Rechnung benutzen wird. Damit hat er diesen Umständen gerade die Bedeutung zuerkannt, die auch der Gesetzgeber diesen Umständen zugrunde gelegt hat, als er sie in das abstrakte Tatbestandsmerkmal "Urkunde" im Sinne von § 267 StGB einordnete. Demzufolge handelte der A mit dem im Sinne der Parallelwertungslehre erforderlichen Wissen hinsichtlich des fraglichen Tatumstandes, als er den

---

[188] Siehe unten S. 363 f.

Bierdeckel zerbröselte. Weil es für die Wissensintensität des Vorsatzes aber genügt, daß der Täter die Kenntnis von der Bedeutung des beschriebenen Bierdeckels als Abrechnungsgrundlage hatte, ist die Fehlannahme, eine Urkunde im Sinne des Strafrechts erfordere "Brief und Siegel", ohne Einfluß auf das Vorliegen des Vorsatzes. Dieser Irrtum kann allenfalls gemäß § 17 StGB Bedeutung erlangen.

Diese in erster Linie von Mezger entwickelte und hier skizzierte Lehre ist bis in neueste Zeit in ihren Aussagen fast unverändert geblieben.[189] Ihre Beständigkeit führte dazu,

---

[189] Hinzuweisen ist aber auf die bedeutsame Veränderung bei Welzel, JZ 1954, S. 279, der eine andere Definition gewählt hat. Er spricht von der "Parallelbeurteilung im Täterbewußtsein". "Parallelbeurteilung im Täterbewußtsein" bedeutet, daß der Täter in einer der gesetzlichen Beurteilung parallelen Weise den Tatumstand sehen muß. Er braucht nicht zu wissen, wie das Gesetz das betreffende normative Tatbestandsmerkmal definiert. Wohl muß er die entscheidende Bedeutung, die das Charakteristische des Tatbestandsmerkmals ausmacht, erkennen, damit man die für den Vorsatz ausreichende Kenntnis bejahen kann. Welzel spricht deshalb von einer "Parallelbeurteilung im Täterbewußtsein", weil es nicht stets um juristische Laien geht (etwa BGHSt 7, 261, wo die Frage des Parteiverrats gemäß § 356 StGB zur Diskussion stand) und auch nicht stets um eine Bewertung. Schließlich ist die Kenntnis der Fremdheit beim Eigentumsdelikt und bei der Sachbeschädigung Kenntnis einer Rechtslage, die ohne Wertung des Täters beurteilt werden kann, so daß es sich also um ein geistiges Verstehen handelt. Dieser Unterschied hat wohl zwei Gründe. Zum einen ist bei Welzel seine besondere Lehre vom Tatbestand ausschlaggebend. Er versteht den Tatbestand als Verbotsmaterie. Zum anderen ergibt sich wohl aus dem unterschiedlichen Verständnis beider Autoren bezüglich der Frage, was das Spezifische bei den normativen Tatbestandsmerkmalen ist, der Unterschied zwischen der Parallelwertung in der Laiensphäre und der Parallelbeurteilung im Täterbewußtsein. Während Mezger dies dem Erfordernis einer "Bewertung" von Sachverhalten sieht, geht Welzel davon aus, daß der Bedeutungsgehalt der normativen Tatbestandsmerkmale nur geistig verstanden werden kann. Vgl. dazu auch Schlüchter, S. 70. Wenn beide Verfasser mit der Parallelwertung und der Parallelbeurteilung auch im wesentlichen das gleiche meinen - wie Welzel, JZ 1954, S. 279, selbst ausdrücklich klarstellt -, so decken sich die Bereiche der normativen und der deskriptiven Tatbestandsmerkmale bei ihnen doch nicht ganz. Vgl. dazu im einzelnen Kunert, S. 25. Ebenso stellen auf die "Parallelbeurteilung im

ihr auch heute noch immer den Vorwurf zu machen, sie habe keine Kriterien gefunden, um die fehlerhafte "Parallelwertung in der Laiensphäre" von der mangelhaften juristischen Subsumtion klar abzugrenzen.[190] Schon der Ausgangspunkt dieses Vorwurfs ist falsch. Die Parallelwertung ist keine Subsumtion, sie selbst ist kein "Hin- und Herwandern des Blickes zwischen Obersatz und Sachverhalt".[191] Die mangelnde Ausgestaltung und Konkretisierung der Parallelwertungslehre ergibt sich im übrigen gerade aus ihrer Funktion. Getroffen ist mit diesem Einwand nicht der Inhalt der Lehre, sondern die Schwierigkeit ihrer Anwendung.[192] Es geht bei dieser Lehre darum, der exakten juristischen Bezeichnung mittels eines abstrakten Begriffs, das "notwendig unscharfe, in unreflektiert andeutendem Verständnis sich ergehenden Taterleben gegenüberzustellen, das sich daher auch notwendig einer genauen Beschreibung entzieht. Das Parallelbewußtsein in der Laiensphäre kann letztlich nur durch ein 'Paralleleinfühlen in der Richtersphäre' in sei-

---

Täterbewußtsein" ab: Jakobs, AT, S. 288 Fn. 108 ; Kunert, S. 24 ff. Auch Krümpelmann, ZStW Beiheft 1978, S. 20 Fn. 53, hält die Bezeichnung "Wertung" für irreführend, da es um ein Sinnverständnis geht, woraus er weiterhin folgert, daß in diesem Sinne die Parallelwertung nicht nur bei normativen, sondern auch bei deskriptiven Merkmalen von Bedeutung ist, schließlich fehle ein prinzipieller Unterschied zwischen normativen und deskriptiven Merkmalen. Mezger, Lehrbuch, S. 328 Fn. 12: Er erkennt dort selbst, daß es sich nicht immer um eine "Laiensphäre" handeln **muß**, nämlich dann nicht, wenn der Täter selbst juristisch gebildet ist. Ebenso ders., LK, 8. Aufl., § 59 II Anm. 10, S. 483. Wenn Arthur Kaufmann, Parallelwertung, S. 40, neuerdings ausführt, die Parallelwertung vollziehe sich "im Richter und nirgendwo sonst", so lehnt er damit nicht die Lehre von der Parallelwertung in der "Laiensphäre" ab, da mit dieser Äußerung lediglich zum Ausdruck gebracht wird, wie und wo die **Ermittlung** der Parallelität von Täterbewußtsein und Gesetz stattfindet. Vgl. dazu Jakobs, AT, S. 288 Fn. 109.

190 Schlüchter, S. 74 f. Kritisch auch Eichmann, S. 57 f.

191 Engisch, Einführung in das juristische Denken, S. 216 Fn. 54; ebenso Ebert, Subsumtionsirrtum, S. 348.

192 Vgl. im einzelnen Ebert, Subsumtionsirrtum, S. 346 ff., 351 ff., insbes. seinen Vorschlag zur Präzisierung der Parallelwertung S. 380 ff.; siehe auch S. 161 ff.

nen entscheidenden Momenten jeweils im Einzelfall aufgespürt werden."[193] Natürlich gehört zu den umstrittensten Fragen das Verhältnis von Bedeutungskenntnis und Verbotskenntnis. Die Problematik der Grenzziehung zwischen Tatbestandsirrtum bezüglich eines normativen Tatbestandsmerkmals und einem Verbotsirrtum soll an dieser Stelle noch offenbleiben.[194]

D. Neue Formen der Irrtumslehre: Der Subsumtionsirrtum als Schlüssel- und Grenzbegriff in der Konzeption Eberts

Eine Sonderstellung in der Komplexbegriffslehre nimmt die 1973 verfaßte Habilitationsschrift von Ebert "Der Subsumtionsirrtum" ein. Eberts Hauptanliegen ist die Darstellung verschiedener Formen des Subsumtionsirrtums und die jeweilige Grenzziehung zum Tatbestandsirrtum. Hier muß er auch auf Vorsatz und Bedeutungskenntnis eingehen. Dabei nimmt er Bezug auf ein sprachtheoretisches Modell; Erkenntnis setzt das Erfassen der Wirklichkeit durch Leitvorstellungen und Begriffe voraus. Während im folgenden ein Überblick über die Formen des Subsumtionsirrtums nach der Konzeption Eberts gegeben und zugleich gezeigt wird, daß für Ebert alle Begriffe Komplexbegriffe sind, wird Eberts Lehre vom Tatumstandsirrtum und sein sprachtheoretisches Modell in diesem Abschnitt nur berührt, soweit es der Zusammenhang erfordert. Diese Strukturen haben für die hier vorgelegte Arbeit grundsätzliche Bedeutung gewonnen und werden daher im Kontext der eigenen Lösung ausführlich vorgestellt werden.[195]

---

193 Krümpelmann, ZStW Beiheft 1978, S. 20; ebenso Triffterer, Mallmann-FS, S. 383 Fn. 27.

194 Vgl. unten S. 334, 342 ff.

195 Siehe unten 5. Kap.

Für die Darstellung der Lehre Eberts wird hier vorübergehend die Bezeichnung Tatumstandsirrtum für die Regelungsmaterie des § 16 StGB akzeptiert. Eine inhaltliche Differenz zum sonst hier benutzten traditionellen Begriffs des Tatbestandsirrtums besteht nicht.[196]

I. Die Hauptergebnisse von Ebert

Eberts Ansicht nach gibt es zwei Formen des Subsumtionsirrtums,[197] nämlich den Normauslegungsirrtum als Irrtum über die Auslegung eines tatbestandlichen Begriffs (erste Form des Subsumtionsirrtums)[198] und den sogenannten "bloßen" Subsumtionsirrtum, der die falsche begriffliche Qualifikation außerhalb der Tatbestandsauslegung meint, also dadurch gekennzeichnet ist, daß die fehlerhafte Subsumtion unter einen Begriff nicht den Ausschluß der Bedeutungskenntnis zur Folge hat (zweite Form des Subsumtionsirrtums).[199] Beide Formen des Subsumtionsirrtums lassen sich durch eigenständige Grenzverläufe zu dem von Ebert so genannten Tatumstandsirrtum abgrenzen. Zur Klärung dieser Zusammenhänge bedarf es der Darstellung, **wie** der Täter - nach Eberts Ansicht - zur richtigen Bedeutung vom Geschehen gelangt. Dieses Vorhaben erfolgt in zwei Schritten: Es ist zuerst zu erörtern, **worauf** sich der Vorsatz zu erstrecken hat (Auseinandersetzung mit der Komplexbegriffslehre), danach ist zu klären, wie der Erkenntnisprozeß als solcher beim Täter überhaupt erfolgt (außergesetzliches Subsumtionsmodell).

---

196 Siehe oben 3. Kap. Fn. 2.

197 Ebert, Subsumtionsirrtum, S. 449.

198 Ebert, Subsumtionsirrtum, S. 42 ff., 186 ff.

199 Ebert, Subsumtionsirrtum, S. 317 ff., 445 ff.

1. Die Komplexbegriffslehre von Ebert

Ebert knüpft für seine Antwort nach dem Vorsatzinhalt scheinbar an die Komplexbegriffslehre an, wenn er bei seiner kritischen Auseinandersetzung mit der Parallelwertungslehre Umfang und Inhalt der zu erlangenden Bedeutungskenntnis näher bestimmt.[200] Die Parallelwertungslehre besage doch lediglich, daß der Täter den sachlichen Gehalt eines Tatumstandes bzw. dessen Bedeutung erkannt haben muß; sie kläre aber nicht, unter welchen Voraussetzungen der Täter die notwendige Bedeutungskenntnis erlangt habe.[201] Infolgedessen könne die Parallelwertungslehre bestenfalls Kasuistik als Antwort auf diese Frage anbieten, denn der Bedeutungsgehalt eines Tatumstandes und damit auch Art und Maß der jeweils zu fordernden Bedeutungskenntnis richte sich nach der Eigenart des konkreten Tatbestandsmerkmals.[202] "Die" Bedeutung eines Tatumstandes gibt es nicht.[203] Welche Bedeutung des Tatumstandes für einen Betrachter in den Vordergrund tritt, hängt beispielsweise von seinem Vorverständnis oder von seiner Wahrnehmungssituation ab. Allerdings bestimmt der Gesetzgeber nun durch die Tatbestandsfassung der einzelnen Straftatbestände die Bedeutungselemente, die der Täter erfaßt haben muß, damit er vorsätzlich gehandelt hat. Der Täter muß demzufolge hinsichtlich der einzelnen Tatumstände gerade das Bedeutungsverständnis entwickelt haben, das auch der Gesetzgeber mit dem Tatumstand verbunden hat, als er den Tatbestand formulierte. Nur wenn der Täter die vom Gesetzgeber mittels der Tatbestandsmerkmale umschriebenen und als strafwürdig eingestuften Eigenschaften und Ziele eines Verhaltens in seiner konkreten Tat

---

200 Vgl. Ebert, Subsumtionsirrtum, S. 388 ff., zur Vereinbarkeit von Parallelwertungslehre und Komplexbegriffslehre.

201 Vgl. im einzelnen zur Parallelwertungslehre Ebert, Subsumtionsirrtum, S. 347 f.

202 Ebert, Subsumtionsirrtum, S. 346.

203 Ebert, Subsumtionsirrtum, S. 349.

wiedererkennt,[204] oder anders formuliert: nur wenn der Täter den Tatumstand gerade in denjenigen Beziehungen erkennt, die für den Gesetzgeber bei der Aufstellung der Tatbestände wesentlich waren, handelt er vorsätzlich. Diese Beziehungen bringen nun "die den gesetzlichen Begriff konstituierenden Merkmale" zum Ausdruck.[205] Damit wäre Ebert freilich nur bei jenem Stand der Komplexbegriffslehre angelangt, der bereits erörtert und als unzulänglich kritisiert wurde.[206] In Wirklichkeit versteht Ebert jedoch unter der Umschreibung "die den gesetzlichen Begriff konstituierenden Merkmale" etwas anderes als die vorgestellten Vertreter der sogenannten Komplexbegriffslehre.[207] Anders als diese will Ebert nicht aus der Masse der Tatbestandsmerkmale eine bestimmte Gruppe unter dem Stichwort "Komplexbegriffe" hervorheben und für den Vorsatz einer Sonderbehandlung zuführen.[208] Vielmehr sind für Ebert alle Tatbestandsmerkmale Komplexbegriffe. Ebert arbeitet heraus, daß zwei Formen der Komplexität zu unterscheiden sind und daß der undifferenzierte Gebrauch der beiden Formen der Komplexität durch andere Autoren der Grund dafür sei, daß die Komplexbegriffslehre auf Ablehnung gestoßen sei.[209] Verstehe man demgegenüber die Lehre von den Komplexbegriffen richtig, dann ermögliche sie eine Konkretisierung der Parallelwertungslehre.[210] Es gibt zum einen nämlich die durch die Subordination einzelner Sachverhalte gebildete Komplexität und zum anderen die durch die einzelnen Definitionsmerkmale gebildete Komplexität. Unter Definition versteht man die Zerlegung des gesetzlichen Begriffs in seine Bedeutungselemente, demgegenüber bedeutet Subordination die Aufgliederung des Begriffs in seine Anwendungsfälle oder in die ihm unter-

---

204 Ebert, Subsumtionsirrtum, S. 349 f., 380.
205 Ebert, Subsumtionsirrtum, S. 381.
206 Siehe oben C. I.
207 Ebert, Subsumtionsirrtum, S. 381 ff.
208 Ebert, Subsumtionsirrtum, S. 386.
209 Ebert, Subsumtionsirrtum, S. 383 f.
210 Ebert, Subsumtionsirrtum, S. 353, 380 ff., 390 ff.

fallenden Sachverhalte.[211] Die durch Subordination einzelner Sachverhalte gebildete Komplexität eignet sich als Kriterium zur Lösung der Vorsatzfrage nicht, denn die Feststellung, daß der Täter einen dem Begriff unterfallenden Sachverhalt erkannt haben muß (Kenntnis eines konstituierenden Merkmals im Sinne subordinierender Komplexität) läßt offen, wie diese Sachverhaltskenntnis beschaffen sein muß.[212] Allein die Kenntnis der Eigenschaft der Behörde als Patentamt, Untersuchungsausschuß oder Notar vermittelt dem Täter doch noch nicht die Vorstellung von der Zuständigkeit der Behörde zur Abnahme von Eiden.[213] Anders ist dies bei der durch die Definitionsmerkmale gebildeten Komplexität. Kenntnis der konstituierenden Elemente bedeutet bei ihr, daß der Täter die den Begriff definierenden Merkmale in dem Tatumstand erkannt haben muß, um die Bedeutungskenntnis vom Geschehen erlangt zu haben.[214] Die Kenntnis der den Begriff "Urkunde" konstituierenden Merkmale (im Sinne einer durch die einzelnen Definitionsmerkmale gebildeten Komplexität), also das Wissen um die Beweiserheblichkeit, Beweisbestimmung, Ausstellererkennbarkeit, dauerhafte Verkörperung usw., verschafft dem Täter die nötige Bedeutungskenntnis hinsichtlich des Tatumstandes "Urkunde".[215] Diese Komplexität im Sinne einer durch die einzelnen Definitionsmerkmale gebildeten Komplexität findet sich nun aber bei jedem Begriff. Alle Begriffe lassen sich definieren und demzufolge in ihre konstituierenden Merkmale zerlegen.[216] Abermals: Für Ebert sind alle Tatbestandsmerkmale "Komplexbegriffe".[217] Hier zeigt sich, daß eine Komplexbegriffslehre, die

---

211 Ebert, Subsumtionsirrtum, S. 380 f.

212 Ebert, Subsumtionsirrtum, S. 382 f.

213 Ebert, Subsumtionsirrtum, S. 384.

214 Ebert, Subsumtionsirrtum, S. 383.

215 Ebert, Subsumtionsirrtum, S. 384.

216 Ebert, Subsumtionsirrtum, S. 385.

217 Das oben getroffene Urteil, Kreuzer sei der letzte wirkliche Vertreter der Komplexbegriffslehre gewesen, braucht daher auch gegenüber Ebert, der sich formell

den Vorsatzinhalt dahingehend bestimmt, daß der Täter die den gesetzlichen Begriff definierenden Merkmale im konkreten Tatumstand erkannt haben muß, die Parallelwertungslehre sinnvoll ergänzt, denn sie gibt präzise an, was unter der "Kenntnis des sachlichen Gehalts" im Sinne der Parallelwertungslehre zu verstehen ist.[218]

2. Das außergesetzliche Subsumtionsmodell: Erfassen des sensuell wahrgenommenen Sachverhalts durch Subsumtion unter Begriffe

Freilich läßt die Aussage, daß der Täter die den Begriff konstituierenden Merkmale erkannt haben muß, offen, wie dieses Erfassen der konstituierenden Merkmale erfolgt. Ebert untersucht deshalb, durch welche Begriffe der Täter einen Sachverhalt erkennen muß, um im Besitz der zum Vorsatz erforderlichen Kenntnis zu sein,[219] und spricht damit die vielleicht grundlegendste Frage der gesamten Irrtumsthematik an. Nach seiner eingehenden Erörterung, wie der Mensch überhaupt seine Umwelt wahrnimmt,[220] nämlich als ein Erkennen durch Begriffe sowohl tatbestandlicher als auch außertatbestandlicher Art, stellt Ebert sein sogenanntes außergesetzliches Subsumtionsmodell dar, mit dessen Hilfe er den Erkenntnisprozeß beim Täter illustriert (Vorsatz).[221] Erfolgt nämlich das Erkennen von Dingen der Außenwelt durch Begriffe, dann läßt sich seiner Ansicht nach dieser Vorgang als Subsumtion unter Begriffe auffassen[222] und demzufolge anstelle eines juristischen Subsumtionsmo-

---

freilich auf sie beruft, nicht revidiert zu werden. Siehe oben S. 149.

218 Ebert, Subsumtionsirrtum, S. 391.

219 Ebert, Subsumtionsirrtum, S. 282.

220 Ebert, Subsumtionsirrtum, S. 283 ff., 305 ff.; dazu eingehend unten S. 286 ff.

221 Ebert, Subsumtionsirrtum, S. 319 ff.

222 Ebert, Subsumtionsirrtum, S. 319.

delles[223] ein außergesetzliches Subsumtionsmodell für die Vorsatzfeststellung aufstellen. Es gibt einen Obersatz, einen Untersatz und einen beide verbindenden Subsumtionsschluß: Gegenstand des Untersatzes ist hier beim Vorsatz das noch unbegriffene Geschehen; Gegenstand des Obersatzes der Begriff, durch den dieses Geschehen näher erkannt wird.[224] Der Täter nimmt seine Umwelt zwar zunächst sensuell wahr, begreift aber das Geschehen in einem zweiten Schritt, indem er es unter einen Begriff subsumiert, also beispielsweise das sensuell erfaßbare Geschehen - das beschriebene Blatt Papier - als ein Testament qualifiziert. Denn die bloße sinnliche Wahrnehmung verschafft dem Täter nicht die Kenntnis vom Sachverhalt. Vielmehr muß er den sensuell wahrgenommenen Sachverhalt geistig verarbeiten, und dies geschieht dadurch, daß er ihn nach ihm bekannten und vorhandenen Kategorien und Vorstellungen ordnet und gliedert,[225] oder kurz gesagt: ihn durch Begriffe erfaßt.[226] Mit "Begriff" ist in diesem Zusammenhang nicht das durch Definition in seinem Inhalt und Umfang präzis umschriebene Begriffsgebilde gemeint, denn das gewöhnliche Denken des Menschen bewegt sich nicht in definierten Begriffen, sondern in Vorstellungen.[227] Vorstellungen von Sachverhalten sind in ihren Inhalten mehr oder weniger vage, in ihren Grenzen mehr oder weniger fließend, sie werden vor allem nicht von einem Bewußtsein der einzelnen Begriffsmerkmale konstituiert oder begleitet. Eine Vorstellung ist dabei desto umbestimmter, je allgemeiner sie ist.[228] Allerdings sind die Vorstellungen **vor** der einzelnen Wahrnehmung vorhanden und erlauben es dem Menschen, das sensuell erfaßte Tatsachensubstrat zu begreifen,[229] also

---

223 Ebert, Subsumtionsirrtum, S. 223 ff., 236 ff.

224 Ebert, Subsumtionsirrtum, S. 320.

225 Ebert, Subsumtionsirrtum, S. 283 f.

226 Ebert, Subsumtionsirrtum, S. 285.

227 Ebert, Subsumtionsirrtum, S. 285 f.

228 Ebert, Subsumtionsirrtum, S. 286.

229 Ebert, Subsumtionsirrtum, S. 286 f.

den Sachverhalt mit vorhandenen Vorstellungen in Beziehung zu setzen und ihn dadurch für sich überhaupt erst zu konstituieren. Bringt der Täter das beschriebene Blatt Papier mit seiner Vorstellung von Testament in Verbindung, dann erkennt er das Schriftstück als Testament, das heißt, er subsumiert das Wahrgenommene unter dem Begriff "Testament".[230] Auch diese Form des Begreifens mittels vorhandener Vorstellungen läßt sich daher als eine Subsumtion unter Begriffe im dargelegten Verständnis auffassen. An dieser Stelle schließt Ebert nun den Kreis seiner Argumentation von Komplexität und außergesetzlichem Subsumtionsmodell: Der Täter muß den Sachverhalt, um dessen Bedeutungsgehalt zu erkennen, unter solche Vorstellungen subsumieren, die den gesetzlichen Begriff definieren im Sinne einer durch die einzelnen Definitionsmerkmale gebildeten Komplexität.[231] Denn zum einen ist es die Eigenart des Erkennens durch Begriffe, daß mit Hilfe des Begriffs diejenigen Bedeutungselemente am Sachverhalt für den Erkennenden hervorgehoben werden, die den Definitionsmerkmalen des Begriffs entsprechen, und zum anderen charakterisiert das Erfassen dieser Bedeutungselemente des Sachverhalts die zum Vorsatz erforderliche Bedeutungskenntnis.[232]

3. Begriffsinhalt, Wissensintensität, Bedeutungskenntnis

Man darf freilich aus dem geschilderten Zusammenhang zwischen Subsumtion unter Begriffe, Bedeutungskenntnis und Kenntnis der konstituierenden Merkmale nicht schlußfolgern, der Täter müsse den gesetzlichen Begriff kennen. Diese Annahme ist zwar nicht abwegig, denn als Begriff, der dem Täter die das gesetzliche Tatbestandsmerkmal konstituierenden Bedeutungselemente am Sachverhalt vermittelt, kommt sicherlich der gesetzliche Begriff selbst in Betracht. Doch kom-

---

230 Vgl. Ebert, Subsumtionsirrtum, S. 290.

231 Ebert, Subsumtionsirrtum, S. 395.

232 Ebert, Subsumtionsirrtum, S. 397.

men als Begriffe, die dem Täter die Bedeutungskenntnis vermitteln, alle gegenüber dem gesetzlichen Tatbestandsmerkmal speziellere oder konkretere Begriffe in Betracht, aber auch solche, die die Wirklichkeit anders aufteilen als der gesetzliche Begriff. Maßgeblich ist allein, daß diese Begriffe in der Lage sind, dem Täter die wesentlichen Bedeutungselemente des Tatbestandsmerkmals zum Bewußtsein zu bringen.[233] Der Täter muß, wie bereits dargelegt, diese Begriffe auch nicht exakt wissen,[234] es genügt eine mehr oder weniger vage und allgemeine Vorstellung von den Tatumständen,[235] so daß beispielsweise für das Erfassen des Tatumstandes "Urkunde" bereits die Vorstellung des Täters genügt, "daß das nachgemachte Schriftstück im sozialen Leben Bedeutung und Vertrauen beanspruchen soll."[236] Allerdings darf nicht übersehen werden, daß es im geltenden Recht gewisse Fälle gibt, in denen der Täter auch unter die vom Gesetz gebrauchten Begriffe subsumieren muß, insbesondere sind in Spezialgesetzen über technische Materien Begriffe enthalten, zu denen Alternativen, die dem Täter ebenfalls die Bedeutungskenntnis vermitteln könnten, kaum denkbar sind.[237] In Ausnahmefällen gilt nach Ebert also doch die von v. Liszt aufgestellte Forderung der Vorsatz setze die gelungene juristische Subsumtion voraus.[238] Zur Illustration einer derartigen Situation nennt Ebert folgendes Beispiel:

---

233 Ebert, Subsumtionsirrtum, S. 398 ff., z.B. Parallelbegriffe: ebd., S. 399 f., entgegengesetzte Begriffe, die aber alle Bedeutungselemente enthalten, vgl. ebd., S. 401. Z.B.: Der Täter hält im Zusammenhang eines sonntäglichen Fahrverbots den Leichenwagen ausdrücklich nicht für einen Lastwagen, macht sich aber in der Reflexion darüber alle Definitionselemente, etwa Transport von Gegenständen zu kommerziellen Zwecken, klar, die für das sonntägliche Fahrverbot maßgebend sind.

234 Siehe S. 286 ff..

235 Ebert, Subsumtionsirrtum, S. 402.

236 Ebert, Subsumtionsirrtum, S. 402.

237 Ebert, Subsumtionsirrtum, S. 408; vgl. z.B. "salpeterigsaures Salz".

> Die unglückliche Mutter tötet ihre völlig menschenunähnliche Mißgeburt und meint, dies sei gar kein Mensch, sondern ein dem Tier gleichstehendes Lebewesen.[239]

In diesem Fall ist fraglich, ob die Mutter die nötige Tatumstandskenntnis hatte, also wußte, daß ihr Kind ein "Mensch" ist. Dies ist nach dem oben Gesagten zu bejahen, wenn sie die den Begriff "Mensch" definierenden Merkmale in den Tatumstand erkannt hat. Definiert man "Mensch" in "ein vom Weibe geborenes Lebewesen" und geht man weiterhin davon aus, daß durch diese Definition die maßgeblichen Erwägungen des Gesetzgebers zum Ausdruck kommen, nämlich, daß es allein auf die menschliche Abstammung und nicht auf die menschenähnliche Gestalt ankommt, dann hatte die Mutter Vorsatz, da sie diesen Umstand "von einem Weibe geborenes Lebewesen" kannte.[240] Für Ebert läßt sich dieser Fall aber mit der genannten Definition des Menschen und dem darauf angewandten Kriterium der Bedeutungskenntnis nicht angemessen lösen.[241] Er legt dar, daß in einem Begriff - wie hier mit dem Begriff "Mensch" - Gleichartiges zusammengefaßt, Andersartiges von ihm ausgeschlossen wird. Der Begriff ermöglicht es somit, dem Erkennenden einen bestimmten Gegenstand dieser oder jener Klasse von Gegenständen zuzuordnen, und offenbart dadurch die Einschätzung und Bewertung des Gegenstandes durch den Erkennenden.[242] Indem der Gesetzgeber ein Lebewesen mit dem Begriff Mensch erfaßt, bringt er - so Ebert - zum Ausdruck, daß er dieses Lebenwesen wie einen Menschen geachtet und behandelt wissen will.[243] Das biologische Kriterium "Abstammung von einer menschlichen Mutter" erfaßt demzufolge nicht die maßgeblichen Erwägungen, die der Gesetzgeber mit dem Begriff Mensch verbindet,

---

238 Siehe oben S. 132 ff.

239 Ebert, Subsumtionsirrtum, S. 419.

240 Ebert, Subsumtionsirrtum, S. 420.

241 Ebert, Subsumtionsirrtum, S. 420.

242 Ebert, Subsumtionsirrtum, S. 421.

243 Ebert, Subsumtionsirrtum, S. 422.

sondern es bedarf seiner Ergänzung dahingehend, daß mit diesem Begriff alle Lebewesen gemeint sind, die den Rang eines Menschen einnehmen und daher rechtlichen Schutz wie dieser verdient.[244] Vor dem Hintergrund dieser Interpretation des Begriffs Mensch lautet die Lösung des Beispielsfalles: Vorsatzausschluß. Die Mutter bewertet durch ihre Fehlsubsumtion ihr mißgestaltetes Kind niedriger als einen Menschen und sieht deshalb den Sachverhalt nicht so, wie er unter Berücksichtigung der Vorstellungen des Gesetzgebers gesehen werden müßte. Für Ebert zeigt dieses Beispiel, daß es einen vorsatzausschließenden Subsumtionsirrtum gibt, nämlich dann, wenn die Subsumtion unter den gesetzlichen Begriff für die Bedeutungskenntnis erforderlich ist oder, anders formuliert, daß das Kriterium der begrifflichen Subsumtion neben dem der Bedeutungskenntnis bzw. der Kenntnis der konstituierenden Merkmale durchaus einen eigenständigen Wert haben kann.[245] Damit erkennt Ebert gewisse - seltene - Fälle an, in denen eine Besinnung auf die Funktion des gesetzlichen Begriffs und der begrifflichen Subsumtion unter diesen nötig ist. Mit dem dogmatischen Kriterium des Erkennens bestimmter, durch Begriffsdefinition gewonnener Bedeutungselemente im Sachverhalt lassen sie sich nicht oder nur schwer bewältigen. Freilich ist und bleibt die Bedeutungskenntnis das maßgebliche Vorsatzkriterium, nur wenn die Auflösung des Begriffs in seine einzelnen konstituierenden Elemente problematisch ist, ist die Subsumtion unter den Begriff als Hilfsmittel heranzuziehen. Das bedeutet aber nicht einen Verzicht auf die Bedeutungskenntnis.[246]

---

244 Ebert, Subsumtionsirrtum, S. 422.

245 Ebert, Subsumtionsirrtum, S. 423 f.

246 Ebert, Subsumtionsirrtum, S. 424, 437 f.

4. Der Grenzverlauf zwischen Tatumstandsirrtum und "bloßem" Subsumtionsirrtum (zweite Form des Subsumtionsirrtums)

Der Inhalt des "bloßen" Subsumtionsirrtums läßt sich als falsche begriffliche Qualifikation außerhalb der Tatbestandsauslegung beschreiben. Nun soll die Grenzlinie zwischen Tatumstandsirrtum und "bloßem" Subsumtionsirrtum betrachtet werden, wobei vorab schon feststeht, daß sie jenseits der Bedeutungskenntnis verläuft.[247] Das bereits erörterte außergesetzliche Subsumtionsmodell bietet nämlich keine Kriterien für die Abgrenzung zwischen dem Tatumstandsirrtum und dem "bloßen" Subsumtionsirrtum.[248] Der Tatumstandsirrtum läßt sich ebensowenig wie der "bloße" Subsumtionsirrtum jeweils einer Ebene des Subsumtionsmodells zuordnen, denn den Obersatz bilden hier außertatbestandliche Begriffe,[249] während die sinnlichen Wahrnehmungen den Untersatz bilden. Demzufolge reicht der Tatumstandsirrtum in den Obersatz hinein, da nicht nur sinnliche Wahrnehmungen vom Tatumstandsirrtum befallen sein können, sondern auch solche begriffliche Subsumtionen, die dem Täter die Bedeutungskenntnis vermitteln; wie oben festgestellt, reicht die gelungene sinnliche Wahrnehmung für den Vorsatz nicht aus. Würde man dennoch nur den sensuellen Irrtum die vorsatzausschließende Wirkung zubilligen und dadurch den Tatumstandsirrtum auf den Untersatz des außergesetzlichen Subsumtionsmodell beschränken, so liefe dies auf die altbekannte und schon früher abgelehnte Lehre vom "error facti" hinaus.[250] Es entfällt somit die Möglichkeit, den Tatumstandsirrtum und den "bloßen" Subsumtionsirrtum mit Hilfe des außergesetzlichen Subsumtionsmodells formal voneinander abzugrenzen, da der "bloße" Subsumtionsirrtum

---

247 Ebert, Subsumtionsirrtum, S. 317 ff., 445 ff.

248 Siehe S. 164 ff.

249 Im eben behandelten seltenen Ausnahmefall sogar die tatbestandlichen.

250 Siehe S. 89 ff.; Ebert, Subsumtionsirrtum, S. 456.

weder ein Irrtum auf der Oberseite des Subsumtionsmodells noch ein Irrtum über den gesetzlichen Begriff ist.[251] Das allein taugliche Abgrenzungskriterium bleibt die Bedeutungskenntnis - ein eher vages Kriterium. Die Bedeutungskenntnis läßt sich zwar näher dadurch bestimmen, daß es auf die Kenntnis der wesentlichen Erwägungen des Gesetzgebers[252] oder der konstituierenden Elemente des Begriffs ankommt.[253] Doch diese Gesichtspunkte führen auf den Inhalt der jeweils in Frage stehenden Tatbestandsmerkmale, von dessen Auslegung letztlich alles abhängt.[254] Damit steht fest, daß der Grenzverlauf zwischen "bloßem" Subsumtionsirrtum und Tatumstandsirrtum fließend und unbestimmt ist.

5. Auswirkungen des "bloßen" Subsumtionsirrtums

Aus der Feststellung, daß der "bloße" Subsumtionsirrtum alle Subsumtionsmängel erfaßt, die den Vorsatz nicht berühren, also jenseits der zum Vorsatz erforderlichen Bedeutungskenntnis angesiedelt ist, folgt, daß der Irrtum vorsatzunbeachtlich ist.[255] Ein solcher "bloßer" Subsumtionsirrtum hat aber auch keinen Einfluß auf das Fehlen oder Vorhandensein des Unrechtsbewußtseins, da - wie im einzelnen noch zu zeigen ist - nur der Subsumtionsirrtum als Normauslegungsirrtum zum Verbotsirrtum führen kann.[256]

---

251 Ebert, Subsumtionsirrtum, S. 456.

252 Vgl. das Mensch-Beispiel S. 168 f.

253 Siehe S. 163.

254 Ebert, Subsumtionsirrtum, S. 457.

255 Ebert, Subsumtionsirrtum, S. 445.

256 Siehe S. 174 ff.; Ebert, Subsumtionsirrtum, S. 497.

II. Der Normauslegungsirrtum als erste Form des Subsumtionsirrtums

Neben dem Subsumtionsirrtum als Irrtum über die begriffliche Qualifikation außerhalb des Tatbestandes (zweite Form des Subsumtionsirrtums) kennt Ebert den Normauslegungsirrtum als erste Form des Subsumtionsirrtums. Darunter versteht er den Irrtum bei der Subsumtion eines Tatumstandes unter ein Tatbestandsmerkmal, der auf einer irrigen Auslegung eines Tatbestandsmerkmals beruht und der zur Folge hat, daß der Täter sein Verhalten als nicht von dem betreffenden Tatbestand erfaßt ansieht.[257] Ein solcher Irrtum des Täters über den Umfang des gesetzlichen Tatbestands, der ja immer ein Verbot enthält, die in ihm beschriebene Handlung vorzunehmen, kann nun dazu führen, daß der Täter die Verbotenheit der Handlungsweise selbst verkennt und deshalb ohne Unrechtsbewußtsein handelt. Allerdings zieht nicht jeder Normauslegungsirrtum notwendigerweise einen Verbotsirrtum nach sich.[258] Vielmehr kann sich ein Normauslegungsirrtum beim Täter als Verbotsirrtum oder als Strafbarkeitsirrtum auswirken, je nachdem, ob das Unrechtsbewußtsein des Täters von der Kenntnis und der richtigen Auslegung einer positiven Rechtsnorm abhängt oder ob es aus fundamentalen Grundsätzen resultiert.[259]

1. Der Normauslegungsirrtum im Kernstrafrecht

Für die Einordnung des Normauslegungsirrtums als Verbotsirrtum oder als Strafbarkeitsirrtum soll der Standort der Norm maßgeblich sein. Bei einer Norm des Kernstrafrechts bedarf es in der Regel nicht der Kenntnis und Auslegung des gesetzlichen Tatbestands, um zur Verbotskenntnis zu gelan-

---

257 Ebert, Subsumtionsirrtum, S. 46, vgl. auch S. 42 f., 45 f., 52, 91.

258 Ebert, Subsumtionsirrtum, S. 53 f.

259 Ebert, Subsumtionsirrtum, S. 55 ff.

gen. Das in diesem Tatbestand enthaltene Verbot ist bereits in der Vorstellungswelt des einzelnen verwurzelt.[260] Denn die Tatbestände des klassischen Kernstrafrechts - wie etwa Totschlag, Körperverletzung oder Diebstahl - sind Tatbestände, die ein Verhalten deshalb für rechtswidrig und strafbar erklären, weil es einen unerträglichen Verstoß gegen elementare Voraussetzungen des menschlichen Zusammenlebens darstellt.[261] Die Verbotskenntnis hat in diesen Fällen bereits der Täter, dem sich die Tatsache, ein von der Rechtsordnung geschütztes fundamentales Gemeinschaftsgut zu tangieren, aufdrängen muß, ohne daß er sein Verhalten unter den Tatbestand subsumieren müßte.[262] Darüber hinaus leuchtet jedem Täter die rechtliche Relevanz der Gemeinschaftswerte ein, da sie für ein geordnetes Zusammenleben von grundlegender Bedeutung sind. Denn - so Ebert - schon allein die eigene soziale Erfahrung bildet in jedem Menschen das Bewußtsein aus, daß ein rechtlicher Schutz für derartige fundamentale Güter und Werte unabdingbar ist und dieser auch tatsächlich gewährt wird.[263] Infolgedessen führt ein Subsumtionsirrtum als Normauslegungsirrtum im Rahmen des klassischen Kernstrafrechts nicht zum Verbotsirrtum, denn die falsche Auslegung des Tatbestands berührt ja gerade nicht die Verbotskenntnis, sondern zu einem unbeachtlichen Strafbarkeitsirrtum.[264] Die Vorstellung des Täters, sein Verhalten sei nicht vom Tatbestand erfaßt und demzufolge nicht strafbar, ist strafrechtlich irrelevant, da eine Nichtkenntnis der Strafbarkeit weder das Unrechtsbewußtsein noch die Schuld beeinflußt.[265]

---

260 Ebert, Subsumtionsirrtum, S. 55 ff.

261 Ebert, Subsumtionsirrtum, S. 55.

262 Ebert, Subsumtionsirrtum, S. 55.

263 Ebert, Subsumtionsirrtum, S. 56 f.

264 Ebert, Subsumtionsirrtum, S. 57 f.

265 Ebert, Subsumtionsirrtum, S. 58.

Allerdings gibt es von diesem Regelfall, wonach das Unrechtsbewußtsein im Bereich des klassischen Kriminalstrafrechts nicht von der richtigen Subsumtion unter den gesetzlichen Begriff abhängt, Ausnahmen, das heißt, ein Subsumtionsirrtum als Normauslegungsirrtum kann auch bei Kriminaldelikten des Strafgesetzbuches zum Verbotsirrtum führen.[266] Ebert nennt als Beispiel den Fall, daß der Täter glaubt, im betreffenden Tatbestand sei der Kreis der verbotenen Handlungen abschließend umschrieben, und das Strafgesetz zur Richtschnur seines Handeln macht, also die Frage von Recht und Unrecht nach diesem Kriterium beurteilt.[267] Doch sei in einem solchen Fall der Verbotsirrtum vermeidbar, so daß die strafrechtliche Auswirkung dieser eher seltenen Ausnahmekonstellation angesichts der in § 17 Satz 2 StGB nur fakultativ vorgesehene Strafmilderung nur sehr gering sei. Darüber hinaus kommen nach Ebert für einen verbotsirrtumbegründenden Subsumtionsirrtum im Bereich des Kriminalstrafrechts nur Tatbestände in Betracht, die ihrem sachlichen Gehalt nach entweder ganz oder teilweise dem Bewußtsein der Allgemeinheit ferner stehen. Dabei muß es sich um solche Tatbestände handeln, die mit dem Bereich des strafbaren zugleich den Bereich des verbotenen Verhaltens abgrenzen. Tatbestände, die diese Besonderheiten aufweisen, sind vor allem solche, die technische oder komplizierte Merkmale enthalten.[268]

2. Der Normauslegungsirrtum außerhalb des Kriminalstrafrechts

a) Verbotsirrtum

Anders ist die Situation bei Normen, die nicht zum Kernbestand des Strafrechts gehören: Hier ist das Unrechtsbewußt-

---

266 Ebert, Subsumtionsirrtum, S. 59 f.

267 Ebert, Subsumtionsirrtum, S. 59.

268 Ebert, Subsumtionsirrtum, S. 64 f.

sein des Täters an die Kenntnis der positiven Ge- oder Verbotsnorm gebunden.[269] Bei diesen Normen handelt es sich um solche, die der Staat im Interesse eines reibungslosen und geordneten wirtschaftlichen und gesellschaftlichen Lebens aufgestellt hat und die nicht in einem ethischen Postulat wurzeln.[270] Es sind also Tatbestände, die ihrem sachlichen Gehalt nach dem Bewußtsein des Täters ferner stehen und dadurch gekennzeichnet sind, daß sie mit dem Bereich des strafbaren zugleich auch den des verbotenen Verhaltens festlegen und häufig technische bzw. komplizierte Tatbestandsmerkmale aufweisen.[271] In diesen Fällen steht dem Täter keine andere Erkenntnisquelle für die Beurteilung der Rechtmäßigkeit oder Rechtswidrigkeit seines Verhaltens als die Kenntnis der positiven Verbotsnorm zur Verfügung. Das eigene Gewissen scheidet aus. Es vermittelt dem Täter nicht das Unrechtsbewußtsein, denn eine Zuwiderhandlung gegen diese nicht dem Kernstrafrecht angehörenden Normen offenbart dem Täter keine Verletzung von elementaren und unabdingbaren Gemeinschaftswerten, deren rechtliche Verbindlichkeit sich ihm aufdrängen müßte.

b) Voraussetzungen für die Kenntnis der positiven Rechtsnorm

Der Umstand nun, daß im Rahmen des Nichtkriminalstrafrechts die Kenntnis und Auslegung der positiven Norm für das Unrechtsbewußtsein erforderlich ist, also ein Normauslegungsirrtum in diesen Fällen zum Verbotsirrtum führt, darf nicht den Eindruck entstehen lassen, als müsse der Täter den Tatbestand in seinem Wortlaut kennen.[272] Zwar muß der Täter das gesetzliche Verbot als solches kennen, damit er das Unrechtsbewußtsein erlangt hat, doch genügt hierfür - wie

---

269 Ebert, Subsumtionsirrtum, S. 61 ff.

270 Ebert, Subsumtionsirrtum, S. 61.

271 Ebert, Subsumtionsirrtum, S. 65.

272 Ebert, Subsumtionsirrtum, S. 72.

auch bei den Kernstraftatbeständen - die Kenntnis vom sachlichen Gehalt des Verbotes.[273] Diese Herabmilderung der Kenntnisintensität scheint freilich ohne Bedeutung zu sein, da die falsche Aulegung der gesetzlichen Vorschrift (Normauslegungsirrtum) notwendigerweise zu einem Irrtum über den sachlichen Gehalt des Verbots führt.[274] Doch gibt es Fallkonstellationen, in denen die getroffene Feststellung, daß die Kenntnis des sachlichen Gehalts für die Verbotskenntnis genügt, Bedeutung gewinnt, nämlich in solchen Fällen, in denen die Einlassung des Täters auf einen Normauslegungsirrtum hindeutet.[275] Ebert denkt hier etwa an den Täter, der zur Tatzeit eine begriffliche Vorstellung gehabt hat, die ein als Verbotsirrtum relevanter Subsumtionsirrtum wäre, wenn sie sich auf einen Tatbestand bezogen **hätte**, die sich jedoch auf den Tatbestand nicht beziehen **konnte**, weil der Täter den Tatbestand in seinem Wortlaut nicht kannte.[276] In einer solchen Situation fehlt einem Normauslegungsirrtum die Grundlage, da der Täter zur Tatzeit den Wortlaut des Verbotes gar nicht kennt und es nicht ausgeschlossen ist, daß der Täter zur Tatzeit das Verbot seinem sachlichen Gehalt nach kennt, so daß im Ergebnis von einem Verbotsirrtum nicht die Rede sein kann.[277] Der Täter, der beispielsweise seinen Leichenwagen nicht als Lastwagen ansieht, aber weiß, daß gewerblicher Verkehr untersagt ist, ohne zu wissen, daß das Gesetz von "Lastwagen" spricht, befindet sich zwar in einem "Begriffsirrtum" - er hält seinen Leichenwagen nicht für einen Lastwagen -, doch handelt er mit vollem Unrechtsbewußtsein.[278] Dem Täter war das Verbot zur Tatzeit in seinem sachlichen Gehalt bekannt, so daß für einen Subsumtionsirrtum kein Raum ist. Ein Subsumtionsirrtum als Normauslegungsirrtum, der zum Verbotsirrtum führen

---

273 Ebert, Subsumtionsirrtum, S. 72 f.

274 Ebert, Subsumtionsirrtum, S. 74.

275 Ebert, Subsumtionsirrtum, S. 74.

276 Ebert, Subsumtionsirrtum, S. 74.

277 Ebert, Subsumtionsirrtum, S. 75.

278 Ebert, Subsumtionsirrtum, S. 74.

würde, käme nämlich nur in Betracht, wenn der Täter zur Tatzeit seine Verbotskenntnis ausschließlich aus dem Wissen vom Wortlaut der betreffenden Rechtsnorm beziehen würde.[279]

3. Fließende Übergänge zwischen dem Normauslegungsirrtum als Verbotsirrtum und als Strafbarkeitsirrtum

Die Feststellung, wonach ein Normauslegungsirrtum sich als Verbotsirrtum auswirkt, wenn er im Bereich des Verwaltungsstrafrechts auftritt, und als Strafbarkeitsirrtum, wenn es sich um einen Straftatbestand des Kernstrafrechts handelt, darf nun nicht dahin gedeutet werden, als sei durch den Gegensatz Kriminalstrafrecht - Verwaltungsstrafrecht eine unumstößliche und eindeutige Einordnung des Normauslegungsirrtums als Verbotsirrtum oder Strafbarkeitsirrtum möglich. Selbst wer einen qualitativen Unterschied im Unrechtsgehalt zwischen Kernstrafrecht und Verwaltungsstrafrecht befürwortet, muß zugestehen, daß sich ein eher nebensächliches Schutzobjekt im Laufe der Zeit zum unabdingbaren Gemeinschaftsgut entwickeln kann. Von diesem Zeitpunkt ab wird seine Verletzung als sozialethisch relevant, das heißt als im Sinne des klassischen Kernstrafrechts kriminell angesehen.[280] Mit dieser Qualifizierung des Schutzguts als unabdingbares Gemeinschaftsgut geht aber einher, daß die Erkennbarkeit des Unrechts nicht mehr an die Kenntnis der positiven Norm geknüpft ist, sondern sie zu einer Sache des Gewissens wird,[281] ein Ergebnis, das seine Bestätigung findet, wenn man zwischen dem Kriminal- und dem Verwaltungsstrafrecht lediglich einen quantitativen Unterschied annimmt, weil in jedem Ordnungsdelikt auch eine Rechtsgutsverletzung steckt.[282] Darüber hinaus darf in diesem Zusam-

---

279 Ebert, Subsumtionsirrtum, S. 76.

280 Ebert, Subsumtionsirrtum, S. 69 unter Hinweis auf den Umweltschutz.

281 Ebert, Subsumtionsirrtum, S. 69.

282 Ebert, Subsumtionsirrtum, S. 69.

menhang auch nicht übersehen werden, daß die Fähigkeit, das Unrechtmäßige einer Tat ohne spezielle Rechtskenntnis einzusehen, individuellen Schwankungen unterliegen kann.[283] Beispielsweise dringt die Gemeinschaftswertwidrigkeit einer Handlung - obwohl sie selbst schon objektiv feststeht - erst allmählich in das allgemeine Bewußtsein ein, so daß die Gemeinschaftswertwidrigkeit beim jeweiligen Täter zu unterschiedlichen Zeitpunkten präsent sein kann. Weiterhin verfügt jeder Täter über ein individuell unterschiedlich ausgeprägtes Gespür für die soziale Unverträglichkeit einer Handlung. Selbst im Bereich des eindeutigen Kriminalstrafrechts können Rechtsblindheit oder die irrige Vorstellung über den Umfang von Rechtfertigungsgründen dazu führen, daß der konkrete Täter das Unrechtmäßige seiner Tat nur erfaßt, wenn er den positiven Tatbestand kennt, auch wenn jedem anderen Menschen die Rechtswidrigkeit der Tat ohne spezielle Rechtskenntnis einleuchtet, weil das Gewissen ihm die Gemeinschaftswidrigkeit zum Bewußtsein bringt. Somit läßt sich sagen, daß es von verschiedenen Faktoren abhängt und nicht nur von der Eingruppierung einer Norm als Norm des Kriminalstrafrechts oder als Norm des Verwaltungstrafrechts, ob das Unrechtsbewußtsein an die Kenntnis positiver gesetzlicher Vorschriften gebunden oder von ihr unabhängig ist. Je nachdem ist der Subsumtionsirrtum als Normauslegungsirrtum ein Verbotsirrtum oder Strafbarkeitsirrtum.[284]

4. Kenntnis der einzelnen Tatbestandsmerkmale

Bis jetzt wurde lediglich festgestellt, daß sowohl für das Kriminalstrafrecht als auch für das sonstige Strafrecht der Täter nicht den Wortlaut des Tatbestands, sondern nur den sachlichen Gehalt des betreffenden Verbots kennen muß, um mit Unrechtsbewußtsein zu handeln. Fraglich ist nun zum einen, in welchem Umfang die Kenntnis von den einzelnen Tat-

283 Ebert, Subsumtionsirrtum, S. 70.

284 Ebert, Subsumtionsirrtum, S. 71.

bestandsmerkmalen dem Täter gelungen sein muß, damit er die materielle Bedeutung des Tatbestandsmerkmals erkannt hat. Zum anderen ist zu klären, ob ein - näher zu bestimmender - Grad von materieller Unkenntnis der Tatbestandsmerkmale im Hinblick auf die Verbotskenntnis toleriert werden kann.[285] Es geht also um die Frage, **wann** ein Irrtum über die Auslegung des gesetzlichen Begriffs vorliegt.

a) Keine Kenntnis des Gesetzesbegriffs

Der Täter braucht nicht die gesetzliche Bezeichnung, den Gesetzesbegriff, zu kennen. Ebenso wie der Täter das Verbot als Ganzes nur seinem sachlichen Gehalt nach kennen muß, muß er auch die Tatbestandsmerkmale nur in ihrer sachlichen Bedeutung, nicht nach ihren gesetzlichen Begriffen kennen.[286]

b) Laiensubsumtion mit Laienmitteln

Auch inhaltlich bedarf es von seiten des Täters keiner juristisch exakten Kenntnisse von den Tatbestandsmerkmalen.[287] Es genügt, daß der Täter von dem, was der Gesetzgeber mit den juristischen Begriffen hat ausdrücken wollen, eine Vorstellung hat, die viel vager sein kann als die des Gesetzgebers.[288] Der Urkundenfälscher etwa braucht nach Ebert, der von einer "Laiensubsumtion mit Laienmitteln" spricht, weder zu wissen, daß das Gesetz den Ausdruck "Urkunde" verwendet, noch muß er die Einzeldefinitionsmerkmale des Urkundenbegriffs kennen. Es genügt vielmehr eine laienhafte Vorstellung davon, daß die Rechtsordnung Manipulatio-

---

285 Ebert, Subsumtionsirrtum, S. 89, 91.

286 Ebert, Subsumtionsirrtum, S. 92.

287 Ebert, Subsumtionsirrtum, S. 92.

288 Ebert, Subsumtionsirrtum, S. 93.

nen an Schriftstücken wie diesem im Interesse der Sicherheit des Rechtsverkehrs verbietet.[289]

Die Formulierung "Parallelsubsumtion mit Laienmitteln" bringt demnach zum Ausdruck, daß der Täter die Norm nicht in ihren genauen Begriffen, sondern nur in ihrer sachlichen Substanz kennen muß.[290] Demgegenüber verwendet man den Begriff "Parallelwertung in der Laiensphäre" im Rahmen der Vorsatzfrage, um mit ihm zum Ausdruck zu bringen, daß der Täter den konkreten Gegenstand nicht begrifflich exakt zu qualifizieren braucht, sondern nur seine soziale Bedeutung erkennen muß.[291]

c) Begriffliche Struktur des Tatbestandsmerkmals

Ebert geht weiterhin der Frage nach, ob nur der im Tatbestand selbst enthaltene Begriff als Tatbestandsmerkmal anzusehen ist, oder ob nicht auch außerhalb des Tatbestands liegende Begriffe Tatbestandsmerkmale im Sinne eines Bestandteils der Verbotsmaterie sind und demzufolge Gegenstand eines Subsumtionsirrtums als Normauslegungsirrtum sein könnten.[292] Die Antwort auf diese Frage lautet: Was zur Verbots- oder Strafbarkeitsmaterie gehört und was nicht, ist jeweils durch Auslegung des betreffenden Tatbestandsmerkmals zu ermitteln. Nicht jeder Begriff, der in einer Rechtsnorm erscheint, gehört deswegen schon unbesehen zur Verbotsmaterie, ein entsprechender Irrtum kann daher auch nicht ohne weiteres als Subsumtionsirrtum und Ver-

---

289 Ebert, Subsumtionsirrtum, S. 93, vgl. auch S. 94 ff., wo Ebert sich mit der Tauglichkeit der Bezeichnung "Der Täter braucht sich das Verbot und seine einzelnen Merkmale nur parallel in seinem Laienbewußtsein vorzustellen" auseinandersetzt.

290 Ebert, Subsumtionsirrtum, S. 96.

291 Siehe S. 150 ff., vgl. Ebert, Subsumtionsirrtum, S. 96.

292 Ebert, Subsumtionsirrtum, S. 151.

botsirrtum qualifiziert werden.[293] Allerdings sind Subsumtionsirrtümer nicht notwendig auf die Gesetzesbegriffe begrenzt, sondern sie können sich auch auf formal außerhalb des Tatbestands liegende Begriffe und Regelungen beziehen. Voraussetzung dafür ist, daß diese "außertatbestandlichen" Begriffe entweder den Gesetzesbegriff definieren oder als Verweisungs- bzw. Blankettbegriffe[294] zu Bestandteilen des Verbotstatbestandes geworden sind.[295] Ob dies der Fall ist, läßt sich nur mit Hilfe der Auslegung ermitteln.

5. Die Abgrenzung des Normauslegungsirrtums vom Tatumstandsirrtum

Für die Abgrenzung von Normauslegungsirrtum und Tatumstandsirrtum macht Ebert das juristische Subsumtionsmodell fruchtbar.[296] Wie beim bereits vorgestellten außergesetzlichen Subsumtionsmodell im Rahmen der Abgrenzung zwischen der zweiten Form des Subsumtionsirrtums und dem Tatumstandsirrtum[297] ordnet Ebert den verschiedenen Stufen des Subsumtionsmodells bestimmte Irrtümer zu. Objekt des Tatumstandsirrtums ist der konkrete Sachverhalt, Objekt des Normauslegungsirrtums der abstrakte gesetzliche Tatbestand. Der Täter steht in der Situation des Subsumtionsirrtums vor der Frage, ob ein bestimmtes, von ihm geplantes Verhalten verboten ist oder nicht. Um zum Schluß kommen zu können, er müsse das geplante Verhalten unterlassen, weil es verboten ist, muß der Täter feststellen, daß das betreffende Verhal-

---

293 Ebert, Subsumtionsirrtum, S. 151 ff., insbes. S. 162, 181 f.

294 Ebert, Subsumtionsirrtum, S. 167 ff., 174 ff.; Blankettbegriff ist ein ausfüllungsbedürftiger Gesetzesbegriff, der zu seiner Ausfüllung auf eine außerstrafrechtliche Norm verweist und dadurch die in der außertatbestandlichen Norm enthaltenen Begriffe als echte Tatbestandsmerkmale in den Tatbestand transformiert.

295 Ebert, Subsumtionsirrtum, S. 182 f.

296 Ebert, Subsumtionsirrtum, S. 212 ff.

297 Siehe S. 164 ff.

ten dem gesetzlichen Tatbestand entspricht. Hierfür muß der Täter den Sachverhalt richtig erkennen und den gesetzlichen Tatbestand richtig auslegen. Fehlt es an einer dieser beiden Verständnisakte, ist das darauf beruhende Sollensurteil fehlerhaft.[298] Überträgt man nun diese Phasen der Sachverhaltserfassung und der Normauslegung auf das Subsumtionsmodell mit seinem Obersatz, Untersatz und Subsumtionsschluß, dann bildet die Auslegung des gesetzlichen Tatbestands den Obersatz, die Erfassung des Sachverhalts den Untersatz, und der Vergleich beider Sätze miteinander ermöglicht den Subsumtionsschluß.[299] Von entscheidender Bedeutung ist dabei, daß im Subsumtionsmodell der Obersatz ausschließlich durch das einzelne Tatbestandsmerkmal, der Untersatz ausschließlich durch den einzelnen Tatumstand gebildet wird.[300] Die Auflösung des Obersatzes (Tatbestandsmerkmal) in seine einzelnen Elemente kann auf zwei Arten erfolgen, so daß zwei Arten der Subsumtion zu unterscheiden sind: die Subsumtion durch Subordination und die Subsumtion durch Definition.[301] Bei einer Subsumtion durch Subordination wird das Tatbestandsmerkmal fortschreitend in Teilklassen und Unterteilklassen aufgegliedert.[302] Diese Untergliederung erfolgt so lange, bis die Teilklasse ermittelt ist, unter welche der Sachverhalt sich ohne weiteres subsumieren läßt. Beispielsweise muß der Urkundenbegriff etwa aufgegliedert werden nach Einzelurkunden, Gesamturkunden und öffentlichen Urkunden; öffentliche Urkunden weiter nach Standesregister, Steuerkarte, Reifezeugnis, Handelsregister bis zu dem Punkt, wo die Teilklasse Kraftfahrzeugschein mit dem Tatumstand Kraftfahrzeugschein übereinstimmt.[303] Freilich setzt eine solche Subsumtion aufgrund subordinierender Nor-

---

298 Ebert, Subsumtionsirrtum, S. 214 f.

299 Ebert, Subsumtionsirrtum, S. 215, vgl. auch S. 216 ff. zur Auseinandersetzung mit den Kritikern des Subsumtionsmodells.

300 Ebert, Subsumtionsirrtum, S. 226.

301 Ebert, Subsumtionsirrtum, S. 227 f.

302 Ebert, Subsumtionsirrtum, S. 227.

303 Vgl. im einzelnen Ebert, Subsumtionsirrtum, S. 228.

mauslegung voraus, daß der Täter weiß, das Kraftfahrzeugscheine Urkunden sind.[304] Anders die Situation bei der Subsumtion durch Definition. Hier wird das Tatbestandsmerkmal in seine Begriffsmerkmale zerlegt, das heißt definiert. Sodann vergleicht der Täter, ob der Tatumstand die Einzelmerkmale des Begriffs erfüllt.[305] Aus dem Hin und Her von Konkretisierung des abstrakten Tatbestandsmerkmals - so Ebert - und Abstraktion des konkreten Objekts ergibt sich schließlich die Feststellung, daß Tatbestandsmerkmal und Tatumstand sich decken.[306] Der Täter definiert also auf der einen Seite den Urkundenbegriff durch seine Einzeldefinitionsmerkmale: verkörperte Gedankenerklärung, Beweiseignung, Beweisbestimmung und Ausstellererkennbarkeit; auf der anderen Seite abstrahiert er den Tatumstand Kraftfahrzeugschein auf die abstrakten Merkmale: verkörperte Gedankenerklärung, Beweiseignung, Beweisbestimmung und Ausstellererkennbarkeit.[307] Doch unabhängig von der Art der Subsumtion, ob durch Subordination und Definition, in jedem Fall wird eine strenge Trennung zwischen Norm und Sachverhalt und ihre unterschiedliche Einstufung auf die Ebene des Obersatzes (Norm) und auf die Ebene des Untersatzes (Sachverhalt) eingehalten.[308] Subsumtionsfehler können nun sowohl auf der Ebene des Obersatzes als auch auf der Ebene des Untersatzes auftreten. Der Täter kann genauso wie der Richter[309] den gesetzlichen Begriff falsch auslegen, oder er kann den Sachverhalt verkennen und infolgedessen die durch Tatbestandsauslegung erkannten Begriffsmerkmale (Subsumtion durch Definition) oder eine durch Auslegung ermittelte Un-

---

304 Ebert, Subsumtionsirrtum, S. 229, auf die Sicht des Richters abstellend.

305 Ebert, Subsumtionsirrtum, S. 230.

306 Ebert, Subsumtionsirrtum, S. 230.

307 Vgl. im einzelnen Ebert, Subsumtionsirrtum, S. 231 f.

308 Ebert, Subsumtionsirrtum, S. 233.

309 Vgl. Ebert, Subsumtionsirrtum, S. 236, wonach zwischen richterlicher Subsumtion und Erkenntnisleistung des Täters, der sich bei Ausführung der Tat fragt, ob diese einen ihm bekannten gesetzlichen Tatbestand erfüllt, prinzipiell kein Unterschied besteht.

terklasse fälschlicherweise im Sachverhalt nicht wiedererkennen.[310] Der erste Irrtum betrifft die Norm, also den Obersatz, der zweite Irrtum den Sachverhalt und damit den Untersatz. Da bei der Subsumtion Ober- und Untersatz nirgends zusammenfallen, gibt es auch zwischen Normirrtum und Sachverhaltsirrtum keine Überschneidungen, sondern nur eine klare Trennlinie, die zwischen Sachverhalt und Norm.[311] Dies gilt auch für den speziellen Fall, in dem der Täter den gesetzlichen Tatbestand dem Wortlaut nach kennt und nur über seine Auslegung irrt.[312] Die Gründe dafür, daß es trotz dieser klaren Grenze mühsam ist, im konkreten Fall festzustellen, ob ein Normauslegungsirrtum oder Tatumstandsirrtum vorliegt, sind in der Verquickung von Tatbestandsauslegung durch Subsumtion von Sachverhalten und Sachverhaltsfeststellung mittels tatbestandlicher Begriffe zu sehen.[313] Der Täter drückt seine Auffassung über den Umfang des gesetzlichen Tatbestandsmerkmals immer in einem Urteil über den Sachverhalt aus, so daß sich nicht immer hinreichend deutlich die Feststellung des Sachverhalts als solche (Tatfrage) von seiner Subsumierbarkeit unter den Tatbestand abhebt.[314] Weiterhin verwendet der Täter häufig gesetzliche Begriffe, um die Tatumstände zu bezeichnen, so daß Fehler, die die Auslegung des gesetzlichen Begriffs betreffen, auf den ersten Blick als Fehler im Rahmen der

---

310 Ebert, Subsumtionsirrtum, S. 234, 236.

311 Ebert, Subsumtionsirrtum, S. 234 f., 236, vgl. auch S. 235 ff. zum Problem, die Grenze in dem Geflecht von Norm- und Sachverhaltselementen aufzufinden.

312 Ebert, Subsumtionsirrtum, S. 236, vgl. auch S. 237 f. Macht sich der Täter über die verletzte Vorschrift und deren einzelnen Merkmale gar keine Gedanken, so fehlt es an der Verbindung von Sachverhaltsfeststellung und Subsumtion und damit an der Notwendigkeit zu ermitteln, ob der Täter sich in einem Sachverhaltsirrtum oder Normirrtum befindet. Die grundsätzliche Trennbarkeit von Sachverhaltsirrtum und Normirrtum findet aber ihre Bestätigung darin, daß der Täter mit der richtigen Kenntnis vom Sachverhalt handeln kann, ohne daß er den Tatbestand kennen muß.

313 Ebert, Subsumtionsirrtum, S. 253 d ff.

314 Ebert, Subsumtionsirrtum, S. 273.

Sachverhaltserfassung erscheinen.[315] Diese Schwierigkeiten bei der Ermittlung, ob der Irrtum die Tatbestandsauslegung oder die Sachverhaltserfassung betrifft, sind aber keine unüberwindbaren, die die Tauglichkeit des Subsumtionsmodells zum Scheitern brächten. Wie Ebert darlegt,[316] braucht dem Täter die Sachverhaltsfrage nur mit präzisen Begriffen so formuliert zu werden, daß eine Fehlvorstellung über die Begriffe praktisch ausscheidet. Dann ist offensichtlich, daß die Bejahung oder Verneinung der Sachverhaltsfrage nicht auf der Verkennung der Begriffe beruhen kann. Bei der Rechtsfrage ist ähnlich zu verfahren. Hier ist nicht nach der Subsumierbarkeit des vorliegenden Falles unter das Tatbestandsmerkmal zu fragen, sondern nach der Definition des Tatbestandsmerkmals. Dadurch wird nämlich sichergestellt, daß der Täter seine Vorstellung vom Inhalt des gesetzlichen Begriffs wiedergibt, ohne daß Elemente der realen Sachverhaltserfassung die Auslegung des Gesetzesbegriffes beeinflussen könnten.[317] Es zeigt sich somit, daß die praktischen Probleme nichts an der klaren Trennbarkeit von Tatbestandsauslegung und Sachverhaltsfeststellung ändern und auch nicht die Brauchbarkeit des juristischen Subsumtionsmodells in Frage stellen. Tatumstandsirrtum und Subsumtionsirrtum sind nach der jeweiligen Stellung des Irrtums auf der Ebene des Untersatzes oder des Obersatzes voneinander abzugrenzen.[318]

---

[315] Ebert, Subsumtionsirrtum, S. 273.

[316] Ebert, Subsumtionsirrtum, S. 273 ff.

[317] Ebert, Subsumtionsirrtum, S. 275 f.

[318] Ebert, Subsumtionsirrtum, S. 276.

6. Die Grenzlinie zwischen Normauslegungsirrtum auf der einen Seite und "bloßem" Subsumtionsirrtum und Tatumstandsirrtum auf der anderen Seite

Ebert hat dargelegt, daß die Grenze zwischen dem "bloßem" Subsumtionsirrtum und dem Tatumstandsirrtum jenseits der Bedeutungskenntnis verläuft,[319] und die Grenze zwischen Normauslegungsirrtum und Tatumstandsirrtum von dem Gegensatz von Norm und Sachverhalt bestimmt wird.[320] Fraglich ist nun, wie die Grenze zwischen Normauslegungsirrtum auf der einen Seite und "bloßem" Subsumtionsirrtum und Tatumstandsirrtum auf der anderen Seite zu beschreiben ist und welchen Sinn eine solche Grenzziehung hat. Der Normauslegungsirrtum ist ein Subsumtionsirrtum, der sich auf der Normebene ereignet. Der "bloße" Subsumtionsirrtum betrifft die Sachverhaltsebene, da dieser Irrtum definiert wurde als Irrtum über die begriffliche Qualifikation außerhalb des Tatbestands.[321] Ebenfalls auf der Sachverhaltsebene angesiedelt ist der Tatumstandsirrtum.[322] Infolgedessen läßt sich die Grenze zwischen Normauslegungsirrtum auf der einen Seite und Tatumstandsirrtum und "bloßem" Subsumtionsirrtum auf der anderen Seite wieder auf den Gegensatz Norm und Sachverhalt zurückführen, da sich der Tatumstandsirrtum und der "bloße" Subsumtionsirrtum darin ähneln, daß sie beide die Sachverhaltskenntnis betreffen.[323] Demgegenüber ist der Normauslegungsirrtum sowohl im Rahmen des Kernstrafrechts als auch außerhalb des Kriminalstrafrechts immer ein Irrtum über die Auslegung der Norm (Tatbestandsmerkmal), betrifft also die Normkenntnis.[324] Nur diese, von Ebert vertikal genannte, Grenze vermeidet die Fehlannahme, als würde oberhalb der für den Vorsatz erforderlichen Bedeutungskenntnis

---

319 Siehe S. 170 ff.; Ebert, Subsumtionsirrtum, S. 455 ff.

320 Siehe S. 181 ff.; Ebert, Subsumtionsirrtum, S. 455.

321 Siehe S. 170.

322 Siehe S. 181 ff.

323 Ebert, Subsumtionsirrtum, S. 459.

324 Ebert, Subsumtionsirrtum, S. 459 f.

die Subsumtion unter den für das Unrechtsbewußtsein relevanten gesetzlichen Begriff beginnen.[325] Wenn dem nämlich so wäre, dann würde das vage Kriterium der Bedeutungskenntnis über die Abgrenzung zwischen Tatumstandsirrtum und Verbotsirrtum entscheiden, eine Annahme, die im Widerspruch zur oben getroffenen Feststellung stünde, wonach Tatumstandsirrtum und Verbotsirrtum durch eine eindeutige Grenze, nämlich durch ihre Eingruppierung in den Untersatz (Tatumstand) oder in den Obersatz (Norm) voneinander abzugrenzen sind.[326] Die Grenze zwischen Tatumstandsirrtum und der ersten Form des Subsumtionsirrtums (Normauslegungsirrtum) konnte doch - wie dargestellt - mit Hilfe des juristischen Subsumtionsmodells klar herausgearbeitet werden. Lediglich die Grenze zwischen Tatumstandsirrtum und der zweiten Form des Subsumtionsirrtums ("bloßer" Subsumtionsirrtum) blieb vage. Die vertikale Grenze verdeutlicht daher, daß als ein Irrtum jenseits des Tatumstandsirrtums nur der "bloße" Subsumtionsirrtum und nicht der Normauslegungsirrtum in Betracht kommt, und teilt somit die Problembereiche auf, ohne allerdings etwas über die rechtliche Relevanz der Irrtumsarten auszusagen.[327]

III. Kritik

1. Der Normauslegungsirrtum

Eberts Vorschlag, das juristische Subsumtionsmodell für die Abgrenzung zwischen Tatumstandsirrtum und Normauslegungsirrtum fruchtbar zu machen, besticht durch seine Klarheit. Je nachdem, ob der Irrtum auf der Sachverhaltsebene oder der Normebene auftritt, ist seine Einordnung als vorsatzausschließender Tatumstandsirrtum oder nicht vorsatzausschließender Irrtum vorgegeben. Freilich ist die weitere

---

325 Ebert, Subsumtionsirrtum, S. 460.

326 Siehe oben S. 181 ff..

327 Ebert, Subsumtionsirrtum, S. 466 f.

Folgerung, wonach dieser nicht vorsatzausschließende Normauslegungsirrtum entweder Verbotsirrtum oder Strafbarkeitsirrtum ist, und zwar abhängig davon, ob es sich um eine Norm des Kriminalstrafrechts oder des Nichtkriminalstrafrechts handelt, nicht unproblematisch. Ebert selbst verweist auf die Schwierigkeiten, bestimmen zu können, ob eine Regelung zum Kernstrafrecht zu zählen ist oder nicht.[328] Ebenso gibt er zu bedenken, daß die Gemeinschaftswidrigkeit einer Handlung erst allmählich in das Bewußtsein des einzelnen Täters eindringt und auch im klassischen Kernstrafrecht Situationen auftauchen, etwa bei Rechtsblindheit, in denen dem Täter das Unrechtsbewußtsein fehlt, oder anders formuliert, in denen die Verbotskenntnis von der Kenntnis des Tatbestands abhängt.[329] Gerade bei den Urkundendelikten, und das heißt bei einem Delikt des Kernstrafrechts, ist die Konstellation gar nicht selten, in der der Täter trotz voller Bedeutungskenntnis als Folge falscher Auslegung eines Tatbestandsmerkmals, insbesondere durch das Spekulieren auf eine Rechtslücke, ohne Unrechtsbewußtsein handelt. Beispielsweise stellt sich der Aussteller eines Schecks, den er selbst unterschrieben hat, vor, wenn er ihn nach der Begehung zu seinen Gunsten abändert, daß dieses Abändern als Betrug strafbar sei, aber nicht als Urkundenfälschung, da es sich ja bei dem Scheck um seinen Scheck handelt. Diese Urkundenfälschung durch den Aussteller selbst, deren Behandlung zwar nicht unbestritten ist,[330] aber überwiegend als Urkundenfälschung anerkannt ist, ist dadurch gekennzeichnet, daß dem Täter die Bedeutung seines Handelns bekannt ist, daß er also vorsätzlich handelt. Ihm fehlt aber das tatbestandsspezifische Unrechtsbewußtsein, gegen eine Norm zu verstoßen, die die Manipulation auch eigener Erklärungen dann als Verstoß gegen die Sicherheit und Zuverlässigkeit des Rechtsverkehrs an-

---

328 Ebert, Subsumtionsirrtum, S. 69; siehe oben S. 177.

329 Ebert, Subsumtionsirrtum, S. 70; siehe oben S. 177 f.

330 Vgl. nur Lackner, § 267 Rdn. 21 m.w.N.; Dreher/Tröndle, § 267 Rdn. 19 m.w.N.

sieht, wenn an der Erklärung ein anderer bereits ein Beweisinteresse erlangt hat. Die Vorstellung des Täters, mit dem abgeänderten Scheck einen Betrug zu begehen, genügt für das Unrechtsbewußtsein bezüglich § 267 StGB - wie später noch darzustellen ist - nicht.[331] Ebert nennt als weitere Fälle, in denen ein Subsumtionsirrtum auf Normebene auch beim Kriminalstrafrecht zum Verbotsirrtum führen kann, solche Tatbestände, die dem sachlichen Gehalt nach dem Bewußtsein der Allgemeinheit oder des Täterkreises ferner stehen und mit dem Bereich des Strafbaren zugleich den Bereich des verbotenen Verhaltens abgrenzen. Häufig weisen diese Tatbestände technische und komplizierte Tatbestandsmerkmale auf.[332] Die hier interessierende Frage, ob § 267 StGB ein solcher Tatbestand ist, bei dem nach der Konzeption von Ebert ein Verbotsirrtum in Betracht kommt, läßt sich nicht eindeutig bejahen oder verneinen. Sicherlich enthält § 267 StGB mit seinen Tatbestandsmerkmalen Urkunde und Unechtheit komplizierte Tatbestandsmerkmale, und es läßt sich auch argumentieren, daß der sachliche Gehalt des § 267 StGB dem Bewußtsein der Allgemeinheit ferner steht. Doch ist es genauso möglich, sich auf den gegenteiligen Standpunkt zu stellen, und davon auszugehen, daß der sachliche Gehalt des § 267 StGB der Allgemeinheit geläufig ist. Das Ergebnis kann hier aber offen bleiben, da die Fälle, in denen ein Normauslegungsirrtum zum Verbotsirrtum führt, belegen, daß die von Ebert vorgestellte Differenzierung des Normauslegungsirrtums nach seinem Standort nur eine grobe Orientierung ermöglicht. Ob sich der Normauslegungsirrtum letztlich als Verbotsirrtum strafrechtlich auswirkt oder als unbeachtlicher Strafbarkeitsirrtum zu qualifizieren ist, hängt von einer Vielzahl von Faktoren ab, wie Ebert selbst einräumt.[333] Diese Faktoren, also etwa die Entscheidung, ob es sich bei der Norm um eine des Kriminalstrafrechts handelt oder nicht, oder ob es sich um einen Ausnahmefall im Be-

---

331 Siehe unten S. 401 ff.

332 Ebert, Subsumtionsirrtum, S. 64 f.; siehe S. 174 f.

333 Ebert, Subsumtionsirrtum, S. 71.

reich des Kriminalstrafrechts handelt, eröffnen aber flexible Räume für Gerechtigkeitsentscheidungen und relativieren die scheinbare Eindeutigkeit der Auswirkungen eines Normauslegungsirrtums.

2. Der "bloße" Subsumtionsirrtum

Hier sollen zwei Punkte in der Argumentation von Ebert näher untersucht werden: sein außergesetzliches Subsumtionsmodell und der Umfang der für den Vorsatz notwendigen Bedeutungskenntnis.

a) Beim außergesetzlichen Subsumtionsmodell drängt sich die Frage auf, ob es in der Lage ist, den dynamischen Prozeß der Erlangung der Bedeutungskenntnis von den Tatumständen wiederzugeben. Damit soll nicht das Problem angesprochen werden, wie der Zusammenhang zwischen sensueller Wahrnehmung und Bedeutungskenntnis beschaffen sein muß, damit von einem vorsätzlichen Handeln des Täters die Rede sein kann.[334] Diese Frage unterzieht Ebert keiner vertieften Erörterung, da er die beiden Formen des Subsumtionsirrtums in ihrer jeweiligen Abgrenzung zum Tatumstandsirrtum untersucht und die Wahrnehmung des empirisch erfaßbaren Tatsachensubstrats keine Rolle in diesem Themenkreis spielt. Doch erweckt das außergesetzliche Subsumtionsmodell den Eindruck, als sei die Bedeutungserlangung vom Geschehen ein statischer Akt, wonach der Mensch das sensuell erfaßte Geschehen einem ihm geläufigen Begriff subsumiert. Den Untersatz soll ja das "nackte", unbegriffene Geschehen bilden, den Obersatz die Begriffe, unter die das Geschehen subsumiert wird. Ebert relativiert zwar den Vorgang der Subsumtion unter Begriffe dahin, daß er von Vorstellungen spricht, unter die der Täter seine sensuellen Wahrnehmungen (das noch unbegriffene Geschehen) faßt. Nach seiner Ansicht soll nicht die Subsumtion unter das durch Definition in

---

334 Siehe unten S. 286 ff.

seinem Inhalt und Umfang präzise umschriebene Begriffsgebilde gemeint sein, sondern die Subsumtion unter Vorstellung von Sachverhalten, die ihrem Inhalt nach vage und ihren Grenzen nach fließend sind. Doch bringt diese Einschränkung nicht hinreichend deutlich zum Ausdruck, daß der Täter seine Umwelt nicht analytisch-rational erfährt. Dem Täter offenbart nicht nur die bewußte Reflexion darüber, ob ein Verhalten unter einen bestimmten Begriff - oder wie Ebert formuliert: Vorstellung - fällt, die Bedeutung dieses Verhaltens oder seiner Umwelt. Oder anders formuliert: Er erfaßt seine Umwelt nicht nur dann, wenn er zu generellen Bedeutungsvorstellungen - wie sie sich etwa in Begriffen manifestieren - gelangt, sondern schon die Anerkennung des sachgedanklichen Begleitwissens zeigt, daß der Täter das Geschehen in seiner Bedeutung durch zum Teil diffuse, nicht in klare Worte gefaßte Vorstellungen erfassen kann. Motivationsanreize, Empfindungen und ungefähre Vorstellungen können dem Täter sehr wohl die Bedeutungskenntnis vom Geschehen geben. Letztlich handelt es sich bei der Erlangung der Bedeutungskenntnis um einen dynamischen Akt, der nicht durch bewußte Reflexion des Geschehens unter bestimmte Begriffe gekennzeichnet ist. Zwar wird es häufig so sein, daß der Täter am Ende der Bewußtwerdung über das Geschehen dieses in Begriffe kleidet, was aber nicht notwendig ist, um ihm die Bedeutungskenntnis zu vermitteln. Doch werden nicht selten manche Täter erst im Prozeß, nachdem sie gefragt werden, was sie gedacht haben, als sie beispielsweise den Bierdeckel zerbröselten, Veranlassung haben, das Geschehen nachträglich in Begriffe zu fassen. In der Tatsituation selbst haben sie sich z.B. allein von dem Motiv treiben lassen, den Bierfilz zu zerbröseln, um dem Kellner die Arbeit zu erschweren oder um zu sehen, wie der Kellner auf den zerbröselten Bierdeckel reagiert, oder sie haben sich gar nichts dabei gedacht. Das außergesetzliche Subsumtionsmodell paßt auf die zuletzt genannte Situation, in der der Täter beispielsweise vor Gericht veranlaßt ist, seine Handlungen mit Worten zu beschreiben. Es ist aber kaum in der Lage, den dynamischen und täterindividuell verschiedenen

Erkenntnisprozeß in der Tatsituation beim Täter wiederzugeben.

b) Eng mit diesem Einwand hängt auch die nächste kritische Anmerkung zusammen. Die Frage nämlich, wann der Täter die zum Vorsatz notwendige Bedeutungskenntnis erlangt hat, beantwortet Ebert - wie im einzelnen dargestellt - nicht einheitlich.[335] Die Feststellung, daß der Täter die den Begriff definierenden Merkmale gekannt haben muß, verdient Zustimmung. Daß der Täter hierfür nicht den gesetzlichen Begriff kennen muß, ist richtig. Allein maßgeblich ist, ob dem Täter die wesentlichen Bedeutungselemente des Tatbestandsmerkmals bewußt werden - gleichgültig durch welchen Begriff oder durch welche Vorstellung.[336] Allerdings nennt Ebert Fälle, in denen der Täter das Geschehen unter die vom Gesetz gebrauchten Begriffe subsumieren muß.[337] Er demonstriert dies am oben genannten Mensch-Beispiel.[338] Das Kriterium der begrifflichen Subsumtion soll neben der Bedeutungskenntnis einen eigenständigen Wert haben,[339] und es soll in diesen Fällen nötig sein, sich auf die Funktion des Begriffs zu besinnen. Wenn Ebert auch feststellt, daß die Bedeutungskenntnis das maßgebliche Vorsatzkriterium ist, so kennt er doch Ausnahmen von diesem Prinzip. Nun soll nicht das Standardargument gegen die bereits von v. Liszt erhobene Forderung einer juristisch korrekten Subsumtion ins Feld geführt werden, wenn Ebert bei bestimmten Fällen die Subsumtion unter den Gesetzesbegriff fordert, wie etwa auch bei bestimmten technischen-chemischen Begriffen.[340] Dies würde der Argumentation von Ebert nicht gerecht werden. Doch überzeugt die Ansicht von Ebert aus anderem Grund nicht. Ebert nennt das salpetrigsaure Salz als einen Fall,

---

335 Siehe S. 164 ff., 168 ff.

336 Siehe S. 166 f.; Ebert, Subsumtionsirrtum, S. 398 ff.

337 Siehe S. 168 f.; Ebert, Subsumtionsirrtum, S. 408, 419.

338 Siehe S. 168; Ebert, Subsumtionsirrtum, S. 419.

339 Ebert, Subsumtionsirrtum, S. 423.

340 Siehe S. 167.

in dem die Subsumtion unter den Gesetzesbegriff nötig ist.[341] Bei diesem Beispiel des salpetrigsauren Salzes dürfte der Täter die Bedeutungskenntnis vom Salz aber schon erlangt haben, wenn er dessen Eigenschaft erkannt hat, etwa als Salz, das zur Lebensmittelherstellung nicht geeignet ist, weil es gesundheitsschädigend wirkt oder weil es als Säure reagiert, ohne daß der Täter den Stoff unter den Gesetzesbegriff "salpetrigsaures Salz" subsumieren müßte. Dieses abweichende Ergebnis bei der Fallösung wäre nicht sonderlich wichtig. Problematischer ist es jedoch, daß Ebert keine Kriterien nennt, um die Fälle festzulegen, in denen eine Subsumtion unter den Gesetzesbegriff erforderlich sein soll. Sein Hinweis darauf, daß dann eine Subsumtion unter den Gesetzesbegriff notwendig ist, wenn die Bedeutungskenntnis von ihr abhängt,[342] ist nicht trennscharf. Mit dem Argumentation, es bedürfe einer Subsumtion unter den Gesetzesbegriff statt der Kenntnis der definierenden Einzelmerkmale, lassen sich wiederum am Gerechtigkeitsgefühl orientierte Einzelfallentscheidungen treffen. Gerade der gewählte Beispielsfall der Mutter, die ihr mißgestaltetes Kind für tierähnlich hält,[343] läßt diese Möglichkeit nicht abwegig erscheinen.

---

[341] Siehe oben S. 167.

[342] Siehe oben S. 169.

[343] Siehe oben S. 168.

Viertes Kapitel

Die Renaissance der reichsgerichtlichen Irrtumslehre

A. Die reichsgerichtliche Irrtumslehre als Schutz der strafgesetzgeberischen Definitionsmacht (Kuhlen)

Die in neuester Zeit wohl umfangreichste Auseinandersetzung mit der Frage des vorsatzausschließenden und nicht vorsatzausschließenden Irrtums findet sich in der 1987 erschienenen Habilitationsschrift von Lothar Kuhlen.[1] Er vertritt entgegen der in der Literatur ganz überwiegenden Meinung, die reichsgerichtliche Irrtumslehre sei seit der Entscheidung für die Schuldtheorie (BGHSt 2, 194) von 1952 und erst recht durch die Regelung in § 16 StGB und § 17 StGB überwunden, die Ansicht, daß die reichsgerichtliche Irrtumsrechtsprechung weder ihre Berechtigung verloren habe noch jemals von der Rechtsprechungspraxis ernsthaft aufgegeben worden sei. Zwar sei die heute gebräuchliche Lehre von der Parallelwertung in der Laiensphäre an die Stelle der reichsgerichtlichen Begriffspaare Tat- und Rechtsirrtum auf der einen Seite und strafrechtlicher und außerstrafrechtlicher Rechtsirrtum auf der anderen Seite getreten, doch habe diese Lehre von der Parallelwertung die bis dahin gebräuchlichen reichsgerichtlichen Irrtumsgrundsätze nicht beseitigt und durch inhaltlich geänderte irrtumsrechtliche Behandlungsrichtlinien ersetzt.[2] Die Parallelwertungslehre habe lediglich die Diskussion um die Plausibilität der reichsgerichtlichen Begriffspaare beendet. Doch seien die Kritiker des Reichsgerichts nur deshalb verstummt, weil ihnen die Identität zwischen der reichsgerichtlichen Irrtumsrechtsprechung und der Lehre von der Parallelwertung in der Laiensphäre verborgen geblieben sei. Die Parallelwertung bedeute gerade keine Abkehr vom außerstrafrechtlichen Irr-

---

1 Kuhlen, Die Unterscheidung von vorsatzausschließendem und nicht vorsatzausschließendem Irrtum, 1987.

2 Kuhlen, S. 182, 219.

tum, und hinter dem heute gebräuchlichen Begriffspaar Tatbestands- und Verbotsirrtum verberge sich letztlich die reichsgerichtliche Irrtumslehre.

Zu diesem Ergebnis gelangt Kuhlen in sehr vielschichtigen, auch sehr komplizierten Gedankengängen, die sich aber auf fünf Leitsätze zurückführen lassen.

I. Erster Leitsatz: Eine normanwendungsrelative Deutung der reichsgerichtlichen Irrtumsrechtsprechung beseitigt den gegen das Reichsgericht erhobenen Willkürlichkeitsvorwurf und bestätigt die Konsistenz seiner Rechtsprechungspraxis.

II. Zweiter Leitsatz: Es besteht Kontinuität der Rechtsprechung vom Reichsgericht zum Bundesgerichtshof.

III. Dritter Leitsatz: Der Schutz der strafgesetzgeberischen Definitionsmacht ist das zentrale Prinzip der Irrtumsrechtsprechung.

IV. Vierter Leitsatz: Ein "Zeitstrukturkriterium" ermöglicht durch die Einteilung von statischen und dynamischen Normierungen die klare Unterscheidung zwischen den verschiedenen Irrtümern.

V. Fünfter Leitsatz: Das "Umkehrprinzip" bedarf einer am Strafzweck des untauglichen Versuchs angelehnten Umorientierung.[3]

---

[3] Auf diesen Punkt wird die Arbeit nicht eingehen, da der Umkehrschluß aus der Thematik ausgeklammert wurde, vgl. oben S. 80 f. i.V.m. Fn. 8.

I. Erster Leitsatz: Eine normanwendungsrelative Deutung der reichsgerichtlichen Irrtumsrechtsprechung beseitigt den gegen das Reichsgericht erhobenen Willkürlichkeitsvorwurf und bestätigt die Konsistenz seiner Rechtsprechungspraxis

1. Kuhlens Auseinandersetzung mit dem "Willkürlichkeitsargument"

Den Überlegungen Kuhlens liegt die Annahme zugrunde, daß die an den reichsgerichtlichen Irrtumsgrundsätzen geübte Kritik ihre Wurzel ausschließlich in der mißlungenen Interpretation der einschlägigen Reichsgerichtsurteile habe. Die Deutung der Reichsgerichtsurteile sei bisher normanwendungsabsolut erfolgt: Ein Irrtum ist nach normanwendungsabsolutem Verständnis Tat-, Strafrechts- oder außerstrafrechtlicher Irrtum, unabhängig vom einzelnen Fall und der Strafrechtsnorm, bei deren Auslegung und Anwendung auf den Fall er sich als Kongruenzdefizit ergibt. Bezieht man diese absolute Sichtweise auf die Aussagen des Urteilenden, mit denen die des Handelnden übereinstimmen oder nicht, so führt sie zu der Auffassung, daß ein Satz ein tatsächlicher, rechtlicher, strafrechtlicher oder außerstrafrechtlicher Satz ist, ganz unabhängig davon, bei der Auslegung und Anwendung welcher Norm er verwendet wird.[4] Nach einem normanwendungsrelativen Begriffsverständnis ist die unterschiedliche Auffassung eines inhaltlich identischen Irrtums bzw. Satzes möglich, je nachdem, bei welcher Norm dieser Irrtum oder Satz Anwendung findet.[5] Die normanwendungsabsolute Deutung der Reichsgerichtsurteile habe den Eindruck entstehen lassen, als ginge das Reichsgericht bei der Eingruppierung eines Irrtums in die von ihm gebrauchten Kategorien außerstrafrechtlich - strafrechtlich rein will-

---

[4] Kuhlen, S. 161 f.

[5] Kuhlen, S. 162. - Ein und derselbe Satz kann bei der Anwendung einer Norm (z.B. § 257 StGB) als außerstrafrechtlich, bei der Anwendung einer anderen (§ 242 StGB) als strafrechtlich zu qualifizieren sein. Vgl. im einzelnen a.a.O., S. 176 ff.

kürlich vor, indem es das Gerechtigkeitsgefühl über diese Frage entscheiden lasse. Dieser Willkürlichkeitsvorwurf werde aber dann hinfällig[6], so Kuhlen, wenn man die normanwendungsabsolute Deutung der Urteile zugunsten einer normanwendungsrelativen Deutung[7] aufgebe.

Nach Kuhlen macht darüber hinaus die relative Deutung die Übereinstimmung zwischen Parallelwertungslehre und außerstrafrechtlichem Rechtsirrtum sichtbar. Die Parallelwertungslehre wird geradezu zum funktionalen Äquivalent des außerstrafrechtlichen Rechtsirrtums. Die Unterscheidung zwischen Tat- und Rechtsirrtum läuft nach einer normanwendungsrelativen Deutung der reichsgerichtlichen Lehre auf die Unterscheidung zwischen Irrtümern über die "(konkretesten) singulären Urteilsprämissen" (Tatirrtum) und solchen über "allgemeine Sätze der internen Urteilsrechtfertigung"

---

[6] Kuhlen, S. 178: "Legt man es (das normanwendungsrelative Verständnis) der Deutung der reichsgerichtlichen Differenzierung zugrunde, so erweist sich diese als nicht inkonsistent." Vgl. auch S. 213 f.: Infolge der durch die normrelative Deutung der reichsgerichtlichen Irrtumslehre ermöglichten Ausräumung der bis dahin scheinbar existierenden Widersprüche in der reichsgerichtlichen Judikatur entfällt die Möglichkeit, einen eigenen Abgrenzungsvorschlag von dem des Reichsgerichts dadurch abzuheben, daß man selbst die Klasse der vorsatzausschließenden Irrtümer nicht auf solche über sinnenfällige Ereignisse beschränkt. Vor allem aber schließt die normanwendungsrelative Deutung sowohl der Abgrenzung zwischen strafrechtlichem und außerstrafrechtlichem Rechtsirrtum als auch der zwischen Tat- und Rechtsirrtum das normanwendungsabsolute Verständnis dieser Abgrenzung und darauf basierende Kritiken aus.

[7] Die normanwendungsrelative Deutung der reichsgerichtlichen Lehre besagt demgegenüber für die Unterscheidung zwischen Rechts- und Tatirrtum, daß sie gleichbedeutend ist mit der zwischen Irrtümern über die (konkretesten) singulären Urteilsprämissen (Tatirrtum) und solchen über allgemeine Sätze der internen Urteilsrechtfertigung (Rechtsirrtümer). Vgl. Kuhlen, S. 176 ff. Daß die Unterscheidung zwischen strafrechtlichen und außerstrafrechtlichen Rechtsirrtümern normrelativ zu deuten ist, besagt, daß sie nicht unabhängig davon erfolgen kann, bei der Konkretisierung welcher Normen bestimmte Sätze eine Rolle spielen. Vgl. im einzelnen Kuhlen, S. 176 ff.

(Rechtsirrtum) hinaus.[8] Unter diesen Voraussetzungen aber lasse sich die reichsgerichtliche Differenzierung zwischen strafrechtlichem und außerstrafrechtlichem Rechtsirrtum als in sich konsistent beweisen.[9]

2. Kritik

Mit dem Wechsel von der absoluten zur relativen Methode will Kuhlen den Willkürlichkeitsvorwurf entkräften. Allerdings besteht auch für ihn weiterhin die Notwendigkeit, zwischen strafrechtlichem und außerstrafrechtlichem Rechtsirrtum zu unterscheiden, auch wenn sich die Abgrenzung nunmehr als eine größtenteils im Besonderen Teil des Strafgesetzbuches angesiedelte Problematik präsentiert. Dieser neue systematische Standort eröffnet für Kuhlen keine uferlosen Flexibilitätsräume, da die Grenzziehung nur relativ auf einzelne Delikte, nicht aber relativ auf einzelne Fälle erfolgt. Es ergeben sich aber gegen Kuhlens Gedankengänge eine Reihe von Einwänden, von denen der vielleicht schwerwiegendste die Methode betrifft: Das Heranziehen von Urteilsbegründungen mag hier und da als Beleg für

---

[8] Kuhlen, S. 176 ff. Um die im Text zitierten Sätze auch außerhalb der Deduktionen mit einem schnell erfaßbaren Inhalt zu beschicken, sei eine vereinfachende Paraphrase versucht: Der Tatirrtum bezieht sich auf nicht wiederholbare Daten; beim Rechtsirrtum ist eine Regel involviert. Die komplizierte Fassung bei Kuhlen (S. 347 ff.) hängt mit der Ableitung aus sprachanalytischen Theoremen zusammen, die wichtige Einsichten in die Beziehungsstruktur auch des Tatirrtums erbracht hat.Vgl. dazu auch oben S. 118 ff.. Da die Funktion der Unterscheidung nach Tatirrtum und Rechtsirrtum jedoch allein darin liegt, den Ausgangspunkt für die bei Kuhlen systembildende Unterscheidung nach strafrechtlichen und außerstrafrechtlichen Rechtsbegriffen zu liefern, wird die Darstellung und Kritik sich auf diese auch von Kuhlen in den Vordergrund gerückte Thematik beschränken. Vgl. Puppe, ZStW 102 (1990), S. 895 f., die nicht nur die Unterscheidung zwischen Tat- und Rechtsirrtum bei Kuhlen darstellt, sondern sich auch kritisch mit ihr auseinandersetzt.

[9] Kuhlen, S. 177 f.

die Schlüssigkeit einer Theorie dienen, ist aber als ausschließliche Arbeitsquelle nicht geeignet. Für die Periode des Reichsgerichts galt: Der gerichtlichen Entscheidung liegt jeweils ein konkreter Einzelfall zugrunde. Das Urteil ist auf den ergebnisrelevanten Stoff beschränkt, so daß Rechtsfragen niemals theoretisch erschöpfend behandelt werden; Entscheidungen wirken möglicherweise theorieanregend oder -bestätigend, aber nicht theoriebildend. Diesen Aspekt vernachlässigt Kuhlen. Er ermittelt aus den Einzelfallentscheidungen des Reichsgerichts ein in sich geschlossenes, für alle zukünftig auftretenden Irrtumsfälle gedachtes Lösungssystem und unterstellt diesen scheinbar den Entscheidungen zugrunde liegenden modus operandi dem Reichsgericht als dessen "Theorie". Das überzeugt nicht. Für eine theoriegeleitete Vorgehensweise des Reichsgerichts gibt es keine zuverlässigen Hinweise. Kuhlen selbst liefert gewissermaßen ein Interpretationsmodell ex post. Deshalb läßt sich mit der gleichen Berechtigung auch die Ansicht vertreten, daß das Reichsgericht seine Entscheidungen, welche Art von Irrtum vorliegt, jeweils vom konkreten Einzelfall ausgehend getroffen hat. Diese Annahme drängt sich angesichts der durch die "Gerechtigkeitsreserve" des außerstrafrechtlichen Rechtsirrtums eröffneten Flexibilität geradezu auf und scheint die wahrscheinlichere Vorgehensweise zu sein. Mit der Anerkennung des vorsatzausschließenden außerstrafrechtlichen Rechtsirrtums hat sich das Reichsgericht das Einfalltor für eine auf das Ergebnis zielende jeweils für den Einzelfall adäquate Begründung eröffnet. Jedenfalls erweist sich der Ausgangspunkt Kuhlens für die Rettung der reichsgerichtlichen Irrtumslehre zumindest als nicht zwingend. Die Basis für die mögliche Weiterentwicklung und Präzisierung der Lehre wird damit nicht eben sicherer.

Darüber hinaus sind die beiden von Kuhlen seinen Ausführungen zugrunde gelegten Vorgehensweisen, zum einen die normanwendungsrelative Deutung des jeweiligen Merkmals und zum anderen der Versuch, aus reichsgerichtlichen Einzelfallentscheidungen eine entwickelte Theorie herauslesen zu wollen, in ihrem Zusammenwirken problematisch. Ihre jeweiligen Unsicherheitsfaktoren bei der Bestimmung, ob ein Tatirrtum/Rechtsirrtum oder ein strafrechtlicher/außerstrafrechtlicher Rechtsirrtum vorliegt, multiplizieren sich und bieten Raum für entsprechende Manipulation der Ergebnisse. Indem Kuhlen davon ausgeht, daß die reichsgerichtliche Irrtumslehre auf den genannten Grundannahmen basiert, belastet er die Irrtumslehre mit der aus der gewählten Methode resultierenden Vagheit und Manipulierbarkeit der Ergebnisse. Dann aber bieten die von Kuhlen gewonnenen Ergebnisse keine Vergleichsgrundlage, um nachzuweisen, daß die Parallelwertungslehre keine Änderung der reichsgerichtlichen Irrtumslehre war. Angesichts solcher Bedenken kann die von Kuhlen angestrengte Entkräftung des Willkürlichkeitsvorwurfes nicht überzeugen.[10] Auch Herzberg[11] hält die normanwendungsrelative Deutung der reichsgerichtlichen Irrtumslehre für eine sehr eigenwillige Interpretation, die zwar darauf abziele, diese Rechtsprechung stimmig zu machen, doch Mißverständnisse und vermeidbare Kritik begünstige. Kuhlen zwinge seine Konzeption nicht nur in die Begriffe des Reichsgerichts, sondern identifiziere sie auch mit der des Reichsgerichts, obwohl beide Lehren nur teilweise übereinstimmten.

II. Zweiter Leitsatz: Die Kontinuität in der Rechtsprechungspraxis vom Reichsgericht zum Bundesgerichtshof

1. Kuhlens Ausgangspunkt

Kuhlen räumt ein, daß das Reichsgericht eine über diese normanwendungsrelative Entscheidungspraxis hinausgehende

---

10 Die relative Methode bedeutet nur eine Befreiung von Prinzipien; bildet aber keine neue aus. Das wird erst durch das Zeitstrukturkriterium Leitsatz 4 erreicht, siehe unten S. 219 ff.

11 Herzberg, JZ 1993, 1021.

Abgrenzungsregel für den Rechtsirrtum[12] nicht entwickelt habe und daß deshalb die reichsgerichtliche Differenzierung "voraussetzungsleer" sei. Er sieht in dieser Voraussetzungsleere freilich keinen Einwand gegen seine Interpretation.[13] Die normanwendungsrelative Deutung sei in der Lage, die Widersprüche der reichsgerichtlichen Judikation zu beseitigen und den Willkürlichkeitseinwand als ein Produkt der normanwendungsabsoluten Deutung der reichsgerichtlichen Urteile zu entlarven.[14] Von einer Änderung der Irrtumslehre als Folge der Anerkennung der Parallelwertungslehre durch die Rechtsprechung könne nur dann die Rede sein, wenn die Parallelwertungslehre eine neue Regel für die Vorsatzbestimmung bei normativen Merkmalen enthielte, die von den für deskriptive Merkmale geltenden Irrtumsregeln abweiche. Denn in diesem Falle praktiziere die Parallelwertungslehre eine dem Reichsgericht nicht geläufige Differenzierung, so daß eine Kontinuität von der reichsgerichtlichen Rechtsprechung zur Rechtsprechung des Bundesgerichtshofs nicht bestünde.

2. Kuhlens Ergebnis

Kuhlen kommt freilich bei seiner Auseinandersetzung mit der Parallelwertungslehre zu dem Ergebnis, daß die Parallelwertungslehre zu keiner Änderung bei der Vorsatzbestimmung

---

12 Ausnahme im Bereich der Blankettgesetze, vgl. Kuhlen, S. 179.

13 Allerdings hält Kuhlen die reichsgerichtliche Irrtumsabgrenzung trotz ihrer mittels der normrelativen Deutung festgestellten Voraussetzungsleere nicht für überflüssig oder sinnlos. Er hält es vor allem für erwähnenswert, daß auch eine wenig gehaltvolle allgemeine Abgrenzungsregel von einer langjährigen Judikatur immerhin kasuistisch interpretierbar ist, was mehr Rechtssicherheit nach sich zieht als eine inkonsistente Praxis. Vgl. Kuhlen, S. 179 Fn. 71.

14 Zu weiteren Vorteilen der reichsgerichtlichen Differenzierung vgl. Kuhlen, S. 179 f. und Fn. 71.

führe und sich überdies mit Abgrenzungsproblemen auseinandersetzen müsse.[15]

a) Die mit der Parallelwertungslehre verbundenen Abgrenzungsprobleme

Die Parallelwertungslehre sei für den Fall, daß sie sich nur auf die Vorsatzbestimmung bei normativen Merkmalen beziehe, mit dem Unsicherheitsfaktor belastet, die deskriptiven und normativen Merkmale voneinander abgrenzen zu müssen. Diese Unterscheidung zwischen deskriptiven und normativen Merkmalen lasse sich aber nicht nach allgemeinen Kriterien treffen, sondern sei abhängig von der Auslegung der speziellen Strafnormen. Insoweit seien die Auslegungsprobleme, mit denen die Parallelwertungslehre konfrontiert sei, mit denen der reichsgerichtlichen Differenzierung zwischen strafrechtlichen und außerstrafrechtlichen Rechtsirrtum vergleichbar, so daß kein Gewinn an Abgrenzungsschärfe mit der Einführung der Parallelwertungslehre einhergehe. Angesichts dieser beiderseitigen Abgrenzungsunsicherheit sei es berechtigt, in der Parallelwertungslehre das funktionale Äquivalent des reichsgerichtlichen außerstrafrechtlichen Rechtsirrtums zu sehen. Freilich verliert dieser kritische Einwand Kuhlens gegen die Parallelwertungslehre seine Brisanz, wenn man - wie Kuhlen selbst dies tut - unterstellt, daß die Parallelwertungslehre vom Bundesgerichtshof sowohl für die Vorsatzbestimmung bei Tatbestands- und Rechtswidrigkeitsmerkmalen als auch bei normativen, Blankett-[16] und deskriptiven Merkmalen angewendet wird.[17]

---

[15] Kuhlen, S. 191.

[16] Freilich mit der Einschränkung, daß die vom BGH angewendet spezielle Irrtumsregel bei Blankettmerkmalen, daß nämlich die Existenz des Blanketts ausfüllende Norm nicht vom Vorsatzerfordernis umfaßt sein soll, eine Änderung gegenüber der reichsgerichtlichen Entscheidung darstellt, Kuhlen S. 195; vgl. S. 198: "Selbst in diesem

Die Frage, inwieweit die Abgrenzungsprobleme der Parallelwertungslehre mit denen der reichsgerichtlichen Differenzierung zwischen strafrechtlichem und außerstrafrechtlichem Rechtsirrtum vergleichbar sind, braucht an dieser Stelle nicht weiter verfolgt zu werden, da die These, der Bundesgerichtshof vertrete der Sache nach die reichsgerichtliche Irrtumslehre immer noch, bereits dann widerlegt ist, wenn die Parallelwertungslehre gegenüber der reichsgerichtlichen Irrtumslehre zu abweichenden Ergebnissen führt, was hier vor allem für die Urkundendelikte interessiert. Demgegenüber hätte Kuhlen recht, und die Parallelwertungslehre hätte zu keiner wirklichen Neukonzeption geführt, wenn sie bei den verschiedenen Irrtümern über den Urkundenbegriff zu keinem anderen Grenzverlauf zwischen vorsatzausschließenden und nicht vorsatzausschließenden Rechtsirrtümern käme als das Reichsgericht. Dieser Fall einer mangelnden Neugestaltung der Irrtumslehre wäre etwa dann anzunehmen, wenn auch die Parallelwertungslehre lediglich einen flexiblen Rahmen zur Erzielung angemessener Ergebnisse eröffnete, aber ebensowenig wie die reichsgerichtliche Irrtumslehre allgemeine und informative Kriterien für die fragliche Abgrenzung angeben könnte. Bei Vorliegen dieser Situation stünde fest, daß die Parallelwertungslehre nicht nur das funktionale Äquivalent des reichsgerichtlichen außerstrafrechtlichen Rechtsirrtums wäre, sondern daß beide Konstruktionen der Sache nach identisch wären.

---

begrenzten Bereich wird die geänderte Auffassung aber nicht durchgängig befolgt."

17 Kuhlen, S. 192-198.

b) Die übereinstimmenden Grundsätze bei der Behandlung von Irrtümern durch den Bundesgerichtshof und das Reichsgericht trotz ihrer unterschiedlichen Ausgangsthesen

aa) Gleichlautende Ergebnisse bei der Behandlung verschiedener Irrtumskonstellationen

Die Prämisse, daß mit der Parallelwertungslehre keine Neugestaltung der bereits vom Reichsgericht praktizierten Irrtumslehre verbunden ist, scheint sich zu bestätigen: Sowohl die Parallelwertungslehre als auch die reichsgerichtliche Konzeption des außerstrafrechtlichen Rechtsirrtums sind sich im Ergebnis zum einen darüber einig, daß Irrtümer über außerstrafrechtlich konstituierte institutionelle Eigenschaften als vorsatzausschließend zu behandeln sind[18] und zum anderen werden von beiden "Theorien" die Irrtümer, die sich auf (in der Regel) nur Juristen verständlichen Rechtsregeln beziehen, als vorsatzausschließend betrachtet.[19]

bb) Die Eröffnung eines flexiblen Rahmens zur Erzielung angemessener Ergebnisse

Eine Änderung und damit ein Fortschritt gegenüber der reichsgerichtlichen Irrtumslehre wäre durch die Parallelwertungslehre nach der Ansicht Kuhlens nur dann erzielt worden, wenn sie eine klare Grenzziehung zwischen vorsatzausschließenden und nicht vorsatzausschließenden Irrtümern ermöglichen würde. Kuhlen spricht der Parallelwertungslehre ein solches Leistungsvermögen ab. Sie könne gerade keine allgemeinen und informativen Kriterien für die fragliche Abgrenzung bieten, obwohl sie mit einem derartigen Anspruch

---

[18] Kuhlen, S. 199 und Fn. 180 a.E. S. 200 f.

[19] Vgl. zu diesem Punkt auch Kreutzer, NJW 1955, S. 1307 f.; ebenso Baumann, NJW 1962, S. 16 (17) (unrichtig zitiert bei Kuhlen, S. 204 Fn. 201), der feststellt, daß es nicht ausschlaggebend ist, "ob die falsche Bedeutungseinschätzung auf falscher laienhafter Wertung oder falscher Gesetzesinterpretation beruht."

aufgetreten sei. Der Bundesgerichtshof habe nämlich seine Urteile nicht mit Hilfe einer mit allgemeinen und informativen Kriterien ausgestatteten Parallelwertungslehre gefällt, sondern sich mit der Parallelwertungslehre einen flexiblen Rahmen zur Erzielung angemessener Ergebnisse eröffnet.

Kuhlen glaubt, nachweisen zu können, daß der Bundesgerichtshof ursprünglich den Anspruch erhoben habe, die Irrtümer vertikal,[20] also straftatsystematisch, nach Tatbestand- und Verbotsirrtümern einteilen zu wollen.[21] In dieser vertikalen Einteilung sollte der Unterschied zur horizontalen[22] Untergliederung der Irrtümer durch das Reichsgericht liegen: Die horizontale Untergliederung der Irrtümer durch das Reichsgericht erfolgte nach Tat- und Rechtsirrtum, und zwar unabhängig davon, auf welcher Ebene des Verbrechensaufbaus der Irrtum anzusiedeln war. Kuhlen wirft nun dem Bundesgerichtshof vor, seiner Prämisse, eine Einteilung der Irrtümer habe vertikal zu erfolgen, nicht gerecht geworden zu sein und sich statt dessen einer horizontalen Irrtumsunterscheidung bedient zu haben. Die vertikale Abgrenzung der Irrtümer im Rahmen der Rechtswidrigkeit sei nämlich nicht durchgehalten worden, obwohl die Schuldtheorie dies geboten hätte. Denn anstatt den sogenannten Erlaubnistatbestandsirrtum als Verbotsirrtum zu qualifizieren, behandele ihn der Bundesgerichtshof, ausgehend von der sogenannten eingeschränkten Schuldtheorie, nach den Kriterien Tat- und Rechtsirrtum. Genausowenig wie die vertikale Irrtumslehre im Rechtswidrigkeitsbereich konsequent angewendet worden sei, so wenig gelinge sie nach Kuhlen im Tatbestandsbereich. Die Parallelwertungslehre habe nicht verhindern können, daß es vorsatzirrelevante Irrtümer auf Tatbestandsseite gebe, nämlich die sogenannten Subsumtionsirr-

---

20 Kuhlen, S. 128 f.

21 Nämlich in der Grundsatzentscheidung des Großen Senats vom 18.3.1952, BGHSt 2, 194.

22 Kuhlen, S. 128 f.

tümer. Mit der Anerkennung von nicht vorsatzausschließenden Irrtümern auf der Tatbestandsebene sei das Ziel der Parallelwertungslehre verfehlt, eine Abgrenzungstheorie im Tatbestandsbereich überflüssig zu machen. Mit der Lehre von der Parallelwertung in der Laiensphäre habe man die Zuordnungsregeln für die Beurteilung des Abstandes zwischen den juristischen Annahmen des Urteilenden und den parallellaufenden des Handelnden soweit angleichen wollen, daß Irrtümer gar nicht mehr auftreten könnten, die nur das Problem eines Vorsatzausschlusses stellten. Mit der Handhabung eines nicht vorsatzausschließenden Subsumtionsirrtums auf Tatbestandsebene sei diese Erwartung dann aber enttäuscht worden.[23] Aus diesem für Kuhlen offensichtlichen Scheitern einer vertikalen (straftatsystematischen) Irrtumslehre ergibt sich für ihn zwingend, daß eine sachgerechte Lösung des Irrtums nur mittels einer nicht straftatsystematischen, nämlich einer horizontalen Abgrenzung zu erzielen ist.

3. Kritik

Die Beweisführung Kuhlens, die in seiner Feststellung gipfelt, eine sachgerechte Irrtumslehre müsse zwischen Tat- und Rechtsirrtum differenzieren, weist einige Schwächen auf. Die Annahme, der Fall des Subsumtionsirrtums sei eine Durchbrechung des Grundsatzes, daß jeder Irrtum auf Tatbestandsseite zum Vorsatzausschluß führe, offenbart eine unhaltbare Vorstellung von der Figur des Tatbestandsirrtums. Ein vorsatzausschließender Tatbestandsirrtum liegt nur dann vor, wenn sich der Irrtum auf einen Tatumstand bezieht, wenn also die nach herrschender Meinung erforderliche Parallelwertung in der Laiensphäre gescheitert ist. Demgegenüber ist der Vorsatz des Täters zu bejahen, wenn er die Tatumstände parallel zu den in den Tatbestandsmerkmalen

---

23 Hier übersieht Kuhlen, daß es sich bei dem Subsumtionsirrtum gerade nicht um einen Irrtum auf Tatbestandsseite handelt; es liegt wegen der richtigen Parallelwertung kein Irrtum auf dieser Ebene vor.

niedergelegten gesetzlichen Vorstellungen von den jeweiligen Tatumständen erfaßt hat. Ein sich an diese Vorstellung anschließender sogenannter Subsumtionsirrtum, beispielsweise die Fehlannahme, eine Urkunde müsse Brief und Siegel tragen, betrifft nicht mehr das Erfassen des Tatumstandes. Ein solcher Subsumtionsirrtum hat seinen Bezugspunkt jenseits des Tatbestandes. Infolgedessen muß ein derartiger Irrtum, der seinen Grund etwa in einer Fehlinterpretation des Rechtssatzes haben kann, vorsatzunbeachtlich sein, da er gerade kein Tatbestandsirrtum ist. Dann aber stellt die Vorsatzirrelevanz des Subsumtionsirrtums offensichtlich keinen Bruch des vertikalen Systems dar, sondern bestätigt es geradezu.

Das Argument, die - von Kuhlen für richtig gehaltene - eingeschränkte Schuldtheorie im Rechtswidrigkeitsbereich zeige, auch dort sei zwischen Tat- und Rechtsirrtum zu unterscheiden, was das Scheitern der vertikalen (straftatsystematischen) Irrtumslehre erneut belegen soll, ist nicht sehr überzeugungskräftig. Zum einen hatte der BGH in der zitierten Entscheidung BGHSt 2, 194, die Frage offen gelassen, welcher Spielart der Schuldtheorie zu folgen sei, zum anderen muß die Ausnahmeposition des Erlaubnistatbestandsirrtums gesehen werden, der weder nach § 16 StGB noch nach § 17 StGB vom Gesetzgeber behandelt wird. Wenn sich auch hier im Laufe der wissenschaftlichen Diskussion aus "Gerechtigkeitserwägungen" die eingeschränkte Schuldtheorie als die herrschenden Lehre etablieren konnte, so ist das kein Argument gegen die Abgrenzung Tatbestands- und Verbotsirrtum und auch kein Argument für die Unterscheidung Tat- und Rechtsirrtum. Nach der überwiegenden Interpretation von Erlaubnistatbestandsirrtum und Erlaubnisirrtum geht es nicht um die Grenze von Tat- und Rechtsirrtum im alten reichsgerichtlichen Sinne. Die Verwendung dieser Begriffe in BGHSt 3, 105, ist ungenau und nicht System.[24]

---

[24] Wessels, AT, S. 142; Jescheck, AT, 4. Aufl., S. 419 i.V.m. Fn. 58 m.w.N. aus der Rechtsprechung; vgl. auch Roxin, AT, S. 389, zu BGHSt 3, 105.

Die Vertreter der eingeschränkten Schuldtheorie erweitern vielmehr die "vertikale" Abgrenzung des Irrtums über die Umstände des Rechtssatzes von der Tatbestandsebene auf die Ebene des Rechtfertigungssatzes in den Figuren des Erlaubnistatbestandsirrtum und des Erlaubnisirrtums.[25]

Darüber hinaus stößt Kuhlens Beweisführung zum Irrtumssystem des Bundesgerichtshofs insgesamt auf Bedenken. Kuhlen hat zahlreiche höchstrichterliche Entscheidungen untersucht,[26] die nach der Grundlagenentscheidung von 1952 (BGHSt 2, 194) ergangen sind. Er will damit aufzeigen, daß das in dieser Entscheidung aufgestellte Programm einer straftatsystematischen (vertikalen) Irrtumslehre durch die Praxis - nicht zuletzt durch die der BGH-Senate selbst - unterlaufen worden ist und daß die Gerichte weiterhin horizontal nach Tatirrtum und Rechtsirrtum (in der verfeinerten Differenzierung Kuhlens) unterscheiden.[27] Kuhlen kann damit allenfalls die Schlüssigkeit der eigenen Distinktionen zeigen; er kann aber nicht dem straftatsystematischen Programm die Schlüssigkeit bestreiten. Wegen der hohen Flexibilität der Kriterien Kuhlens,[28] aber auch bei der wenigstens zu Anfang tastenden Unsicherheit der Rechtsprechung, sich auf das neue Programm einzustellen, ist beides nebeneinander möglich. Das soll hier nur an der Rechtswidrigkeit der Zueignung gezeigt werden. Es handelt sich um die Umschreibung eines negativen Tatbestandsmerkmals, "Fehlen eines einredefreien fälligen Übereignungsanspruchs auf die konkrete weggenommene Sache".[29] Kuhlen, der bei eigenmächtiger Befriedigung von Geldschulden einen außerstrafrechtlichen Rechts-

---

25 Dreher, Heinitz-FS, S. 207 ff.; Krümpelmann, ZStW Beiheft 1978, S. 26 ff.

26 Kuhlen, S. 523 ff.

27 Vgl. gegen eine solche Deutung der BGH-Rechtsprechung die ausführliche Stellungnahme bei Ebert, Subsumtionsirrtum, S. 195 ff. (Parteiverrat-Entscheidung), S. 201 ff. (Bezugskarten-Fall).

28 Siehe Kuhlens Zeitstrukturkriterium unten S. 219 ff.

29 Für ein Tatbestandsmerkmal zutreffend auch Kuhlen, S. 536 Fn. 60; vgl. auch unten S. 370 ff.

irrtum annimmt, nimmt einer straftatsystematischen Interpretation von vornherein die Chance: Wie der "Irrtum über die Rechtswidrigkeit der Zueignung zu qualifizieren ist, hängt nicht davon ab, ob das Merkmal 'rechtswidrig' die Tatbestandsmäßigkeit oder die Rechtswidrigkeit charakterisiert."[30] Der Bundesgerichtshof hatte mit dem Ergebnis, dem Vorsatzausschluß, keine Not. Dagegen zeigt die sprachliche Fassung des Grundlagenurteils,[31] das die Übertragung des Ergebnisses in die Form eines Tatbestandsirrtums, der zugleich ein Rechtsirrtum war, zum erstenmal leisten mußte, die ganze Mühsal einer solchen Pionieraufgabe. Entgegen der Deutung Kuhlens zeigt das Zitat, der "Irrtum eines Täters, Gattungssachen zur Befriedigung des auf Übereignung einer bestimmten Sache gerichteten Anspruchs, wegnehmen zu dürfen", der regelmäßig Verbotsirrtum sei,[32] nicht die straftatsystematische Gleichgültigkeit des Bundesgerichtshofs, sondern gerade sein Bemühen, den Irrtum am Verbrechensaufbau zu orientieren: Der "Verbotsirrtum" soll sich nämlich auf einen nicht existierenden Rechtfertigungsgrund aus dem Umkreis des Selbsthilferechts nach § 229 BGB beziehen.[33] Inzwischen geht der Bundesgerichtshof mit der straftatbezogenen Lehre erheblich gewandter um.[34]

Gegen die These Kuhlens von der Kontinuität der reichsgerichtlichen zur bundesgerichtlichen Rechtsprechung wird hier die Meinung von unterschiedlichen Rechtsprechungsstilen aufrechterhalten. Dafür spricht besonders auch der Um-

---

30 Kuhlen, S. 536.

31 BGHSt 17, 87.

32 BGHSt 17, 87, 90 f.; dazu Kuhlen, S. 538.

33 Nach heutiger Terminologie Erlaubnisirrtum.

34 Vgl. zum selben Problemkreis BGH, NStZ 1982, S. 380. Gewiß gibt es Irrtumsentscheidungen, die straftatsystematisch als Fehlentscheidungen zu werten sind, vgl. BGHSt 5, 371 (374), über die vorsatzausschließende Wirkung eines Irrtums über tatsächliche Voraussetzungen des entschuldigenden Notstandes; kritisch dazu z.B. Roxin, ZStW 76 (1964), S. 582 ff., 590 f., 608 ff.; Arthur Kaufmann, ZStW 76 (1964), S. 543 ff., 576 ff.; zur heutigen gesetzlichen Regelung § 35 Abs. 2 StGB.

stand, daß der Bundesgerichtshof seine Irrtumsrechtsprechung auf die Schuldtheorie und damit auf die Grundlage eines vorformulierten abstrakten Lösungsansatzes stützt, also theoriengeleitet vorgeht, während das Reichsgericht ergebnisorientiert seine Urteile fällt. Wie im einzelnen dargelegt, drängte sich bei der Durchsicht des hier zugrundegelegten Fallmaterials der begründete Verdacht auf, daß das Reichsgericht den jeweiligen konkreten Fall zum Anlaß nahm, das aktuell anstehende Problem nach Gerechtigkeitsgesichtspunkten zu entscheiden und dafür den durch die Figur des außerstrafrechtlichen Rechtsirrtums eröffneten Flexibilitätsraums ausschöpfte.

III. Dritter Leitsatz: Der Schutz der strafgesetzgeberischen Definitionsmacht als das einer horizontalen Irrtumslehre zugrunde liegende Prinzip

1. Kuhlens Ausgangsthese: Die übereinstimmenden Ergebnisse von Reichsgericht und Bundesgerichtshof bei der Irrtumsbehandlung sind auf einen gemeinsamen Grundgedanken zurückzuführen

Kuhlen zieht aus der für ihn nachgewiesenen Kontinuität bei der Behandlung von Irrtümern durch das Reichsgericht und den Bundesgerichtshof den Schluß, daß sich die Irrtumsregeln auf einen gemeinsamen Grundgedanken zurückführen lassen müssen. Von dem Auffinden dieses gemeinsamen Grundgedankens und seiner Weiterführung verspricht sich Kuhlen die Anreicherung der bisher als voraussetzungsleer eingestuften reichsgerichtlichen Differenzierung zwischen Tatirrtum/Rechtsirrtum und strafrechtlichem/außerstrafrechtlichem Rechtsirrtum. Damit entfiele nach Ansicht Kuhlens der einzige Kritikpunkt an der reichsgerichtlichen Irrtumsrechtsprechung und der Bundesgerichtshof könnte sich offen zu seiner bisher nur "versteckt" praktizierten horizontalen

Irrtumslehre bekennen.[35] Vor allem wäre nachgewiesen, daß die horizontale Irrtumslehre nicht nur eine praktizierte, sondern auch sachgemäße Problemlösung ist.

Kuhlen bedient sich hier eines methodischen Ansatzpunktes, den bereits andere Autoren vor ihm gewählt haben, um die reichsgerichtliche Irrtumslehre auf einen rational faßbaren Grund zu stützen. Allerdings sind bei den Vorläufern Kuhlens nur Andeutungen dieser Idee zu finden.[36] Eine systematische Ausarbeitung dieses Lösungsansatzes bietet - soweit ersichtlich - erstmals Kuhlen in seiner Habilitationsschrift. Er sieht den gemeinsamen Grundgedanken der vom Reichsgericht gebrauchten Begriffspaare Tatirrtum/Rechtsirrtum und strafrechtlicher/außerstrafrechtlicher Rechtsirrtum im Schutz der tatsächlich ausgeübten Definitionsmacht des Strafgesetzgebers vor der Konkurrenz individueller Beurteilung.[37] Einer individuellen Fehlannahme des Täters, so führt Kuhlen aus, müsse die vorsatzausschließende Wirkung dann abgesprochen werden, wenn sie in Konkurrenz zur strafrechtlichen Definitionsmacht trete, da ansonsten die Allgemeingültigkeit und Verbindlichkeit der Strafrechtsnormen von der Einschätzung des einzelnen abhängig gemacht werde. Dieser Erkenntnis folge notwendigerweise die vorsatzausschließende Wirkung sowohl des Tatirrtums als auch des außerstrafrechtlichen Rechtsirrtums. Beim Tatirrtum, der durch die singulären Fehlannahmen des Täters über den Sachverhalt gekennzeichnet sei, könne eine Konkurrenz zu rechtlichen Normen nicht auftreten, da die Normen allgemein seien und nichts darüber aussagten, was in einem konkreten Fall geschehe. Ebensowenig trete ein Rechtsirrtum, der eine **außerhalb** des Strafgesetzes liegende gesetzliche

---

35 Kuhlen, S. 335.

36 Vgl. etwa Wegner, AT, S. 158, 166; daß der anvisierte Schutz der gesetzgeberischen Definitionsmacht der hinter der reichsgerichtlichen Irrtumslehre stehende Gedanke ist, wird auch von Rudolphi, Unrechtsbewußtsein, S. 4 ff., vermutet.

37 Kuhlen, S. 336 ff.

Bestimmung betreffe, in Konkurrenz zur Ausübung der **straf-rechtlichen** Definitionsmacht. Darüber hinaus sei die Anerkennung der vorsatzausschließenden Wirkung des außerstrafrechtlichen Rechtsirrtums als Versuch dafür anzusehen, die mit der zunehmenden Dynamik der modernen Strafgesetzgebungen einhergehenden Informationsprobleme des einzelnen aufzufangen und zu dessen Gunsten, nämlich durch entsprechende Ausdehnung des Bereichs des außerstrafrechtlichen und damit ohne weiteres vorsatzausschließenden Rechtsirrtums, zu lösen.[38]

2. Kritik

Die Annahme Kuhlens, der Schutz der strafgesetzgeberischen Definitionsmacht sei der die Irrtumsrechtsprechung beherrschende Leitsatz, ist in mehrfacher Hinsicht anfechtbar.

Zunächst fehlt jegliche Erklärung für die hier unterstellte Annahme, daß nur die **straf**gesetzgeberische Definitionsmacht eines entsprechenden Schutzes bedürfe, obwohl sich doch die Frage aufdrängt, warum nicht auch beispielsweise die Definitionsmacht des Zivilgesetzgebers zu schützen sei. Warum dies so ist, erläutert Kuhlen nicht. So bleibt offen, warum Fehlvorstellungen des Täters, die die Normsetzungsbefugnis des außerstrafrechtlichen Gesetzgebers tangieren, als Bedrohung einer Legislationsmacht des Gesetzgebers weniger ins Gewicht fallen sollen. Die Regelungen des Zivilgesetzgebers sollen ja schließlich für den Normadressaten genauso verbindlich sein wie die des Strafgesetzgebers. Die Auffassung Kuhlens, die Zuerkennung der vorsatzausschließenden Wirkung eines außerstrafrechtlichen Rechtsirrtums trage der zunehmenden Dynamik der modernen Strafgesetzgebung und dem damit verbundenen Informationsproblem des einzelnen Rechnung, greift auf eine wohlbekannte Argumentation zurück,

---

38 Kuhlen, S. 404.

nämlich auf den Grundsatz, daß "man das Strafrecht kennen müsse, das außerstrafrechtliche Recht hingegen nicht".[39]

In Kuhlens Modell wird nicht sichtbar, welche Konsequenzen seine Annahme, die Privilegierung des Strafgesetzgebers sei das maßgebliche Prinzip einer horizontalen Irrtumslehre für das Verhältnis von Vorsatz und Schuld nach sich zieht: Es fehlt die Anbindung des Vorsatzes an die Schuld. Die Lehre Kuhlens folgt einem funktionalen Ansatz. Sie steht in einem erheblichen Spannungsverhältnis zu den Prinzipien der herrschenden Schuldauffassung, die daher kurz darzustellen ist. Grundlegend, auch im Sinne der überwiegenden Auffassung, ist eine Äußerung Welzels:[40] "Die Schuld erschöpft sich nicht in dieser Relation eines sachlichen Mißverhältnisses zwischen Handlung und Rechtsordnung, sondern begründet den **persönlichen** Vorwurf gegen den Täter, daß er die rechtswidrige Handlung nicht unterlassen hat, obwohl er sie unterlassen **konnte**. Das Verhalten des Täters ist nicht so, wie das Recht es von ihm verlangt, obwohl er den Sollensanforderungen des Rechts hätte nachkommen **können**: Er hätte sich normgemäß motivieren können. In diesem 'Dafür-Können' des Täters für seine rechtswidrige Willensbildung liegt das Wesen der Schuld; in ihm liegt der persönliche Vorwurf begründet, der im Schuldurteil gegen den Täter wegen seines rechtswidrigen Verhaltens erhoben wird." Mit dieser Beschreibung der Schuld ist aber nicht nur das Aufeinanderbezogensein von Unrechtshandlung und Schuldurteil zum Ausdruck gebracht, sondern auch ausgesprochen, daß der Vorsatz ebenfalls als Gegenstand der Schuldwertung sein Bedeutung erlangt. Schließlich ist der Gegenstand des Schuldvorwurfs die in der rechtswidrigen Tat zum Ausdruck kommende fehlerhafte Einstellung des Täters zu den Verhaltensanforderungen der Rechtsordnung und demzufolge die Unrechtshandlung der Anknüpfungspunkt für das Schuldurteil. Der Vorsatz wird

---

39 Eine Annahme, die Bestätigung in der später aufgestellten Argumentationslastregel findet, da damit der außerstrafrechtliche Bereich ausgedehnt wird.

40 Welzel, Lehrbuch, 11. Aufl., S. 138.

heute nicht nur von den Finalisten ganz überwiegend mit der Unrechtshandlung verbunden.[41] Wenn das Schuldurteil an die Unrechtshandlung anknüpft, liegt die Relevanz des Vorsatzes gerade auch für den Schuldvorwurf auf der Hand: Der Täter kann sein Verhalten nur durch seinen Willen steuern. Infolgedessen ist der Wille und durch ihn hindurch die ganze Handlung der primäre Gegenstand des Schuldvorwurfs. Den Schuldvorwurf kann man dem Täter gegenüber nur dann erheben, wenn er in der Lage war, die Rechtswidrigkeit seines Tuns zu erkennen. Dies aber setzt voraus, daß der Täter ein Sinnverständnis von seiner Tat erlangt hat.

Das Zusammenspiel von Vorsatz und Schuld wird von Kuhlen vernachlässigt. Er mißt den Vorsatz und dadurch die Relevanz eines Irrtums allein an der Frage, ob der Täter mit seiner Vorstellung in die Definitionsmacht des Strafgesetzgebers eingreift. Die Frage nach dem Umfang des vom Täter für die Vorsatzbejahung benötigten Sinnverständnisses ignoriert er völlig. Offensichtlich fühlt er sich durch diesen Grundansatz nicht gebunden.[42] Er verfolgt vielmehr ein funktional am Strafzweck orientiertes Schuldmodell. Nur von einem funktionalen Problemlösungsansatz wird es plausibel, einem Irrtum nur dann Vorsatzrelevanz einzuräumen, wenn dadurch **nicht** die Definitionsmacht des Strafgesetzgebers tangiert wird und daher die Möglichkeit ausgeschlossen ist, die Geltung der Strafrechtsnorm zu erschüttern. Eine Auseinandersetzung mit der Frage nach der Notwendigkeit und dem Umfang eines vom Täter zu erlangenden Sinnverständnisses ist für Kuhlen überflüssig.

Allerdings bedarf es einer Klärung, ob dieser ausschließlich an der Normgeltung orientierte funktionale Ansatz zur Irrtumsbehandlung vertretbar ist. Kuhlen folgt einer im Strafrecht im Vordringen befindlichen Tendenz, positiv-ge-

---

[41] Vgl. nur Schönke/Schröder-Cramer, § 15 Rdn. 8, Schönke/Schröder-Lenckner, Vor §§ 13 ff. Rdn. 53 ff.

[42] Kuhlen, S. 342 ff., 346 ff., 361 ff.

neralpräventive, nämlich an der Stärkung des Rechtsgefühls orientierte Überlegungen für die Entscheidung von Streitfragen in den Vordergrund zu rücken.[43] So will Roxin[44] die Irrtumstheorien in erster Linie von den Strafzwecklehren her bestimmen und von systemgebundenen dogmatischen Konstruktionen Abstand nehmen. Mit Hilfe kriminalpolitischer Überlegungen - oder, wie Kuhlen es umschreibt, zum Zwecke der Privilegierung des Strafgesetzgebers - sollen die irrtumsrechtlichen Zweifelsfälle gelöst und dadurch ein Auseinanderklaffen von systemgebundener dogmatischer Konstruktion und kriminalpolitischer Wirkung von vornherein unmöglich gemacht werden.

Diese gegensätzlichen Positionen bei der Frage der Irrtumsbehandlung resultieren, das dürfte deutlich geworden sein, aus dem unterschiedlichen Verständnis vom Inhalt des Schuldvorwurfs.[45] Bei der Beantwortung dieser Zweifelsfrage stehen auf der einen Seite Repräsentanten des normativen Schuldbegriffs und extreme Vertreter des funktionalen Schuldbegriffs auf der anderen Seite gegenüber.[46] Nach der etwa von Welzel, aber nicht nur von ihm und dem Finalismus,

---

43 Wolff, ZStW 97 (1985), S. 786: "Es ist die Generalprävention, die vom Wandel unserer Zeit begünstigt ist. Sie kommt zunächst dem gegenwärtigen gefühlsmäßigen Klima nahe, besticht durch ihre einfache Rationalität und unterstützt die verbreitete Meinung, metaphysische Begründungen seien Glaubensfragen und befriedigten die vom Kriege erschütterten Seelen, nicht aber das Denken, die Lehre besticht außerdem im Verhältnis zu manch anderen Strafrechtslehren durch Nüchternheit. Die Generalprävention entspricht aber auch der gegenwärtig verbreiteten Art der Rationalität praktischen Denkens, die durch ein gesteigertes Verständnis von vermittelnden Strukturen ausgezeichnet ist, insbesondere durch die Erkenntnis von Metaebenen und deren Beeinflußbarkeit ... ."

44 Roxin, Kriminalpolitik, S. 8, 35.

45 Jakobs, Schuld und Prävention; Roxin, Kriminalpolitik, S. 8, 35; Frisch, Vorsatz und Risiko, S. 255 ff.

46 Jakobs, Schuld und Prävention; Roxin, Kriminalpolitik, S. 8, 35; Frisch, Vorsatz und Risiko, S. 255 ff.

vertretenen personalen Unrechts- und Schuldlehre[47] ist das Verhältnis von Schuld und Vorsatz bzw. Fahrlässigkeit dadurch geprägt, daß Vorsatz und Fahrlässigkeit die Objekte der Wertung sind, während die Wertung der Objekte im Rahmen der Schuld erfolgt. Diese geschilderte Beziehung verbirgt sich hinter der Aussage, der Vorsatz sei **auch** als Schuldvorwurf zu begreifen. Darüber hinaus verdeutlicht die aufgezeigte Beziehung zwischen Vorsatz und Schuld auch das Erfordernis des Sinnverständnisses. Bei Welzel ist Gegenstand des Rechtswidrigkeits- wie des Schuldurteils der Handlungswille, der einmal als nicht gesollt, das andere Mal als vorwerfbar gewertet wird, wobei letzteres wiederum voraussetzt, daß der Täter das Unrecht seiner Tat erkannt hat oder hätte erkennen können. Demgegenüber verschwindet mit dem Versuch, den Schuldbegriff funktional zu bilden, ihn also als einen Begriff aufzufassen, der eine Regelungsleistung nach einer bestimmten Regelungsmaxime (nämlich nach den Erfordernissen des Strafzweckes) für eine Gesellschaft bestimmter Verfassung erbringen soll, die Bedeutung des Vorsatzes für die Schuld. Der Schuldinhalt wird nur noch durch den Strafzweck bestimmt, nach der Konzeption Kuhlens etwa durch eine positiv-generalpräventive Zielsetzung. Kuhlen geht es wie auch Jakobs ausschließlich um die Stabilisierung allgemeiner Normanerkennung. Von einem derartigen positiv-generalpräventiven Ansatz her wäre es nun durchaus zweckmäßig, vom Grundsatz error iuris nocet auszugehen. Diese radikale Lösung vertritt freilich keiner der genannten Autoren. Allerdings birgt diese Ansicht, der gesamte Schuldbegriff sei am Zweck der positiven Generalprävention auszurichten,[48] die Gefahr, den Schuldbegriff seiner eigen-

---

47 Sie darf immer noch beanspruchen, die herrschende Lehre zu sein; vgl. Gallas, ZStW 67 (1975), S. 1 ff., 44 ff., Maurach/Zipf, AT I, 7. Aufl., S. 326 ff., 401 ff.; Jescheck, AT, 4. Aufl., S. 186, 378 f.; Stratenwerth, S. 76 ff., 155 ff.

48 Nicht ganz so schroff Roxin, Kriminalpolitik, S. 33 ff. Doch führt Roxin später erhebliche Einschränkungen ein; vgl. nur Bockelmann-FS, S. 279 ff.; Jakobs, AT, S. 17 ff.

ständigen, dem Schutz des straffällig gewordenen Staatsbürgers dienenden Funktion innerhalb des Bestrafungsvorgangs zu entkleiden und von der positiven Generalprävention letztlich vereinnahmen zu lassen. Diese Gefahr, Freiheitsräume des Täters zugunsten der "Allgemeininteressen" zu beschneiden, kann nur durch eine klare Trennung zwischen Integrationsprävention und Schuldbegriff wirkungsvoll begegnet werden. Nur eine solche Vorgehensweise ermöglicht die Verwirklichung der verfassungsrechtlich verankerten Schutzfunktionen des Schuldprinzips.[49]

Kuhlen legt nicht dar, wie weit er die überkommenen Maßstäbe des normativen Schuldbegriffes hinter seinen Erwägungen zurücktreten lassen möchte und ob der funktionale Schuldbegriff in der Lage ist, die im Rahmen der Schulddiskussion auftauchenden Probleme besser zu bewältigen als der überkommene Schuldbegriff. Der von ihm verwendete funktionale Ansatz, der das Definitionsmodell allein legitimieren könnte, hätte offengelegt, diskutiert und der Kritik ausgesetzt werden müssen. Gerade dieser hochsensible Diskussionspunkt nach dem Inhalt der Schuld hätte einer vertieften Behandlung bedurft, wenn der funktionale Lösungsansatz methodisch und inhaltlich überzeugen sollte.

In Wirklichkeit wird hinter diesen Bemühungen etwas anderes sichtbar: Für das Reichsgericht wurde der unvermeidbare strafrechtliche Rechtsirrtum nicht entscheidungsrelevant, denn die Frage der Vermeidbarkeit oder Unvermeidbarkeit des Irrtums gewann für das Reichsgericht bereits bei der Abgrenzung von strafrechtlichem und außerstrafrechtlichem Rechtsirrtum Bedeutung. Bei einem unvermeidbaren Rechtsirrtum ging das Reichsgericht nämlich von einem außerstrafrechtlichen Rechtsirrtum aus und machte diesen dadurch zur "Gerechtigkeitsreserve" seiner Irrtumslehre.

---

49 Vgl. im einzelnen Maurach/Zipf, AT I, 7. Aufl., § 30 III Rdn. 49, S. 417.

Diese ergebnisorientierte Vorgehensweise des Reichsgerichts bei der Differenzierung der Rechtsirrtümer ist keine außergewöhnliche methodische Erscheinung. Es entspricht einem häufig feststellbaren Bestreben der Rechtsprechung, sich durch die Aufstellung von begrifflich nicht ganz klaren Theorien, die eine große Flexibilität garantieren, die Möglichkeit offenzuhalten, im Einzelfall Ergebniskorrekturen vornehmen zu können.[50] Und so kommt man zu einer zwangloseren und realistischeren Deutung der reichsgerichtlichen Irrtumsrechtsprechung. Das Reichsgericht hat sich nicht - wie von Kuhlen angenommen - von dem Gedanken der positiven Generalprävention, also einer abstrakt formulierten Theorie, bei seiner Aufgabe leiten lassen, sondern es stellte sich beim jeweiligen Einzelfall die Frage, ob der Rechtsirrtum für den Täter vermeidbar oder unvermeidbar gewesen war. Die Antwort auf diese Frage bestimmte die Einordnung des Rechtsirrtums als strafrechtlich oder außerstrafrechtlich. Demnach ließ sich das Reichsgericht von Gerechtigkeitsüberlegungen bei der Zuerkennung von Vorsatzausschluß leiten und nicht von der Frage, ob der einzelne sich mit seiner Fehlannahme in Gegensatz zu den Überzeugungen des Strafgesetzgebers begab. Man kann das Reichsgericht allenfalls doch auf eine (allerdings Kuhlen nicht bestätigende) Linie bringen: Generalprävention, eingeschränkt durch individuelle Gerechtigkeitsreserve. Die eigentlich brisante und abzulehnende These ist, daß der Bundesgerichtshof es ebenso macht und die gesamten Irrtumstheorien der Nachkriegszeit als deren Nachwirkungen anzusehen waren. Die von Kuhlen behauptete Fortsetzungslinie vom Reichsgericht zu seiner Lehre ist jedoch nicht überzeugend nachgewiesen.

---

50 Hauptbeispiel dürfte hierfür die "Animustheorie" im Bereich der Täter- und Teilnahmelehre sein.

IV. Vierter Leitsatz: Das Zeitstrukturkriterium ermöglicht durch die Einteilung von statischen und dynamischen Normierungen die klare Unterscheidung zwischen den verschiedenen Irrtümern

1. Das Zeitstrukturkriterium

Nachdem Kuhlen den seiner Ansicht nach gemeinsamen Grundgedanken der Irrtumsrechtsprechung von Reichsgericht und Bundesgerichtshof identifiziert hat, bleibt für ihn nur noch die Ausräumung des Kritikpunktes übrig, die reichsgerichtliche Irrtumslehre biete keine klaren Kriterien für die Unterscheidung von Tatirrtum/Rechtsirrtum und außerstrafrechtlichem/strafrechtlichem Rechtsirrtum. Er behauptet, eine praktikable Lösung für dieses Abgrenzungsproblem gefunden zu haben. Mit Hilfe des von ihm hierzu entwickelten Zeitstrukturkriteriums lasse sich die immer wieder gegen die Durchführbarkeit der Unterscheidung strafrechtlicher/ außerstrafrechtlicher Rechtsirrtum angeführte Substituierbarkeitsthese entkräften.

a) Die Substituierbarkeitsthese

Unter der Substituierbarkeitsthese, der Argumentation der prinzipiellen Substituierbarkeit, wird verstanden: Ein Tatbestandsmerkmal kann derart ersetzt werden, daß ohne Veränderung des strafrechtlichen Schutzbereiches das außerstraftatbestandliche Recht zu einem innertatbestandlichen werde. Bei einer derartigen Substitution sei eine individuelle Fehlannahme des Täters, die bisher als außerstrafrechtlicher Rechtsirrtum einzustufen war, nunmehr als strafrechtlicher Rechtsirrtum zu qualifizieren.[51] Das Zeitstruktur-

---

[51] Vgl. nur Temme, S. 191; nach Puppe, GA 1990, S. 155 f., ist die Substitution eines Begriffes durch einen anderen generell unzulässig, da eine solche Begriffsersetzung zur Sinnentstellung des Tatbestandes führe. Vgl. auch Puppe, ZStW 102 (1990), S. 897.

kriterium ist nun nach der Ansicht Kuhlens in der Lage, dieses Argument der Umdeutbarkeit eines außerstrafrechtlichen in einen strafrechtlichen Rechtsirrtum zu entkräften und eine nicht formalistische horizontale Unterscheidung innerhalb der Normkonkretisierung,[52] zu ermöglichen. Die Unterscheidung des strafrechtlichen Rechtsirrtums vom außerstrafrechtlichen Rechtsirrtum kann dann als maßgebliche Trennlinie zwischen vorsatzausschließendem und nichtvorsatzausschließendem Rechtsirrtum anerkannt werden.

b) Statische und dynamische Norm

Kuhlen umschreibt mit dem Zeitstrukturkriterium den für die Substitutionsthese grundlegenden Unterschied zwischen einer statischen und dynamischen Norm. Eine statische Norm ist dadurch gekennzeichnet, daß in ihr ein bestimmter Zeitpunkt, nämlich der des Normerlasses, als maßgeblicher Zeitpunkt für die inhaltliche Bestimmung des jeweiligen Merkmales festgeschrieben ist.[53] In einem solchen Fall ist es häufig nur ein rein gesetzestechnisches Problem, ob man die abstraktere Formulierung durch eine Enumeration der im Normsetzungszeitpunkt geltenden einschlägigen gesetzlichen Regeln oder der sonstigen Beurteilungsmaßstäbe ersetzt oder nicht. Bei diesen statischen Normen behält das Argument der prinzipiellen Substituierbarkeit seine Berechtigung. Es verliert seine Berechtigung aber bei einer Norm, die auf die jeweils zur Tatzeit geltende gesetzliche Lage verweist und damit ihre Beurteilungsmaßstäbe dem Wandel der Zeit anpaßt. Eine derartige Norm ist als Folge ihrer veränderlichen Zeitstruktur als dynamische Normsetzung zu qualifizieren.[54] Eine dynamische Normierung läßt keinen Raum für die

---

52 Unter Normkonkretisierung versteht Kuhlen den stufenweisen Übergang vom abstrakten Gesetzesbegriff bis zum unmittelbaren Benennen des konkreten Gegenstandes; vgl. z.B. Kuhlen, S. 502.

53 Kuhlen, S. 369.

54 Kuhlen, S. 369.

Substitution des abstrakten Begriffs durch eine Aufzählung der gesetzlichen Regeln oder sonstigen Beurteilungsmaßstäbe. Schließlich könnte eine Enumeration immer nur für den gegenwärtig zu untersuchenden Zeitpunkt erfolgen und hätte keine Verbindlichkeit für die Zukunft und den dadurch bedingten Wandel, der durch die dynamische Normierung aber gerade Bestandteil der Norm bzw. des Begriffs wurde.

c) Irrtumsrechtliche Konsequenzen der Unterscheidung statischer und dynamischer Normierung

Dieser mittels des Zeitstrukturkriteriums dargestellte Unterschied zwischen einer dynamischen und einer statischen Norm erhellt, daß diejenigen allgemeinen Normkonkretisierungen, die die gleiche Zeitstruktur besitzen wie die Ausgangsnorm, zur strafrechtlichen Norm im engeren Sinne zu rechnen sind. Demzufolge kann ein Irrtum, dessen Bezugspunkt die statische Norm oder ihre allgemeine Normkonkretisierung ist, nur ein strafrechtlicher Rechtsirrtum sein.[55] Demgegenüber bilden bei einer dynamischen Norm die rechtlichen oder außerrechtlichen Beurteilungsmaßstäbe den außerstrafrechtlichen Vorbereich, weil und soweit sie im Rahmen der Konkretisierung der Strafrechtsnorm deren dynamische Zeitstruktur nicht teilen. In diesem Fall kommt einer Fehlvorstellung als außerstrafrechtlicher Rechtsirrtum vorsatzausschließende Wirkung zu.[56] Angesichts der geschilderten irrtumsrechtlichen Konsequenzen kommt der Abgrenzung zwischen dynamischen und statischen Normierungen überragende Bedeutung zu.

---

[55] Kuhlen, S. 370 f.

[56] Kuhlen, S. 371 ff.

d) Die Argumentationslastregel

Es ist sicherlich richtig, daß zahlreiche Normen, in denen auf eine anderweitige gesetzliche Regelung Bezug genommen wird, solche dynamische Normen sind, bei denen ein vorsatzausschließender außerstrafrechtlicher Rechtsirrtum in Betracht kommt. Demnach ist es eine entscheidende Frage, wann im einzelnen Fall eine Verweisung dynamisch oder statisch ist. Sie bedarf einer eindeutigen Antwort, denn von der Identifizierung der Norm als dynamisch oder statisch hängt die Eingruppierung der Irrtümer in vorsatzausschließende und nichtvorsatzausschließende ab. Wenn es sich beispielsweise bei den Begriffen der Urkunde und der Unechtheit um eine jeweils statische Normierung handelt, träfe die Substituierbarkeitsthese zu. In diesem Falle wären nur strafrechtliche Rechtsirrtümer denkbar.[57] Ein solches Ergebnis stünde freilich im Widerspruch zu der reichsgerichtlichen Lösung, die sehr wohl hinsichtlich der Urkundenfälschung außerstrafrechtliche Rechtsirrtümer aufweist. Die Möglichkeit eines außerstrafrechtlichen Rechtsirrtums ist nach der von Kuhlen vorgeschlagenen Irrtumslehre nur dann eröffnet, wenn man die Begriffe als dynamische Begriffe qualifizieren kann. Kuhlen schweigt zur Einordnung des Urkunden- und Unechtheitsbegriffs, und dies führt zu einem allgemeinen Problem seines Gedankenganges: Er bietet allgemeingültige Kriterien zur Abgrenzung zwischen dynamischer und statischer Normierung nämlich gar nicht an, obwohl solche Kriterien für seine Theorie ausschlaggebend wären.[58] Im Ergebnis be-

---

57 Kuhlen S. 371.

58 Vorteile, die Kuhlen dem Zeitstrukturkriterium zuordnet, S. 413 f.: Das Zeitstrukturkriterium beansprucht allgemeine Geltung beim Irrtum über Tatbestands- und Rechtswidrigkeitsmerkmale. S. 420: Das Zeitstrukturkriterium führt zu Ergebnissen, die mit den heute einhellig akzeptierten übereinstimmen. Das Zeitstrukturkriterium vereinfacht die heutige Lehre, weil es die schwierige Unterscheidung von normativen und deskriptiven Merkmalen überflüssig macht. Es korrigiert sie, soweit es um deskriptive Merkmale geht. Es führt schließlich zu einer erheblichen Präzisierung gegenüber der - richtigerweise

gnügt er sich mit der These, daß das "heutige Strafrecht und die heutige Strafgesetzgebung" zunehmend dynamische Normierungen verwenden.[59] Aus dieser Feststellung leitet er die Argumentationslastregel ab,[60] daß die Anknüpfung an andere Beurteilungskriterien dynamisch zu verstehen ist, wenn nicht besondere Anhaltspunkte gegen dieses Verständnis sprechen: im Zweifel für den außerstrafrechtlichen Rechtsirrtum. Den Verzicht auf Kriterienbildung und die Beschränkung auf eine bloße Argumentationslastregel leitet Kuhlen aus seiner Einsicht ab, daß eine Antwort auf die Frage, ob eine Norm an andere Beurteilungsmaßstäbe anknüpft, nur normrelativ erfolgen kann, das heißt, maßgebend soll die Auslegung des fraglichen Tatbestandes sein. Dieser normrelativen Methode bleibt Kuhlen auch bei der Antwort auf die Anschlußfrage nach der statischen oder dynamischen Anknüpfung treu: Er stellt fest, daß darauf nicht allgemein, sondern nur für eine bestimmte Norm bzw. für ein bestimmtes Merkmal dieser Norm geantwortet werden kann. Eine wichtige Konsequenz dieser normrelativen Deutung liegt darin, daß die irrtumsrechtlichen Fragen solche des Besonderen Teiles bleiben, wie ja überhaupt die reichsgerichtliche Irrtumslehre nach Kuhlen von der Ausgestaltung der jeweiligen Normen des Besonderen Teiles des Strafgesetzbuches abhängig ist. Obwohl Kuhlen mit dem Zeitstrukturkriterium keine allgemeine Theorie schafft, geht er davon aus, daß er mit dessen Hilfe die Abgrenzungssicherheit erhöht hat. Schließlich habe er anhand zahlreicher Beispiele nachgewiesen, daß strafrechtliche Anknüpfungen an strafrechtliche oder außerstrafrechtliche Normen im modernen Recht regelmäßig dynamisch zu verstehen seien.[61]

---

auf normative wie deskriptive Merkmale anzuwendenden - Parallelwertungslehre in ihrem heutigen Verständnis.

59 Kuhlen, S. 381.

60 Kuhlen, S. 414 f.

61 Kuhlen, S. 420.

2. Kritik

a) Statische Verweisungsnorm: ein Begriff ohne Anwendungsbereich?

Eine Berechtigung, die Argumentationslastregel und ihre im Ergebnis weitreichende Schlußfolgerung allein mit dem Hinweis auf die ausgewählten Beispielsfälle zu stützen, ließe sich schon infolge mangelnder Repräsentativität methodisch anzweifeln. Die Bedenken verschärfen sich aber noch, weil eine klare Aussage fehlt, wie die besonderen Anhaltspunkte zur Widerlegung der Argumentationslastregel aussehen könnten. Eine auf die verwendete Formulierung "im modernen Recht" zurückgehende Vermutung, daß das Normalter für die Eingruppierung maßgeblich sein könnte,[62] wäre gewiß zu verwerfen. Schon die Beispielsfälle zu §§ 242, 246 StGB bei Kuhlen sprechen gegen eine derartige Vermutung.[63] Kuhlen sieht sie als dynamische Normierungen an und bringt damit indirekt zum Ausdruck, daß das Alter einer Norm keine Rolle für die Einteilung spielen kann. Nun fehlen aber Hinweise auf andere Anhaltspunkte für eine Antwort auf die Frage, unter welchen Voraussetzungen die Argumentationslastregel als widerlegt zu gelten hat. Für die Kernfrage der Abgrenzung zwischen strafrechtlichen und außerstrafrechtlichen Rechtsirrtümern und der ihr notwendig vorgeschalteten Frage nach der Differenzierung zwischen dynamischer und statischer Normierung bleibt es allein bei der Vermutungsregel, daß grundsätzlich von einer dynamischen Normierung auszugehen sei. Die Regel ist als Grundsatz formuliert und müßte damit der Widerlegung zugänglich sein; angesichts fehlender Indizien, wann eine Norm ausnahmsweise als statisch zu betrachten ist, erstarkt die Regel praktisch zu einer unwiderlegbaren Vermutung, daß alle Normen dynamisch seien.

---

62 Würde dieser vermutete Zusammenhang zwischen dem Alter der Norm und ihrer Ausgestaltung bestehen, dann müßten wohl die meisten Bereiche bei der "alten" Vorschrift des § 267 StGB als statische Normierungen angesehen werden.

63 Kuhlen, S. 413 ff.

Will sich Kuhlen die Folgerung einer unwiderlegbaren Argumentationslastregel nicht aufdrängen lassen, dann ist ihm der Vorwurf nicht zu ersparen, daß er mit Hilfe des Zeitstrukturkriteriums und der Argumentationslastregel ebenfalls Spielräume für Ermessens- und Willkürentscheidungen bei der Abgrenzung zwischen strafrechtlichem und außerstrafrechtlichem Rechtsirrtum eröffnet. Mit der Argumentationslastregel verschafft sich Kuhlen nämlich dann die Möglichkeit, Rechtsirrtümer, denen er eine vorsatzausschließende Wirkung nicht zubilligen will, mit der Behauptung, die betreffende Norm oder der Normbegriff repräsentiere die Ausnahme von der Regel und sei deshalb als statisch einzugruppieren, als "strafrechtlich" einzustufen. Da Regeln zur Methodik fehlen, wie man die Ausnahmen bestimmt, ist das Ergebnis willkürlich. Es entsteht eine Unsicherheitszone, die der Flexibilität der reichsgerichtlichen Irrtumslehre mit ihrer "Gerechtigkeitsreserve" des außerstrafrechtlichen Rechtsirrtums gleichkommt. Schon aus diesem Grunde kommt der Lehre Kuhlens eine größere Abgrenzungssicherheit gegenüber der reichsgerichtlichen Lehre nicht zu. Kuhlen gesteht übrigens selbst seiner eigenen Theorie Schwächen zu: Mit der Verwendung dynamischer Normierungen gehe die Zurücknahme des strafrechtlichen Definitionsanspruches einher, deshalb sei eine damit verbundene Akzessorietät des Strafrechts gegenüber anderen Rechtsgebieten festzustellen.[64] Die ungeklärten Problemfragen offenbaren, daß die Theorie zumindest für die Abgrenzung des vorsatzausschließenden vom nichtvorsatzausschließenden Rechtsirrtum keinen wirklichen Fortschritt bedeutet.

---

64 Was eigentlich die Institution der Vereinigten Senate überflüssig machen würde.

b) Abgrenzungsprobleme

Bei der Einteilung dynamisch/statisch und dem damit eingeführten Zeitstrukturkriterium geht es um die Frage, ob ein im Strafrechtgesetzbuch gebrauchter Begriff auf einen anderen Rechtsbegriff verweist und dadurch einen außerstrafrechtlichen Bereich eröffnet, oder ob dies nicht der Fall ist.[65] Demnach läge ein außerstrafrechtlicher Rechtsirrtum vor, wenn sich der Täter über einen außerhalb des Strafrechts liegenden Begriff irrt, auf den der fragliche Begriff des Strafgesetzes verweist. Demgegenüber könnte ein Begriff, der nicht an einen außerhalb des Strafrechts angesiedelten Standard anknüpft, nur Gegenstand eines strafrechtlichen Rechtsirrtums sein. Die Konzeptions Kuhlens stellt den Umstand in den Vordergrund, ob ein Strafrechtsbegriff an einen nicht strafrechtlichen Standard anknüpft und dadurch sein Schicksal abhängig macht vom Wandel dieser außerstrafrechtlichen Regel. Der Strafgesetzgeber begibt sich bewußt seiner Definitionsmacht, wenn er einen strafrechtlichen Begriff verwendet, der auf einen außerhalb des Strafrechts angesiedelten Begriff verweist, da nunmehr die Ausgestaltung, d.h. die Interpretationsentwicklung dieser Normen, nicht von den strafrechtlichen Instanzen verwaltet wird, sondern von nicht strafrechtlichen Normgebern. Demnach bleibt die strafgesetzgeberische Definitionsmacht unangetastet, wenn man solch einem Irrtum Vorsatzbeachtlichkeit zuerkennt. An die Feststellung, daß die Norm verweist, knüpft sich aufgrund der Argumentationslastregel allermeistens, wenn nicht immer,[66] auch ihre Einstufung als

---

65 Allerdings wird die Frage, ob überhaupt ein Begriff verweist oder ob er originär strafrechtlich ist, von Kuhlen nur beiläufig behandelt; vgl. etwa Kuhlen, S. 529 f.: "Sache" sei originär strafrechtlich, "fremd" außerstrafrechtlich; Irrtümer im Bereich des Sachbegriffs müssen daher immer vorsatzunerheblich sein. Regeln zur Abgrenzung finden sich nicht; vgl. näher unten S. 227 ff., 131 ff.

66 Siehe oben S. 222 ff., 224.

dynamische Norm. Damit ist auch die Möglichkeit eines außerstrafrechtlichen Rechtsirrtums eröffnet.

Angesichts der aufgestellten Argumentationslastregel und dem aus ihr folgenden Verhältnis von statischen und dynamischen Normierungen ist dieses Modell freilich nicht unbedenklich. Wenn allein der Umstand reicht, daß eine Norm an einen nicht strafrechtlichen Standard anknüpft, würde der Bereich des außerstrafrechtlichen Rechtsirrtums erheblich ausgeweitet werden,[67] so daß sich daran die Fragen anknüpfen müßte, ob und wie der Bereich des strafrechtlichen Rechtsirrtums aussehen müßte. Im Grunde zeichnet sich ein eher einfaches Grundkonzept ab, und man fragt sich, warum eigentlich der Aufwand der komplizierten Theoriebildung erforderlich war.

Allerdings erhält die These der prinzipiellen Substituierbarkeit vor dem Hintergrund der getroffenen Überlegungen eine neue Dimension, wenn man sich über die Bedeutung des Zeitstrukturkriteriums nach der Konzeption Kuhlens klar wird. Kuhlen geht - wie dargelegt - davon aus, daß es zwei Arten von Strafrechtsnormen/Strafrechtsbegriffen gibt, die auf andere Regelungen verweisen.

aa) Strafrechtlicher Rechtsirrtum

Wenn der Gesetzgeber im Strafgesetzbuch einen abstrakten Begriff verwendet, der als Hinweis auf die im Zeitpunkt des Normerlasses in anderen Rechtsbereichen geregelten Einzelheiten zu verstehen ist, dann kann dieser Begriff lediglich eine Abkürzung bzw. ein Synonym für das an sich erforderli-

---

[67] Die Ausweitung des außerstrafrechtlichen Rechtsirrtums hätte nach dem "Umkehrprinzip" eine Ausweitung des untauglichen Versuchs zur Folge; Kuhlen, S. 563 ff., entzieht sich dieser Konsequenz. Er verlangt eine objektive Gefährdung der Rechtsordnung und beschränkt den untauglichen Versuch auf den umgekehrten Tatirrtum. Darauf kann hier nicht näher eingegangen werden.

che Aufzählen der anderweitigen einschlägigen Regeln sein, die im Zeitpunkt des Normerlasses gelten. Mit dieser - nach dem Sprachgebrauch Kuhlens als statisch zu klassifizierenden - Verweisung bringt der Gesetzgeber zum Ausdruck, daß nur die zum Zeitpunkt des Normerlasses bestehende außerstrafrechtliche gesetzliche Regelung dieses Punktes für das Strafgesetzbuch maßgeblich sein soll.[68] Unter dieser Voraussetzung gilt die Substituierbarkeitsthese, d.h., die formal in außerstrafrechtlichen Gesetzen geregelten Einzelheiten können den Strafrechtsbegriff völlig ersetzen. Diese Erkenntnis läßt nunmehr den Schluß zu, daß nicht der Standort der jeweiligen Regelung für die Klassifizierung strafrechtlich/außerstrafrechtlich maßgeblich ist, sondern die Möglichkeit, den Strafrechtsbegriff durch andere Begriffe ersetzen zu können. Deshalb liegt ein strafrechtlicher Rechtsirrtum auch dann vor, wenn der Täter sich über einen Begriff irrt, der zwar nicht im Strafgesetzbuch geregelt ist, der aber in der Lage ist, den Strafrechtsbegriff des einschlägigen Straftatbestandes zu ersetzen. In einem solchen Fall steht nämlich fest, daß es sich bei diesem "Ersatz-"Begriff auch um einen strafrechtlichen Begriff handelt und demzufolge ist ein Irrtum darüber als strafrechtlicher Rechtsirrtum einzustufen.

---

68 Allerdings nennt Kuhlen kein Beispiel für eine statische Verweisung. Es ist fraglich, ob der Gesetzgeber überhaupt völlig losgelöst von der weiteren Rechtsentwicklung auf eine andere Norm verweist, so daß es sich bei der Unterscheidung statischer und dynamischer Verweisung um eine Scheineinteilung handeln könnte. Herzberg, JZ 1993, S. 1021, und Puppe, ZStW 102 (1990), S. 899, kritisieren ebenfalls die Unterscheidung zwischen statischer und dynamischer Normierung. Sie halten zwar eine statische Normierung im Sinne der Definition von Kuhlen für vorstellbar, aber praktisch für ausgeschlossen. Eine statische Verweisung stehe dem Gesetzgeber nicht zur Verfügung, da sich jede Verweisung auf das zum Handlungszeitpunkt geltende Recht beziehe und nicht auf das Recht zum Normerlaß. Vgl. auch Herzberg, a.a.O., S. 1022, wo er betont, daß Kuhlen das Material fehle, um zu belegen, daß manche Strafvorschriften, die auf andere Rechtsregeln verweisen, den Rechtszustand eines Stich-

Wendet man diese Grundsätze auf ein konkretes Beispiel an, dann wird man sich deren Auswirkungen wie folgt vorzustellen haben:[69] Der Begriff "Sache" in § 303 StGB könnte als Verweisungsbegriff[70] zu deuten sein und auf § 90 BGB verweisen, so daß auch ein Tier als Sache anzusehen ist.[71] Glaubt der Täter, ein Tier sei keine Sache, dann irrt er sich über den Inhalt von § 90 BGB, also über eine zivilrechtliche Norm. Er unterliegt hier jedoch dann **keinem** außerstrafrechtlichen, d.h. zivilrechtlichem Rechtsirrtum, wenn die Definition des § 90 BGB den Begriff "Sache" im Sinne von § 303 StGB ersetzen kann und damit selbst ein "eigentlich strafrechtlicher" Begriff ist. Die Möglichkeit, daß ein außerstrafrechtlicher Begriff einen strafrechtlichen Begriff völlig ersetzen kann, ist - wie dargelegt - abhängig von der Einstufung der Strafrechtsnorm oder des Strafrechtsbegriffs als statisch oder dynamisch. Die Verweisung in § 303 StGB auf § 90 BGB läßt sich dahin verstehen, daß der Strafgesetzgeber des § 303 StGB mit seiner Verweisung auf § 90 BGB die zu diesem Zeitpunkt bestehende Rechtslage - nämlich daß Tiere als Sachen anzusehen sind - verbindlich und unabänderlich festschreiben wollte. Bei diesem Verständnis der Verweisung des § 303 StGB auf § 90 BGB handelt es sich bei § 303 StGB um eine sogenannte statische Normierung, so daß § 90 BGB den strafrechtlichen Sachbegriff vollständig ersetzen kann. Demzufolge ist jeder Rechtsirrtum, über den zum Normerlaßzeitpunkt des § 303 StGB geltenden § 90 BGB als strafrechtlicher Rechtsirrtum und als vorsatzirrelevant einzustufen. Aus der Einschränkung "der zum Normerlaßzeitpunkt geltende § 90 BGB" läßt

---

tages für einen einzelnen Straftatbestand zu konservieren.

69 Vgl. die Beispiele (Fremdheit und Schonzeit) und die Kritik zu der Konstruktion der statischen Normierungen bei Herzberg, JZ 1993, S. 1021 f.

70 Nach Kuhlen, S. 529, ist "Sache" jedoch kein Verweisungsbegriff, sondern originär strafrechtlich.

71 Es ist zunächst der vor 1990 geltende Rechtszustand zugrunde gelegt. Durch Gesetz vom 20.8.1990 BGBl. I, S. 1762, wurde § 90 a BGB ins Bürgerliche Gesetzbuch eingefügt, der die Sachqualität von Tieren ausschließt.

sich freilich folgern, daß eine geänderte außerstrafrechtliche Norm nicht mehr in der Lage ist, den strafrechtlichen Begriff zu ersetzen. Demnach müßte der Täter, der annimmt, Hunde seien keine Sachen im Sinne von § 303 StGB, da im seit 1991 geänderten § 90 BGB nun ausdrücklich zwischen Sachen und Tieren differenziert werde, sich in einem außerstrafrechtlichen Rechtsirrtum befinden. Der Täter irrt sich zwar über eine Begriffsdefinition, die in § 90 BGB, also einer als statisch eingestuften Norm, ihren Ursprung hat, aber er irrt sich nunmehr über einen Begriff, der infolge der Änderung des § 90 BGB den strafrechtlichen Sachbegriff nicht mehr ersetzen kann. Durch die Änderung des § 90 BGB ist der Sachbegriff im Sinne von § 90 a.F. BGB nicht weiterhin als substituierbarer Strafrechtsbegriff anzusehen, denn der Gesetzgeber hat - so könnte man argumentieren - nur auf den § 90 a.F. BGB durch § 303 StGB verweisen wollen und nicht auf die neue Fassung. Es könnte naheliegen, einer solchen außerstrafrechtlichen Gesetzesänderung eine die Irrtumsbeurteilung verändernde Funktion beizumessen. Der Irrtum über die Sachqualität eines Hundes wäre bei unveränderter Rechtslage strafrechtlicher Art, nach Änderung der Rechtslage demgegenüber außerstrafrechtlicher Art. Diese Argumentation verkennt freilich, daß der geänderte § 90 BGB für die Beurteilung der Sacheigenschaft im Sinne von § 303 StGB überhaupt keine Rolle spielt, da § 303 StGB an die alte Fassung statisch anknüpfte, also diese Definition für den Auslegungsbereich des § 303 StGB auch nach Änderung des § 90 BGB maßgeblich ist. Demnach betrifft die rechtliche Fehlvorstellung des Täters trotz der Gesetzesänderung weiter den strafrechtlichen Bereich. Der Täter legt den strafrechtlichen Sachbegriff falsch aus, indem er fälschlicherweise die Sachdefinition des neuen § 90 BGB für die Auslegung des § 303 StGB als verbindlich ansieht und deshalb Hunde nicht unter § 303 StGB subsumiert.

Eine weitere Frage drängt sich in diesem Zusammenhang auf: Der Umstand, daß der Täter sich vorstellt, § 303 StGB verweise auch auf den geänderten § 90 BGB, müßte doch eigentlich irrtumsrechtlich Beachtung finden. Der Strafgesetzgeber hat es versäumt klarzustellen, daß § 90 BGB, der bisher für die Auslegung des § 303 StGB maßgeblich war, in seiner neuen Fassung nicht mehr ausschlaggebend sein soll. Kuhlen selbst hat - soweit ersichtlich - diese Irrtumskonstellation nicht besprochen. In Betracht käme wohl aber eine Lösung über das Merkmal der Vermeidbarkeit/Unvermeidbarkeit eines Strafrechtsirrtums, wobei im Falle der Änderung des Verweisungsbereiches die Unvermeidbarkeit des Strafrechtsirrtums naheliegt. Neben dieser Frage, welche Auswirkungen eine Änderung des Verweisungsbereichs nach sich zieht, wirft dieser Beispielsfall auch die Frage auf, wie der Irrtum des Täters über den Umstand der Verweisung als solche zu behandeln ist. Handelt es sich dabei um einen Tatirrtum/ Rechtsirrtum, und wenn es ein Rechtsirrtum ist, ist dieser strafrechtlicher oder außerstrafrechtlicher Art? Soweit ersichtlich, behandelt Kuhlen diesen Problemkreis nicht.

bb) Außerstrafrechtlicher Rechtsirrtum

Kuhlen kennt neben der statischen Verweisung als zweite Normierungsmöglichkeit die dynamische Verweisung. Der Gesetzgeber kann mit der Verwendung eines Begriffes im Strafrecht zugleich auch deutlich machen, daß dieser nur Platzhalter für die jeweils **im Tatzeitpunkt** geltende außerstrafrechtliche Regelung ist. Demnach kann dieser im Strafrecht verwendete Begriff von einem nicht strafrechtlichen Begriff nur ersetzt werden, wenn auch dieser nichtstrafrechtliche Begriff zum Ausdruck bringt, daß maßgeblich die zum jeweiligen Handlungszeitpunkt geltende rechtliche Regelung ist. Solange ein solcher Begriff diese Zeitinformation enthält, also den Hinweis, daß auf die jeweils zur Tatzeit geltende gesetzliche Regelung verwiesen wird, ist ein Irrtum über ihn, den außerstrafrechtlichen Begriff, nicht außerstrafrechtlicher Art, sondern strafrechtlicher Art, da in diesem Fall die Substituierbarkeitsthese gilt. Demgegenüber trifft die Substituierbarkeitsthese nicht zu, wenn der abstrakte dynamisch verweisende Begriff des Strafgesetzes durch die gerade im Tatzeitpunkt geltende Regelung ausgefüllt, d.h.

ersetzt wird. Die Konsequenzen dieser Ansicht sind offensichtlich: Der Täter stellt sich in jedem Falle die rechtliche Situation bezogen auf den Handlungszeitpunkt vor, seine Vorstellung ist immer statisch (ohne zeitliche Variable).[72] Die Tätervorstellung enthält nicht mehr die Merkmale, durch die man den Verweisungsbegriff des Strafgesetzgebers substituieren konnte. Eine Substituierbarkeit des Verweisungsbegriffes durch außerstrafrechtliche Merkmale ist nicht möglich, da diese ihre Zeitvariable verloren haben. Der Rechtsirrtum darüber kann daher nicht strafrechtlicher, sondern nur außerstrafrechtlicher Art sein.[73] Dies gilt sogar für die im Moment des Normerlaßzeitpunktes einer dynamischen Norm gerade geltende außerstrafrechtliche Regelung, denn sie enthält nicht mehr die Merkmale, die den Verweisungsbegriff des Strafgesetzgebers substituieren könnten. Auch sie kann nicht als Ersatz für den strafrechtlichen Begriff fungieren, da sie nicht die Zeitvariable enthält, also den Hinweis darauf, daß die jeweils geltende außerstrafrechtliche Regelung zur Ausfüllung des Strafrechtsbegriffs dienen soll. Somit ist ein Irrtum über diese außerstrafrechtliche Regelung ein außerstrafrechtlicher Rechtsirrtum, denn hier ist die Substitutionsthese nicht einschlägig.[74]

---

[72] So auch Herzberg, JZ 1993, S. 1022.

[73] Puppe kritisiert zu Recht, daß Kuhlen einem Irrtum über die außerstrafrechtlichen Regeln nur dann vorsatzausschließende Wirkung zuerkennt, wenn dieser Irrtum "relevant" ist (Kuhlen, S. 372 Fn. 39). Er sei irrelevant, wenn er nicht zu einer Verkennung des normativen Tatbestandsmerkmals führe. Allerdings werde diese Irrelevanz von Kuhlen selbst nicht weiter nachgewiesen; sie lasse sich zwar in seinem System begründen, die Argumentation sei aber nicht stichhaltig; Puppe, ZStW 102 (1990), S. 897 f.

[74] Herzberg, JZ 1993, S. 1022, bringt die Konzeption von Kuhlen auf den Punkt: "Die eigentliche Lösung Kuhlens liegt nun darin, daß er unterscheidet zwischen dem Mißverstehen schon des verweisenden Begriffes selbst und Rechtsirrtümern im Verweisungsbereich, im normativen Vorfeld der Strafrechtsvorschrift." Diese Unterscheidung ähnelt der von Herzberg früher vertretenen (ders., JuS

Es sei wiederum entgegen Kuhlen davon ausgegangen, daß der Sachbegriff des § 303 StGB ein Verweisungsbegriff ist.[75] Diesmal soll geprüft werden, wie es bei einer dynamischen Verweisung auf § 90 BGB stünde. Wenn der Täter nicht weiß, ob Hunde den Sachbegriff des § 90 BGB erfüllen, aber glaubt, daß für den Sachbegriff die jeweils geltenden Vorschriften des Bürgerlichen Gesetzbuches maßgebend sind und damit auch für die Sacheigenschaft von Hunden, so bezieht sich diese Annahme auf eine Regelung außerhalb des § 303 StGB, die die Zeitvariable enthält. Deshalb kann die vom Täter vorgestellte Regelung den strafrechtlichen Sachbegriff ersetzen, da insoweit die Substitutionsthese gilt. Festzuhalten ist demnach, daß sich die Täterannahme formal betrachtet auf eine außerstrafrechtliche Regelung bezieht, nämlich auf § 90 BGB, materiell aber der Anknüpfungspunkt der Tätervorstellung als strafrechtliche Regelung einzustufen ist, da nach der Vorstellung des Täters § 90 BGB mit der Zeitvariablen versehen ist und aus diesem Grunde den strafrechtlichen Begriff ersetzen kann. Allerdings bleibt das Vorstellungsbild des Täters nicht auf dieser Stufe stehen. Er wird seine Überlegung, daß für die Sacheigenschaft der jeweils maßgebende (BGB-)Rechtszustand maßgebend ist, im Prozeß der Kenntniserlangung im Sinne von § 16 StGB konkretisieren, indem er aus seiner Erkenntnis für den konkret zu beurteilenden Fall Schlußfolgerungen zieht, etwa feststellt: "Der Hund ist deshalb eine Sache, weil gemäß dem jetzt geltenden § 90 BGB darunter jeder körperliche Gegenstand zu verstehen ist." Mit dem Einbringen des konkreten Zeitpunktes, also der Bezugnahme der rechtlichen Vorstel-

---

1980, S. 469) Irrtumslehre, die er inzwischen aufgegeben hat (ders., JZ 1993, S. 1022 Fn. 34). Siehe dazu unten S. 254 ff.

75 Herzberg wirft Kuhlen vor, er komme im Falle des A, der einen fremden Hund entwendet in der Annahme, Hunde seien keine Sache, nur dadurch zur Vorsatzbejahung, daß er den Sachbegriff in § 242 StGB als strafrechtlichen Begriff ansehe. Unter Berufung auf Roxin (AT, § 4 Rdn. 104) zeigt Herzberg, daß es ebenso möglich ist, in diesem Fall eine dynamische Verweisung auf das Zivilrecht anzunehmen; Herzberg, JZ 1993, S. 1023.

lung auf den Handlungszeitpunkt, findet ein Übergang von der Dynamik zur Statik statt, so daß etwa die Feststellung, "deshalb ist der Hund im vorliegenden Fall keine Sache im Sinne von § 90 BGB", eine statische (da auf einen konkreten Zeitpunkt bezogene) Fehlvorstellung auf außerstrafrechtlichem Gebiet ist, die vorsatzausschließend wirkt. Das Beispiel führt nochmals vor Augen, wie gekünstelt sich die Abgrenzung der statischen und dynamischen Normierung im Einzelfall präsentiert. Schließlich hat der Täter doch keinerlei Veranlassung dazu, über die Frage nachzudenken, ob ein strafrechtlicher Begriff auf einen nicht im Strafgesetzbuch normierten Begriff statisch oder dynamisch verweist. Er wird immer den zum Tatzeitpunkt geltenden Rechtszustand seiner Vorstellung zugrunde legen. Erst im Nachhinein wird sich die Vorsatzrelevanz dieses Irrtums herausstellen, nämlich je nachdem, ob man die Ansicht vertritt, daß eine statische oder eine dynamische Normierung gegeben ist.[76] Glaubt der Täter, Tiere seien keine Sache im Sinne von § 303 StGB, und knüpft § 303 StGB statisch an § 90 BGB an, dann ist dieser Irrtum ein strafrechtlicher. Ist die Verweisung als dynamisch aufzufassen, dann ist der Irrtum, Tiere seien keine Sachen, ein außerstrafrechtlicher. Obwohl in beiden Fällen die Fehlvorstellung identisch ist, ist der Irrtum einmal nicht vorsatzausschließend, das andere Mal vorsatzausschließend. Die Tragweite der Einteilung in statische und dynamische Normierungen ist damit erneut belegt, und der Verzicht auf klare Abgrenzungskriterien fällt um so schwerer ins Gewicht.

---

76 Diese Überlegung, konsequent zu Ende gedacht, müßte bedeuten, daß der Gesetzgeber mit seiner Entscheidung, ob er dynamisch oder statisch an einen anderen Beurteilungsspielraum anknüpft, auch die Entscheidung getroffen hat, ob der Täter sich vorsatzausschließend oder nicht vorsatzausschließend irren kann und soll. Von solchen Überlegungen dürfte sich der Gesetzgeber kaum leiten lassen, und es dürfte häufig vom Zufall oder von sprachlichen Formulierungsfeinheiten abhängen, ob der Gesetzgeber eine Ausdrucksweise wählt, die Anlaß zu der Annahme gibt, es handele sich um eine dynamische Verweisung.

c) Weiterführung der Auseinandersetzung mit dem Zeitstrukturkriterium

Die Aufgabe des Zeitstrukturkriteriums besteht nach Kuhlen darin, die Anwendbarkeit der Substituierbarkeitsthese einzugrenzen. Bei statischen Normierungen hat der Einwand der Substitution seine Berechtigung. In dieser Situation liegt ein strafrechtlicher Rechtsirrtum auch dann vor, wenn der Begriff, auf den verwiesen wird und über den sich der Täter irrt, rein formal nicht im Strafgesetzbuch beheimatet ist. Demgegenüber ist bei einer dynamischen Normierung infolge der Zeitvariablen eine Ersetzung des strafrechtlichen Begriffs durch einen außerstrafrechtlichen nur möglich, wenn der außerstrafrechtliche Begriff seinerseits auch die Zeitvariable enthält. Wie dargelegt folgt aus dem Umstand, daß der Täter seine Vorstellungen immer auf den aktuellen Handlungszeitpunkt bezieht und damit die Zeitvariable außer Betracht läßt, die fehlende Trennschärfe dieser Argumentation: Die praktische Anwendung des Zeitstrukturkriteriums bei dynamischen Normierungen führt immer zu einem außerstrafrechtlichen Rechtsirrtum, da der auf den konkreten Handlungszeitpunkt bezogene außerstrafrechtliche Begriff den mit dem Zeitindex versehenen strafrechtlichen Begriff nicht ersetzen kann und damit außerstrafrechtlich bleibt. Infolgedessen reduziert sich gerade vor dem Hintergrund der von Kuhlen aufgestellten Argumentationslastregel, wonach eine Verweisung im Strafrecht auf andere Bereiche dynamisch zu verstehen ist, die Abgrenzungsproblematik für ihn meistens, wenn nicht immer,[77] auf die Frage, ob eine Norm auf eine andere verweist oder nicht. Denn für den Fall, daß eine Verweisung stattfindet, bewirkt die Argumentationslastregel ja durchweg, daß die Verweisung dynamisch zu verstehen ist. Da der Täter auch bei einer dynamischen Verweisung seine rechtsfehlerhafte Fehlvorstellung auf den Handlungszeitpunkt bezieht, gilt die Substituierbarkeitsthese nicht; deshalb ist ein außerstrafrechtlicher Rechtsirrtum

---

[77] Siehe oben S. 227 ff., 231 ff.

gegeben. Demnach läßt sich aus dem geschilderten Zusammenspiel von Zeitstrukturkriterium, Argumentationslastregel und Erkenntniszeitpunkt als Ergebnis zusammenfassen, daß Kuhlen mit seiner Argumentation dem Täter einen weiten Bereich für einen vorsatzausschließenden Rechtsirrtum eröffnet.[78] Beide Bedeutungsvarianten mögen abstrakt gesehen plausibel sein, können aber in der Einzelanwendung (vor dem Hintergrund der Argumentationslastregel und des Umstandes, daß der Täter seine Vorstellung immer auf den Handlungszeitpunkt bezieht) reduziert werden auf den Grundsatz: "Verweist eine Norm auf einen anderen Beurteilungsspielraum, dann ist ein Irrtum darüber außerstrafrechtlicher und damit vorsatzausschließender Art."[79]

So weit geht Herzberg nicht.[80] Seiner Ansicht nach reduziert sich die Konzeption Kuhlens beim außerstrafrechtlichen Rechtsirrtum auf die Frage, ob der Rechtsirrtum externe Rechtsregeln betrifft, von denen sich die Ausgangsnorm durch einen Verweisungsbegriff abhängig macht. In diesem Fall soll § 16 StGB Anwendung finden. Diese Annahme Herzbergs ist richtig. Daß er bei seiner Interpretation der Lehre Kuhlens an diesem Punkt stehen bleibt und nicht die hier dargestellten Konsequenzen aus dem Zusammenspiel von Zeitstrukturkriterium und Argumentationslast zieht, hat wohl allein seinen Grund darin, daß er auf die Argumentationslastregel bei seinen Ausführungen nicht eingeht. Infolgedessen setzt seine berechtigte Kritik an der Konzeption Kuhlens an einem anderen Punkt ein. Kuhlen gehe fälschlicherweise davon aus, daß rechtliche Gegebenheiten,

---

78 Kuhlen, S. 389.

79 Die Annahme, daß Kuhlen seine umfangreichen Differenzierungsvorschläge auf eine fast banal anmutende Regel reduziert, findet durch seine Äußerung auf S. 404 Bestätigung: "Es wurde bereits gezeigt, daß bei statischem Verständnis des Merkmales fremd der Irrtum über die Fremdheit der weggenommenen Sache als strafrechtlich, bei dynamischem dagegen als außerstrafrechtlich zu qualifizieren ist."

80 Herzberg, JZ 1993, S. 1021 f.

auf die durch einen Verweisungsbegriff Bezug genommen werde, zugleich zum Tatbestand gehörende "Umstände" im Sinne des § 16 StGB seien. Dies ist zwar häufig, jedoch nicht immer der Fall, man denke etwa an den von Herzberg gebildeten Fall,[81] in dem der Täter beim Notar zwecks Errichtung eines von seiner Ehefrau verweigerten gemeinschaftlichen Testaments (§ 2265 BGB) arglistig seine Freundin als Ehefrau agieren läßt und glaubt, notarielle Urkunden seien keine öffentlichen. Bei Anwendung der Konzeption Kuhlens müßte der Vorsatz des Täters bezüglich § 271 StGB verneint werden, denn der Irrtum bezieht sich auf die in § 415 ZPO normierte Regelung der Öffentlichkeit der Urkunde und müßte daher außerstrafrechtlicher Art sein. Kuhlen hat, wie Herzberg feststellt, nirgends die dargestellte Konsequenz gezogen. Vermeiden könnte er aber die vorgestellte Lösung des Beispielsfalls nur unter Preisgabe seines Kriteriums. Deshalb wirft Herzberg Kuhlen zu Recht vor, er habe nicht oder nicht genügend die Fälle bedacht, in denen der Verweisungsbegriff (hier: "öffentlich" im Sinne von § 271 StGB) zu einer nur definitorischen Regelung (hier: § 415 ZPO) hinführe: In diesen Fällen decke sich der außerstrafrechtliche Rechtsirrtum gerade nicht mit dem vorsatzausschließenden Rechtsirrtum.[82]

Ausgehend von dem hier gewonnenen Grundsatz, auf den sich die Konzeption Kuhlens reduzieren läßt, rückt die bis jetzt eher als unproblematisch eingestufte und deshalb wohl auch stiefmütterlich behandelte Frage nach der Relevanz des strafrechtlichen Rechtsirrtums in den Blickpunkt des Interesses. Schließlich bleibt es vor dem Hintergrund der überragenden Bedeutung des außerstrafrechtlichen Rechtsirrtums offen, in welcher Konstellation der strafrechtliche Rechtsirrtum überhaupt noch vorkommen soll. In diesem Zusammenhang bedarf es der Klärung, wie juristisch originäre Merkmale, also solche, die nicht auf außerstrafrechtliche Be-

---

81 Herzberg, JZ 1993, S. 1023.

82 Herzberg, JZ 1993, S. 1023.

griffe verweisen, von solchen Normen, die auf außerstrafrechtliche Normierungen Bezug nehmen (Verweisungsbegriffe), abzugrenzen sind. Diese Problematik darf nicht unterschätzt werden. Die Abgrenzung ist nämlich nur im Wege der Auslegung möglich und dadurch mit Unsicherheitsfaktoren behaftet. Der Umstand, daß auch originär strafrechtliche Begriffe häufig von einer Wandlung des Verständnisses im außerstrafrechtlichen Bereich indirekt beeinflußt werden, verschärft die Abgrenzugnsunsicherheit und gestaltet die Einordnung der Begriffe als originär strafrechtlich schwierig. Das Beispiel, ob der Irrtum über die Sacheigenschaft des Hundes außerstrafrechtlicher Art ist, wenn § 303 StGB dynamisch verweist, hat bereits ahnen lassen, daß es im Strafgesetzbuch verwendete Begriffe gibt, die von mehreren und verschiedenen außerstrafrechtlichen Regelungen nur auf einen Teil von ihnen Bezug nehmen. Der Begriff der Sache im Sinne von § 303 StGB dürfte beispielsweise nicht daran gekoppelt sein, daß den Tieren im Bürgerlichen Gesetzbuch eine eigenständige Stellung eingeräumt wird; er kann aber sehr wohl davon abhängen, ob die Sache einem anderen gehört oder nicht, was gleichfalls eine Frage des Zivilrechts ist. Diese Möglichkeit einer solchen begrenzten Verweisung macht die Qualifizierung einer Norm als statische oder dynamische Verweisungsnorm nicht leichter. Da man die Abgrenzung Kuhlens zwischen strafrechtlichem und außerstrafrechtlichem Rechtsirrtum auf den Grundsatz reduzieren kann: "Verweist eine Norm auf einen anderen Beurteilungsspielraum, dann ist ein Irrtum darüber außerstrafrechtlicher Art", zeigt sich, daß die differenzierte Theorie der Unterscheidung zwischen dynamischen - statischen Normen und strafrechtlichen/außerstrafrechtlichen Rechtsirrtümern zum größten Teil ohne Anwendungsraum und praktischen Nutzen ist.

3. Übertragung der Behandlungsgrundsätze Kuhlens auf die Evidenzbeispiele 2 und 3

Trotz aller Einwände ist die Lehre Kuhlens gewiß der originellste und intensivste Denkansatz zur Bewältigung des Irrtums im Strafrecht in neuerer Zeit. Das reizt an, die Evidenzbeispiele 2 und 3 anhand der von Kuhlen herausgebildeten Regeln zu beurteilen. In beiden Fällen erliegt der Täter - wie bereits festgestellt - einem Rechtsirrtum, und zwar über den Begriff der Urkunde. Im zweiten Evidenzbeispiel glaubt nämlich der Täter, es liege keine Urkunde vor, da er die Striche nur als Verunzierungen begreift. Im dritten Evidenzbeispiel geht der Täter davon aus, daß der Urkundenbegriff "Brief und Siegel" erfordere. Bei Zugrundelegung der referierten Erkenntnisse Kuhlens läge ein außerstrafrechtlicher Rechtsirrtum beim Täter nur dann vor, wenn der Urkundenbegriff dynamisch auf andere Rechtsnormen verweisen und der Täter sich über diese irren würde. Maßgeblich ist freilich - und das sieht Kuhlen richtig -, ob eines der Einzeldefinitionsmerkmale des Urkundenbegriffs auf andere Regeln verweist und ob sich der Täter über dieses irrt. Diese Präzisierung ist notwendig, da ohne sie mit der Feststellung, der Urkundenbegriff sei statisch, verweise also nicht auf andere sich wandelnde[83] Beurteilungsräume, für alle auftretenden Rechtsirrtümer die Entscheidung getroffen würde, daß es sich bei ihnen um nicht vorsatzausschließende strafrechtliche Rechtsirrtümer handelt. Der Urkundenbegriff setzt sich aber aus mehreren Definitionsbestandteilen zusammen, die ihrerseits an verschiedene andere wandelbare Regelungsmaterien anknüpfen können. Infolgedessen ist ein Rechtsirrtum, der den speziellen Verweisungsbereich eines Einzelmerkmals des Urkundenbegriffs zum Gegenstand hat, außerstrafrechtlicher Art und damit vorsatzausschließend, auch wenn der Urkundenbegriff als solcher statischer Natur sein sollte. Überträgt man diese Grundsätze

---

83 Das wird vor dem Hintergrund der Argumentationslastregel vermutet, so daß allein der Umstand der Verweisung maßgebend ist.

auf die Beispielsfälle 2 und 3, dann ergibt sich folgendes Bild: Im zweiten Evidenzbeispiel irrt A sich nicht nur über die Beweiseignung und Beweisbestimmung der Striche auf dem Bierdeckel, sondern sogar bereits über das Vorliegen einer Gedankenerklärung, da er die Striche lediglich als Verunzierungen begreift, ohne ihnen irgendwelche Erklärungsinhalte zuzordnen. Demgegenüber befindet sich der Täter im dritten Fall über die Formerfordernisse einer Urkunde im Irrtum, da er fälschlicherweise "Brief und Siegel" für unabdingbare Voraussetzungen einer Urkunde ansieht. Man steht nun vor der Frage, ob die jeweiligen Einzeldefinitionsmerkmale auf andere Beurteilungsmaßstäbe verweisen oder nicht, denn nur wenn verwiesen wird, soll nach dem aufgestellten Grundsatz die Möglichkeit eines außerstrafrechtlichen Rechtsirrtums gegeben sein. Eine Antwort auf diese Frage ist weder bei dem Definitionsmerkmal "Gedankenerklärung" noch bei dem der "Beweiseignung" ohne weiteres möglich. Nun wird aber unter einer Gedankenerklärung ein menschliches Verhalten verstanden, das geeignet ist, in einem anderen Menschen, unter Anwendung eines zwischen den Beteiligten feststehenden Codes eine bestimmte Vorstellung über einen bestimmten Sachverhalt hervorzurufen. Auf solche sich im Zeitlauf verändernde Codes zwischen den Beteiligten ist eine dynamische Verweisung,[84] die über das Vorliegen einer Gedankenerklärung entscheidet, durchaus denkbar. Gegen die Annahme einer dynamischen Verweisung durch das Einzelmerkmal "Gedankenerklärung" könnte freilich der Umstand sprechen, daß nicht auf eine andere Rechtsnorm oder generell geregelte Bereiche verwiesen wird, sondern auf sich infolge von tatsächlicher Übung ändernde Codes. Die fehlende Verweisung auf andere abstrakt-generell geregelte Bereiche könnte Anlaß dafür sein, deshalb die Gedankenerklärung als einen originär strafrechtlichen Bestandteil des Urkundenbegriffs einzustufen.

---

84 Kuhlen, S. 381, läßt einen Verweis auf "sonstige Standards" im Prinzip zu.

Die Situation bei der "Beweiseignung" stellt sich demgegenüber anders dar. An der Beweiseignung soll es fehlen, also eine nichtige Urkunde vorliegen, wenn infolge der Verletzung wesentlicher Formvorschriften die Unwirksamkeit der Erklärung für den Rechtsverkehr auf der Hand liegt.[85] Demnach verweist die Beweiseignung auf andere Rechtsnormen, nämlich auf Formvorschriften, die beispielsweise im BGB geregelt sind, und ist deshalb als dynamische Normierung einzustufen. Irrt der Täter über Gegenstände der Beweiseignung, die den Regeln des BGB unterfallen, irrt er mit vorsatzausschließender Wirkung. Es ist aber auch denkbar, daß der Täter Elemente der Beweiseignung verkennt, die originär strafrechtlich sind. Also muß nicht jeder Irrtum, der das Merkmal der Beweiseignung betrifft, außerstrafrechtlicher und damit vorsatzausschließender Art sein. Der Täter nämlich, der irrig annimmt, eine objektiv vorliegende, von ihm auch als solche erkannte Quittung sei zum Beweis im Rechtsverkehr für den Umstand der gezahlten Schuld weder geeignet noch bestimmt, da es sich bei einer solchen Bescheinigung lediglich um eine für den Schuldner ausgestellte Gedächtnisstütze handele und eine beweisbestimmte Urkunde nur vorliege, wenn sie den Aufdruck "Urkunde" trage, irrt sich zwar über das Merkmal der Beweiseignung, doch erliegt er keinem vorsatzausschließenden Irrtum. Der Täter irrt sich in diesem Fall über die strafrechtliche Definition als solche und nicht über einen außerstrafrechtlichen Verweisungsbegriff. Sein Irrtum verbleibt im originären strafrechtlichen Bereich. Demnach bedarf der auf den ersten Blick sehr griffig wirkende Grundsatz, daß allein der Umstand der Verweisung für die Einordnung strafrechtlicher/außerstrafrechtlicher Rechtsirrtum ausschlaggebend sei, einer von Kuhlen hoch abstrakt formulierten Ergänzung: Bei einer dynamischen Normierung ist ein Irrtum über die Beschreibung einer Handlung mit den dynamischen Begriffen der Ausgangsnorm ebenfalls strafrechtlich.[86] Sollte man nicht denselben

---

[85] Vgl. Schönke/Schröder-Cramer, § 267 Rdn. 9; Kienapfel, Urkunden, S. 284.

Gedanken auch einfacher formulieren können? Auch bei (dynamischen) Verweisungsbegriffen bleibt ein originär strafrechtlicher Bereich möglich, für den keine Verweisung besteht. Hier ist der Irrtum immer strafrechtlich und nicht vorsatzausschließend.[87] Jedenfalls bleibt festzuhalten, daß nur der Irrtum im Bereich der dynamischen Verweisung, wenn er auf den Handlungszeitpunkt bezogen wird, die Situation des außerstrafrechtlichen Rechtsirrtums ausmacht.

4. Beispiel: Irrtum über die Fremdheit der Sache

Zwei Beispielsfälle seien vorgestellt, um Anlaß zum weiteren Überdenken der Lösungskonzeption Kuhlens zu geben.

A glaubt, die Sache gehöre ihm, da er der Ansicht ist, ein Eigentumsübergang erfolge bereits mit Abschluß des Kaufvertrages.

Nach den Grundsätzen Kuhlens muß der Irrtum über das Merkmal "fremd", da dieses nach seiner Ansicht auf die zivilrechtlichen Erwerbstatbestände dynamisch verweist und sich hier die Fehlvorstellung über den Eigentumserwerb auf den konkreten Tatzeitpunkt bezieht, als außerstrafrechtlicher Rechtsirrtum eingestuft werden. Folglich fehlt A der Vorsatz bezüglich des Merkmales "fremd".

Wandelt man dieses Beispiel dahin ab, daß A glaubt, die Sache gehöre ihm, da er sie bereits in Besitz hat und ein Kaufvertrag existiert, in dem Ratenzahlung vereinbart ist, dann weiß er auch, daß er bei Nichtbezahlung der Raten die Sache wieder an den Verkäufer verliert. Sollte das irrtumsrechtlich ohne Konsequenzen bleiben? Auch hier verkennt A zwar die Eigentumslage, da er lediglich eine Anwartschaft

---

86 Kuhlen, S. 372.

87 Ob damit die Parallelwertungslehre wiederbelebt wird, die Kuhlen für überflüssig erklärt, soll hier nicht weiter gefragt werden.

an der unter Eigentumsvorbehalt gelieferten Sache hat, doch bleibt die Sache weiterhin fremd. A irrt sich damit über die zivilrechtlichen Eigentumserwerbstatbestände, so daß Kuhlen auch in diesem Fall zum Vorliegen eines außerstrafrechtlichen und damit vorsatzausschließenden Rechtsirrtum kommen müßte. Die Gleichbehandlung beider Fälle durch Kuhlen wird aber dem Unterschied nicht gerecht, der beide Beispiele voneinander trennt. Im ersten Fall meint A, mit der Sache nach Belieben verfahren zu dürfen, während er im zweiten Fall sehr wohl weiß, daß der Verkäufer noch ein Recht bezüglich der Sache hat, das ihn (A) daran hindert, mit ihr nach Belieben zu verfahren. Das strafrechtliche Merkmal der Fremdheit nimmt Bezug auf die eigentumsrechtliche Lage, nicht aber auf die jeweiligen Erwerbstatbestände. Es kommt nur auf das Verhältnis des Täters zur Sache an, das entweder im Eigentum oder im Besitz besteht. Wie diese Beziehungen zustande gekommen sind, ob durch Vertrag, Gesetz oder kraft Hoheitsaktes, spielt für das Merkmal der Fremdheit keine Rolle.[88] Das Merkmal der Fremdheit knüpft allein an die zivilrechtliche Definition des Eigentums an, wonach eine Sache fremd ist, wenn sie im Eigentum eines anderen und nicht des Täters steht.[89] Macht man sich diese Überlegungen zunutze, dann ergibt sich für den ersten Beispielsfall, daß Vorsatz bezüglich der Fremdheit zu verneinen ist, da A glaubt, mit der Sache nach Belieben verfahren zu dürfen. Demgegenüber weiß A im zweiten Beispielsfall, daß er mit der Sache noch nicht nach Belieben verfahren darf, so daß hier der Vorsatz bezüglich der Fremdheit zu bejahen ist. Die Erwerbsvoraussetzungen, um Eigentum zu erlangen, sind lediglich Fragen im Vorfeld des Merkmals "fremd", die in der geschilderten Fallkonstellation keine Vorsatzrelevanz erlangen. Das Bedeutungsverständnis des Gesetzgebers, das er mit dem Merkmal "fremd" verknüpft, bezieht sich auf den eigentumsrechtlichen Endzustand und nicht auf die einzelnen Erwerbsgründe. Demzufolge deckt

---

[88] Vgl. Kuhlen, S. 372 Fn. 39.

[89] Vgl. auch Ebert, Subsumtionsirrtum, S. 157.

sich das Vorstellungsbild des A im zweiten Fall hinsichtlich der rechtlichen Eigenschaft der Sache, nicht nach Belieben damit verfahren zu können, mit dem Bedeutungsverständnis, das der Gesetzgeber mit dem Merkmal der Fremdheit umschreiben will, so daß Vorsatz in diesem Fall zu bejahen ist. Demnach weicht die hier gefundene Lösung von der Fallösung Kuhlens ab. Ob allerdings dieser grob skizzierte eigene Lösungsansatz eine auch dogmatisch haltbare Alternative eröffnet, muß sich später noch zeigen.[90] An dieser Stelle soll nur auf die Möglichkeit eines anderen Lösungsmodells hingewiesen werden.

V. Zusammenfassung

1. Kuhlens Hauptargumentationsstränge

Zeichnet man abschließend das Vorgehen Kuhlens in Umrissen nach, dann zeigen sich die folgenden Begründungslinien:

a) Mit Hilfe der normrelativen Deutung der reichsgerichtlichen Irrtumslehre will Kuhlen zunächst den Nachweis für die Konsistenz der Reichsgerichtssprechung erbringen und bestreitet das Bedürfnis nach einer grundlegenden Korrektur ihrer theoretischen Grundlagen. Vielmehr bedürfe das theoretische Programm des Bundesgerichtshofs (BGHSt 2, 194), das Kuhlen dahin verstanden wissen will, daß der Bundesgerichtshof jeden Irrtum über ein Tatbestandsmerkmal als Tatbestandsirrtum behandeln wolle, einer Korrektur. Die BGH-Prämisse würde in der Praxis nämlich nicht verwirklicht und sei auch undurchführbar. Statt dessen stimmten die vom Bundesgerichtshof gefällten Urteile der Sache nach mit denen des Reichsgerichts überein, so daß die theoretischen

---

90 Vgl. unten S. 282 ff.

Grundlagen der BGH-Rechtsprechung als widerlegt anzusehen seien.

b) Kuhlen schließt aus dieser Diskreditierung der theoretischen Grundlagen der BGH-Rechtsprechung und den jeweils erzielten deckungsgleichen Ergebnissen beider Gerichte auf das Vorliegen sie insoweit gemeinsamer leitender Prinzipien. Diese identifiziert er im angestrebten Schutz der strafgesetzgeberischen Definitionsmacht.

c) Kuhlen legt mit Hilfe dieses funktionalen Ansatzes dar, warum sowohl der Tat- als auch der außerstrafrechtliche Rechtsirrtum vorsatzausschließende Wirkung haben. Bei beiden Irrtumskonstellationen wird die strafgesetzgeberische Definitionsmacht nicht tangiert. Durch diese Erkenntnis wird allerdings die Notwendigkeit einer trennscharfen Abgrenzung zwischen strafrechtlichem und außerstrafrechtlichem Rechtsirrtum deutlich, da nur letzterer vorsatzausschließend wirkt.

d) Kuhlen glaubt, den Anforderungen dieser Abgrenzungsproblematik mit der Einführung seines Zeitstrukturkriteriums und der daraus resultierenden Unterscheidung zwischen dynamischer und statischer Normierung gerecht zu werden.

2. Die Hauptkritikpunkte

Auch die Kritik an dieser Konzeption sei hier noch einmal kurz wiedergegeben:

a) Die Thesen Kuhlens, die Irrtumslehre des Reichsgerichts sei konsistent und die Rechtsprechung des Bundesgerichtshofs setze sie entgegen seinem Programm kontinuierlich fort, überzeugen nicht. Die normrelative Deutung von strafrechtlichem und außerstrafrechtlichem Rechtsirrtum ist kein Nachweis der Konsistenz, sondern allenfalls die Begründung für den Verzicht darauf. Die Analyse der Rechtsprechung des Bundesgerichtshofs verkennt Strukturen im Bereich von Tatsachenirrtum und Rechtfertigungsirrtum und verkennt die Schwierigkeiten eines Gerichts, sich auf eine neue Irrtumsdoktrin einzustellen, was aber überwiegend gelungen ist. Einige Rückschritte werden überbewertet, Entwicklungen im Sinne einer straftatsystematischen Irrtumslehre hingegen unterschätzt.[91]

b) Aus der Übereinstimmung im Ergebnis bei bestimmten Fragen kann nicht zwingend gefolgert werden, daß der Bundesgerichtshof und das Reichsgericht sich von den gleichen Grundannahmen haben leiten lassen. Darüber hinaus ist es sehr schwierig, anhand von Einzelfallentscheidungen zu ermitteln, ob und gegebenenfalls wie die jeweilige Theorie - wenn eine solche überhaupt den Urteilen zugrunde gelegt wurde - des jeweiligen Gerichts aussieht. Gerade beim Reichsgericht drängte sich im Rahmen der Analyse seiner irrtumsrechtlichen Entscheidungen die Vermutung auf, daß es seine Urteile ausgehend vom Einzelfall mit Blick auf das Ergebnis getroffen hat und nicht unter Anwendung einer vorab abstrakt formulierten Theorie. Die insoweit von Kuhlen selbst konstatierte "Voraussetzungsleere" der reichsgerichtlichen Lehre dürfte in dieser tatsächlichen Vorgehensweise des Gerichts ihren Ausgangspunkt haben - eine Vorgehensweise, die durch die Einführung des außerstrafrechtlichen Rechtsirrtums und den dadurch eröffneten großen Flexibilitätsräumen ("Gerechtigkeitsreserve") erst möglich wurde.[92]

c) Darüber hinaus ist die Feststellung Kuhlens, der gemeinsame Grundgedanke der reichsgerichtlichen Be-

---

[91] Vgl. oben S. 198 ff.

[92] Vgl. oben S. 206 ff.

griffspaare sei im Schutz der allgemeinen Definitionsmacht des Strafgesetzgebers vor der Konkurrenz individueller Beurteilungen zu sehen, nicht widerspruchslos hinzunehmen. Letztlich verbirgt sich nämlich hinter dieser Annahme eine auf ein unerfüllbares Postulat hinauslaufende Unterstellung, daß man das Strafgesetz kennen müsse, das außerstrafrechtliche Recht hingegen nicht.[93]

d) Vor allem bleibt aber an diesem Punkt der Argumentation Kuhlens ungeklärt, warum nicht auch der außerstrafrechtliche Gesetzgeber in seiner Definitionsmacht geschützt werden muß. Diese Frage, ob nicht auch der außerstrafrechtliche Gesetzgeber Schutz verdient, drängt sich aber angesichts der durch das Zeitstrukturkriterium erfolgten Anbindung des Strafrechts an das außerstrafrechtliche Recht nach der Ansicht Kuhlens gerade in den Vordergrund und bedürfte einer Beantwortung, die aber unterbleibt.[94]

e) Darüber hinaus vernachlässigt die Privilegierung des Strafgesetzgebers die Anbindung des Vorsatzes an die Schuld. Kuhlen mißt nämlich den Vorsatz und dadurch die Relevanz des Irrtums allein an der Frage, ob der Täter mit seiner Vorstellung in die Definitionsmacht des Strafgesetzgebers eingreift. Dieser Ansatz beruht auf der positiv-generalpräventiven Überlegung der Unantastbarkeit der Strafrechtsnormgeltung. Darin kann aber nicht das **entscheidende** Prinzip für die Irrtumsbehandlung liegen. Es besteht die Gefahr einer an Zwecküberlegungen der Strafe im weiteren Sinne ausgerichteten Ansicht darin, daß der Schuldbegriff seiner eigenständigen, dem Schutz des straffällig gewordenen Staatsbürgers dienenden Funktion innerhalb des

---

93 Vgl. oben S. 212 ff.

94 Vgl. oben S. 212 ff., 222 ff.

Bestrafungsvorganges entkleidet und von der positiven Generalprävention letztlich vereinnahmt wird.[95]

f) Zwar schränkt Kuhlen seinen funktionalen Ansatzpunkt bei der Behandlung eines unvermeidbaren Strafrechtsirrtums ein, da er dem unvermeidbaren Strafrechtsirrtum schuldausschließende Wirkung vor dem Hintergrund des § 17 StGB und dem verfassungsrechtlich verankerten Schuldprinzip zubilligt, aber er verkennt an diesem Punkt die wahren Beweggründe, aus denen heraus das Reichsgericht den unvermeidbaren Strafrechtsirrtum für vorsatzunbeachtlich hielt. Das Reichsgericht ließ sich bei dieser Frage nämlich nicht von der Überlegung leiten, daß auch beim Vorliegen eines unvermeidbaren Strafrechtsirrtums die strafgesetzgeberische Definitionsmacht bedroht sei, sondern es hat die Frage der Vermeidbarkeit oder Unvermeidbarkeit des Strafrechtsirrtums bereits in die Abgrenzungsproblematik strafrechtlicher oder außerstrafrechtlicher Rechtsirrtum miteinfließen lassen. Demnach stimmt die Annahme, daß die dem Reichsgericht und dem Bundesgerichtshof gemeinsame Grundüberzeugung der Schutz der strafgesetzgeberischen Definitionsmacht sei, zumindest im Zusammenhang mit der Behandlung des unvermeidbaren Strafrechtsirrtums nicht.[96]

g) Die hoch abstrakte Darstellungsart Kuhlens läßt bei den inhaltlichen Einzelheiten seines Abgrenzungsvorschlags "Zeitstrukturkriterium" Fragen offen. Kuhlen entwickelt keine allgemeinen Abgrenzungskriterien für die Einteilung in statische oder dynamische Normierungen, die wegen des Zeitstrukturkriteriums aber im Vordergrund der Irrtumsbehandlung stehen muß.[97]

---

[95] Vgl. oben S. 212 ff.

[96] Vgl. oben S. 217 f.

[97] Vgl. oben S. 222.

h) Infolge der normrelativen Beantwortung der Frage, ob und wie eine Norm an andere Bewertungsmaßstäbe anknüpft, bleibt die Irrtumslehre Kuhlens von der Ausgestaltung der jeweiligen Norm des Besonderen Teils des Strafgesetzbuchs abhängig, so daß trotz Einführung des Zeitstrukturkriteriums keine allgemeine Theorie geschaffen wird. Möglicherweise sollte das Aufstellen der Argumentationslastregel, wonach die Anknüpfung einer strafrechtlichen Norm an andere Beurteilungskriterien dynamisch zu verstehen ist, wenn nicht besondere Anhaltspunkte gegen dieses Verständnis sprechen, die Abgrenzungsprobleme zwischen statischer und dynamischer Normierung beseitigen. Freilich ist diese Regel infolge der mangelnden Repräsentativität der ausgesuchten Beispiele, auf die sie sich stützt, nicht überzeugend. Zudem läuft sie auf eine Fiktion hinaus, da Kuhlen keinerlei Anhaltspunkte zur Widerlegung der Regel angibt. Immerhin soll eine Widerlegung möglich sein und damit nur eine statische Normierung vorliegen, die einen außerstrafrechtlichen Rechtsirrtum ausschließt. Die Argumentationslastregel stellt hier die mit der Einführung des außerstrafrechtlichen Rechtsirrtums in die Rechtsprechung des Reichsgerichts vergleichbare Gerechtigkeitsreserve der Kuhlenschen Konzeption dar, die die ergebnisorientierte flexible Einordnung der Rechtsirrtümer ermöglicht.[98]

i) Statische Normierungen sind schon in ihrer Existenz fraglich, in ihrer Bedeutung jedoch marginal. Die Abgrenzung reduziert sich damit praktisch auf den Grundsatz: "Verweist eine Norm bzw. ein Normbestandteil auf einen anderen Beurteilungsmaßstab, so ist ein Irrtum darüber außerstrafrechtlicher Art." Dieses einfache Ergebnis lohnt den großen theoretischen Aufwand nicht.[99]

---

[98] Vgl. oben S. 224 ff.

[99] Vgl. oben S. 235 f.

k) Auf die somit allein noch im Raum stehende Abgrenzungsfrage, ob eine Verweisung vorliegt oder nicht, kann Kuhlen nur die Auslegung des jeweiligen Paragraphen als Antwort anbieten. Das beeinträchtigt abermals die Abgrenzungssicherheit nicht unerheblich. Es hat sich also gezeigt, daß Kuhlens Konzeption nicht zur widerspruchsfreien Durchführbarkeit der reichsgerichtlichen Begriffspaare geführt hat und auch als eigenständige Irrtumslehre nicht überzeugt.[100]

B. Weitere Reaktivierungsversuche der reichsgerichtlichen Irrtumslehre durch Blei und Haft

Die Rechtsprechung des Reichsgerichts hat in neuerer Zeit auch bei anderen Autoren Befürwortung gefunden.[101] Die Ansatzpunkte sind durchaus unterschiedlich. Tiedemann arbeitet mit der Gegenüberstellung von abstraktem Rechtssatz und konkreter Sollensnorm.[102] Andere Autoren sehen das ausschlaggebende Kriterium für den vorsatzausschließenden oder vorsatzirrelevanten Irrtum in der Antwort auf die Frage, ob es sich um einen Irrtum im Vorfeld des Tatbestandes handelt oder um einen Irrtum über die Reichweite des Tatbestandes.[103]

---

[100] Vgl. oben S. 171 ff.

[101] Herzberg, JuS 1980, S. 473, räumt selbst Ähnlichkeiten mit der vom Reichsgericht getroffenen Unterscheidung zwischen strafrechtlichem und außerstrafrechtlichem Rechtsirrtum ein; ähnlich Haft, JA 1981, S. 281; ders., AT, 5. Aufl., S. 254.

[102] Tiedemann, Tatbestandsfunktionen, S. 282 f.; ders., ZStW 83 (1971), 825.

[103] KG NStZ 1982, S. 73 f.; Roxin, JR 1976, S. 72; Herzberg, JuS 1980, S. 469, 472 f.; Blei, JA 1973, S. 604. Das von Blei und Herzberg vertretene Gegensatzpaar "Rechtsirrtum über die Reichweite des Tatbestands / Rechtsirrtum im Vorfeld des Tatbestandes" klingt an, wenn Stree, JR 1981, S. 297 f., ausführt: "Die falschen rechtlichen Erwägungen betreffen daher nicht die rechtliche Bedeutung des § 258 StGB. Sie

Am Anfang der Bestrebungen zur Reanimation der reichsgerichtlichen Irrtumslehre dürfte Blei stehen.[104] Seine Neubewertung der reichsgerichtlichen Rechtsprechung[105] erfolgt in der Auseinandersetzung mit einer Entscheidung des OLG Stuttgart,[106] die er für eine Annäherung an die reichsgerichtliche Terminologie in Anspruch nimmt. Allerdings trennte das OLG Stuttgart den Irrtum über die "Strafnorm" von dem über die "rechtlichen Begleitumstände". Blei[107] spitzt das zu und nimmt ein Wahndelikt bei einem Irrtum an, der "nur die Reichweite des Tatbestandes betrifft", und ei-

---

erstrecken sich vielmehr auf die Wertung des Fehlverhaltens als strafbar und somit auf dessen rechtliche Bedeutung. Verkannt wird nicht der in § 258 StGB enthaltene Normbefehl, sondern ein Geschehen in seiner rechtlichen Tragweite, die für diesen Normbefehl relevant ist." (S. 298). Und: "Nicht die Bedeutung eines Tatbestandsmerkmals wird verkannt, sondern ein Umstand, der im Rahmen dieses Tatbestandsmerkmals von Bedeutung ist." (S. 299). Eine wohl nur andere Umschreibung für die Vorfeldlehre ist die Differenzierung zwischen dem Irrtum über das Verbot und dem Irrtum über eine vom Verbot vorausgesetzte Rechtseinrichtung, BayObLG, GA 1961, S. 152 f.; BayObLG, GA 1962, S. 80, 82. Für die Kammergerichtsentscheidung wistra 1982, S. 196, merkt Burkhardt, wistra 1982, S. 179 Fn. 8, an: "Nur am Rande sei erwähnt, daß sich die Unterscheidung des Kammergerichtes mit der (längst überwunden geglaubten) Abgrenzung des Reichsgerichts (vgl. insbesondere RGSt 68, 45, 53 f.) deckt." BGHSt 9, 358, 360 f.: Danach ist der Irrtum über rechtliche Verhältnisse oder Beziehungen nur dann Irrtum über ein Tatbestandsmerkmal, wenn sie "ein selbständiges Dasein außerhalb des Verbotes haben, das den gesetzlichen Tatbestand ausdrückt", wenn sie "gleichsam schon vor dem Tatbestande da waren, jedenfalls unabhängig von ihm bestehen und zu seinem Aufbau verwendet werden."

104 Früher schon dürfte Tiedemann, Tatbestandsfunktionen, S. 282 f., 385 ff., mit seiner Unterscheidung zwischen abstraktem Rechtssatz und konkreter Sollensnorm den Versuch einer Wiederbelebung unternommen haben, doch blieb dieser Ansatz insoweit ohne Resonanz.

105 Mezger/Blei, AT, 15. Aufl., S. 246; Blei, AT, 18. Aufl., S. 221; ders., JA 1973, S. 601, 604, und ihm folgend Herdegen, BGH-Festschrift, S. 206, der sich ausdrücklich der Ansicht von Blei anschließt.

106 OLG Stuttgart NJW 1962, S. 65 f.

107 Blei, JA 1973, S. 604.

nen Versuch, wenn der Täter "jeweils im Vorfeld des Tatbestandes einem Rechtsirrtum unterlegen ist".

Im Jahre 1980 unternahm Haft[108] den Versuch, die Plausibilität oder, wie er formuliert, "den richtigen Kern"[109] der reichsgerichtlichen Irrtumslehre zu zeigen. Hafts Irrtumskonzeption basiert auf der Überzeugung, daß derjenige, der über das rechtliche Sollen des Strafrechts reflektiert, strenger zu beurteilen ist als der, der in der außerstrafrechtlichen Welt irrt.[110] Er arbeitet aber nicht mit der reichsgerichtlichen Unterscheidung nach strafrechtlichem und außerstrafrechtlichem Rechtsirrtum, sondern differenziert nach gegenstandsbezogenem und begriffsbezogenem Irrtum.[111] Unter einem gegenstandsbezogenen und damit vorsatzausschließenden Irrtum versteht er einen solchen Irrtum, der sich ohne Bezugnahme auf den gesetzlichen Tatbestand verständlich darstellen läßt. Demgegenüber ist ein nicht vorsatzausschließender begriffsbezogener Irrtum seiner Ansicht nach dadurch gekennzeichnet, daß er nur mit Blick auf den gesetzlichen Tatbestand verstanden werden kann.[112]

Die moderne Rechtsprechung hat nach Haft eine gefühlsmäßig empfundene Alltagsplausibilität für sich, die er rational erklärbar und nachvollziehbar machen will. Ob ihm dies geglückt ist, ist zweifelhaft. Allein dadurch, daß er der reichsgerichtlichen Irrtumslehre "einen richtigen Kern"[113] zugesteht und das vom Reichsgericht verwendete Wort "Tatsache" durch "Gegenstand" und das Wort "Recht" durch "Be-

---

108 Haft, AT, 5. Aufl., S. 254; ders., JuS 1980, S. 591; ders., JA 1981, S. 281.

109 Haft, AT, 5. Aufl., S. 254; ders., JuS 1980, S. 591.

110 Haft, JA 1981, S. 281, 284.

111 Haft, JuS 1980, S. 591.

112 Haft, JA 1981, S. 281, 284; ders., AT, 5. Aufl., S. 255.

113 Haft, JuS 1980, S. 591.

griff" ersetzt,[114] ist keine substantielle Bereicherung der reichsgerichtlichen Irrtumsabgrenzung eingetreten.

Die Abgrenzungsformel gegenstandsbezogener/begriffsbezogener Irrtum gelangt zu keiner klaren Unterscheidung, wenn man unter "Gegenstand" nicht nur "nackte" Tatsachen, sondern wie Haft[115] auch "geistige Werte, Normen oder Rechtsverhältnisse" versteht. Die wiederholte Beschäftigung der Rechtsprechung mit den Fällen rechtsirriger Annahme der Zuständigkeit zur Abnahme von Eiden hat dies deutlich gemacht. Nach der Lösung von Haft befindet sich der Täter, der vor einem irrig für zuständig gehaltenen Staatsanwalt falsch schwört, in einem begriffsbezogenen und damit nicht vorsatzausschließenden Irrtum. Er irre sich nämlich nicht über einen Gegenstand, so führt Haft aus, sondern über den Begriff "der zuständigen Stelle" im Sinne des § 154 StGB. Diesem Ergebnis läßt sich freilich mit dem Hinweis darauf widersprechen, daß die Zuständigkeit zur Eidesabnahme durch verfahrensrechtliche Regeln festgelegt ist, auf die das Merkmal "zuständig" nur verweist. Dann ist aber der Irrtum des Täters über die Zuständigkeit der Stelle als gegenstandsbezogen und damit vorsatzausschließend im Sinne der Differenzierung Hafts zu qualifizieren, denn der Irrtum zielt auf Gegenstände, d.h. auf Normen außerhalb des strafrechtlichen Tatbestandes ab, nämlich auf solche der prozessualen Zuständigkeitsregeln.[116]

Demnach ist Jakobs[117] zuzustimmen, der eine Trennung des Irrtums nach "gegenstandsbezogenem" und "begriffsbezogenem" Irrtum für unmöglich hält angesichts des Umstandes, daß der Begriff schon im Gegenstand stecken kann. Dies ist gerade

---

114 Haft, JuS 1980, S. 591.

115 Haft, JuS 1980, S. 591.

116 Schönke/Schröder-Eser, § 22 Rdn. 88; Vogler, LK, 10. Aufl., § 22 Rdn. 146 i.V.m. Fn. 105.

117 Jakobs, AT, S. 293 Fn. 134.

dann der Fall, wenn ein Merkmal eine anderweitig konstituierte Norm übernimmt.

Zwar spricht Haft davon, daß der begriffsbezogene Irrtum zum Verbotsirrtum führe, doch schränkt er selbst diese Aussage ein. Denn obwohl er die an sich begriffsbezogenen Irrtümer über zivilrechtliche Begriffe als nicht vorsatzausschließend behandeln müßte, umgeht er diese Konsequenz seiner Konzeption dadurch, daß er derartige Irrtümer über zivilrechtliche Begriffe als Irrtümer über ein Rechtsverhältnis qualifiziert und sie somit als gegenstandsbezogene Irrtümer behandeln kann. Er ordnet nur solche Irrtümer als begriffsbezogene ein, die strafrechtsbezogen sind, und belebt damit den strafrechtlichen Rechtsirrtum des Reichsgerichts neu. Allerdings fehlt seine Stellungnahme zu der Frage, ob die inhaltliche Übereinstimmung mit dem Reichsgericht so weit geht, daß er jeden Irrtum über jeden im Strafgesetzbuch enthaltenen Begriff als begriffsbezogenen, nicht vorsatzausschließenden Irrtum - oder in der Terminologie des Reichsgerichts als Strafrechtsirrtum - behandeln wissen will, oder nur solche Irrtümer als begriffsbezogene einordnet, die sich auf einen im jeweils einschlägigen Gesetzestatbestand enthaltenen Begriff beziehen.[118]

C. Herzberg: Die Lehre von den "Verweisungsbegriffen"

Nach Herzbergs älterer und im Anschluß an Blei entwickelte Lehre von den "Verweisungsbegriffen"[119] hatte der reichsgerichtliche Lösungsansatz einen richtigen Kern. In der älte-

---

118 Tischler, S. 340.

119 Herzberg, JuS 1980, 469 ff., 473 ff. Dieses Abgrenzungskriterium hat Herzberg zwar für die Abgrenzung des untauglichen Versuchs vom Wahndelikt herausgearbeitet, doch mißt er ihm auch für die hier interessierende Frage der Abgrenzung zwischen einem Tatbestandsirrtum über ein normatives Tatbestandsmerkmal und dem Verbotsirrtum, der auf einem Subsumtionsirrtum beruhen kann, Bedeutung zu.

ren Lehre[120] unterscheidet Herzberg zwei Arten von Rechtsirrtümern: Auf der einen Seite steht der Rechtsirrtum über die Reichweite des Tatbestands, der als Verbotsirrtum (bzw. als Wahndelikt) vorsatzirrelevant sein soll. Auf der anderen Seite soll dem Rechtsirrtum im Vorfeld des Tatbestands, d.h. dem vorsatzrelevanten Tatbestandsirrtum, versuchsbegründende Bedeutung zukommen.[121] Die Abgrenzung zwischen dem Vorfeld und dem Straftatbestand geschieht mittels der Lehre von den "Verweisungsbegriffen". Soweit Verweisungsbegriffe eine "Grundentscheidung" zum Ausdruck bringen, sollen sie nach Herzbergs Ansicht Gegenstand eines strafrechtlichen, soweit sie einen "Verweisungsbereich" und damit das "Vorfeld" der Strafnorm eröffnen, Gegenstand eines außerstrafrechtlichen Irrtums sein.[122] Herzberg rechtfertigt die Lehre vom Vorfeldirrtum mit der akzessorischen Natur des Strafrechts.[123] Das Strafrecht gewährleiste durch die Technik normativer Verweisungsbegriffe den Schutz rechtlicher Werte auch im Wandel des Rechts. Der Vorteil derartiger Verweisungsbegriffe bestehe doch gerade darin, den Anwendungsbereich des Straftatbestandes im Vorfeld erweitern zu können, ohne dafür am Straftatbestand selbst irgendwelche Veränderungen vornehmen zu müssen. Solche Verweisungsbegriffe sind nach Ansicht von Herzberg in strafrechtlichen Tatbeständen häufig anzutreffen, wenn auch nicht immer ohne weiteres als solche zu identifizieren. Sie können nämlich auch als schwer aufspürbare Teilelemente in einem Merkmal stecken, ohne daß dieses selbst ein Verweisungsbegriff ist.[124] Diese Überlegungen verdeutlicht Herzberg an dem Merkmal "fremd" im Sinne des § 246 StGB.[125] Seiner Ansicht nach bindet sich der Strafgesetzgeber mit dem Fremdheitsbegriff in gewissem Umfang an externes

---

120 Zur neueren Lehre Herzbergs vgl. unten S. 261 ff.

121 Herzberg, JuS 1980, S. 473.

122 Herzberg, JuS 1980, S. 473.

123 Herzberg, JuS 1980, S. 472.

124 Herzberg, JuS 1980, S. 473.

125 Herzberg, JuS 1980, S. 472.

"außertatbestandliches" Recht, nämlich an die jeweils geltenden Regeln für die Eigentumsverschaffung. Mit dieser Anbindung des Fremdheitsbegriffs an das Zivilrecht öffne der Strafgesetzgeber den Tatbestand ganz bewußt für inhaltliche Veränderungen, die vom Zivilgesetzgeber als für den Bereich des Zivilrechts notwendig angesehen werden. Demgegenüber gebe es Tatbestände, deren Erweiterung auf andere Tatmodalitäten nicht auf dem geschilderten Weg einer Rechtsentwicklung an anderer Stelle bewirkt werden könne.[126] Wollte man etwa entgegen dem heutigen Rechtszustand auch das Herstellen einer schriftlichen Lüge von § 267 StGB erfaßt sehen, dann bedürfe es dazu entweder einer Auslegungsänderung des Echtheitsbegriffs oder einer Ergänzung des Gesetzestextes.[127] Zusätzlich müßte damit auch eine Neubestimmung des § 267 StGB zugrunde liegenden Rechtsguts einhergehen. Demnach wäre die Ausweitung des Anwendungsbereichs von § 267 StGB auf eine schriftliche Lüge nur mittels tatbestandsimmanenten Veränderungen möglich und nicht durch eine Fortentwicklung auf anderen Rechtsgebieten zu erreichen. Die jeweilige Tatbestandsausgestaltung soll nun die Behandlung der einzelnen Rechtsirrtümer dementsprechend beeinflussen: Derjenige Täter, der seine schriftliche Lüge für eine Urkundenfälschung hält, weil er glaubt, daß auch die inhaltlich unrichtige, aber echte Quittung strafrechtlich unter § 267 StGB zu subsumieren ist, steht mit seiner Rechtsansicht im Gegensatz zur derzeit geltenden Gesetzesfassung des § 267 StGB, die nur die unechte, nicht aber die unrichtige Urkunde erfaßt. Seine Rechtsansicht bewegt sich auch nicht mehr im Rahmen möglicher Verschiebungen des Anwendungsbereichs des § 267 StGB. Der insoweit einschlägige Echtheitsbegriff läßt keinen Raum für inhaltliche Veränderungen dieses Merkmals, die etwa durch Gesetzesänderungen oder Rechtsfortbildungen auf anderen Rechtsgebieten eingetreten sind. Es fehlt bei dem Tatbestandsmerkmal der Echtheit gerade eine Anbindung an andere Rechtsgebiete,

---

126 Herzberg, JuS 1980, S. 472.

127 Herzberg, JuS 1980, S. 472.

so daß die Fehlvorstellung des Täters ein Wahndelikt begründet.[128] Eine andere Situation liegt vor beim Irrtum des Täters über das Merkmal der Fremdheit.[129] Nunmehr bezieht sich der Irrtum auf einen Begriff, der akzessorisch zu externem Recht ist, so daß danach zu differenzieren ist, worauf sich der Rechtsirrtum bezieht. Solange sich das Rechtsverständnis des Täters noch im Rahmen möglicher Verschiebungen des Anwendungsbereichs der Norm hält, die der Gesetzgeber infolge der Verwendung dieses Verweisungsbegriffs grundsätzlich eröffnet hat, "überdehnt" der Täter den Anwendungsbereich dieser Vorschrift nicht. Bei einem Täter, der das rechtliche Vorfeld auf eigene Faust verändert, sich aber dabei noch im Rahmen der durch die Verwendung des "Verweisungsbegriffs" eröffneten und damit möglichen Anwendungsbandbreite der Norm bewegt, ist der Vorsatz zu bejahen und damit Versuchsstrafbarkeit eröffnet. Überschreitet dahingegen sein Rechtsverständnis den Rahmen der noch möglichen Verschiebungen des Anwendungsbereichs und setzt er sich damit in Widerspruch zu der mit der Setzung des Merkmals getroffenen gesetzlichen Grundentscheidung, dann soll nach Herzbergs Ansicht ein Wahndelikt vorliegen. Herzberg hält weder den Echtheitsbegriff[130] bei der "Urkundenfälschung" im Sinne des § 267 StGB für einen Verweisungsbegriff im Sinne seiner Differenzierung,[131] noch den Urkundenbegriff als solchen,[132] dagegen sieht er in der Beweiseignung einen solchen Verweisungsbegriff.[133] Dieser Ein-

---

128 Diese Feststellung bedarf freilich einer Einschränkung. Der Echtheitsbegriff kennt eine Anbindung an das Zivilrecht insoweit, als auch die mit fremdem Namen unterschriebene Erklärung echt sein kann, wenn der unter falschem Namen Auftretende als Vertreter des Namensinhabers handelt. Zur Beurteilung dieser Frage sind die zivilrechtlichen Grundsätze der §§ 164 ff. BGB anzuwenden.

129 Herzberg, JuS 1980, S. 472 f.

130 Herzberg, JuS 1980, S. 472.

131 Eine Annahme, der mit dem Hinweis auf die Anbindung des Echtheitsbegriffs an die rechtsgeschäftlichen Vertretungsregeln widersprochen werden könnte.

132 Herzberg, JuS 1980, S. 473.

133 Herzberg, JuS 1980, S. 473.

zelbestandteil der Urkundendefinition knüpft nämlich an die jeweils für bestimmte Schriftstücke in den einschlägigen Rechtsvorschriften vorgesehenen Formvorschriften an und ist damit akzessorisch zu anderen Rechtsgebieten. Dies zeigt sich daran, daß nach herrschender Meinung die Formungültigkeit eines Schriftstücks seine mangelnde Beweiseignung zur Folge hat. Nunmehr lassen sich die für das Merkmal der Fremdheit als Repräsentanten eines Verweisungsbegriffs gewonnenen Grundsätze auf das ebenfalls als Verweisungsbegriff identifizierte Merkmal der Beweiseignung übertragen. Ein Täter, der ein nach Zivilrechtsregeln formungültiges Schriftstück für ein zum Beweis geeignetes Schriftstück und damit für eine Urkunde hält, irrt sich über den Verweisungsbereich, so daß ein untauglicher Versuch zu bejahen ist. Der Täter, der die Formungültigkeit und damit die nach herrschender Meinung fehlende Beweiseignung erkannte und dieses Schriftstück trotzdem als Urkunde einordnete, hat sich in einen Widerspruch zu der Grundentscheidung des § 267 StGB gesetzt und befindet sich deshalb im Wahndelikt.

Will man das Gegensatzpaar Irrtum über das Vorfeld und Irrtum über die Reichweite der strafrechtlichen Tatbestände auf die Evidenzbeispiele 2 und 3 anwenden,[134] dann ist es angesichts des Umstandes, daß Herzberg nur die Beweiseignung als Verweisungselement des Urkundenbegriffs ansieht, ergebnisrelevant, über welches Teilelement der Urkundendefinition sich der Täter irrte. Schon beim Evidenzbeispiel 2, in dem der Ausländer bewußt die Striche auf dem Bierdeckel ausradiert, ohne deren Bedeutung für die spätere Abrechnung der Zeche zu kennen, muß ermittelt werden, ob A sich über die Beweiseignung, die Begriffsbestimmung oder über alle Elemente der Definition geirrt hat. Diese Schwierigkeit resultiert in diesem Fall gerade daraus, daß die Vermutung nahe liegt, der A entwickele keinerlei auf das Vorliegen des Urkundenbegriffs hindeutende Vorstellungen.

---

134 Evidenzbeispiel 1 bleibt als Beispiel für einen Tatirrtum außerhalb des Anwendungsbereichs dieser sich nur auf den Rechtsirrtum beziehenden Lehre.

Das gibt zu mancherlei Zweifeln Anlaß: Führt etwa ein Rechtsirrtum bei den Urkundendelikten nur dann zum Vorsatzausschluß, wenn A sich über eine Formvorschrift für das betreffende Schriftstück irrt? Ein anderer Rechtsirrtum ließe demgegenüber den Vorsatz unberührt? Zu klären ist auch, unter welchen Voraussetzungen der Täter die Kenntnis von der Beweiseignung erlangt hat, und ob dafür die undifferenzierte Vorstellung "alles in Ordnung" ausreicht, oder ob es insoweit keinerlei Vorstellungen des Täters bedarf. Diese Fragen werden aber nicht mehr beantwortet.

Einwände gegen Herzbergs frühere Überlegungen ergeben sich auch aus der Nähe seiner Lehre zum Reichsgericht. Zwar ist die reichsgerichtliche Disjunktion "strafrechtlicher Rechtsirrtum/außerstrafrechtlicher Rechtsirrtum" mit den durch das Begriffspaar "tatbestandlicher" Rechtsirrtum/"außerstatbestandlicher" Rechtsirrtum bezeichneten Bereichen nicht deckungsgleich. Gewisse Unterschiede zeigt er für das Merkmal der "rechtswidrigen Tat" nach § 258 StGB auf. Er begreift die "rechtswidrige Tat" als Verweisungsbegriff, da er "auf den veränderbaren jeweiligen Bestand an vertypten Delikten verweist". Demnach ist die Annahme des Täters, eine in Wirklichkeit nicht verwirklichte Straftat begangen zu haben, als Rechtsirrtum "außerhalb der maßgeblichen Strafnorm" zu qualifizieren. Der Täter befindet sich somit in einem vorsatzrelevanten Vorfeldirrtum im Sinne der Herzbergschen Terminologie. Das Reichsgericht käme in diesem Fall statt dessen zu der Annahme eines strafrechtlichen und damit vorsatzirrelevanten Rechtsirrtums.[135] Wenn Herzberg in diesen Fällen außertatbestandlicher, aber innerstrafrechtlicher Rechtsirrtümer eine "bemerkenswerte Abweichung"[136] seiner Ansicht von der des Reichsgerichts

---

135 Herzberg, JuS 1980, S. 473; vgl. dazu im einzelnen Tischler, S. 334 f.

136 Herzberg, JuS 1980, S. 473.

sieht, so mag dies begrifflich-konstruktiv zutreffen. Doch ist der Unterschied im praktischen Ergebnis nicht groß.[137]

Gegen Herzberg ist auch die "Argumentation der prinzipiellen Substituierbarkeit" kritisch eingewendet worden.[138] Dies bedarf allerdings einer Relativierung. Auf Herzbergs Terminologie übertragen, gilt: Will der Gesetzgeber mit der Verwendung der Verweisungsbegriffe nur das im Zeitpunkt der Normsetzung existierende Vorfeld eröffnen, dann trifft die Substituierbarkeitsthese zu. In diesem Fall steht der Kreis der Rechtsnormen fest, die anstelle des Verweisungsbegriffs in den Straftatbestand hätten aufgenommen werden können. Demnach würde allein eine Umformulierung des Straftatbestandes genügen, um Rechtsirrtümer, die bisher im "Vorfeld des Tatbestandes" lagen, zu solchen über die "Reichweite des Tatbestandes" werden zu lassen. Demgegenüber trifft die Substituierbarkeitsthese nicht zu, wenn nach dem Willen des Gesetzgebers an die jeweils zu verschiedenen Zeitpunkten geltenden Rechtsregeln angeknüpft werden sollte. Eine für die Anwendbarkeit der Substituierbarkeitsthese erforderliche Enumeration ist bei dieser für Weiterentwicklungen offenen Norm nicht möglich.

Es bleibt also festzuhalten, daß das "Argument der prinzipiellen Substituierbarkeit" zwar nicht in dem von Burkhardt angenommenen Umfang vertretbar ist, daß aber seine Berechtigung zumindest für eine bestimmte Anzahl der Merkmale anzuerkennen ist. Im übrigen ist hier nur zu wiederholen, was früher im gleichen Zusammenhang ausgeführt wurde.[139] Die

---

137 Herzberg bemerkt, daß "eine so lang praktizierte Judikatur einen richtigen Kern gehabt haben muß", Herzberg, JuS 1980, S. 473; kritisch dazu Burkhardt, JZ 1981, S. 687.

138 Burkhardt, JZ 1981, S. 687; vgl. dazu oben S. 219 f.

139 Zur Kritik der Lehre Herzbergs allerdings im Hinblick auf die Umkehrkonstellation vgl. Reiß, wistra 1986, S. 197; Vogler, LK, 10. Aufl., § 22 Rdn. 148; Schlüchter, JuS 1985, S. 527, die eine Ausweitung des untauglichen Versuchs befürchten.

Nähe zum reichsgerichtlichen Lösungsansatz, aber etwa auch die behauptete Eignung der Verweisungsbegriffe, die Offenheit für außerstrafrechtliche Fortentwicklungen zu gewährleisten, ließen Herzbergs Lehre als Wegbereiter der Lehre Kuhlens erscheinen. Aber nicht zuletzt in der Auseinandersetzung mit der Lehre Kuhlens hat sich Herzberg von den Verweisungsbegriffen getrennt und seine neue Sicht unabhängig davon konzipiert.[140]

Heute vertritt Herzberg eine stark am Wortlaut des § 17 StGB orientierte Lösung und untersucht bei seiner Abgrenzung zwischen Tatbestandsirrtum und Verbotsirrtum verstärkt die Situation des Verbotsirrtums. Sein Ausgangspunkt sind folgende Sätze von Puppe:[141] "Was der Täter wissen muß, um vorsätzlich zu handeln, ist nicht mehr und nicht weniger als der Sinn der tatbestandmäßigen Tatbeschreibung ... Entsteht im Einzelfall Streit darüber, ob ein Subsumtions- oder ein Tatbestandsirrtum vorliegt, so hat dieser Streit seinen Grund darin, daß zweifelhaft ist, was der Sinn des einzelnen Tatbestandes ist." Herzberg begibt sich nun auf die Suche nach dem Kriterium, mit dessen Hilfe man den Tatbestandsirrtum vom Subsumtionsirrtum abgrenzen kann, oder anders formuliert: mit dessen Hilfe man den Sinn des Tatbestands bestimmen kann. Dabei geht Herzberg davon aus, daß sich der Sinn eines Tatbestands nicht durch die Einordnung oder Nichteinordnung eines bestimmten Merkmals in den Tatbestand ändert. So soll beispielsweise die umstrittene Einordnung des Merkmals "vernünftiger Grund" im Sinne des § 17 Nr. 1 TSchG in den Tatbestand oder in die Rechtswidrigkeit den Sinn (der über den Vorsatzgegenstand entscheidet) nicht beeinflussen, da der Täter - soll er vorsätzlich handeln - in jedem Fall den Sachverhalt, der nach rechtlicher Bewertung keinen vernünftigen Grund zur Tötung gibt, kennen

---

140 Vgl. Herzberg, GA 1993, S. 439 ff., ders., JZ 1993, 1017, 1022 Fn. 34. Die Arbeiten sind nach Fertigstellung des Manuskripts erschienen und konnten nur noch im Überblick berücksichtigt werden.

141 Puppe, GA 1990, S. 145, 182.

muß.[142] Die Kenntnis, daß so die rechtliche Wertung lautet, braucht er nicht zu haben.[143] Ein Verbotsirrtum auf der Basis gegebenen Vorsatzes liegt demgegenüber nach Herzbergs Ausführungen vor, wenn der Täter von allen Umständen, die das deliktische Unrecht begründen, nur den einen nicht kennt, daß das Recht seine Tat als rechtswidrig beurteilt.[144] Das ist dann der Fall, wenn der Täter aufgrund eines Rechtsirrtums solche Merkmale verkennt, die besagen, daß dann, wenn sie **nicht** erfüllt sind, zumindest das spezifische Unrecht des jeweiligen Delikts entfällt. Grammatikalisch betrachtet sind das Adverbien oder adverbiale Bestimmungen zu dem Verb, das die Tathandlung beschreibt. Als Beispiel hierfür nennt Herzberg etwa "rechtswidrig", "pflichtwidrig" oder "ohne vernünftigen Grund"[145] und räumt ein, daß diese Merkmale ungeschrieben sein können (z.B. die Rechtswidrigkeit bei § 212), wörtlich im Gesetzestext stehen (z.B. § 303, 107 a, 324 ...) oder auch erst in der Definition eines Merkmals hervortreten können.[146] Systematisch können sie der Tatbestands- oder der Rechtswidrigkeitsprüfung zuzuordnen sein, und diese Merkmale können die Frage nach dem rechtlichen Erlaubtsein der Tat umfassend aufwerfen oder nur im Hinblick auf einen bestimmten Erlaubnisgrund.[147] Mit diesem Kriterium, wonach ein Verbotsirrtum vorliegt, wenn sich der Täter ausschließlich über die Bewertung der Tat als Unrecht irrt, soll sich auch die Grenze zwischen einem Verbotsirrtum und einem "rechtlichen Erlaubnissachverhaltsirrtum" sicher ziehen lassen.[148] Damit sind

---

142 Herzberg, GA 1993, S. 443.

143 So auch die Aussage für das Merkmal "eindringen" im Sinne von § 123 StGB: Herzberg, GA 1993, S. 443 f.; "unbefugt" im Sinne von § 132 a: a.a.O., S. 444 ff.

144 Herzberg, GA 1993, S. 449; ders., JZ 1993, S. 1017.

145 Herzberg, GA 1993, S. 450.

146 Herzberg, GA 1993, S. 450 f.

147 Herzberg, GA 1993, S. 451.

148 Herzberg, GA 1993, S. 451 f. - Für die hier **nicht** interessierenden Fragen einer Anwendung des § 16 StGB bei rechtlicher Fehlbeurteilung der Tat eines "anderen" Beteiligten, vgl. a.a.O., S. 453 f. Für eine "rechts-

beide Vorzüge, die Herzberg seinem Kriterium zuschreibt, vorgestellt: seine Formulierung nahe am Gesetz und seine Fähigkeit zur klaren Grenzziehung.[149] Es ist gewiß ein interessanter Lösungsansatz, die umstrittene Frage einer Abgrenzung zwischen Tatbestandsirrtum und Verbotsirrtum dadurch zu beantworten, daß man die Situation des Verbotsirrtums herausarbeitet und sich mit der Feststellung begnügt, um die Situation des vorsätzlich handelnden Täters zu beschreiben, daß der Täter den Sinn des Tatbestands erfaßt haben muß, also wohl den Sachverhalt erkannt haben muß, den der Tatbestand umschreibt. Auf die Frage jedoch, wann und unter welchen Voraussetzungen der Täter den Sinn des Tatumstandes erfaßt hat, gibt Herzberg keine Antwort. Dabei ist es doch entscheidungsrelevant, wie der Sinn des Tatbestands zu ermitteln ist und in welchem Umfang er vom Täter erfaßt sein muß. Zwar legt Herzberg sehr richtig dar, daß es auf das Wissen, es handele sich um ein bestimmtes Tier, für den Vorsatz bezüglich § 292 StGB "jagdbares Tier" nicht auf das Wissen um "Fuchs, Maus und Wiesel" ankommt,[150] sondern daß es fremdem Jagdrecht unterliegt. Doch fehlt eine Fortführung dieses Gedankens dahin, daß es Aufgabe der Auslegung ist, den jeweiligen tatbestandsrelevanten Sinn des einschlägigen Paragraphen zu ermitteln, und unter welchen Voraussetzungen man davon ausgehen kann, daß der Täter den konkreten Sachverhalt im Hinblick auf diese tatbestandsrelevanten Eigenschaften erkannt hat. Liegt nämlich nach der Definition Herzbergs bei einer bestimmten Fehlvorstellung **kein** Verbotsirrtum vor, ist damit nicht zwingend gesagt, daß der Irrtum vorsatzausschließend wirkt, da es doch denkbar ist, daß lediglich ein Subsumtionsirrtum vorliegt, der nicht zum Verbotsirrtum führen muß.[151]

---

widrige Tat" im Sinne von §§ 26, 27 StGB vgl. a.a.O., S. 454 f. Bei Blankettmerkmalen vgl. a.a.O., 457 ff., ders., JZ 1993, S. 1017 f.

149 Herzberg, JZ 1993, S. 1017.

150 Herzberg, GA 1993, S. 447 f., insbes. Fn. 22.

151 Vgl. dazu die eigene Lösung, Kap. 5.

D. Schlüchter: Teleologisch-reduzierte Sachverhaltssicht

Schlüchter[152] arbeitet mit dem Gedanken, die Rechtsgutsverletzung sei der notwendige Bestandteil des Vorsatzinhalts, und daher genüge eine teleologisch reduzierte Sachverhaltssicht für die Wissenskomponente beim Vorsatz. Ihr Ziel ist es, klare Abgrenzungskriterien für die Ermittlung von normativen Tatbestandsmerkmalen zu gewinnen. Prägendes Merkmal der normativen Elemente soll nach Ansicht Schlüchters die "doppelt vermittelte Extension" sein. Damit ist der Umstand gemeint, daß die Intension derartiger Merkmale die Extension nicht unmittelbar bestimmt, sondern nur über den Bezug auf eine andere Norm, die ihrerseits Intension und Extension aufweist.[153] Schlüchter verlangt für die Wissenskomponente des Vorsatzes das Bewußtsein der Rechtsgutsverletzung oder Rechtsgutsgefährdung. Dies erfordert das Erkennen der rechtsgutsbezogenen Verhaltensbedeutung, die sie "teleologisch-reduzierte Sachverhaltssicht" nennt. Dagegen sei die Kenntnis der Einzeltatsachen bei normativen Tatbestandsmerkmalen weder erforderlich noch ausreichend. Das Erkennen von Einzeltatsachen, auf die eine Parallelwertung aufbauen könnte, hält sie für eine Überspitzung der Anforderungen an die subjektive Tatseite. Schließlich gehe der Laie nicht analytisch vor. Ein analytisches Fragen führe nur zur Aufspaltung des Sachverhalts in Einzeltatsachen. Statt dessen sei eine ganzheitliche Betrachtung anzustreben, die auf die Erlangung dieser speziellen auf den Rechtsgüterschutz bezogenen Bedeutungskomponente des Tatbestands gerichtet sei. Im zweiten Schritt sei die Frage zu stellen, "ob der Täter den von dem jeweiligen Tatbestandsmerkmal bestimmten Sachverhaltsausschnitt ... auf die rechtsgutsbezogene Komponente hin strukturiert, d.h. soweit erfaßt hat, um sich der Verwirklichung dieser Komponente ('mit'-)bewußt geworden zu

---

152 Ellen Schlüchter, Irrtum über normative Tatbestandsmerkmale im Strafrecht.

153 Intension und Extension lassen sich vereinfachend mit Wortbedeutung und Anwendungsbereich umreißen. Zur exakten Definition vgl. Schlüchter, S. 6.

sein."[154] Alle den Rechtsgüterschutz einschränkenden Merkmale sind - aus Gründen rechtsstaatlicher Garantie - ebenfalls Vorsatzgegenstand. Die fehlende Kenntnis von Einzeltatsachen ist so lange unbeachtlich, wie dieser Mangel nicht ein völlig verändertes Tatbild entstehen läßt. Innerhalb der so markierten Bandbreite gleicht die Kenntnis von der Verletzungsbedeutung die fehlende Kenntnis von Sachverhaltselementen aus. Es überrascht nicht, daß Schlüchter die Parallelwertungslehre ablehnt; die Kenntnis der sozialen Bedeutung des Tatumstandes für den Vorsatz bezüglich eines normativen Tatbestandsmerkmales hält sie nicht für erforderlich. Statt der sozialen Bedeutung insgesamt stehen für sie die rechtsgutsbezogenen Teilbereiche im Brennpunkt ihrer Betrachtungen.

Die Übertragung dieser abstrakten Ausführungen auf die Beispielsfälle erfordert zunächst die Ermittlung der von dem jeweiligen Tatbestandsmerkmal bestimmten Sachverhaltsausschnitte. Anschließend ist festzustellen, welche seiner Bedeutungskomponenten auf das Rechtsgut bezogen sind. Schlüchter identifiziert im Rahmen des Tatbestandsmerkmal "Urkunde" die Beweisfunktion als deckungsgleich mit dem § 267 StGB zugrunde liegenden Rechtsgut, denn sie sieht in der "Sicherheit und Zuverlässigkeit des Rechts-, insbesondere des Beweisverkehrs", das Rechtsgut des § 267 StGB. Der Täter muß folglich von dem durch das Tatbestandsmerkmal "Urkunde" bestimmten Sachverhaltsausschnitt soviel wahrnehmen, um zu erkennen, daß die beweiserhebliche Bedeutung des Gegenstandes mehr umfaßt als den Beweis seiner bloßen Existenz. Demgegenüber sieht Schlüchter in der Perpetuierungsfunktion der Urkunde kein rechtsgutsbezogenes strafbarkeitseingrenzendes Element des Urkundenbegriffs, da ihrer Ansicht nach der Fixierung einer menschlichen Gedankenerklärung im Rahmen der Urkundendefinition keine strafbarkeitseinschränkende Bedeutung zukomme. Allerdings zeige die Existenz des § 268 StGB, daß der Strafrechtsschutz nicht

---

[154] Schlüchter, S. 100 ff.

bei fixierten menschlichen Gedankenerklärungen haltmache. Deshalb sei die Garantiefunktion als dritte Funktion der Urkunde ein solches die Strafbarkeit eingrenzendes Element mit Rechtsgutsbeziehung.[155] Nachdem die auf das Rechtsgut bezogenen Bedeutungskomponenten feststehen, d.h. hier die Beweis- und Garantiefunktion, bedarf es im Rahmen des nunmehr anstehenden zweiten Schritts der Prüfung, ob der Täter den von dem jeweiligen Tatbestandsmerkmal bestimmten Sachverhaltsausschnitt so weit erfaßt hat, daß er sich über die rechtsgutsbezogenen Komponenten (zumindest in der Form des bedingten Vorsatzes) klar geworden ist.

Eine Reihe von Bedenken, die man gegen Schlüchter ins Feld führen kann, hat die Autorin vorweggenommen und zu widerlegen versucht. Dies gelingt ihr jedoch nur teilweise, und es bleiben weitere Fragen offen:

Im Vordergrund steht der Bezug des Vorsatzes auf das Rechtsgut. Die Diskussion um das § 267 StGB zugrunde liegende Rechtsgut hat die schillernde Bandbreite der vertretenen Ansichten gezeigt, und zum anderen ist deutlich geworden, daß der Rechtsgutsbegriff "noch weitgehend ungeklärt" ist.[156] Nun läßt sich keine Irrtumsabgrenzung von umstrittenen Vorfragen lösen. Allerdings zählt die Rechtsgutsproblematik nun wirklich zu den umstrittensten Fragen. Die damit zusammenhängende übergroße Unsicherheit muß sich in gleichem Maße auf die Irrtumslehre übertragen.

Nach Kuhlen[157] bringt die Berücksichtigung der Bedeutungskomponenten, die auf das Rechtsgut bezogen sind, zusammen mit den Faktoren, die den Schutz einengen, die Konturen der rechtsgutsorientierten Abgrenzungslösung zum Verschwimmen. Denn es müßten doch alle objektiv relevanten Merkmale, die

---

155 Schlüchter, S. 110 ff.; vgl. dazu auch oben S. 56 ff., 62 ff.

156 Siehe oben S. 1 ff., 12 ff.

157 Kuhlen, S. 436 f.

den Unrechtstatbestand bilden, vom Vorsatz umfaßt sein. Damit bleibt nach Kuhlen die Frage unbeantwortet, wieweit sich der Vorsatz auf die einschränkenden Merkmale und deren Konkretisierung zu erstrecken habe; die Rechtsgutsorientierung biete dafür keinen Maßstab.[158] Angesichts der geschilderten Schwierigkeiten, die rechtsgutsbezogene Komponente von denjenigen Merkmalen abzugrenzen, die den strafrechtlichen Rechtsgüterschutz einschränken, ist der Vorwurf Kuhlens berechtigt, der Abgrenzungsvorschlag Schlüchters sei genauso unpräzise wie das Parallelwertungskriterium. Von Schlüchter nicht widerlegt ist auch der folgende Einwand Kuhlens:[159] Schlüchter gehe hinter die positiv rechtlich geformten Tatbestände zurück und formuliere eine vereinfachte, unmittelbar rechtsgutsbezogene Norm, die durch den positiven Tatbestand lediglich als eine der denkbaren möglichen "Ausfüllungsnormen" präzisiert werde. Für den objektiven Tatbestand ist die insoweit gewählte Präzisierung ausschlaggebend. Sie hat aber nach Schlüchter für den subjektiven Tatbestand keine Bedeutung, da dieser nicht mehr akzessorisch zum objektiven Tatbestand ist, sondern sich allein an der "Rechtsgutsnorm" ausrichtet. Sachlich unterschiedliche Ausgestaltungen der objektiven Tatbestände haben dann aber, wenn sie sich nur auf eine einheitliche Rechtsgutsnorm zurückführen lassen, keinerlei Auswirkungen auf den subjektiven Tatbestand. Eine derartige Loslösung des subjektiven vom objektiven Tatbestand müßte zu einer völlig ungewissen Handhabung des jeweiligen Delikts mit seinem materiell vom Rechtsgut her bestimmten Vorsatz führen; es gibt keine Methode, die hinter dem positiven Recht angesiedelte materiell relevante "Rechtsgutsnorm" mit einer intersubjektiven Verbindlichkeit zu ermitteln. Diese aus der ganzheitlichen Betrachtung resultierende Reduzierung der Vorsatzanforderungen setzt sich fort im Anknüpfen des Vorsatzes an unbestimmte Wertungsbegriffe wie "beachtlicher Mangel" bei der teleologisch-reduzierten Sachverhaltssicht

---

158 Kuhlen, S. 438.

159 Kuhlen, S. 439.

oder dem Heranziehen des "völlig veränderten Tatbildes" als Maßstab für die Beachtlichkeit oder Unbeachtlichkeit einer Fehlvorstellung beim Täter.[160] Darüber hinaus hält Herzberg schon den von Schlüchter geforderten ersten Prüfungsschritt für verfehlt.[161] Nach seiner Ansicht erfüllt notwendigerweise jeder, der die "Rechtsgutsbeeinträchtigung" - sei es auch um egoistischer Interessen willen - für erlaubt hält, die Voraussetzung, die nach der Konzeption Schlüchters zum Vorsatzausschluß führen kann, denn die die "Rechtsgutsbeeinträchtigung" neutralisierende Komponente wäre mit der Befugnis, an die der Täter glaubt, stets gegeben. Infolgedessen ist dieser erste Prüfungsschritt nicht zur Einordnung eines Irrtums als Tatbestands- oder Verbotsirrtum geeignet, da sich ja nur bei einem Täter, der sich im Recht glaubt, diese Abgrenzungsfrage stellt. Indem somit der erste Prüfungsschritt der Konzeption Schlüchters leerläuft, rückt das Kriterium des "beachtlichen Mangels" in den Blickpunkt des Interesses. Schlüchter selbst hat nirgends abstrakt das Kriterium formuliert, wann man einen "beachtlichen Mangel" anzunehmen hat, so daß Herzberg nicht ohne Grund diesen Begriff als "vollkommen offen, inhaltsleer und darum an sich wertlos" qualifiziert.[162]

Zu Recht beanstandet Rudolphi,[163] daß Schlüchter den Vorsatz schon bejaht, wenn der Täter den durch das normative Tatbestandsmerkmal markierten Sachverhaltsausschnitt in seiner Verletzungsbedeutung erkannt hat. Damit komme nicht deutlich genug zum Ausdruck, daß das tatbestandliche Unrecht nicht immer durch die Rechtsgutsobjektverletzung (oder -gefährdung) erschöpfend beschrieben sei, sondern

---

160 So auch Herzberg, JZ 1993, S. 1020.
161 Herzberg, JZ 1993, S. 1020.
162 Herzberg, JZ 1993, S. 1020.
163 Rudolphi, SK, 5. Aufl., § 16 Rdn. 21.

auch andere Momente, etwa eine besondere Tatmodalität, konstitutiv für das tatbestandliche Unrecht sein können.[164]

Insgesamt hat Schlüchter nicht genügend Gründe vorgetragen, um ihrer aufsehenerregenden Konsequenz zu folgen, daß man sich von der Kongruenz des objektiven und des subjektiven Tatbestandes zugunsten einer materiellen Vorsatzlehre lösen könne.[165]

E. Die Konzeption von Puppe

Kuhlen versucht, dem Einwand, ein außerstrafrechtlicher Rechtsirrtum lasse sich in einen strafrechtlichen Rechtsirrtum umdeuten,[166] mit der Einführung des Zeitstrukturkriteriums zu begegnen und dadurch die Durchführbarkeit der reichsgerichtlichen Unterscheidung zwischen strafrechtlichem und außerstrafrechtlichem Rechtsirrtum zu belegen. Puppe wählt für dieses Vorhaben einen anderen Weg. Sie verweist zur Widerlegung des Arguments der prinzipiellen Substituierbarkeit nicht nur auf die unbestreitbare Unzweckmäßigkeit[167] solcher Substitutionen - man denke nur an eine Ersetzung des Fremdheitsbegriffs durch die Fülle der zivilrechtlichen Eigentumserwerbs- und Verlusttatbestände und an die daraus resultierende Unübersichtlichkeit eines entsprechend gefaßten Straftatbestandes -, sondern vor allem auf ihre Unzulässigkeit. Mit dem Begriffspaar strafrechtlicher und außerstrafrechtlicher Rechtsirrtum habe das Reichsgericht in Wirklichkeit den Unterschied zwischen einem Irrtum über die in den Straftatbeständen enthaltenen Begriffe (= Strafrechtsirrtum) und einem Irrtum über die den Tatbe-

---

164 Vgl. auch die Kritik von Herzberg, JZ 1993, S. 1019.

165 Vgl. auch Herzberg, JZ 1993, S. 1020.

166 Vgl. oben S. 117 ff.

167 Vgl. Puppe, GA 1990, S. 155, die gerade die Sinnlosigkeit der Ersetzung des Fremdheits- bzw. Eigentumsbegriffs durch die einschlägigen zivilrechtlichen Vorschriften dokumentiert.

stand erfüllenden, auch durch Recht und Gesetz begründete Tatsachen gemeint (= außerstrafrechtlicher Rechtsirrtum).[168] Ein Irrtum über außerstrafrechtliche Rechtsbegriffe sei aus der Sicht des Strafrechts ein Irrtum über Tatsachen, nämlich "Rechtstatsachen". Mit dem Begriffspaar strafrechtlicher/außerstrafrechtlicher Rechtsirrtum habe das Reichsgericht die in Wirklichkeit zwischen beiden Irrtumsarten bestehende Gemeinsamkeit, nämlich daß beide etwas mit dem Recht zu tun haben, übergebührlich betont. Nur die mißverständliche reichsgerichtliche Terminologie habe zu dem gegen das Reichsgericht einhellig vorgebrachten Vorwurf des Formalismus und der Oberflächlichkeit geführt, da seine gewählte Formulierung "Rechtsirrtum" (statt Irrtum über Rechtstatsachen) die Grenzen zwischen beiden Irrtumsarten verwischt habe. Dies sei der Anlaß für die zahlreichen Fehlinterpretationen der hinter dem Begriffspaar außerstrafrechtlicher/strafrechtlicher Rechtsirrtum jeweils steckenden Irrtumskonstellationen gewesen. Doch statt diese oberflächliche Gemeinsamkeit der beiden Irrtumsarten hervorzuheben, müsse gerade das sie jeweils trennende Moment herausgestellt werden. Für Puppe ist die reichsgerichtliche Rechtsprechung dahingehend zu verstehen, daß die Irrtümer über rechtlich institutionelle Tatsachen, an die eine Strafrechtsnorm ebenso wie an natürliche Tatsachen anknüpfen kann, als die sogenannten außerstrafrechtlichen Rechtsirrtümer anzusehen sind. Demgegenüber ist ein Irrtum über den Inhalt derjenigen Norm, die für den Täter selbst gilt und durch das Strafrecht geschützt wird, als strafrechtlicher Rechtsirrtum zu qualifizieren.[169]

Eine derartige Interpretation des reichsgerichtlichen Begriffspaares strafrechtlicher/außerstrafrechtlicher Rechtsirrtum ist nur vor dem Hintergrund von Puppes eigenständigem Vorsatzverständnis aus möglich. Ihrer Ansicht

---

168 Puppe, GA 1990, S. 159.

169 Puppe, GA 1990, S. 180; dazu zählt vor allem der Subsumtionsirrtum.

nach muß sich nämlich der Täter den Sinn des Tatbestandes (= Intension der tatbestandsmäßigen Tatbeschreibung)[170] und nicht seinen Wortlaut vorstellen, um vorsätzlich zu handeln. Diese erforderliche Sinnkenntnis soll der Täter dann erlangt haben, wenn er eine Sachverhaltsbeschreibung gibt, die entweder synonym mit der des Tatbestandes ist oder einen Spezialfall des Tatbestandes enthält.[171] Allerdings soll der Umfang und die Art der Erlangung des Sinnverständnisses und damit die Antwort auf die Frage, ob der Täter den jeweiligen Sinn des Tatbestandes erfaßt hat, von der Art des Tatbestandsmerkmals abhängig sein. Für die Erlangung des Sinnverständnisses ist es nach Puppes Ansicht somit wichtig, ob der Täter ein rechtlich konstitutionelles Tatbestandsmerkmal, ein Blankett- oder ein gesamttatbewertendes Merkmal oder ein Wertprädikat zu erfassen hat.[172] Während der Täter bei den rechtlich konstitutionellen Tatsachen das vom Tatbestand bezeichnete Rechtsverhältnis als solches, nicht aber die tatsächlichen Voraussetzungen seines Entstehens kennen muß, soll gerade die Kenntnis der deskriptiven Komponenten bei den Wertprädikaten und den gesamttatbewertenden Merkmalen für die Vorsatzbejahung erforderlich und ausreichend sein. Angesichts dieser differenzierenden Betrachtungsweise des von Merkmalsart zu Merkmalsart divergierenden erforderlichen Inhalts des Vorsatzwissens ist es verständlich, wenn Puppe von diesem Standpunkt aus den Schluß zieht, daß der Inhalt des Vorsatzwissens allein vom Gesetzgeber durch die von ihm im Strafge-

---

[170] Puppe, GA 1990, S. 145: "Was der Täter wissen muß, um vorsätzlich zu handeln, ist nicht mehr und nicht weniger als der Sinn des Tatbestandes. Dieser Sinn ist ein Sachverhalt, ein wahrer Sachverhalt ist eine Tatsache."

[171] Puppe, GA 1990, S. 182.

[172] Dieses Vorgehen - je nach der Art des Tatbestandsmerkmals bestimmte Anforderungen an das Vorsatzwissen zu stellen - kennzeichnete schon die vorgestellte Komplexbegriffslehre. Insbesondere die Forderung, bei bestimmten Begriffsarten die Voraussetzungen von deren Entstehung zu kennen, ähneln sehr dieser bereits abgelehnten Lehre. Kenntnis der deskriptiven Komponenten ist bei den Wertprädikaten und den gesamttatbewertenden Merkmalen ausreichend.

setz gewählte Formulierung festgelegt wird.[173] Deshalb sei es dem Rechtsanwender auch verwehrt, die Tatbestandsbeschreibung durch eine andere zu substituieren oder sich mit einer nur "ungefähren" oder "annähernden", d.h. abgeschwächten Sinnkenntnis - wie etwa für die Lehre von der Parallelwertung nach Laienart behauptet[174] - zu begnügen. Diese Überlegung findet sich bestätigt durch die Funktion der Tatbestände. Eine solche Substitution verfälsche nicht nur den Sinngehalt der Tatbestände, sondern sie werde auch der Funktion der Tatbestände als Unrechtstypen nicht in dem Maße gerecht wie die geltenden Tatbestandsfassungen. Schließlich habe der Gesetzgeber mit der Verwendung eines Rechtsbegriffs die ihm mögliche Entscheidung getroffen, daß der Vorsatztäter das von ihm beeinträchtigte Recht als solches erkennen müsse, um von der Warnfunktion des tatbestandsmäßigen Vorsatzes wirklich erreicht zu werden. Diese Festlegung dürfe nicht dadurch konterkariert werden, daß anstelle des vom Gesetzgeber gewählten Rechtsbegriffs seine außerstrafrechtlichen Rechtsvoraussetzungen in den Tatbestand eingefügt würden, die zwar den gleichen Begriffsumfang haben, aber einen anderen Sinn. Weiterhin müsse die insoweit erforderliche Sinnerfassung in vollem Umfang gelungen sein. Eine mit Hilfe der Parallelwertung in der Laiensphäre lediglich annähernd erreichte Kenntnis der Rechte, Rechtsverhältnisse oder sonstiger juristischer Tatsachen genüge nicht. Der Täter müsse vielmehr, damit er vorsätzlich gehandelt habe, die in einem Straftatbestand verwende-

---

173 Puppe, GA 1990, S. 154: "Bei der Formulierung seiner Tatbestände hat der Gesetzgeber nicht nur darauf zu achten, daß der objektive Tatbestand in allen Fällen und nur in den Fällen erfüllt ist, in denen das betreffende Strafgesetz Anwendung finden soll, er hat daneben auch darauf zu achten, daß der objektive Tatbestand das tatbestandsspezifische Unrecht ausdrückt."

174 Oder einer teleologisch reduzierten Sachverhaltssicht im Sinne der Konzeption Schlüchters, S. 100. Zur behaupteten Abschwächung der Sinnkenntnis in der Parallelwertung vgl. oben S. 152 ff.

ten rechtlichen Tatbestandsmerkmale kennen und nicht nur ungefähr erahnen.[175]

Allerdings muß Puppe in der Lage sein, den Sinn des Tatbestandes, der Gegenstand des Vorsatzwissens ist, vom Wortlaut des Tatbestandes eindeutig abzugrenzen, wenn sie mit ihrer Lösung eine klare Trennung zwischen einem vorsatzausschließenden Irrtum und einem Subsumtionsirrtum gewährleisten will. Darüber hinaus muß sie die verschiedenen Merkmalsarten sicher voneinander abgrenzen können, da ihrer Ansicht nach die jeweilige Merkmalsart den insoweit notwendigen Inhalt des Vorsatzwissens festlegt.

Vor der Erörterung dieser Abgrenzungsfragen soll zunächst auf den von Puppe geforderten Vorsatzumfang bei rechtlichen Merkmalen eingegangen werden. Der Inhalt des Vorsatzwissens bei den rechtlich institutionellen Merkmalen läuft auf die Forderung Liszts nach voller Subsumtion des betreffenden Merkmals hinaus. An dieser Einschätzung ändert auch die Aussage nichts, daß eine synonyme oder als Spezialfall zu bewertende Beschreibung des Tatbestands ausreiche, um die Erlangung des Sinnverständnisses bejahen zu können. Denn Puppe fordert an anderer Stelle eindeutig: "Enthält also ein Straftatbestand Rechte oder Rechtsverhältnisse als Merkmal, so muß der Täter diese Rechtsverhältnisse schlicht

---

175 Puppe, GA 1990, S. 159: "Man mag dagegen einwenden, der Laie sei hoffnungslos überfordert, wenn er den Unterschied zwischen bloßer Vertragsverletzung und Verletzung eines Besitzrechtes verstehen soll, ... Wenn aber der Strafgesetzgeber auf diesen Unterschied nun einmal dergestalt Wert gelegt hat, daß er die bloße Vertragsverletzung straflos läßt, die Verletzung eines Besitzrechtes durch Wegnahme der Sache aber nach § 289 bestraft, so hat er eben auch ein Verständnis für diesen Unterschied zur Voraussetzung der Kenntnis des tatbestandsspezifischen Unrechts gemacht. Der Vorwurf der Überforderung, wenn es denn eine ist, geht also an den Gesetzgeber, und man darf eine solche Überforderung nicht dadurch korrigieren, daß man den klaren Wortlaut des Tatbestandes oder das Erfordernis der Kenntnis des tatbestandserfüllenden Sachverhalts aufweicht."

kennen, um vorsätzlich zu handeln."[176] Allerdings kommt sie dem gegen v. Liszt erhobenen und schon klassischen Einwand zuvor, nur Juristen könnten dann vorsätzlich handeln: Sie unterstellt, daß die Straftatbestände nur auf solche Rechte und Rechtsverhältnisse Bezug nähmen, die so einfach und grundlegend sind, daß auch der juristisch nicht vorgebildete Laie einen klaren Begriff von ihnen habe. Eine derartige allgemeine Kenntnis sei lediglich bei solchen Rechtsbegriffen zu erwarten, die sich im Kernstrafrecht befänden oder auf die von dort aus Bezug genommen werde. Ein solch klares Begriffsverständnis sei bei komplizierten Rechtsverhältnissen oder entlegeneren Rechten vom Laien nicht zu erwarten. Diese Diskrepanz nimmt Puppe jedoch als gegeben hin.[177] Sie fordert daher, der Gesetzgeber möge solche Beschreibungen wählen, aus denen der Normadressat mit möglichst wenig Kenntnis von empirischen und juristischen Regeln das tatbestandsspezifische Unrecht erkennen könne.[178]

Puppe räumt jedoch einige Schwächen ihrer Theorie selbst ein: Vom juristischen Laien sei kaum zu erwarten, daß er z.B. das Manipulieren am Bierdeckel als Urkundenfälschung begreife oder auch nur das Institut der zusammengesetzten Urkunde annähernd einzuordnen wisse. Er habe vielleicht das Bewußtsein, durch die Manipulation am jeweiligen Gegenstand einen anderen Menschen zu täuschen und zu einer Vermögensverfügung zu veranlassen, also einen Betrug zu begehen, aber ihm fehle in diesen Fällen in der Regel die Vorstel-

---

[176] Puppe, GA 1990, S. 157; vgl. Ebert, Subsumtionsirrtum, S. 401.

[177] Puppe, GA 1990, S. 157 f.: "Sind sie (die Rechtsbegriffe) (S. 158) aber nicht mehr so einfach, so muß man sich eben damit abfinden, daß die Vorstellungsseite des Vorsatzes gewisse juristische Kenntnisse erfordert, denn sie sind Voraussetzung dafür, daß der Täter das spezifische Unrecht seiner Tat überhaupt erkennen kann."

[178] Puppe, GA 1990, S. 154. Daran knüpft Puppe, a.a.O., S. 157 Fn. 24, zwar gewisse Relativierungen sprachanalytischer Art, die man aber nach heutiger Sicht auch für die v. Lisztsche Konzeption der vollen Subsumtionskenntnis gelten lassen müßte.

lung, den Beweiswert einer Urkunde zu verändern. Auch eine Manipulation an reinen Augenscheinsobjekten, beispielsweise das Abwischen von Blutspuren vom Tatwerkzeug, rufe beim Täter die Vorstellung hervor, durch diese Veränderung eine andere Vorstellung des Gegenstandes beim Betrachter zu wekken, als dies beim nicht manipulierten Gegenstand der Fall gewesen wäre. Auch dann habe der Täter mit dem Bewußtsein gehandelt, den Beweiswert eines Gegenstandes zu verändern. Im ersten Fall handele es sich aber um das strafbare Beeinflussen des Beweiswertes einer Urkunde, das andere Mal um das nicht als Urkundenfälschung strafbare Manipulieren von Augenscheinsobjekten. Hier davon auszugehen, der Täter kenne das Rechtsinstitut der Urkunde in seinen Verästelungen, sei eine unrealistische Erwartung. Allein aus dem Umstand, daß der Täter sieht, wie der Bierdeckel mit Zeichen versehen wird, folge nicht notwendigerweise, daß er dem Bierdeckel auch die Urkundenqualität zuschreibe oder gar zuschreiben müsse.

Neben diesen von Puppe selbst entwickelten Bedenken ist die Abgrenzung zwischen sinnbezogenem und empirischem Irrtum in der Konzeption Puppes problematisch. Puppe bietet zur Abgrenzung ein Testverfahren an, bei dem der Richter dem Angeklagten Sätze zur Bestätigung vorstellt, deren Sinngehalt dem Sinngehalt des Tatbestandes entspricht. Konsequenterweise muß der Täter, der sich in einem sachverhaltsbezogenen und damit vorsatzausschließenden Irrtum befindet, alle Sätze als nicht zutreffend ablehnen. Freilich ist diese Sprachverständigung von der Zustimmung oder Ablehnung des Angeklagten abhängig, die ihrerseits auf einen begriffsbezogenen Irrtum beruhen kann. Hier liegt wohl wirklich der wunde Punkt der Überlegungen. Kindhäuser[179] kritisiert zu Recht, daß die Durchbrechung dieses "hermeneutischen Zirkels" nicht nur theoretisch stets ungewiß ist, sondern auch mit dem nicht zu unterschätzenden praktischen Problem verbunden ist, die Formulierung verbal anderer, aber dem Tat-

---

179 Kindhäuser, GA 1990, S. 407 ff.

bestand entsprechender Sinngehalte zu finden.[180] Wenn im Regelfall der Richter auch dazu in der Lage ist, so sollte man diese praktische Schwäche neben den theoretischen Bedenken an der Lösung von Puppe zum Anlaß nehmen, sich der neuesten Arbeit von Kindhäuser zuzuwenden, um zu prüfen, ob sie eine befriedigendere Irrtumsregelung anbieten kann.

F. Die Konzeption von Kindhäuser[181]

Wie unterschiedlich sich die Begriffe Tat- und Rechtsirrtum mit Inhalt ausfüllen lassen, zeigt erneut die 1990 erschienene Arbeit von Kindhäuser. Er bezeichnet mit dem Tatirrtum den vorsatzausschließenden Tatbestandsirrtum des § 16 StGB und qualifiziert den Verbotsirrtum als Rechtsirrtum. Hiermit verwendet Kindhäuser zwar die vom Reichsgericht gebrauchte Terminologie, überträgt sie aber auf die heutige gesetzliche Lage mit ihrer Unterscheidung zwischen Tatbestands- und Verbotsirrtum in den §§ 16 und 17 StGB. Die Grenze zwischen den beiden rechtsfolgenrelevanten Irrtumsarten will er mit Hilfe der Unterscheidung zwischen Sinn- und Wahrheitsirrtum ziehen. In einem Sinnirrtum befindet sich der Täter nach seiner Ansicht dann, wenn er den Inhalt des Begriffs nicht kennt, kurz: wenn er den Gesetzesbegriff falsch auslegt. Ein solcher Sinnirrtum läßt sich beim Täter allein durch eine Aufklärung über den richtigen Sprachgebrauch beseitigen bzw. vermeiden. In einem Wahrheitsirrtum befindet sich demgegenüber der Täter, der zwar den Sinn des gesetzlichen Ausdruckes richtig erfaßt hat, aber irrigerweise dem realen Geschehnis, etwa dem Handlungsobjekt, diese Eigenschaft zuschreibt. Es handelt sich im zweiten Fall also um einen Irrtum über die realen Voraussetzungen der Wahrheit eines Gesetzesbegriffs bei richtigem Inhaltsverständnis der Gesetzesaussage. Ein solcher Wahrheitsirr-

---

180 In der Terminologie Kindhäusers: dem Angeklagten intentionsäquivalente Implikate des einschlägigen Tatbestands anbieten zu müssen.

181 Kindhäuser, GA 1990, S. 407 ff.

tum läßt sich nun nicht durch eine Aufklärung über sprachliche Regeln korrigieren, sondern durch das Richtigstellen des empirischen Urteils, d.h. durch die Feststellung, daß die Dinge nicht über die Eigenschaften verfügen, die ihnen der Täter zugeschrieben hat.

Diese Unterscheidung zwischen Sinn- und Wahrheitsirrtum scheint auf den ersten Blick mit der Differenzierung von gegenstands- und begriffsbezogenem Irrtum bei Haft verwandt zu sein,[182] darf damit aber nicht verwechselt werden. Kindhäuser macht den Wahrheitsirrtum vom richtigen Sinnverständnis abhängig. Die damit herbeigeführte Relativierung des empirischen Irrtums auf ein korrektes Verständnis der tatbestandlichen Begriffe soll dem Einwand der Ununterscheidbarkeit von sinnbezogenem und empirischem Irrtum vorbeugen, der gegen das Begriffspaar Hafts erhoben wurde. Freilich setzt das Erfordernis des richtigen Sinnverständnisses beim Wahrheitsirrtum noch eine nähere Erklärung voraus, und außerdem bedarf die Frage einer Antwort, ob beim Sinn- und Wahrheitsirrtum eine der Irrtumsvarianten möglicherweise strafrechtlich irrelevant ist, und ob und inwieweit sie der gesetzlichen Irrtumsregelung der §§ 16, 17 StGB unterfallen. Für Kindhäuser ergeben sich die Antworten auf die angeschnittenen Fragen von seinem Straftatverständnis her. Er faßt die verwirklichte Straftat als Normwiderspruch auf, d.h. als Ausdruck dafür, daß der Täter der von ihm übertretenen Norm für sich selbst die Verbindlichkeit abspricht. Dann muß der Täter den Normbefehl nicht nur aktuell kennen (oder kennen können und müssen), sondern auch über das Wissen verfügen, wie er den Befehl realisieren soll. Diese erforderliche Kenntnis des Normbefehls ist angesichts des Umstandes, daß der Deliktstatbestand die kontradiktorische Formulierung des Norminhalts ist, gleichbedeutend mit dem richtigen Verständnis des Deliktstatbestandes. Demnach führt das richtige Erfassen des Normsinns zur Bejahung der Tatbestandskenntnis. Ein Sinnirrtum, d.h. ein

---

182 Vgl. oben S. 251 ff.

Irrtum über den Sinn des Tatbestandes, unterfällt dann als Gebots- bzw. Verbotsirrtum der Regelung des § 17 StGB und hat damit keine Vorsatzrelevanz. Demgegenüber qualifiziert Kindhäuser das Wissen um die empirischen Vorstellungen des gesollten Verhaltens, also das Wissen, das notwendig ist, um die Norm befolgen zu können, als Tatwissen, dessen Nichtvorliegen zum Eingreifen des § 16 StGB führen soll. Die unterschiedlichen Auswirkungen beider Irrtumsarten auf den Vorsatz zeigen erneut die Notwendigkeit, eine handhabbare Abgrenzungsformel aufzufinden, um den schuldrelevanten Sinnirrtum vom vorsatzrelevanten Wahrheitsirrtum sicher abgrenzen zu können. Hierfür versucht Kindhäuser, die Funktion des Vorsatzes im Straftatsystem fruchtbar zu machen und damit das Kriterium aufzuspüren. Er sieht es in der für die Bildung des Vermeidemotivs hinreichenden Faktenkenntnis. Der auf diese kurze Formel gebracht Gedankengang hat seinen Ausgangspunkt in einem Straftatmodell, das zwischen Unrecht und Schuld unterscheidet. Man unterscheidet zum einen die Zurechnung eines Verhaltens als Pflichtverletzung zum Unrecht, und zum anderen die sich daran anschließende Zurechnung des Unrechts zur Schuld. Auf der Ebene der Unrechtszurechnung rückt dabei die Frage in den Vordergrund, ob der Täter intellektuell und physisch zur Vermeidung der Tatbestandsverwirklichung in der Lage wäre, wenn er das dominante Motiv hierzu gehabt hätte. Demgegenüber ist im Rahmen der Zurechnung des Unrechts zur Schuld zu untersuchen, ob es anzuerkennende Gründe dafür gibt, daß der Täter das Motiv zur Vermeidung der Tatbestandsverwirklichung, obwohl es das rechtlich richtige und gesollte war, nicht handlungswirksam gebildet hat. Kindhäuser spezifiziert die für die Unrechtszurechnung zu untersuchende Frage dahin, ob der Täter bei seinem Verhalten von einem für die Bildung des Vermeidemotivs hinreichenden Wahrscheinlichkeitsgrad vom Eintritt der tatbestandsverwirklichenden Umstände ausging, so daß für ihn unter der Hypothese, er hätte das Vermeidemotiv gebildet, alternatives Verhalten praktisch notwendig gewesen wäre.

Bei dieser Beweisführung im Rahmen der Unrechtszurechnung scheint die Unterstellung des Vermeidemotivs das kritische Moment zu sein. Denn damit wird die Kenntnis der Norm als wesentliches Motivationselement unterstellt und eine Normkenntnis beim Täter fingiert. Allerdings steht diese Fiktion nicht im Widerspruch zum Schuldprinzip, da der Irrtum über den Norminhalt und seine Vermeidbarkeit auf der Schuldebene Berücksichtigung findet. Kindhäuser unterwirft diesen nach seiner Terminologie als Sinnirrtum einzustufenden Irrtum über den Norminhalt der Regelung des § 17 StGB. Es ist auch sicherlich vom Standpunkt Kindhäusers argumentativ konsequent, wenn er im Rahmen der Unrechtszurechnung das richtige Motiv zur Bildung des Vermeidemotivs, also die richtige Normkenntnis unterstellt. Schließlich fragt er bei der Zurechnung eines Verhaltens als Pflichtverletzung danach, ob der Täter intellektuell und phsysisch zur Vermeidung der Tatbestandsverwirklichung in der Lage gewesen war, wenn er das dominante Motiv hierzu gehabt hätte. Dieses Motiv muß aber die richtige Interpretation des Norminhalts sein, da ansonsten die Frage, ob der Täter die Tatbestandsverwirklichung hätte vermeiden können, ins Leere ginge, wenn man nicht gleichzeitig unterstellte, daß er das Motiv zur Vermeidung der Tatbestandsverwirklichung - und dies ist die Normkenntnis - auch aktuell hatte.

Die Grundsätze dieser Konzeption lassen sich also wie folgt zusammenfassen: Zu unterscheiden ist zwischen dem lediglich schuldrelevanten Sinnirrtum und dem vorsatzrelevanten Wahrheitsirrtum. Die beiden Irrtumsarten sollen durch das richtig formulierte Vermeidemotiv, und das heißt konkret: durch das Unterstellen des korrekten Verständnisses des Tatbestands als Norminhalt, zu unterscheiden sein. Abstrakt formuliert lautet die Zurechnungsfrage auf der Unrechtsebene: Hätte der Täter aufgrund seiner Einschätzung der Sachlage das Motiv zur Unterlassung der Tatbestandsverwirklichung bilden müssen, wenn ihm der Inhalt des Verbots und damit der Sinn der Gesetzesbegriffe bekannt gewesen wäre? Fällt die Antwort positiv aus, dann ist der Vorsatz bezüglich der Tat zu bejahen. Die sich in diesem Untersuchungskomplex direkt anschließende Frage, warum der Täter das Vermeidemotiv nicht handlungswirksam gebildet hat, obgleich er doch zur Vermeidung kognitiv und physisch in der Lage war, stellt sich erst auf der Schuldebene. Lediglich hier wird erörtert, ob es anerkennenswerte Gründe gibt, die das Fehlen des Motivs nicht als strafbares Defizit an Rechtstreue erscheinen lassen. Kindhäuser sieht etwa im unvermeidbaren Irrtum über den Norminhalt einen solchen anerkennungswerten Grund. Wendet man diese Grundsätze zur Lösung der Evidenzbeispiele an, so zeichnet sich folgendes Bild ab:

Übereinstimmend mit den bisher vorgestellten Irrtumskonzeptionen kommt auch dieser Lösungsansatz beim ersten Evidenzbeispiel zum Vorsatzausschluß. Da A nicht erkannt hat, daß das von ihm zerrissene Blatt Papier beschrieben ist, hat er trotz unterstellter Sinnkenntnis des Gesetzesbegriffs aufgrund seiner Einschätzung der faktischen Gegebenheiten keinen Anlaß für das Unterlassen der Tatbestandsverwirklichung gehabt. Ein leeres Stück Papier führt nicht dazu, beim Täter die Vorstellung auszulösen, eine zum Beweis bestimmte und geeignete, in einem Gegenstand dauerhaft verkörperte Gedankenerklärung zu beeinträchtigen, wenn er dieses Papier zerreißt. Es fehlt dem unbeschriebenen Blatt schon an der sensuell feststellbaren Verkörperung irgendeiner Gedankenerklärung, so daß sich der Irrtum des A nicht durch seine Aufklärung über den Sprachsinn, d.h. über die richtige Auslegung des Urkundenbegriffs, beseitigen läßt. Erst durch das Richtigstellen des empirischen Urteils könnte A in die Lage versetzt werden, die Bedeutung des Tatumstandes zu erfassen, d.h. dem Täter A müßte mitgeteilt werden, daß dieses Stück Papier beschrieben war. An diesem Punkt offenbart sich aber eine Schwäche der Lösung Kindhäusers, denn allein durch das Richtigstellen des empirischen Substrats wird der Irrtum nicht notwendigerweise beseitigt. Der Umstand, daß das Blatt Papier beschrieben ist, sagt nichts darüber aus, ob es sich dabei um einen bedeutungslosen Schmierzettel oder um eine beweiserhebliche Urkunde handelt. Auch hier bedarf es einer über die reine Tatsachenkenntnis hinausgehenden Klassifizierung des Gegenstandes. Der Täter muß dem Gegenstand einen Namen geben, sei es als Inventurliste, Schmierzettel oder Geburtstagskarte. In diesem Benennen des Gegenstandes rückt aber eine - zumindest stark an die von Kindhäuser als Lösung abgelehnte Lehre von der Parallelwertung in der Laiensphäre erinnernde - Ermittlung der persönlichen Sinngebung durch den Täter als ausschlaggebendes Kriterium der Problemlösung in den Vordergrund. Schließlich ist es kaum zweifelhaft, daß dem Gegenstand mit dem Benennen ein sozialer Sinn beigelegt wird.

Das zweite Beispiel illustriert diese Überlegungen sehr deutlich. Der Täter hat zwar in diesem Fall das faktische Substrat erkannt, er legt aber dem mit Strichen versehenen Bierdeckel nicht die Eigenschaft zu, die diesem in der Gaststätte zukommt. Der Täter sieht im Bierdeckel nur einen Schmierzettel. Demnach müßte er darüber aufgeklärt werden, daß es sich bei dem Bierdeckel um die für den Kellner verbindliche Abrechnungsgrundlage handelt. Dieses Richtigstellen der von A dem Gegenstand beigelegten Eigenschaften ist nun aber gerade die "negative Probe" Kindhäusers für einen Wahrheitsirrtum, nämlich die Feststellung, ob der Täter eine der gesetzlichen Begriffswelt entsprechende Vorstellung vom Gegenstand entwickelt hat. Auch Kindhäuser braucht also ein Verfahren für die Ermittlung der Sinnerfassung durch den Täter, das der Parallelwertungslehre zum Verwechseln ähnlich sieht.

Fünftes Kapitel
Eigener Lösungsvorschlag

A. Tatbestandsirrtum

I. § 16 StGB und § 17 StGB als Ausgangspunkt für einen Lösungsvorschlag

Der eigene Vorschlag zur Lösung dieser Problematik knüpft an die gesetzliche Regelung in § 16 Abs. 1 Satz 1 StGB und § 17 StGB und das dadurch festgelegte Verhältnis von Tatbestand und Rechtswidrigkeit an. § 16 Abs. 1 Satz 1 StGB regelt zwar direkt nur den Fall des Vorsatzauschlusses, doch ergibt sich daraus im Umkehrschluß, daß der Täter nur dann vorsätzlich handelt, wenn er die Tatumstände kennt, die zum gesetzlichen Tatbestand gehören. Dieses Heranziehen der gesetzlichen Irrtumsregelung für eine Problemlösung stellt natürlich keine neue methodische Vorgehensweise dar. Auch die bereits vorgestellten Lehren wählten ihrerseits § 16 StGB bzw. seinen sachlich übereinstimmenden Vorläufer, § 59 StGB a.F., zum Ausgangspunkt für ihre Lösungsvorschläge und ziehen unterschiedliche Folgerungen aus der gesetzlichen Regelung.

Bei allen bis jetzt diskutierten Lösungsvorschlägen bestätigt sich ein Ergebnis immer wieder: Die Lösung des aufgeworfenen Problems kann nur innerhalb der beiden Extrempunkte "Kenntnis des Tatsachensubstrats" und "juristisch exakte Subsumtion" liegen, die die Spannbreite der Kenntnisintensität markieren. Die hier vorgestellten Irrtumstheorien konnten freilich keine befriedigende Antwort auf diese Frage des erforderlichen "Mehr" gegenüber der reinen Tatsachenkenntnis und des ausreichenden "Weniger" anstelle der juristischen Subsumtion geben. Beispielsweise individualisiert die Parallelwertungslehre das Vorsatzwissen nach der Laiensphäre. Demgegenüber löst das Reichsgericht das Problem allein durch die Einteilung der Tatumstände in Tatsachen und Rechtsfragen und versteht unter dem Begriff "Tatumstand" im Sinne von § 59 StGB a.F. allein Tatsachen. Ausschließlich Gerechtigkeitserwägungen veranlassen das Reichsgericht den außerstrafrechtlichen Rechtsirrtum wie einen Tatsachenirrtum und damit vorsatzausschließend zu behandeln. Mit dieser Auslegung des Begriffes "Tatumstände" als "Tatsachen" ist auch das Schicksal des Merkmals "Kenntnis" vorgegeben: Für die Tatsachenkenntnis genügt die richtige sensuelle Wahrnehmung. Die Kenntnis der strafrechtlichen Rechtsbegriffe fingiert das Reichsgericht beim Täter, indem es jedem strafrechtlichen Rechtsirrtum die Vorsatzrelevanz abspricht. Auf der anderen Seite räumt das Reichsgericht die mögliche Unkenntnis von außerstrafrechtlichen Rechtsbegriffen beim Täter ein und kommt dadurch zum Vorsatzausschluß.

Ähnlich verfahren auch die Irrtumslehren, die durch eine Einteilung der gesetzlichen Merkmale in verschiedene Gruppen, den jeweils erforderlichen Vorsatzinhalt für jede dieser Gruppen gesondert bestimmen. So reduziert die Lehre von den Komplexbegriffen bestimmte Begriffe auf ihren Tatsachenkern. Dieser Tatsachenkern müsse vom Vorsatz - wiederum verstanden als richtige sensuelle Wahrnehmung - umfaßt sein, während ein Irrtum, der die Wertung des Merkmals betrifft, vorsatzirrelevant sein solle. Die von Jakobs vorgenommene Einteilung der Merkmale in normbegrenzte, normbezogene und normgefüllte und die sich daran anschließende Zuordnung eines jeweils variierenden Vorsatzumfangs ist ein weiterer Versuch, durch eine Ausgliederung von Merkmalen aus dem Tatbestand des Irrtumsproblems Herr zu werden.[1] Diese Theorien verlieren in dem Bemühen um den Vorsatzinhalt das Ziel aus den Augen, gerade die Grenze zwischen Vorsatz und Unrechtsbewußtsein möglichst genau festzulegen:

---

1 Wie problematisch diese Einteilung freilich ist, zeigt sich gerade am Urkundenbegriff, für den Jakobs zwei verschiedene Deutungen, nämlich als normbezogener oder normgefüllter Begriff, für denkbar hält. Dies soll abhängig davon sein, ob bei der Urkundendefinition am Faktum des Vertrauens oder an der Legitimität des Rechtsverkehrs angeknüpft wird, so daß die umstrittene Frage nach dem Rechtsgut des § 267 StGB letztlich ergebnisrelevant wäre. Vgl. Jakobs, AT, S. 290 ff.

nämlich inwieweit das jeweils gefundene Kriterium zum Vorsatzinhalt das einzelne Tatbestandsmerkmal klar vom Inhalt des Unrechtsbewußtseins abgrenzen kann.[2] Nur eine Abgrenzungsformel, die nachprüfbar festlegt, wo die Grenze verläuft zwischen dem Fall, daß der Täter nicht weiß, was er tut, und der Konstellation, daß er weiß, was er tut, irrig aber annimmt, es sei erlaubt, wird die Irrtumslehre berechenbar machen. Diese Grenze zu finden, ist unerläßlich, wenn man mit der heute herrschenden Meinung daran festhält, daß die Schuldtheorie als Ausgangspunkt für das Verhältnis von Tatumstandskenntnis und Verbotskenntnis beizubehalten ist. Die Schuldtheorie nämlich sieht den Unterschied zwischen dem Fall, daß der Täter nicht weiß, was er tut, und dem Fall, daß er weiß, was er tut, aber irrtümlich glaubt, zu der Tat berechtigt zu sein, gerade darin, daß die Kenntnis der Tatumstände dem Täter zu Bewußtsein bringe, "was" er tut, d.h. welche Art von Handlung er begehe. Demgegenüber betreffe die Kenntnis des Verbotes nur die Bewertung dieser in ihrem Sosein feststehenden Handlung.

Die bisher unscharfe Abgrenzung mag mit der Neigung der Praxis zusammenhängen, den Verbotsirrtum zu vernachlässigen: Eine Neigung, die auch durch die Gesetzeslage unterstützt wird; § 17 Satz 2 StGB sieht für den vermeidbaren Verbotsirrtum nur eine fakultative Strafmilderungsmöglichkeit vor.[3] Dies begünstigt die Vorstellung von der Un-

---

[2] Jakobs, AT, S. 293 f., erkennt die sich stellende Frage und untersucht die Konsequenzen seiner Einteilung für die Scheidung von Vorsatz und Unrechtsbewußtsein.

[3] Diese nur fakultative Strafmilderungsmöglichkeit wird als **nicht** gelungen angesehen etwa von Neumann, AK, § 17 Rdn. 81, der davon ausgeht, daß in der Regel die Milderungsmöglichkeit im Hinblick auf den Schuldgrundsatz und den Gleichbehandlungsgrundsatz angewendet werden **muß**; Krümpelmann, ZStW Beiheft 1978, S. 39 f.; Warda, ZStW 71 (1959), S. 252, 261 f., 276 ff.; Langer, GA 1976, S. 193, 203; Lange, Niederschriften, Bd. 2, S. 37 in der Regel ist die Strafe zu mildern; Roxin, ZStW 76 (1964), S. 605 f. Anders Welzel, SJZ 1948, S. 371 und Fn. 11 und S. 372; JZ 1952, S. 19 f.; ausdrücklich gegen eine obligatorische Strafminderung ders., Der Irrtum über die Rechtswidrigkeit des Handelns, S. 255 i.V.m. Fn. 11;

beachtlichkeit des - vermeidbaren - Verbotsirrtums und lenkt den Blick mehr auf die Abgrenzung zwischen Vermeidbarkeit und Unvermeidbarkeit als auf die begriffliche Erfassung des Verbotsirrtums selbst. Die Anwendung von § 16 StGB oder § 17 StGB hängt daher weniger von der Abgrenzung zwischen Tatbestands- und Verbotsirrtum ab, sondern vielmehr von der Einordnung des Irrtums als Tatbestandsirrtum oder als unvermeidbarer Verbotsirrtum: Das heißt, einen Irrtum, der nicht als Tatbestandsirrtum zu qualifizieren ist, prüft man auf seine Unvermeidbarkeit hin, statt vorab zu klären, ob der Täter sich überhaupt in einem Verbotsirrtum befunden hat. Hätte der Gesetzgeber demgegenüber auch für den vermeidbaren Verbotsirrtum eine zwingende Strafmilderung vorgesehen, dann wäre zumindest aus den Bedürfnissen der Praxis heraus die Erarbeitung von handhabbaren Trennkriterien unausweichlich geworden.[4] Die Neigung der Praxis wird durch manche Literaturstimmen begünstigt, die dem Verbotsirrtum die praktische Bedeutung jedenfalls im Kernstrafrecht absprechen.[5]

Hält man wie hier die Schuldtheorie[6] - trotz der heute noch von Schmidhäuser[7] und Langer[8] an ihr geübten Kritik - als

---

ders., ZStW 67 (1955), S. 205, 221; ders., Lehrbuch, 11. Aufl., S. 150; MDR 1951, S. 65.

4 Roxin, ZStW 76 (1964), S. 605 f., hat sich für eine obligatorische Strafmilderung ausgesprochen, weil die Umwandlung der Kann-Milderung in eine obligatorische Strafherabsetzung den Richter von einer Ermessensaufgabe entlasten würde, für deren Erfüllung § 17 StGB keinen Milderungsmaßstab bereithält. Somit brächte eine obligatorische Strafmilderung ein unbestreitbares Mehr an Rechtssicherheit mit sich - auch vor dem Hintergrund, daß man den Fall der Rechtsfeindschaft leicht als regelwidrige Ausnahme deklarieren kann.

5 Schmidhäuser, H. Mayer-FS, S. 317 ff., 329 ff., der aber nicht einmal den Verbotsirrtum in Form des Subsumtionsirrtums erörtert - eine gewiß nicht seltene Erscheinung im Kernstrafrecht.

6 Vgl. zu der Kritik an ihr nur Lang-Hinrichsen, JZ 1953, S. 362, 366 f.; wie hier Arthur Kaufmann, JZ 1956, S. 353.

grundsätzliche Entscheidung zugunsten des Schuldstrafrechts für richtig, dann ist man freilich gezwungen, brauchbare Kriterien für die Abgrenzung zwischen Tatbestands- und Verbotsirrtum aufzuzeigen. Es liegt dabei nahe, nicht nur den Wortlautes von § 16 Abs. 1 Satz 1 StGB, sondern auch das Verhältnis von Tatbestand, Rechtswidrigkeit und Schuld für die Abgrenzungsproblematik nutzbar zu machen. Die auf v. Dohna[9] zurückgehende, aber von Welzel gerade auch für die Irrtumslehre fruchtbar gemachte Unterscheidung zwischen dem Objekt der Wertung und der Wertung des Objekts erweist sich hierfür als der dogmatisch richtige Ausgangspunkt.

In diesem Zusammenhang bedarf es zunächst der Überlegung, wie der Täter die Kenntnis von den zum gesetzlichen Tatbestand gehörenden Tatumständen erlangt.

II. Die erste Stufe der Vorsatzfeststellung: Sensuelles Erfassen des Tatsachensubstrats und Erlangen des sozialen Bedeutungsverständnisses durch den Täter

1. Die Abhängigkeit des sensuellen Erfassens des Tatsachensubstrats von einem täterindividuellen Bedeutungsverständnis

Die erste Stufe dieser Kenntniserlangung ist durch das Erfassen der sinnlich wahrnehmbaren Gegenstände gekennzeichnet. Hierbei darf man nicht dem Irrtum verfallen, als gebe es bei den als normativ eingestuften Merkmalen ein sinnlich wahrnehmbares Substrat nicht. Es gibt keine Tatbestandsmerkmale rein wertender Natur, sie liegen, wie Arthur Kaufmann[10] formuliert, "einem sinnenfälligen Träger auf". Dies

---

7 Schmidhäuser, NJW 1975, S. 1807, 1810 f.; ders., JZ 1979, S. 361; ders., JZ 1980, S. 396; ders., AT, 10/64, S. 419.

8 Langer, GA 1976, S. 193, 214 ff.

9 v. Dohna, Der Aufbau der Verbrechenslehre, 1947.

10 Arthur Kaufmann, Parallelwertung, S. 11.

ist für den Begriff der Fälschung einer Urkunde geradezu handgreiflich, da die menschliche Gedankenerklärung dauerhaft und optisch-visuell verkörpert sein muß. Das Erfassen dieses sinnlich wahrnehmbaren Trägers erfolgt nun von einem bestimmten Verständnis aus, das von Täter zu Täter unterschiedlich ist.[11] Jeder Täter legt nämlich dem mit den menschlichen Sinnen erfahrbaren Substrat eine bestimmte Bedeutung bei, die er aus seinem individuellen Repertoire an Erfahrungssätzen, Wissen und Einschätzungen schöpft.[12] Diese Bedeutungsfestlegung hinsichtlich des wahrgenommenen Gegenstandes erfolgt spätestens[13] im Zeitpunkt seines Benennens durch den Beobachter. Jede Erscheinung der Außenwelt versucht der jeweilige Betrachter, in die ihm bekannten Bedeutungsraster einzuordnen, dem "Ding" einen Namen zu geben.[14] Mit dieser Namensgebung bringt der Beobachter zum Ausdruck, welche Bedeutung er dem Ding zuerkennt.[15] Allerdings braucht im konkreten Fall das Begriffsverständnis des Täters mit demjenigen der Allgemeinheit nicht identisch zu sein. Entscheidend ist immer die Bedeutung, die der Täter

---

11 Welche Bedeutungskenntnis der Täter einem realen Geschehen zuordnet, ist abhängig von dem im Laufe der eigenen Sozialisation entwickelten Instrumentarium aus begrifflichen und erlebnisorientierten Vorstellungsbildern. Vgl. Zielinski, AK, §§ 15, 16 Rdn. 43.

12 Ebert, Subsumtionsirrtum, S. 349; siehe oben S. 164 ff.

13 Das Erfassen des Tatumstandes bedeutet nicht zwingend den sprachgedanklichen Vollzug des Tatbewußtseins. Es genügt insoweit das Erfassen in Form des sachgedanklichen (Mit-)Bewußtseins; grundlegend Schmidhäuser, H. Mayer-FS, S. 323 ff.; zu den bedenklichen Konsequenzen (für die Bedeutungslosigkeit des Verbotsirrtums) vgl. oben Fn. 5; zum Mitbewußtsein vgl. noch Bloy, JuS 1989, L. 3. Rudolphi, SK, 5. Aufl., § 16 Rdn. 25, im Anschluß an Platzgummer, S. 84 ff. (87), aber mit der richtigen Einschränkung, daß ein solches sachgedankliches Mitbewußtsein nur dann bejaht werden kann, wenn auch nach der individuellen Erfahrung des konkreten Täters mit der sinnlich wahrgenommenen Situation notwendig die tatbestandsmäßige Bedeutung verknüpft ist.

14 Ebert, Subsumtionsirrtum, S. 290, 320.

15 Vgl. ausführlich zur Frage, wie die Begriffsgebilde aussehen müssen, durch die der Täter das Geschehen erkennen muß, um vorsätzlich zu handeln, Ebert, Subsumtionsirrtum, S. 398 ff.

mit dem von ihm gebrauchten Begriff sachlich verbindet,[16] ohne Rücksicht darauf, welche Bedeutung die Allgemeinheit mit dem gewählten Begriff verbindet. Mit der Namensgebung verläßt das "Ding" die Ebene des rein stofflich existierenden Daseins, die es als unbenanntes Substrat inne hatte, und wird zum klassifizierten, spezifizierten Gegenstand.[17] Die Schilderung, wie der einzelne einen Sachverhalt erfaßt, macht deutlich, daß der Grund für die beschriebene Verknüpfung von Erkennen (= sinnliche Wahrnehmung), Benennen und Begreifen (= Erlangen der sozialen Bedeutungskenntnis) darin zu sehen ist, daß das Erkennen von Gegenständen immer ein Erkennen durch Begriffe ist.[18] Die bloße sensuelle Wahrnehmung ist nicht in der Lage, über die

---

16 Platzgummer, S. 84, beschreibt diesen Mechanismus wie folgt: "Denn der Mensch kann nicht umhin, die äußeren Eindrücke, die an sein Sinnesorgan dringen, sofort in sein allgemeines Erfahrungswissen einzuordnen und auf diese Weise zur Wahrnehmung zu gestalten, die zur Auffassung des Gegenstandes der Außenwelt führt. ... Alles, was über den Gegenstand aus früheren Erfahrungen bekannt ist, wird automatisch in ihn 'hineinempfunden', auch seine Bedeutung, sein Sinn, den er für den Menschen hat." Vgl. Ebert, Subsumtionsirrtum, S. 418, der zu Recht darauf hinweist, daß Namen und Bezeichnungen austauschbar sind; siehe auch oben S. 164 ff.

17 Diese Zusammenhänge erkennt auch Zielinski, AK, §§ 15, 16 Rdn. 43: "Nach den Ergebnissen der modernen Sprachtheorie, Wahrnehmungspsychologie und Wissenschaftstheorie gibt es keine Kenntnis von Realität in dem Sinn, daß Seinsobjekte unmittelbar in Vorstellungsinhalte abgebildet würden. Nur über das Instrument begrifflicher Erfassung und erlebnishafter Vorstellungsbilder wird dem Menschen Umwelt erfahrbar und Handeln handhabbar." Schon 1911 schreibt Bohlmann, S. 10, in Auseinandersetzung mit dem Tatsachenirrtum wie folgt: "Wir handeln aufgrund von Vorstellungen, unsere Vorstellungen aber sind nicht rein äußere Tatsachen. Die Tatsachen haben für unser praktisches Leben und für das Recht als die Ordnung des praktischen Lebens Interesse nicht als bloße sinnfällige Erscheinungen der Außenwelt, sondern nur in ihren Beziehungen zu uns. Diese Beziehungen aber drücken wir durch Begriffe aus, und erst durch die Unterstellung unter einen bestimmten Begriff erhalten die Tatsachen die uns interessierende Färbung."

18 Allerdings bewegt sich das gewöhnliche Denken nicht in definierten Begriffen, sondern in Vorstellungen; siehe Ebert, Subsumtionsirrtum, S. 286.

Vermittlung einzelner Fakten hinaus dem Täter den Sachverhalt verständlich zu machen, auch wenn sie in der Regel den Ausgangspunkt für eine gelungene Sachverhaltserfassung abgibt. Hinzukommen muß vielmehr ein geistiges Verarbeiten des sensuell Erfaßten. Dies geschieht durch das - häufig mit dem sensuellen Wahrnehmen automatisch einhergehende - Benennen des Wahrgenommenen.[19] Mit diesem - nicht notwendigerweise expressis verbis vorzunehmenden - Benennen ordnet der Täter das Tatsachensubstrat den ihm geläufigen Begriffskategorien ein, so daß "der wahrgenommene Sachverhalt im Geiste des wahrnehmenden Subjekts organisiert, kategorial geordnet, in Strukturen gegliedert"[20] wird. Diese den Tatsachensubstraten vom Täter zugeordneten Begriffskategorien sind dabei vielgestaltiger Art und haben den unterschiedlichsten Ursprung. Gemeinsam ist ihnen aber, daß die zur begrifflichen Einordnung des sinnlich wahrgenommenen Datensatzes verwendeten Kategorien und Strukturen unabhängig von der phänomenalen Wirklichkeit im Bewußtsein des Täters vorhanden sind. Teilweise sind sie ihm von Geburt mitgegeben oder durch Erfahrung oder durch sprachliche Erziehung erworben. Teilweise sind es individuelle, aber auch einer ganzen Gruppe oder allen Menschen gemeinsame Bewußtseinsstrukturen, mit deren Hilfe der einzelne den sensuell erfaßten Sachverhalt interpretiert. Dieser von Täter zu Täter möglicherweise individuell verschieden ausgestalteten geistigen Verarbeitung des Sachverhalts ist aber wiederum gemeinsam, daß sie vor und unabhängig von aller Beurteilung - auch rechtlicher Art - erfolgt.[21] Diese aufgezeigte vielfältige Beeinflussung des jeweiligen individuellen Begriffsverständnisses[22] macht nochmals deutlich, daß das Begriffsverständnis des Täters nicht identisch zu sein

---

[19] Vgl. zu den Einzelheiten des "Erkennens durch Begriffe" Ebert, Subsumtionsirrtum, S. 299 ff.

[20] Ebert, Subsumtionsirrtum, S. 284.

[21] Ebert, Subsumtionsirrtum, S. 285.

[22] Detaillierte Darlegung dieser Zusammenhänge, insbesondere auch des Zusammenhangs zwischen Sprache und Denken, bei Ebert, Subsumtionsirrtum, S. 283-289.

braucht mit dem Begriffsverständnis der Allgemeinheit bzw. des Gesetzgebers.[23] Allein maßgeblich für den Vorsatzinhalt ist die Bedeutung, die der Täter mit dem von ihm gebrauchten Begriff sachlich verbindet. Nicht der verwendete Begriff ist ausschlaggebend für die "Kenntnis" des Sachverhalts, sondern die mit dem Begriff verbundene Bedeutung.[24]

Sieht etwa der Täter einen mit Strichen versehenen Bierdekkel, so wird er diesem wahrgenommenen Substrat einen Namen beilegen, der davon abhängig ist, welche Bedeutung der Betrachter dem sinnlich wahrgenommenen Substrat zuordnet. Je nachdem, wie intensiv die Betrachtung des runden, aus Filz bestehenden Gläseruntersetzers ist und inwieweit der Täter mit den in deutschen Gaststätten üblichen Gebräuchen vertraut ist, wird er dem Substrat die verschiedenartigsten Bedeutungsinhalte zuerkennen:

Bierdeckel = Gläseruntersetzer;

Bierdeckel, mit Strichen versehen = Malerei eines Gastes;

Bierdeckel, versehen mit vom Kellner angebrachten Strichen = Schmierzettel des Kellners;

Bierdeckel, versehen mit vom Kellner nach jedem servierten Getränk angebrachten Strichen = Abrechnungsgrundlage für die zu zahlende Zeche.

Diese Beispiele zeigen, daß der Täter, je nach Umfang seiner auf Wahrnehmung und Erfahrungswissen basierenden Infor-

---

23 Ebert, Subsumtionsirrtum, S. 314: "... selbst wenn der Täter einen Umstand unter einen Begriff subsumiert, der dem tatbestandlichen Begriff wörtlich gleicht, braucht dieser Begriff nicht bedeutungsgleich mit dem tatbestandlichen Begriff zu sein."

24 Ebert, Subsumtionsirrtum, S. 314. Nicht auf den vom Täter zur Erfassung des Sachverhalts verwendeten Begriff kommt es bei der Kenntnis i. S. von § 16 Abs. 1 Satz 1 StGB an. Die Begriffe, mit denen der Täter das Geschehen erfaßt, stimmen im allgemeinen nicht einmal inhaltlich mit den im Tatbestand verwendeten Begriffen überein. Zur hier nicht näher untersuchten Frage, wie begriffliche Erkenntnis überhaupt dem Täter die Bedeutungselemente seines Tuns zu Bewußtsein bringen kann, vgl. ebd., S. 395 ff.

mationen über das sinnlich wahrnehmbare Substrat, dessen Bedeutung unterschiedlich einschätzt, was sich gerade auch an dem jeweils für den Gegenstand gebrauchten unterschiedlichen Namen ablesen läßt. Der Täter, der nicht weiß, daß der Kellner die Striche auf dem Bierdeckel angebracht hat, wird dem Gegenstand lediglich die Bedeutung eines Gläseruntersetzers - vielleicht ergänzt um den Zusatz "verunziert mit Strichen" - geben, ihm aber nicht die Bedeutung, als spätere Abrechnungsgrundlage zu dienen, zuerkennen, auch wenn sein Erfahrungswissen die Bräuche in deutschen Gaststätten mit umfaßt. Ebensowenig kann allein das Wissen um den Umstand, daß der Kellner die Striche auf dem Bierdeckel angebracht hat, beim Täter zu der Erkenntnis führen, es handele sich dabei um die für die zu zahlende Zeche maßgebliche Abrechnungsgrundlage. Diesen Schluß wird erst der Täter ziehen, der zum einen die grundsätzliche Bedeutung der vom Kellner gemachten Zeichen auf einem Bierdeckel kennt, der also über ein entsprechendes Wissen hinsichtlich dieser Gepflogenheit verfügt, und zum anderen weiß, daß den Zeichen diese Bedeutung auch im konkreten Fall zukommt, daß es sich also um die entscheidende Abrechnungsgrundlage für die zu zahlende Zeche handelt und nicht nur um einen Schmierzettel des Kellners.

2. Nachvollziehen rechtlicher Wertungen für die Kenntnis der sozialen Bedeutung?

Im Rahmen der Ermittlung, welche Bedeutung der Täter einem sinnlich wahrgenommenen Substrat beigelegt hat, darf man nicht den Fehler begehen, hierfür rechtliche Wertungen auffinden zu wollen. Zu diesem Trugschluß könnte man sich insbesondere dann verleiten lassen, wenn der Täter seinerseits die von ihm sinnlich wahrgenommene Welt mit Hilfe juristischer Terminologie benennt und in rechtliche Kategorien einzuordnen versucht. Auf die juristische Einordnung von seiten des Täters kommt es aber für die Kenntnis der Tatumstände im Sinne von § 16 Abs. 1 Satz 1 StGB - wie noch näher zu zeigen sein wird - gerade nicht an. Gebraucht demnach der Täter, um die sinnlich wahrnehmbare Welt anzusprechen, juristische Fachausdrücke, so ist dieser Akt des Benennens genau so zu beurteilen wie beim Verwenden von Alltagsbegriffen.[25] Denn allein maßgeblich ist, welche Bedeutung der Täter mit dem von ihm verwendeten Begriff verbindet. Es kommt nicht auf den gebrauchten Namen an - sei dieser juristischer oder allgemeinsprachlicher Art -, sondern ausschließlich auf die mit dem Namen verknüpfte Bedeutung. Der "Idealfall" für die Vorsatzfeststellung dürfte freilich gegeben sein, wenn der Täter den vom Kellner mit Strichen versehenen und als Abrechnungsgrundlage dienenden Bierdekkel als Urkunde benennt und damit das sinnlich wahrgenommene Substrat juristisch exakt einordnet. Allerdings läßt sich eine solche Maximalanforderung hinsichtlich der Bedeutungskenntnis an den Täter nicht stellen, da ansonsten die bekannte Forderung v. Liszts mit all ihren Mängeln wiederbelebt würde. Vielmehr ist zu ermitteln, welche Bedeutung der Täter diesem Bierdeckel zumißt, ohne daß er den juristischen Begriff der Urkunde auch nur kennen muß. Demnach hat der Täter, der den vom Kellner mit dem jeweiligen Einzelpreis der servierten Getränke versehenen Bierdeckel für die sukzessive Aufstellung der Getränkerechnung hält, die für den Urkundenbegriff des § 267 StGB maßgebliche Bedeutungskenntnis erlangt. Der Umstand, daß er keinen Gedanken daran verschwendet, ob es sich bei dem Bierdeckel um eine Urkunde handelt, ist für die Bejahung des Vorsatzes genauso bedeutungslos wie die Vorstellung des Täters, eine Urkunde erfordere "Brief und Siegel". Eine derartige falsche juristische Einordnung bleibt für die Beantwortung der Frage, ob der Täter die Kenntnis von diesem Tatumstand erlangt hat - wie im einzelnen noch zu zeigen ist - ohne Vorsatzrelevanz.[26] Maßgeblich ist für die Bedeutungskenntnis allein die positive

---

[25] Vgl. Ebert, Subsumtionsirrtum, S. 403 ff., der darlegt, daß auch der Gebrauch eines juristischen Fachausdrucks dem Täter die notwendige Bedeutungskenntnis vom Geschehen vermitteln kann.

[26] Krümpelmann, ZStW Beiheft 1978, S. 19 f.

Vorstellung des Täters von dem Tatumstand, also die Annahme, daß es sich bei dem Bierdeckel um die Rechnung handelt. Die über die Bedeutungskenntnis hinausgehende Qualifizierung, es liege keine Urkunde vor, ist unbeachtlich, da es sich insoweit bereits um eine rechtliche Qualifizierung des Substrats handelt. Mit der Ermittlung der Bedeutungskenntnis, die der Täter einem sinnlich wahrnehmbaren Substrat beilegt, ist freilich noch keine abschließende Antwort auf die Frage gegeben, ob er hinsichtlich dieses Umstandes mit Vorsatz handelte. Es ist in einem zweiten Schritt zu klären, ob die vom Täter erzielte Bedeutungskenntnis von der benannten sinnlich wahrnehmbaren Welt noch als Erkennen der Urkundeneigenschaft anzusehen ist.

3. Rechtskenntnis nur als Motivationsanreiz zur Gegenstandserfassung

Der Einwand liegt nahe, daß bestimmte Tatumstände nicht ohne ein entsprechendes rechtliches Vorverständnis zu erfassen seien.[27] Nur aus einem entsprechenden rechtlichen Kontext heraus gelange man zu bestimmten Vorsatzinhalten; der Vorsatz sei also - wenigstens in diesen Fällen - ohne rechtliche Wertungen nicht denkbar.

Es ließe sich etwa an den Fall denken, daß nur bzw. auch aufgrund einer bestehenden rechtlichen Regelung der Täter dazu veranlaßt wird, sich über einen bestimmten Umstand Gedanken zu machen. Beispielsweise wird ein "Kinderverführer" sich über das Alter seines Opfers vielleicht nur deshalb Gedanken machen, weil er weiß, daß die Vornahme von sexuellen Handlungen an Personen unter einem vom Gesetz festgesetzten Alter strafbar ist. Ohne dieses Wissen hätte der Täter möglicherweise keine Veranlassung, sich über das Al-

---

27 Vgl. zur Verquickung von Sachverhaltserfassung durch den sozialen Begriff und seiner rechtlichen Würdigung durch den tatbestandlichen Begriff Ebert, Subsumtionsirrtum, S. 257 ff.

ter seines Opfers Gedanken zu machen. Die Rechtsnorm ist demzufolge Motivationsanreiz zur Gegenstandserfassung, so daß in diesem Fall die rechtliche Wertung das Erfassen des gegenständlichen Geschehens initiiert und beeinflußt.[28] Dieser mögliche Einfluß einer Rechtsvorschrift auf die Vorstellungswelt des Täters betrifft aber nicht den Vorsatzgegenstand als solchen, die Rechtsvorschrift reichert also den vom Vorsatz zu erfassenden Umstand nicht um rechtliche Wertungen an. Vielmehr gibt die Rechtsnorm den Anlaß, sich über den sinnlich wahrgenommenen Gegenstand - etwa das Alter des Kindes - weitergehende Gedanken zu machen. Es handelt sich bei der Begegnung mit dieser Rechtsvorschrift um ein Vorgeschehen, das vor die eigene Sinnerschlüsselung geschaltet ist. Regelmäßig werden sich die Sinndeutungen des Täters - wie in der strafrechtlichen Prüfungstechnik - von der Materie des Verbots zum Verbot selbst hinbewegen, aber das ist keineswegs psychologisch zwingend. Wie gerade gezeigt, kann das Erfassen der Tatumstände durch den Täter auch anders verlaufen, nämlich vom Rechtlichen zum Tatsächlichen. Freilich gehört diese Kenntnis vom Bestehen bestimmter rechtlicher Regeln nicht zum **notwendigen** Repertoire des Täterwissens und der Tätererfahrung, aus dem der Täter die Bedeutungskenntnis schöpft, die er einem sinnlich wahrgenommen Substrat beilegt. Ebensowenig ist das Kennen der Rechtsvorschrift unerläßliche Voraussetzung dafür, daß sich der Täter über das Substrat, etwa das Alter des Opfers, weitere Gedanken macht. Doch ist das möglicherweise beim Täter vorhandene Wissen um die rechtliche Regelung und der dadurch ausgelöste Motivationsanreiz zur Gegenstandserfassung nicht nur genauso wahrscheinlich oder unwahrscheinlich wie der Fall, daß der Täter sich aus anderen Gründen (z.B. tief verwurzelte Moralvorstellungen, kindliches Erscheinungsbild des Opfers) dazu veranlaßt sieht, über das Alter des Opfers zu reflektieren, sondern diese beiden gleichwertig nebeneinander stehenden Motivationslagen sind auch gleich zu behandeln. Ohne das Wissen etwa, daß es

---

28 Vgl. Ebert, Subsumtionsirrtum, S. 285.

fremdes Eigentum gibt, besteht auch kein Anlaß, sich über die Frage Gedanken zu machen, ob die Sache dem Täter selbst oder einem anderen gehört. Hier ist die Eigentumsordnung, und damit ebenfalls Rechtsvorschriften, genauso Motivationsgrundlage für den Täter, über den Umstand "wem gehört die Sache" nachzudenken, wie das Bestehen des § 184 StGB Gedanken über das Alter des Opfers anregen mag. Dergleichen gehört zur Motivation, ist vom Vorsatz zu trennen und geht ihm zeitlich voraus, die Wertungsfreiheit des Vorsatzgegenstandes wird davon nicht berührt; an ihr ist festzuhalten.

III. Die zweite Stufe der Vorsatzfeststellung: Das Ermitteln der vom Gesetzgeber mittels der Tatbestandsmerkmale formulierten Sachverhalte und ihrer jeweiligen sozialen Bedeutungen

Beim zweiten Schritt ermittelt der Richter das Täterverständnis von der Bedeutung (nicht der Bewertung!) des Umstandes, ebenso das Allgemeinverständnis und das Verständnis des Gesetzgebers von diesem Umstand (= benannte sinnlich wahrnehmbare Welt),[29] als er den Umstand abstrakt als Tatbestandsmerkmal faßte. Mit dem Aufstellen des Tatbestandsmerkmals hat nämlich der Gesetzgeber seinerseits die abstrakte Namensgebung und damit Bedeutungszuschreibung hinsichtlich eines sinnlich wahrnehmbaren Substrats vorgenommen.[30] Die Bedeutung der mit dem Tatbestandsmerkmal erfaßten Sachverhalte ergibt sich auch auf der Gesetzgeberseite in der Regel aus nicht begründbarem Evidenzerlebnis oder aus empirischer (mehr oder weniger statistisch gesicherter) Erfahrung und somit aus den gleichen Quellen wie beim Täter. Folglich läßt sich durch Auslegung des Tatbestandsmerkmals die von ihm umfaßten Tatumstände und

---

29 Wobei in der Regel davon auszugehen sein dürfte, daß das Verständnis des Gesetzgebers von einem Umstand identisch ist mit dem Allgemeinverständnis davon, zumindest im Zeitpunkt der Tatbestandsfassung.

30 Vgl. Ebert, Subsumtionsirrtum, S. 349 ff.

ihre Bedeutungsinhalte ermitteln.[31] Dadurch ist der Vergleich zwischen Täter- und Gesetzgeberverständnis von einem bestimmten Sachverhalt (= Tatsachensubstrat und seine ihm beigelegte soziale Bedeutung) möglich.

1. Bei der Auslegung des Tatbestandsmerkmals zu beachtende Gegebenheiten

Bei dieser Auslegung der Tatbestandsmerkmale ist allerdings zu berücksichtigen, daß die mittels der Tatbestandsmerkmale zum Ausdruck gebrachte, dem jeweiligen Tatsachensubstrat zugrunde gelegte Bedeutung nicht allein durch eine isolierte Auslegung des Tatbestandsmerkmals zu ermitteln ist. Hierfür spielt auch der tatbestandliche Kontext eine bedeutende Rolle. Dies gilt zum einen für solche Tatbestandsmerkmale, die innerhalb des Tatbestandes eine besondere Bedeutung besitzen, die dem Laien nicht geläufig ist. Zum anderen kommt häufig den Begriffen im Tatbestand eine andere Bedeutung zu als außerhalb des Tatbestandes, so daß die bedeutungsmäßige Abhängigkeit dieser Tatbestandsmerkmale vom jeweiligen tatbestandlichen Kontext offensichtlich ist.[32] Doch unabhängig davon, ob ein solcher Sonderfall vorliegt, beeinflußt der Tatbestand als solcher in der Regel die Bedeutung seiner einzelnen Merkmale. Die Auslegung setzt zwar an den einzelnen Tatbestandsmerkmalen an, da sie die primären Sinnträger und damit die Bausteine des Tatbestandes sind, doch darf der Auslegende den inhaltlichen Zusammenhang, in dem das einzelne Wort steht, nicht vernachlässigen. Erst aus dem Verhältnis der einzelnen Tatbestandsmerkmale im jeweiligen Tatbestand zueinander kann er die volle Bedeutung des einzelnen Tatbestandsmerkmals erschließen.

---

31 Vgl. zur Problematik der tatbestandlichen Begriffe Ebert, Subsumtionsirrtum, S. 299 ff.

32 Ebert, Subsumtionsirrtum, S. 101 ff., 299 ff.

Ebert[33] umschreibt dieses gegenseitige Aufeinanderbezogensein von Wort und Satzganzem - und umgekehrt - sehr anschaulich als funktionalen Zusammenhang, womit er deutlich macht, daß nicht die einzelnen Wörter, sondern die sie zu einem sinnvollen Ganzen verknüpfenden Strukturen letztlich die Bedeutung der einzelnen Wörter konstituieren. Dieser beschriebene funktionale Zusammenhang zwischen Wort, Satz und damit zum Ausdruck gebrachter Bedeutung präjudiziert allerdings nicht die grammatische Auslegung als die zur Ermittlung dieser vom Gesetzgeber zugrunde gelegten Bedeutung allein maßgeblichen Auslegungsmethode. Vielmehr führt die Verknüpfung und das Aufeinanderbezogensein von Wort- und Gesamtsinn zu dem letztlich hinter dem Satz stehenden Gedanken.[34] Aus diesen Überlegungen ergibt sich für das Verhältnis des einzelnen Tatbestandsmerkmals zum Tatbestand und damit für den Inhalt des Tatbestandsmerkmals, daß der dem Satz (= Tatbestand) vorgegebene Sinn durch den Tatbestand hindurch auf das einzelne Wort (= Tatbestandsmerkmal) durchstrahlt. Dieser hinter dem Tatbestand stehende Gedanke, der auch den Bedeutungsgehalt des einzelnen Wortes mitspeist, läßt sich in erster Linie aus dem kriminalpolitischen Zweck des Tatbestandes ableiten und damit näher bestimmen. Der Gesetzgeber findet bereits vor der Aufstellung seiner Tatbestände bestimmte als sozial positiv gewertete Zustände vor, die er gerade vor bestimmten, als negativ empfundenen Eingriffen schützen will; der Schutz der sozial erwünschten Zustände oder Interessen ist die Triebfeder für den Gesetzgeber, die Tatbestände aufzustellen. Damit er sein so fixiertes Ziel verwirklichen kann, bemüht sich der Gesetzgeber, das zu verhindernde Verhalten so präzise wie möglich zu beschreiben. Hierbei wird der Gesetzgeber allerdings mit zwei der Sprache immanenten Grenzen konfrontiert, die der angestrebten präzisen Beschreibung des verbotenen Verhaltens einen nicht zu sprengenden Rahmen setzen und bei der Auslegung des jeweiligen Tatbestandsmerkmals zu berück-

---

33 Ebert, Subsumtionsirrtum, S. 101 ff., 103, 300 ff.

34 Ebert, Subsumtionsirrtum, S. 104.

sichtigen sind.[35] Zum einen ist dies die nicht ausreichende Differenziertheit der Sprache, die den Gesetzgeber in ein nicht zu lösendes Dilemma versetzt. Der Gesetzgeber kann zwar eine alle Möglichkeiten aufzählende Tatbestandsbeschreibung wählen und damit das Ansehen des Bestimmtheitsgrundsatzes fördern, doch fehlt einem derart ausgestalteten Tatbestand die notwendige Flexibilität, um möglichst umfassend die als strafwürdig eingestuften Verhaltensweisen zu erfassen. Umgekehrt ignoriert eine konturenlose, d.h. mit Hilfe von unbestimmten Rechtsbegriffen, Generalklauseln oder sonstigen allgemeinen weiten Begriffen gefaßte Tatbestandsbeschreibung sehr leicht das Bestimmtheitsgebot und führt zu einem beträchtlichen Verlust an der rechtsstaatlich geforderten Vorhersehbarkeit vom Eingreifen strafrechtlicher Normen. Zum anderen setzt die historische und sachliche Bedingtheit der Strafe der Tatbestandsausgestaltung eine weitere Grenze, die es im Rahmen der Auslegung zu beachten gilt.[36] Die sozialen und kulturellen Zwecke ändern sich im Laufe des Gesetzesdaseins, und neue, mit dem Gesetz zu verwirklichende Zwecke führen dazu, die ursprünglichen Inhalte der Gesetzesbegriffe zu verändern. Die Auslegung registriert und offenbart letztlich diese durch die Wandlungen der Zwecke bedingten Sinnverschiebungen und Bedeutungsänderungen. Obwohl die Auslegung eines gesetzlichen Begriffs demnach dessen historische und sachliche Bedingtheit in Rechnung stellen muß, um den Begriffsinhalt zu erfassen, bedeutet dies nicht die Etablierung einer rein historischen oder subjektiven Auslegungsmethode. Vielmehr hat sich die Auslegung am Sinn und Zweck des Tatbestandes zu orientieren.[37] Diese hier nur skizzenhaft wiedergegebenen[38] Zusammenhänge machen deutlich, welche Überlegungen der Richter bei der Auslegung der Tatbestandsmerkmale anstellen

---

[35] Ebert, Subsumtionsirrtum, S. 104 f.

[36] Ebert, Subsumtionsirrtum, S. 105 ff.

[37] Ebert, Subsumtionsirrtum, S. 108.

[38] Vgl. dazu im einzelnen Ebert, Subsumtionsirrtum, S. 104 ff.

muß, damit er die soziale Bedeutung der einzelnen Tatsachensubstrate, die der Gesetzgeber mittels der Tatbestandsmerkmale abstrakt umschrieben hat, ermitteln kann.

2. Teleologische Auslegung im Verhältnis zur rechtlichen Wertung

Die teleologische Auslegungsmethode wird meistens in dem Sinne verstanden, daß sie in den Dienst gestellt ist, die Wertentscheidungen des Gesetzgebers zu ermitteln. Dies ist aber nicht ihre ausschließliche Funktion und nicht die Funktion, um die es bei der Bestimmung des Tätervorsatzes geht. Auch für die Entschlüsselung des Sinnes der - einzelnen - Tatbestandsmerkmale ist neben semantischen und historischen und systematischen Betrachtungsweisen die teleologische Methode einsatzfähig.[39] Nicht die Wertung, sondern ihr Objekt wird dabei geklärt. Die Interpretation der Wertung dieses Objekts ist ein weiterer Schritt, der sich theoretisch davon abtrennen läßt. Der Tatbestand erscheint als Wertgebilde, insofern er als typisierte Übertretung der hinter ihm stehenden Norm erscheint, auch das dem Tatbestand zugrunde liegende "Lebensgut" vermittelt ihm als "Schutzgut" oder "Rechtsgut" seine Wertstruktur.[40]

Hier wird eine Streitfrage zur Tatbestandsstruktur berührt. Nach Welzels Tatbestandslehre ist die Wertung des Objekts und das Objekt der Wertung prinzipiell trennbar; der Tatbestand ist Objekt einer Wertung "Normwidrigkeit" und, weil deren Elemente versammelt werden, zwar nicht wertirrelevant, aber Verbotsmaterie (wenn auch der Grund der Bündelung der Einzelelemente darin besteht, die Bewertung und das Verbot des Normwidrigen zum Ausdruck zu bringen), im

---

[39] Vgl. ausführlich dazu Ebert, Subsumtionsirrtum, S. 107 ff., insbes. S. 109 f.

[40] Zum Zusammenhang von Rechtsgut, Norm und Tatbestand grundlegend Armin Kaufmann, Normentheorie, S. 69 ff.

Verbot der so benannten "Materie".[41] Gegenüber dieser - heute eher im Hintergrund stehenden - Lehre vertritt die ganz herrschende Auffassung eine andere Sicht des Tatbestandes. Er wird insgesamt und in allen Einzelmerkmalen als reiner Funktionsträger eines Werturteils verstanden. Er ist selbst die typisierte Normwidrigkeit.[42] Es fragt sich, ob dieser Grundsatzstreit zum Verhältnis von Sein und Wert in den hier zu behandelnden Fragen zum Vorsatzinhalt und zur Grenze zwischen Vorsatz und Unrechtsbewußtsein überhaupt das Ergebnis beeinflussen muß. Gewiß, die Tatbestandslehre Welzels liefert dem Vorsatz den Gegenstand, die Tatumstände, die zum Tatbestand gehören, noch ohne seine Wertbezüge aus. Schreitet der Täter zur Wertung fort, d.h. betrachtet man den Wertungsgehalt seines Tatumstandswissens, dann geht es bereits um sein Unrechtsbewußtsein.[43] Aber auch die herrschende Tatbestandslehre kann, wenn sie sich überhaupt zur Trennung des Unrechtsbewußtseins vom Vorsatz bekennt, nicht anders verfahren, mag für den Gesetzgeber auch das Objekt der Wertung und die Wertung des Objektes eine "Strukturverschlingung" bilden und untrennbar in die Figur des gesetzlichen Tatbestandes eingehen. Der Täter aber begegnet nicht dem abstrakten Tatbestand, sondern Umständen, die - was er weiß oder nicht weiß[44] - einem Tatbestand zugehören. Über ihr Vorliegen fällt er auf der Grundlage ihrer Sinnerhellung Existenzurteile (Vorsatzfrage); seine Bewertung führt zum Unrechtsbewußtsein oder

---

41 Welzel, Aktuelle Strafrechtsprobleme, S. 13 ff.; ders., Strafrecht, 1. Aufl., S. 34 f.; ders., Vom Bleibenden und vom Vergänglichen, S. 345 ff.

42 Gallas, ZStW 67 (1955), S. 23 f.; Roxin, AT, S. 170 ff.; Jescheck, AT, 4. Aufl., S. 221 f.; Ebert, AT, S. 29 f.; Ebert/Kühl, Jura 1981, S. 225 ff.

43 Welzel besteht deswegen darauf, statt von Parallelwertung von "Parallelbeurteilung" zu sprechen, vgl. Welzel, Lehrbuch, 11. Aufl., S. 76; vgl. auch oben S. 136 Fn. 149. Die Parallel**wertung** würde übrigens auch bei Welzel ihren Platz finden können, aber beim Unrechtsbewußtsein, vgl. dazu Arthur Kaufmann, Parallelwertung, S. 8 ff., 33.

44 Das ist eine Frage des Subsumtionswissens oder Subsumtionsirrtums.

Verbotsirrtum (oder sie unterbleibt überhaupt).[45] Das Erfassen des Täters erfolgt komplex und muß nicht Schritt nach Schritt geschehen. Bei der richterlichen Analyse ist jedoch methodisch zu trennen, um das Vorhandensein oder den Defekt im Täterbewußtsein jeweils im einzelnen fixieren zu können.[46] Auch die heute herrschende Tatbestandslehre muß prinzipiell in dieser Weise verfahren.[47]

IV. Die dritte Stufe der Vorsatzfeststellung: Vergleich der Tätervorstellung vom Geschehen mit dem gesetzgeberischen Bedeutungsverständnis

1. Erfordernis eines gleichen Bedeutungsverständnisses auf Täter- und Gesetzgeberseite: Erkennen des hinter der Norm stehenden Lebensguts

Die jeweils von Täter und Gesetzgeber einem bestimmten Sachverhalt beigelegten Bedeutungsinhalte gilt es nun, miteinander zu vergleichen.

Entwickeln Täter und Gesetzgeber ein gleiches Bedeutungsverständnis hinsichtlich des jeweiligen Tatsachensubstrats, dann hat der Täter die Tatumstände, die zum Tatbestand gehören, erkannt und damit vorsätzlich gehandelt.[48] Mit dieser Feststellung ist freilich noch nicht gesagt, wann die-

---

45 Ignorantia-Form des Verbotsirrtums.

46 Die auf Welzel zurückgehende Bezeichnung der Verbotsmaterie und die seiner Lehre zugrunde liegende Gegenüberstellung des Objekts der Wertung mit der Wertung des Objektes läßt sich, soweit nicht der Tatbestand als solcher, sondern sein Substrat als Vorsatzinhalt betroffen ist, als praktische Terminologie verwenden.

47 Trotzdem ergibt sich hier eine Fülle von Einzelmeinungen, die eine größere oder geringere Distanz zur Vorsatztheorie haben. Darauf kann hier nicht näher eingegangen werden.

48 Ebert, Subsumtionsirrtum, S. 306 ff., 309 f., wo er darlegt, daß übereinstimmende Begriffe nicht notwendigerweise ein übereinstimmendes Bedeutungsverständnis ausdrücken.

ses "gleiche Bedeutungsverständnis" vorliegt, so daß sich einwenden ließe, mit diesem Lösungsansatz lasse sich gegenüber der Parallelwertungslehre kein Fortschritt erzielen. Ist nämlich bei der Parallelwertungslehre problematisch, wann noch eine Parallelität zwischen Täter- und Gesetzgeberwertung vom Tatbestandsmerkmal bzw. Tatumstand vorliegt, so ist hier die Frage zu entscheiden, ab wann sich die Bedeutungskenntnis von Täter und Gesetzgeber so weit angenähert haben, daß von einer Übereinstimmung auszugehen ist.[49]

Auf die Kenntnis des Rechtsguts kann es nach der hierzu entwickelten Konzeption freilich nicht ankommen, da ein Rechtsgut erst durch das Recht entsteht. Wie im einzelnen dargelegt, versteht man unter einem Rechtsgut jeden erwünschten sozialen Zustand, den das Recht vor Verletzungen sichern will.[50] Erst die Einstufung eines Lebensguts als sozial erwünschter Zustand veranlaßt den Gesetzgeber, ihm rechtlichen Schutz zuzuerkennen und ein entsprechendes Verbot aufzustellen. Diese Wertung des Gesetzgebers, das Lebensgut sei wegen seiner sozialen Bedeutung vom Gesetzgeber durch einen Straftatbestand zu schützen (Verwandlung zum Rechtsgut), braucht der Täter nicht nachzuvollziehen. Es bedarf von seiner Seite lediglich eines Erkennens des hinter dem Verbot stehenden Lebensguts, also des sozial erwünschten Zustandes, den der Gesetzgeber zum Handeln veranlaßt hat.[51] Wollte man es als "Rechtsgut" in den Kreis der vom Vorsatz zu erfassenden Umstände einbeziehen, verlöre der Vorsatz seine Wertungsfreiheit.

---

49 Der Vorteil dieser zweiten Fragestellung ist freilich, daß es hierbei nicht um den Vergleich von rechtlichen Auffassungen und Bewertungen geht, sondern hier um die Vermittlung von Bedeutungsinhalten hinsichtlich bestimmter Sachverhalte.

50 Vgl. im einzelnen das erste Kapitel.

51 Vgl. Ebert, Subsumtionsirrtum, S. 349 ff., 380 ff.

Damit hat sich ein erstes Kriterium bereits gefunden, das gleich auf die Thematik der Urkunden angewendet werden soll: Wenn der Täter das Lebensgut erkannt hat, das den Gesetzgeber dazu veranlaßt hat, die Urkunde unter rechtlichen Schutz zu stellen, ist davon auszugehen, daß sich die Bedeutungskenntnis des Täters vom Tatobjekt der des Gesetzgebers so weit angenähert hat, daß man von einer bei beiden Parteien übereinstimmenden Bedeutungskenntnis hinsichtlich dieses Tatumstandes sprechen kann.[52]

2. Abgrenzung zwischen Tatbestandsirrtum und Subsumtionsirrtum

Aus der Bestimmung des Vorsatzes als Erkennen der Verbots**materie** ergibt sich auch der Unterschied zum Subsumtionsirrtum.[53] Denn die Unterscheidung zwischen dem Gesetzesbegriff und dem damit umschriebenen Sachverhalt (d.h. der Verbotsmaterie) ermöglicht es, den Tatbestandsirrtum und den Subsumtionsirrtum diesen Erscheinungen zuzuordnen.

Ein Subsumtionsirrtum hat nicht, wie § 16 Abs. 1 Satz 1 StGB fordert, Tatumstände, die zum gesetzlichen Tatbestand gehören, zum Gegenstand.[54] Denn bereits derjenige Täter handelt vorsätzlich, der die sachlich-gegenständliche Beschreibung des verbotenen Verhaltens mit seinen Worten erfaßt, die gleiche Vorstellung von diesen gegenständlichen Gegebenheiten entwickelt hat wie der Gesetzgeber, als dieser die Umstände mit abstrakten Begriffen umschrieb, und

---

[52] Zu den weiteren Kriterien der Parallelbeurteilung vgl. unten S. 314 ff.

[53] Vgl. zum problematischen Begriff und den Erscheinungsformen des Subsumtionsirrtums ausführlich Ebert, Subsumtionsirrtum, S. 2 ff., 42 ff., 317 ff., 323, insbes. S. 327 ff., 437 ff., 441 ff., 471 ff., 523 ff., 536 f., und zum Auftreten von Subsumtionsirrtümern bei normativen Tatbestandsmerkmalen ebd., S. 427 ff., 536.

[54] Vgl. Ebert, Subsumtionsirrtum, S. 46, 190 ff., 545.

dies alles auf die konkreten Tatbestände entsprechend angewendet hat.

Fehlt es an einer der hier genannten Voraussetzungen, handelt der Täter im Tatbestandsirrtum. Gedanken an die Gesetzesmerkmale selbst bzw. den Gesetzestatbestand gehören nicht in diesen Zusammenhang. Macht der Täter sich aber Gedanken in diese Richtung, dann kommt einem falschen Interpretieren keine vorsatzausschließende Wirkung zu.[55] Es handelt sich lediglich um einen Irrtum, der die Ebene des Gesetzestextes betrifft und nicht die real existierende Wirklichkeit. Allein dieses Erfassen der real existierenden Wirklichkeit ist aber für den Vorsatz erforderlich.[56]

Folglich ist es sinnvoll, die Unterscheidung zwischen Tatbestandsirrtum und Subsumtionsirrtum[57] beizubehalten, da sie den Unterschied zwischen einem Irrtum über die reale, gegenständliche Welt und einen Irrtum über ihre begriffliche Beschreibung verkörpert.[58]

Ein von Schlüchter unter Abwandlung eines BGH-Urteils[59] gebildetes Beispiel[60] bringt den Unterschied zwischen Tatbestandsirrtum und Subsumtionsirrtum sehr deutlich zum Ausdruck.

> A und B lassen Bezugskarten unberechtigt drucken, füllen sie aus, unterschreiben sie ohne Befugnis hierzu mit dem Namen eines Offiziers und benutzen sie, um sich durch deren Vorlage in Militärkantinen verbil-

---

[55] Vgl. dazu Dreher/Tröndle, 45. Aufl., § 16 Rdn. 11; vgl. ausführlich dazu Ebert, Subsumtionsirrtum, S. 406 ff.

[56] Zum Mißverständnis dieser Zusammenhänge bei Kuhlen vgl. oben S. 204 f. und Fn. 23.

[57] Ebert unterscheidet zwei Formen des Subsumtionsirrtums; vgl. Ebert, Subsumtionsirrtum, S. 42 ff., 61 ff., 317 ff.; siehe oben S. 160 ff.

[58] Vgl. Ebert, Subsumtionsirrtum, S. 209 ff.

[59] BGHSt 13, S. 235 ff.; vgl. dazu Ebert, Subsumtionsirrtum, S. 201 ff.

[60] Schlüchter, JuS 1985, S. 377 f.

ligte Zigaretten aushändigen zu lassen. Für Urkunden halten sie diese Karten jedoch nicht.

A und B gelingt die sensuelle Wahrnehmung des Datensatzes. Der Fall ist darüber hinaus ein besonders eindrucksvolles Beispiel für den Umstand, daß der Täter in der Regel bestrebt ist, dem von ihm hergestellten Falsifikat ein möglichst genau an das Original angepaßtes Erscheinungsbild zu geben. Der Täuschungswert des Falsifikats hängt ja im Regelfall von dem dem Original entgegengebrachten Vertrauen in seinen Beweiswert ab. Das Opfer, dem das Falsifikat zugänglich gemacht wird, soll durch die Nachahmung des Originals in den Irrtum versetzt werden, ein gegen den Aussteller wirkendes Beweismittel in den Händen zu halten. Dieses Ziel ließe sich durch die Herstellung eines Erklärungsmittels, das kein Originalvorbild hat, nur schwer erreichen. Letztlich greift der Täter wohl immer auf ein bereits im Rechtsverkehr anerkanntes verkörpertes Beweismittel als Vorlage für das Falsifikat zurück, um dadurch beim Opfer die Fehlvorstellung zu erregen, eine echte Urkunde mit der ihr zukommenden erhöhten Beweistauglichkeit zu besitzen. Diese geschilderten Zusammenhänge sind der Grund für A und B, die Bezugskarten auszufüllen und zu unterschreiben und ihnen damit das Aussehen von echten Urkunden zu geben. Vor allem zeigt die von beiden Tätern gewählte Vorgehensweise, daß ihnen die soziale Bedeutung solcher Bezugskarten bekannt ist. Sie wissen, daß sie mit deren Hilfe verbilligte Zigaretten in den Kantinen erwerben können. Infolgedessen haben sie die Beweiseignung und Beweisbestimmung der Bezugskarten im Rechtsverkehr erkannt, nämlich, daß die in den Bezugskarten genannte Person, zollfreie Zigaretten erstehen darf. Ebenso wissen sie, daß der jeweilige Aussteller erkennbar ist, denn sie selbst haben die Karten mit dem Namen eines Offiziers unterschrieben. Folglich entwickelten A und B bei der Fälschung dieser Bezugskarten dasjenige Bedeutungsverständnis, das auch der Gesetzgeber mit den von ihm in § 267 StGB erfaßten Sachverhalten verbindet. Demnach handelten A und B im Zeitpunkt der Manipulationen vorsätzlich hinsichtlich des Merkmals "unechte Urkunde". Die Tätervorstellung, die Bezugskarten seien keine Urkunden, ist nur eine mit der rechtlichen Bewertung des objektiven Geschehens nicht übereinstimmende Fehlsubsumtion von A und B. Sie subsumieren den richtig erkannten - und hiermit ist sowohl die fehlerfreie sensuelle Wahrnehmung als auch die richtige Bedeutungskenntnis gemeint - Sachverhalt falsch unter den Gesetzesbegriff Urkunde. Diese rechtliche Qualifizierung des richtig erfaßten Sachverhalts ist allerdings ein für die Vorsatzerlangung unwesentlicher Akt.[61]

V. Übertragung der gewonnenen Grundsätze auf das erste Evidenzbeispiel und die Auswirkung des sensuellen Erfassens auf den Vorsatz

1. Die Vorsatzrelevanz einer fehlerhaften sensuellen Erfassung des Tatsachensubstrats

a) Ausgangspunkt: Nicht jeder Fehler bei der sensuellen Wahrnehmung des Tatsachensubstrats wirkt vorsatzausschließend (BGHSt 3, 248, 255)

Für die Lösung der Evidenzbeispiele[62] ergibt sich im einzelnen folgendes Bild:

Beim ersten Evidenzbeispiel (der Täter sieht die Zeichen auf dem Bierdeckel nicht) führt die Anwendung des hier vertretenen Lösungsmodells zu dem von bisher allen Autoren einhellig gebilligten Ergebnis, daß bei Tatsachenunkenntnis (Substratverkennung) dem Täter kein Vorsatz anzulasten ist. Die generelle Übereinstimmung aller Ansichten bei dieser Irrtumskonstellation verleitet zu der Annahme, die richtige sensuelle Sachverhaltswahrnehmung sei notwendige, wenn auch nicht hinreichende Bedingung für die Vorsatzbejahung. Bestünde eine derartige Beziehung zwischen sensueller Sachverhaltswahrnehmung und Vorsatzerlangung, dann ließe

---

61 Im Ergebnis ebenso Schlüchter, S. 113.

62 Siehe oben S. 86 f.

sich daraus konsequenterweise die Regel herleiten, wonach jeder Fehler auf der Ebene der sensuellen Erfassung des Tatsachensubstrats zum Vorsatzausschluß führen müßte.[63] Mit dieser Schlußfolgerung stünde freilich die problematische Konstellation zur Diskussion, wie der Fall zu beurteilen ist, daß der Täter trotz lückenhafter oder fehlerhafter sensueller Erfassung des Substrats zur richtigen Bedeutungskenntnis des Geschehens gelangt. Wollte man mit dem Gedanken ernstmachen, daß jeder Fehler bei der sensuellen Erfassung des Datensatzes vorsatzausschließend wirkt, dann läge im Falle mangelnder oder fehlerhafter Tatsachenkenntnis kein Vorsatz vor, auch dann nicht, wenn der Täter letztlich zum richtigen Bedeutungsverständnis kommt. Anderer Meinung ist offensichtlich das Urteil BGHSt 3, 248, 255, das im Zusammenhang mit dem Irrtum über die Zuständigkeit der Behörde zur Eidesabnahme im obiter dictum äußert: "Weder in der Rechtsprechung noch im Schrifttum ist bisher gelehrt worden, ein auf die Fremdheit der Sache sich beziehender Vorsatz sei schon darin zu finden, daß der Täter die Tatsachen kenne, aus denen sich nach dem Gesetz, nicht aber nach seiner, die Tatsachen unrichtig wertenden Vorstellung das fremde Eigentum ergibt. Umgekehrt ist bisher der Vorsatz nirgends bezweifelt worden, wenn der Täter zwar weiß, daß die Sache einem anderen gehört, aber keine Vorstellung von den Tatsachen hat, aus denen das rechtlich folgt. Hieran ist festzuhalten." Der BGH vertritt demnach die Auffassung, daß nicht jeder Fehler bei der sensuellen Erfassung des Tatsachensubstrats zum Vorsatzausschluß führt. Vielmehr soll das Erlangen der Bedeutungskenntnis vom Geschehen das maßgebende Kriterium für die Annahme oder Ablehnung des Vorsatzes sein.[64] Freilich gibt auch das zitierte BGH-Ur-

---

[63] Diese Schlußfolgerung könnte zu der weiteren Annahme verleiten, daß die reichsgerichtliche These, ein Tatirrtum sei immer vorsatzausschließend, der richtige Eckpfeiler in jeder Irrtumstheorie sei. Damit wäre ein gewichtiges Argument für die Renaissance der reichsgerichtlichen Konzeption gefunden.

[64] Ob der BGH überhaupt irgendeine richtige Tatsachenkenntnis fordert, um Vorsatz zu bejahen, ist anhand dieser

teil keine Auskunft über eine abschließende Behandlung der skizzierten Fallkonstellation. Es kann zwar Belegstelle für die Feststellung sein, daß nicht jede sensuelle Fehlvorstellung vorsatzausschließend wirkt. Doch fehlt der Hinweis auf den notwendigen Umfang der dort geforderten Bedeutungskenntnis, so daß unklar bleibt, ob der Täter die Bedeutungskenntnis von den jeweiligen Einzeldefinitionsmerkmalen eines mehrgliedrigen Tatbestandsmerkmals, etwa der Urkunde, erlangt haben muß, oder ob es genügt, daß der Täter die Urkunde in ihrer Gesamtheit als solche erkennt, auch wenn er - wie vielen? - Einzelelementen eine falsche Bedeutung zuschreibt. Hat A den Vorsatz einer Urkundenvernichtung, wenn er das Handelsbuch des B verbrennt, das er zwar für einen betriebsinternen Schmierblock hält, für den Beweis im Rechtsverkehr weder geeignet noch bestimmt, dem er aber Urkundenqualität zumißt, weil er alle Schriftstücke, die einen bestimmten Aussteller erkennen lassen, unabhängig von ihrer Beweiseignung und Beweisbestimmung, für Urkunden hält, also auch einen Schmierblock? Oder muß er die Beweiseignung und Beweisbestimmung und damit hinsichtlich aller Einzelelemente des mehrgliedrigen Urkundenbegriffs die richtige Bedeutungskenntnis erlangt haben, um vorsätzlich zu handeln? Kann also eine gefundene Gesamtvorstellung ausgleichen, daß einzelne tragende Elemente des mehrgliedrigen Gebildes unreflektiert geblieben sind oder sogar falsch reflektiert werden? Die Frage, ob und in welchem Umfang das sensuell richtige Erfassen des Sachverhalts nötig ist oder ob es vollständig vernachlässigt werden kann, weil es nur auf das Erlangen der Bedeutungskenntnis ankommt, wird in der BGH-Entscheidung weder gestellt noch beantwortet. Auch die Literatur beschäftigt sich mit dieser Frage - soweit ersichtlich - nicht.

Entscheidung nicht zu klären. - Das Reichsgericht hat sich, soweit ersichtlich, in seinen Urteilen nicht mit diesem Problemkreis auseinandergesetzt; wie es einen solchen Fall gehandhabt hätte, muß offenbleiben.

Die intensive Beschäftigung mit der Sinnbeurteilung beim Vorsatz auf der einen Seite und andererseits die Vernachlässigung der Frage, wie die Tatsachenerfassung beim Täter beschaffen sein muß, damit er vorsätzlich handelt, hat wohl ihren Grund in dem Umstand, daß in der Regel die Erfassung des Datensatzes fehlerlos gelingt und die Vorstellungsfehler des Täters auf der Ebene der "Beurteilung" dieser Tatsachensubstrate erfolgen. Der Täter verknüpft in der Regel mit einem sensuell fehlerhaft wahrgenommenen Sachverhalt auch ein nicht mit dem objektiv existierenden Geschehen übereinstimmendes und damit "falsches" Bedeutungsverständnis. In diesen beiden Fehlersituationen ist die Frage nach der Erforderlichkeit und dem Umfang der Tatsubstratkenntnis nur von untergeordneter Bedeutung. Die Notwendigkeit und die Reichweite der Kenntnis des Tatsubstrat durch den Täter rückt für die Vorsatzbestimmung erst dann in den Mittelpunkt, wenn der Täter trotz fehlerhafter sensueller Tatsachenwahrnehmung zum richtigen Bedeutungsverständnis hinsichtlich des real existierenden Geschehens gelangt. Dann ist eine Klärung unumgänglich, in welchem Verhältnis Tatsachen- und Bedeutungskenntnis zueinander stehen. Diese Situation tritt beim vollendeten Delikt nur sehr selten ein, da die falsche Wahrnehmung regelmäßig das richtige Sinnverständnis versperrt. Trotzdem bedarf auch diese Seite des Vorsatzinhalts einer weitergehenden Analyse.[65]

b) Die Lösung der teleologisch-reduzierten Sachverhaltssicht (Schlüchter)

Die teleologisch reduzierte Sachverhaltssicht Schlüchters könnte eine Antwort auf die aufgeworfenen Fragen bereithalten.

---

65 Auch Kuhlen, S. 39, hält die Frage des "Doppelirrtums" keineswegs für dogmatisch irrelevant.

Diese Ansicht Schlüchters könnte nämlich in der von BGHSt 3, 248 ff., getroffenen Feststellung von der Verzichtbarkeit vollständiger Tatsachenerfassung ihren Ursprung haben. Nach Schlüchters Auffassung macht nicht die sensuell richtige und vollständige Erfassung des real Wahrnehmbaren die Basis für eine gelungene Vorsatzkenntnis aus, sondern hierfür soll bereits das Kennen der rechtsgutsprägenden Sachverhaltsausschnitte ausreichend sein.[66]

Schlüchter verwendet wiederum eine Abwandlung des der Entscheidung BGHSt 13, 235, 238 ff., zugrunde liegenden Falles als Beispiel.

> A und B lassen unberechtigt Bezugskarten drucken. X hat ihre Manipulationen bemerkt. In einem unbeobachteten Augenblick schleicht er sich zu den gedruckten Bezugskarten, füllt diese aus und versieht sie mit der Unterschrift des zuständigen Offiziers Y. A und B merken hiervon nichts. Ohne die Bezugskarten noch einmal zu betrachten, legen sie diese in Militärkantinen vor und erhalten dafür Zigaretten ausgehändigt. Obwohl sie die Bezugskarten für unausgefüllt und nicht unterschrieben halten, meinen sie, es handele sich um Urkunden.

Richtig ist sicher, daß A und B die rechtsgutsbezogene Komponente der Unechtheit, nämlich die (scheinbare) Zuordnung der Erklärung zu Y verkannt haben, so daß ihnen insoweit der Vorsatz fehlt. Allerdings weist der abgewandelte Fall die Besonderheit auf, daß A und B trotz fehlerhafter sensueller Tatsachenwahrnehmung - sie hatten ja das Ausfüllen der Bezugskarten nicht gesehen - zur objektiv richtigen Bedeutungskenntnis der tatsächlich gebrauchten Bezugskarten gekommen sind. Sie haben den Bezugskarten die Urkundeneigenschaft und die Unechtheit zuerkannt, was für die von X ausgefüllten Bezugskarten die zutreffende Charakterisierung ist. Schlüchter wendet sich gegen eine Kompensation der fehlenden Kenntnis der Ausstellererkennbarkeit/Unechtheit durch die Vorstellung, auch unausgefüllte Bezugskarten seien Urkunden. Diese Fehlannahme könne - so Schlüchter -

---

66 Schlüchter, S. 109; vgl. oben S. 264 ff.

das mangelnde teleologisch reduzierte Erfassen des Sachverhalts - nämlich die scheinbare Zuordnung der Erklärung zu Y - nicht ausgleichen. Das ist die Frage.

Nach Schlüchter soll der Vorsatz aber zu bejahen sein, wenn sich der Täter als "entscheidungstreffende Instanz" geriert hat. Dies ist dann nicht der Fall, wenn der Täter sich ein Tatbild vorstellt, das extensional völlig aus dem Rahmen des Tatbestandes herausfällt. Ein solches Tatbild ist freilich noch nicht gegeben, "wenn es nur an einigen Mosaiksteinen mangelt", sondern erst, "wenn sich der von dem Täter vorgestellte Sachverhalt auch unter Hinzufügen weiterer Mosaiksteine (Sachverhaltseinzelelemente) nicht unter die jeweilige Strafbestimmung subsumieren läßt."[67] Dieser zweite - vorsatzausschließende - Fall soll bei dem gewählten Beispiel dann vorliegen, wenn A und B dem Druckwerk ohne erkennbare Ausstellergarantie eben doch die rechtsgutsbezogene Komponente der Zurechenbarkeit zu einer bestimmten Person beimessen. Denn - so begründet Schlüchter ihr Ergebnis - das Ausfüllen und Unterschreiben der Bezugskarten bildet keinen bloßen Sachverhaltsmosaikstein, sondern den entscheidenden Schritt von der strafrechtlichen Unbeachtlichkeit in die strafrechtliche Relevanz. Aus diesen freilich sehr allgemeinen Aussagen läßt sich wohl der Schluß ableiten, daß allein das Verkennen von solchen Einzelelementen vorsatzirrelevant sein soll, die für das Erfassen des komplexen Geschehens nur von untergeordneter Bedeutung sind. Demgegenüber muß das sensuelle Erfassen derjenigen Sachverhaltseinzelelemente gelungen sein, an die sich die rechtsgutsbezogene Komponente des Tatbestandsmerkmals anknüpft. Für den Beispielsfall können diese Grundsätze nur bedeuten, daß A und B erkannt haben müssen, daß die Bezugskarten ausgefüllt und unterschrieben sind, da diese Sachverhaltselemente Träger der rechtsgutsbezogenen Komponenten des Urkundenbegriffes sind.

---

67 Schlüchter, S. 114 f.

2. Die problematische Konstellation: Der Täter gelangt trotz fehler- bzw. bruchstückhafter Tatsachenerfassung zum richtigen Bedeutungsverständnis

Diese Aussagen erfordern freilich schärfere Konturen. Vor allem bedarf aber Schlüchters Überlegung, daß nicht jede sensuelle Fehlannahme hinsichtlich des Tatsachensubstrats vorsatzausschließend wirkt, einer Überprüfung für den Fall, daß der Täter sich irrtümlich einen Sachverhalt vorstellt und ihm eine Bedeutung zuerkennt, die - möglicherweise nur ausnahmsweise - auch dem tatsächlich existenten Geschehen zukommt. Die damit angesprochenen und als problematisch empfundenen Fallkonstellationen seien anhand folgender - nicht unbedingt wirklichkeitsnaher - Beispiele erläutert:

a) Fallmaterial und Fallbesprechung

Grundfall:

A sieht das von B in den Sand geschriebene Testament. A glaubt, es sei ein sandfarbener Marmorblock, in den B seinen letzten Willen eingemeißelt habe. In Wirklichkeit handelt es sich um mittels eines Spezialmittels zu einer festen Verbindung erstarrten Sand.

Erste Abwandlung:

Der Täter hat die Unterlage lediglich als Sand, aber als nicht verfestigten Sand erkannt; er hat sich Gedanken über die Eigenschaften von Sand nicht gemacht.

Zweite Abwandlung:

Der Täter hat den erstarrten Sand lediglich als Sand identifiziert. Er glaubt aber, daß Sand als solcher in der Lage ist, eine Gedankenerklärung dauerhaft zu perpetuieren.

Dritte Abwandlung:

Der Täter identifiziert den erstarrten Sand lediglich als Sand. Er hält aber die flüchtige Verkörperung einer Gedankenerklärung für ausreichend, den Urkundenbegriff zu erfüllen.

aa) Grundfall und erste Abwandlung

Beim Grundfall erfüllt das Tatobjekt unstreitig die Begriffsmerkmale der Urkundendefinition. Insbesondere ist die im Sand fixierte Gedankenerklärung auch dauerhaft verkörpert, da der ansonsten als Perpetuierungsmittel ungeeignete Sand mittels der Spezialbehandlung zu einer fest erstarrten Verbindung wurde und damit eine taugliche Verkörperungsart ist.

Die Kongruenz zwischen den objektiven Gegebenheiten und der subjektiven Annahme des A ist zweifelhaft. Schließlich identifiziert A die von B für seine Testamentserrichtung verwendete Schreibunterlage als Marmor und nicht als Sand, der lediglich infolge der hier gegebenen außergewöhnlichen Konstellation taugliches Perpetuierungsmittel für die testamentarische Erklärung ist. A erfaßt somit den Datensatz sensuell fehlerhaft. Demnach bedarf es - ausgehend von der Prämisse,[68] daß nicht jeder Fehler auf der Ebene der sensuellen Erfassung des Geschehens vorsatzausschließend wirkt - einer Stellungnahme zu der Frage, inwieweit die Fehlannahme, es handele sich um Marmor, während in Wirklichkeit erstarrter Sand die Schreibunterlage abgibt, den Vorsatz bezüglich der Urkundeneigenschaft des im Sand verkörperten Testaments unberührt läßt.

Die beiden anderen Fallvarianten bieten Anlaß zu ähnlichen Fragen.

---

[68] Vgl. BGHSt 3, 248, 255.

Auch bei der ersten Abwandlung stellt sich das Problem, ob zwischen den objektiven Gegebenheiten, nämlich dem Vorliegen einer Urkunde, und der subjektiven Tätervorstellung, die Schreibunterlage sei Sand, die für die Vorsatzbejahung erforderliche Übereinstimmung zwischen objektiver und subjektiver Tatseite zu bejahen ist. Es drängen sich hieran Zweifel auf, da die Vorstellung des A, es handele sich um Sand, keine weitergehenden Auskünfte über die dem Sand beigelegten Eigenschaften gibt. In einem solchen Fall verbindet der Täter mit diesem Begriff die Bedeutungsinhalte, die vom Durchschnittsbürger auch damit verbunden werden.[69] Daraus folgt, daß A mit dem gebrauchten Begriff "Sand" die aus feinen, sich ineinanderverschiebenden Körnern bestehende Masse meint und der Schreibunterlage diese Bedeutung zuordnet. Demnach stimmt sein Vorstellungsbild, d.h. seine dem sensuell wahrgenommenen Substrat beigelegte Bedeutung von diesen Tatsachen, nicht mit den Bedeutungsinhalten überein, die der Gesetzgeber mit dem Begriff Urkunde[70] umschreiben wollte. Die fehlerhafte Tatsachenerfassung kann infolgedessen die an das Einzeldefinitionsmerkmal "dauerhafte Verkörperung" anknüpfende Bedeutung nicht tragen.

Hierin besteht der Unterschied zum Grundfall. Im Grundfall stimmt die - objektiv zu bestimmende - Bedeutung, die der sensuellen Fehlannahme, es handele sich um Marmor statt um erstarrten Sand, beigelegt wird, mit dem Bedeutungsverständnis überein, das dem erstarrten Sand zukommt. Freilich

---

69 Vgl. zur Frage der begrifflichen Strukturierung der Wirklichkeit Ebert, Subsumtionsirrtum, S. 414 ff.

70 Hier wird der Einfachheit halber mit dem gesetzlichen Tatbestandsmerkmal gearbeitet, doch muß sich der Leser vor Augen führen, daß die hier interessierende Vergleichsposition auf Seiten des Gesetzgebers die mit Hilfe des Tatbestandsmerkmals "Urkunde" umschriebenen Sachverhalte sind, mit denen der Gesetzgeber bestimmte Bedeutungen verbindet. Diese gesetzgeberischen Vorstellungen hinsichtlich bestimmter Sachverhalte werden mit den Vorstellungen des Täters verglichen, die er hinsichtlich des von ihm sensuell erfaßten Sachverhalts entwickelt, d.h. mit seinem jeweiligen Bedeutungsverständnis von der Situation.

wird dem fehlerhaft sensuell erfaßten Gebilde (Marmor) von A nicht nur ein derartiges Bedeutungsverständnis zuerkannt, das mit dem übereinstimmt, das dem tatsächlichen Gebilde zukommt (erstarrter Sand), sondern es ist auch ein solches Bedeutungsverständnis, das vom Gesetzesbegriff (Urkunde als visuell optische dauerhaft verkörperte Gedankenerklärung) mitumfaßt ist. In diesem beschriebenen Umstand könnte die erste Annäherung an das Kriterium zu sehen sein, das in der Lage ist festzulegen, welche fehlerhaften Tatsachenwahrnehmungen für die Vorsatzbejahung unschädlich sind und welche Fehler in der sensuellen Wahrnehmung des Datensatzes so gravierend sind, daß vom Vorsatzausschluß auszugehen ist. Dieses Kriterium könnte man - zumindest vorläufig - mit der "Vertretbarkeit der Sachverhalte" umschreiben.[71]

bb) Die "Vertretbarkeit der Sachverhalte" als Kriterium für die Vorsatzrelevanz eines sensuellen Fehlers

Danach könnte immer dann der Wahrnehmungsfehler als vorsatzirrelevant einzustufen sein, wenn der fehlerhaft wahrgenommene Sachverhalt in der Lage ist, die Bedeutung zu tragen, die der Gesetzgeber den in seinen Tatbestandsmerkmalen abstrakt formulierten Sachverhalten beigelegt hat. Kann demgegenüber der fehlerhaft wahrgenommene Sachverhalt nicht die vom Gesetzgeber in seinen Tatbeständen vorausgesetzten Bedeutungsinhalte von den dort beschriebenen Sach-

---

71 Was gegenüber der von Jakobs gewählten Gegenüberstellung des "ungeeigneten Substrats" - "an sich geeigneten Substrats" eine Konkretisierung hinsichtlich der für die Vorsatzbejahung erforderlichen Substratbeschaffenheit und seiner Erkenntnis darstellt; Jakobs, AT, S. 294 f. Ausgehend von ihrer teleologisch reduzierten Sachverhaltsicht arbeitet Schlüchter, S. 114, mit dem Gedanken einer wesentlichen oder unwesentlichen Abweichung zwischen dem von dem Rechtsanwender subsumierten und von dem Täter wahrgenommenen Sachverhalt. Doch ist das hier gefundene Kriterium der "Vertretbarkeit der Sachverhalte" gegenüber dem konturenlosen Kriterium der wesentlichen bzw. unwesentlichen Abweichung das präzisere Kriterium.

verhalten tragen, ist er also kein tauglicher Platzhalter für einen der vom Gesetzgeber gemeinten Sachverhalte, so wirkt der Fehler in der sensuellen Erfassung des Datensatzes vorsatzausschließend.

In welchem Fall aber ist ein fehlerhaft wahrgenommener Sachverhalt in der Lage, die vom Gesetzgeber in seinen Tatbeständen zum Ausdruck kommende Bedeutung der dort in den einzelnen Tatbestandsmerkmalen umschriebenen Sachverhalte zu tragen? Oder einfacher: Wann ist er vertretbar? Von der Vertretbarkeit der Sachverhalte wird man dann sprechen können, wenn beide Sachverhalte, nämlich der fehlerhaft vorgestellte und der real existierende Sachverhalt, auf einen gemeinsamen "Oberbegriff" zurückzuführen sind, welcher der Leitvorstellung des Gesetzgebers entspricht. In einem solchen Fall ist unzweifelhaft, daß beide Sachverhalte zu den Sachverhalten gehören, die der Gesetzgeber sich vorstellte, als er die Tatsachenmerkmale formulierte. Legt dann noch der Täter dem fehlerhaft erkannten Sachverhalt diejenige Bedeutung bei, die dem real existierenden Geschehen zukommt, dann ist dadurch sichergestellt, daß der Täter wegen der Vornahme der Handlung bestraft wird, die der Gesetzgeber in seinem Tatbestand als strafbar erfaßt hat. In einem solchen Fall hat auch der Täter bei der Tatbestandsverwirklichung dasjenige Bewußtsein hinsichtlich der Sachverhaltsbedeutung, das ihn zu der Erkenntnis hätte bringen können, sich im strafrechtsrelevanten Bereich zu bewegen. Bei dem Zusammentreffen dieser Komponenten - sensuelle Erfassung eines vertretbaren Sachverhalts und richtiges Erkennen seiner sozialen Bedeutungsstruktur - ist von der Kongruenz zwischen den objektiven Gegebenheiten und der subjektiven Vorstellung auszugehen.

cc) Schema zum Zusammenspiel von Tatbestandsgestaltung und sich damit deckender Tätervorstellung

Die vorgestellten Gedankenschritte seien nochmals kurz zusammengefaßt:

1. Der Gesetzgeber wählt bestimmte Tatumstände aus, mit denen er bestimmte Bedeutungen verbindet (= Sachverhalte) und formuliert diese als Tatbestandsmerkmale. Der Täter muß nun die Sachverhalte in ihrer sozialen Bedeutung erkennen. Stimmt sein Bedeutungsverständnis mit dem des Gesetzgebers hinsichtlich eines Sachverhalts überein, dann hat der Täter Vorsatz.

2. Jeder Sachverhalt läßt sich jedoch weiter spezifizieren, d.h. in weitere Sachverhalte konkretisieren, die wie Arten zur Gattung stehen. Solange sich der Täter einen derart spezifizierten Sachverhalt vorstellt, der sich auf einen gemeinsamen Oberbegriff zurückführen läßt, der seinerseits Teil der vom Tatbestandsmerkmal erfaßten Sachverhalt ist, handelt er vorsätzlich.

a) Stellt sich der Täter Büttenpapier vor, und in Wirklichkeit war es Zeitungspapier, auf dem das Testament geschrieben stand, dann ist dieser Fehler in der sensuellen Erfassung des Datensatzes unbeachtlich, da es sich bei Büttenpapier und Zeitungspapier um vertretbare Sachverhalte handelt. Beide Sachverhalte lassen sich auf den gemeinsamen Oberbegriff "Papier" zurückzuführen. Dieser gemeinsame Oberbegriff Papier ist wiederum auf einen Sachverhalt (dauerhaft verkörperte Gedankenerklärung) zurückführbar, der zu denjenigen gehört, die durch das Tatbestandsmerkmal "Urkunde" erfaßt ist. Insoweit bewegt sich die Fehlvorstellung des Täters im Bereich der "vertretbaren Sachverhalte", was für die Vorsatzbejahung genügt.

b) Stellt sich der Täter statt "erstarrten Sand" Marmor vor, so handelt es sich ebenfalls um vertretbare Sachverhalte, da gemeinsamer Oberbegriff bei beiden Sachverhalten "Stein" oder "sonstige dauerhafte Perpetuierungsmittel" sind.

c) Stellt sich der Täter statt erstarrten Sand lediglich Sand vor, so fehlt es an einem gemeinsamen Oberbegriff, unter den sich beide Sachverhalte fassen ließen, und damit an der Vertretbarkeit der Sachverhalte. Infolgedessen liegt ein vorsatzausschließender Irrtum vor.

dd) Problemfall: Der Täter kommt trotz Annahme eines nicht vertretbaren Sachverhalts zum richtigen Bedeutungsverständnis

Wie aber ist der Fall zu beurteilen, in dem der Täter dem irrtümlich angenommenen **nicht** vertretbaren Sachverhalt die Bedeutungskenntnis zuschreibt, die dem real existierenden Sachverhalt tatsächlich zukommt? Kann auch dann von einer Kongruenz zwischen objektiver und subjektiver Tatseite die Rede sein, oder hat ein solcher Irrtum Vorsatzrelevanz? Hiermit spitzt sich das Problem auf die Frage zu, ob die Vertretbarkeit der Sachverhalt auch dann notwendige Voraussetzung für die Vorsatzbejahung ist, wenn der Täter trotz irrtümlicher Annahme eines **nicht** vertretbaren Sachverhalts zur richtigen Bedeutungskenntnis hinsichtlich des tatsächlichen Geschehens kommt.[72] Dies läßt sich an der zweiten Abwandlung des Testamentsfalles zeigen. In diesem Beispielsfall schreibt der Täter dem fraglichen Gegenstand, d.h. dem im erstarrten Sand geschriebenen Testament, trotz fehlerhafter sensueller Wahrnehmung - statt erstarrten Sandes wird nur Sand gesehen - die dem Gegenstand objektiv zukommende Eigenschaft zu, nämlich ein Verkörperungsmittel zu sein, das die Gedankenerklärung dauerhaft wiedergeben kann.

---

72 Mit der "Vertretbarkeit der Sachverhalte" ist nicht die Konzeption von Puppe, GA 1990, S. 145 ff., angesprochen. Puppe nimmt Vorsatz an, wenn der Täter den Sinn der tatbestandsmäßigen Tatbeschreibung erfaßt hat, wenn er nämlich eine Beschreibung des Sachverhaltes geben kann, die entweder synonym mit der des Tatbestandes ist oder einen Spezialfall des Tatbestandes enthält. Hierbei wird deutlich, daß sie der Sachverhaltswahrnehmung im Hinblick auf die Erkennung des Substrats nur untergeordnete Bedeutung zuerkennt und die hier interessierende Frage nach der Erforderlichkeit und dem Umfang einer Tatsachenkenntnis nicht weiterverfolgt.

Man könnte die Ansicht vertreten, der Täter habe die Bedeutung des real existierenden Geschehens, nämlich das Vorliegen eines Testaments, erkannt und demnach hinsichtlich des Tatumstandes Urkunde vorsätzlich gehandelt. Zu dieser Lösung käme wohl Puppe[73], da für sie allein die Sinnerfassung des Geschehens als Kriterium für die Vorsatzbejahung ausschlaggebend ist. Sie hat den vielbesprochenen "Mauswiesel-Fall" dementsprechend gelöst.[74]

(1) Puppes Lösungsvorschlag: Allein die Erlangung der richtigen Bedeutungskenntnis reicht aus

Im "Mauswiesel-Fall" sieht A das jagdbare Mauswiesel, das er für eine Maus hält. A hält Mäuse jedoch für jagdbare Tiere. Puppe bejaht den Vorsatz des A bezüglich § 292 StGB. Er habe den Sinn des § 292 StGB erfaßt, indem er das Tier als jagdbares identifiziert habe. Diese Überlegungen Puppes, auf die zweite Abwandlung des Testamentsfalles übertragen (der Täter bemerkt die Fixierung des Sandes nicht, glaubt aber an eine dauerhafte Verkörperung der Gedankenerklärung im Sand), können nur dazu führen, vorsätzliches Handeln des A anzunehmen, da er dem falsch erkannten Substrat die dem § 267 StGB unterfallende Sinnbedeutung zuerkannt hat. Allerdings würde eine derartige Argumentation verkennen, daß A das Tatsachensubstrat statt als erstarrten Sand lediglich als Sand identifiziert hat. Dann aber degradiert man die Tatsachenkenntnis zum reinen Statistendasein. Man spräche ihr nämlich jegliche Relevanz für die Vorsatzerlangung sogar für den Fall ab, daß es dem Täter gelingt, das richtige, dem realen Geschehen entsprechende Bedeutungsverständnis zu entwickeln. Der Tatsachenkenntnis käme nach dieser Überlegung lediglich die Funktion zu, ein Auslöser für irgendwelche Bedeutungszuschreibungen zu

---

[73] Puppe, GA 1990, S. 156.
[74] Näher unten S. 320 ff.

sein.[75] Das Bedeutungsverständnis, das im Regelfall an das Tatsachensubstrat gebunden ist, so daß eine Wechselwirkung zwischen beiden Akten der Geschehenserfassung besteht, würde von der Tatsachenkenntnis völlig abgekoppelt werden.

(2) Eigene Lösung: Die Notwendigkeit eines komplexen Ineinandergreifens von Substratserfassung und dazugehöriger Bedeutungskenntnis

Eine Abkoppelung der Substratserfassung und der Bedeutungskenntnis ist angesichts des mit der Aufstellung der mit strafrechtlichen Tatbeständen verfolgten Zwecks nicht vertretbar. Der Gesetzgeber reguliert menschliches Verhalten dadurch, daß er seine Normen durch die Beschreibung ihrer Übertretung, und zwar in der Form der sachlichen Substrate und der Darstellung der Substrate (Tatbestände), ausdrückt. Seit Feuerbach gehört es zu den großen Errungenschaften des liberal-rechtsstaatlichen Strafrechts, nicht allein in der Begründung, sondern vor allem in der Begrenzung der Strafe die Funktion des Strafrechts zu sehen. Nur in den Grenzen des Gesetzes wird der Täter zur Verantwortung gezogen. Um die Grenzen des strafwürdigen Verhaltens festzulegen, umschreibt der Gesetzgeber nun die Sachverhalte, die er verhindert sehen will, mit Hilfe von Tatbestandsmerkmalen. Jedem abstrakten Tatbestandsmerkmal entspricht auf der Ebene der Lebenswirklichkeit daher eine größere Anzahl von Sachverhalten. Der Täter, der nur in den Grenzen des Gesetzes zur Verantwortung gezogen werden darf, ist aber nur strafbar, wenn seine Tat den Merkmalen des Gesetzes entspricht und seine Vorstellung von der Tat mit den Vorstellungen des

---

75 Die - unrichtige - Tatsachenkenntnis ist demnach nur Motivationsanreiz zur Erlangung des richtigen Bedeutungsverständnisses vom real existierenden Sachverhalt. Es wäre gleichgültig, ob dem infolge einer sensuellen Fehlleistung irrtümlich angenommenen Sachverhalt die ihm beigelegte soziale Bedeutung zukommt, da es nach dieser Lösung allein ausreichend wäre, daß das Bedeutungsverständnis mit dem - nicht erkannten - objektiv gegebenen Sachverhalt korreliert.

Gesetzgebers übereinstimmt, die dieser hatte, als er bestimmte Sachverhalte durch Tatbestandsmerkmale formulierte. Die Tätervorstellung von der Tat entspricht der Vorstellung des Gesetzgebers von den mittels der Tatbestandsmerkmale umschriebenen Sachverhalten aber nur dann, wenn er sich die dem Tatbestandsmerkmal entsprechenden Tatsachensubstrate in der vom Gesetzgeber vorgestellten Bedeutungskenntnis vorstellt.

Verzichtet man auf die Kenntnis des Tatsachensubstrats, und läßt man allein die Bedeutungskenntnis für den Vorsatz genügen, so wird die mittels der Tatbestandsbeschreibung garantierte Begrenzung des strafbaren Verhaltens hinfällig. Der Täter wird für einen - nach seiner Sicht existierenden - Sachverhalt bestraft, der - läge er vor - nach der Entscheidung des Gesetzgebers nicht zu den mit Strafe bedrohten Sachverhalten gehört. Die Bestrafung wegen vorsätzlicher Tat bei vorgestelltem nicht vertretbarem Sachverhalt - allein mit der Begründung, der Täter habe die Bedeutungskenntnis erlangt, die dem real existierenden Geschehen zukomme - würde den Vorsatz vom Tatbestand trennen. Nur wenn der irrtümlich vorgestellte Sachverhalt ein vertretbarer Sachverhalt ist, läge auch aus der Sicht des Täters eine solche Situation vor, die der Gesetzgeber als strafwürdig eingestuft hat. Stellt der Täter sich aber einen nicht vertretbaren Sachverhalt vor, dem er die Bedeutung zuschreibt, die dem objektiven Geschehen zukommt, dann darf man nicht den Fehler begehen und folgende Argumentation vertreten: Der Täter müsse die Tatumstände in ihrer sozialen Bedeutungskenntnis erkennen, und dies sei ja der Fall, wenn der Täter glaubt, ein wie auch immer genanntes Verkörperungsmittel vor sich zu haben, das die Erklärung dauerhaft perpetuieren könne. Diese Argumentation verkennt den hier für maßgeblich genannten Zweck der Tatbestände: Die Beschreibung der für strafwürdig vorgestellten Sachverhalte. Der Gesetzgeber hält **nicht** die Verkörperung einer Gedankenerklärung mittels Sand (= flüchtiges Perpetuierungsmittel) für strafwürdig, auch nicht, wenn der Täter letztlich glaubt, das Verkörperungsmittel Sand sei in der Lage dauerhaft zu verkörpern. Ausgangspunkt für den Vergleich muß immer der vom Tatbestandsmerkmal umschriebene Sachverhalt sein.

Folgerichtig lautet das Ergebnis für die zweite Abwandlung des Grundfalles, in der A den erstarrten Sand nur als Sand identifiziert, aber davon ausgeht, daß auch Sand in der Lage ist, eine Gedankenerklärung dauerhaft zu verkörpern, daß A ohne Vorsatz handelte. Er stellte sich einen Sachverhalt vor, der das vom Gesetzgeber im Tatbestandsmerkmal "Urkunde" zum Ausdruck gebrachte Bedeutungsverständnis hinsichtlich der dadurch umschriebenen Sachverhalte nicht zu tragen in der Lage ist. An diesem Ergebnis ändert - wie dargelegt - die (zufällige) Erlangung der Bedeutungskenntnis, die dem real existierenden Geschehen zukommt, nichts. In einem solchen Fall, den A wegen vorsätzlicher Tat bestrafen zu wollen, würde einen Sachverhalt, nämlich die Verkörperung einer menschlichen Gedankenerklärung mittels einer **flüchtigen** Verkörperungsart, unter Strafe stellen, der vom Gesetzgeber bei der Aufstellung des § 267 StGB nicht als ein solcher Sachverhalt aufgefaßt wurde, den es zu verhindern gilt. Allein auf die Vorstellungswelt des Täters abzustellen, hätte eine Verschiebung der vom Gesetzgeber getroffenen Entscheidungen über den Umkreis subsumierbarer Sachverhalte zur Folge. Der individuellen Tätervorstellung käme straferweiternde Funktion zu. An dieser Beurteilung ändert die Zufälligkeit, daß objektiv ein Sachverhalt gegeben ist, der seinerseits mit dem Bedeutungsverständnis harmonisiert, nichts. Stellt sich demgegenüber der Täter statt des real existierenden Sachverhalts irrtümlich einen anderen, aber "vertretbaren" Sachverhalt vor, für den er das Bedeutungsverständnis entwickelt, das dem objektiv gegebenen Sachverhalt zukommt, dann wird der beabsichtigte Steuerungsmechanismus zwischen Tatbestand und Täterverhalten nicht unterbrochen. In einem solchen Fall sind die Voraussetzungen dafür erfüllt, den Täter von der Vornahme einer Handlung abzuhalten, die einen der Sachverhalte verwirklichen würde, den der Gesetzgeber als verhinderungswürdigen Sachverhalt eingestuft hat, als er das Tatbestandsmerkmal dementsprechend formulierte. Verwirklicht der Täter nun diesen seiner Ansicht nach existierenden Sachverhalt in Kenntnis der sozialen Bedeutung, die dem objektiv gegebenen Sachverhalt zukommt, dann befand sich der Täter ebenfalls in der Situation, die der Gesetzgeber regeln wollte und in der der Täter vor der Entscheidung stand - bzw. hätte stehen können -, sich über Erlaubt- oder Verbotensein seines Verhaltens Gedanken zu machen, da er das Objekt der Rechtswidrigkeitswertung erfaßt hatte. In diesem Sinne ist der Grundfall zu lösen (Verwechslung von Marmor und erstarrtem Sand).

ee) Weitere Praktikabilitätsprüfung der eigenen Lösung anhand der dritten Fallabwandlung

Dieser Zusammenhang zwischen Tatsachenkenntnis und Bedeutungskenntnis beeinflußt die Lösung der dritten Abwandlung nachhaltig.

Dort identifiziert A die Schreibunterlage fälschlicherweise als Sand, hält aber auch die nur flüchtig verkörperte Gedankenerklärung für eine Urkunde. Demnach kommt A trotz fehlerhafter Tatsachenkenntnis auch in diesem Fall letztlich zum richtigen Ergebnis, nämlich zur Einordnung des im erstarrten Sand dauerhaft verkörperten Testaments als Urkunde im Sinne von § 267 StGB. Infolgedessen liegt es nahe, diesen Fall genauso wie den Grundfall zu beurteilen. In beiden Situationen gelingt es dem Täter, das Geschehen richtig zu beurteilen. A qualifiziert den objektiv existierenden Gegenstand jeweils richtig als Urkunde. Die Konsequenz dieser übereinstimmenden Beurteilung des objektiven Geschehens könnte sein, daß A sowohl in der dritten Fallabwandlung als auch im Grundfall mit Vorsatz hinsichtlich der Urkunde als Tatobjekt des § 267 StGB handelte. Allerdings besteht zwischen den beiden Beispielsfällen ein Unterschied im Hinblick auf die Tatumstandserfassung, der insoweit eine andere Behandlung der dritten Fallabwandlung im Gegensatz zum Grundfall rechtfertigt. In der dritten Abwandlung des Grundfalls ordnet nämlich A dem fehlerhaft erkannten Substrat (Sand) die juristisch exakte Einordnung (Urkunde) des objektiv vorliegenden Geschehens (erstarrter Sand) zu, so daß seine juristische Subsumtion (Urkunde) des fehlerhaft erkannten Substrats (Sand) unter das Tatbestandsmerkmal "Urkunde" die richtige hinsichtlich des tatsächlich existenten Substrats (erstarrter Sand) ist. Diese juristisch exakte Subsumtion des fehlerhaft erkannten Sachverhalts ist aber nicht in der Lage, den Vorsatz bezüglich des Urkundenbegriffs zu begründen. Dieser Schluß folgt aus der Erkenntnis, daß der Tatbestand das Erfassen der Tatumstände durch den Täter im Sinne von § 16 Abs. 1 Satz 1 StGB prägt.

b) Überprüfung der eigenen Lösung anhand weiterer Fälle

aa) Das Urkundenbeispiel Schlüchters

Die skizzierten Zusammenhänge zwischen der Tatbestandsausgestaltung, als Ausdruck der damit vom Gesetzgeber beabsichtigten Strafbarkeitsbeschränkung, und dem dadurch umschriebenen und vom Täter zu erlangenden Vorsatzinhalt muß man im Auge behalten, wenn man das Urkundenbeispiel von Schlüchter untersucht.[76] A und B legen den von ihnen unberechtigt gedruckten Bezugskarten, die sie nicht ausfüllen und nicht unterschreiben, die Bedeutung bei, es handele sich bei ihnen bereits um beweiserhebliche Gedankenerklärungen, die den Aussteller erkennen lassen. Beide erliegen aber einer sensuellen Fehlannahme, da ihnen verborgen geblieben ist, daß die Karten mittlerweile von X ausgefüllt und unterschrieben wurden. Dem sensuell fehlerhaft wahrgenommenen Datensatz legen sie aber die Bedeutung bei, die dem objektiven Geschehen zukommt, nämlich verkörperte beweiserhebliche Gedankenerklärungen eines bestimmten erkennbaren Ausstellers zu sein, hier des zuständigen Offiziers

---

[76] Vgl. oben S. 310.

Y. Es liegt also die Situation vor, daß die Täter trotz fehlerhafter sensueller Wahrnehmung zur richtigen Bedeutungskenntnis kommen. Nun läßt sich die Frage nach der Vertretbarkeit aufwerfen, ob nämlich der irrtümlich angenommene Sachverhalt in der Lage ist, die dem objektiven Geschehen zukommende Bedeutung zu tragen. Die irrtümliche Vorstellung von A und B, die Bezugskarten seien unausgefüllt, und der real existierende Sachverhalt, wonach die Bezugskarten ausgefüllt sind, sind nicht auf einen gemeinsamen Oberbegriff zurückzuführen, da beide Annahmen sich logischerweise ausschließen. Damit fehlt es an der Vertretbarkeit des irrtümlich vorgestellten mit dem real existierenden Sachverhalt, so daß der Fehler in der sensuellen Wahrnehmung des Datensatzes vorsatzrelevant ist. Die Fehlvorstellung von A und B, auch unausgefüllte Bezugskarten seien beweiserhebliche Gedankenerklärungen, die ihren Aussteller erkennen ließen, ist nicht geeignet, die Täter in die Entscheidungslage zu versetzen, sich für oder gegen die Vornahme eines solchen Sachverhalts zu entscheiden, den der Gesetzgeber mit § 267 StGB erfaßt und damit als verhinderungswürdig eingestuft hat.

bb) Der Mauswiesel-Fall

Grundfall: A erschießt ein Mauswiesel, das er wegen seines Fells für ein nützliches Beutetier hält, glaubt aber in Verkennung von Größe und Farbe, daß das Tier ein Reh sei.[77]

Erste Abwandlung: A hält das Mauswiesel in Verkennung von Größe und Farbe für eine Maus, ohne sich weitergehende Gedanken über die Eigenschaft einer Maus zu machen.

Zweite Abwandlung: A hält das Mauswiesel in Verkennung von Größe und Farbe für eine Maus; er glaubt, daß eine Maus ein

---

77 Dem Tatbestandsmerkmal "Wild" entspricht das Bedeutungsverständnis "nützliches Beutetier".

Tier ist, das aufgrund seines wertvollen Pelzes als Beutetier nützlich ist.

Dritte Abwandlung: A hält das Mauswiesel in Verkennung von Größe und Farbe für eine Maus; er glaubt, daß alle Wirbeltiere "Wild" im Sinne von § 292 StGB sind, so daß eine Maus nur vom Jagdberechtigten erlegt werden darf.

Grundfall und erste Abwandlung:

Beim Grundfall erfüllt das Tatobjekt unstreitig das Tatbestandsmerkmal "Wild", da das Mauswiesel zu den jagdbaren Tieren im Sinne von § 2 Bundesjagdgesetz gehört und damit zu den Tieren, auf die § 292 StGB verweist. Die Kongruenz zwischen den objektiven Gegebenheiten und der subjektiven Annahme des A ist zweifelhaft, da A das Tier als Folge seiner sensuellen Fehlleistung hinsichtlich Größe und Farbe als Reh identifiziert und nicht als Mauswiesel. Dem Reh legt er aber die Bedeutung bei, ein nützliches Beutetier zu sein, also die Bedeutung, die dem objektiv existierenden Tier - dem Mauswiesel - zukommt. Ob die fehlerhafte Erfassung des sensuellen Datensatzes zum Vorsatzausschluß führt oder ob hier die Situation des vertretbaren Sachverhalts vorliegt und demzufolge Vorsatz bei A zu bejahen ist, hängt zunächst davon ab, ob Mauswiesel und Reh auf einen gemeinsamen Oberbegriff zurückzuführen sind. Der gemeinsame Oberbegriff, auf den sich das Mauswiesel (objektiv existierender Sachverhalt) und Reh (vorgestellter Sachverhalt) in Konkretisierung des Tatbestandsmerkmals "Wild" zurückführen lassen, ist Haarwild, das in § 2 Bundesjagdgesetz aufgeführt ist. Hinsichtlich dieses vertretbaren Sachverhalts hat A weiterhin das Bedeutungsverständnis entwickelt, daß nicht nur dem objektiven Geschehen zukommt, sondern auch dem Bedeutungsverständnis entspricht, das der Gesetzgeber durch das von ihm gewählte Tatbestandsmerkmal "Wild" erfassen wollte, nämlich daß frei lebende Tiere, die als nützliche Beutetiere in Betracht kommen, die Klassifikation Wild erhalten.[78] Demzufolge handelt A im Grundfall mit Vorsatz, da A sich einen vertretbaren Sachverhalt vorstellte.

In der ersten Abwandlung gelangt der Täter aufgrund seiner Fehlwahrnehmung von Größe und Farbe des Tieres zur Vorstellung, daß es sich bei dem Tier um eine Maus handelt. Mit der Erkenntnis, eine Maus vor sich zu haben, verbindet A, wiederum ausgehend vom Allgemeinverständnis des Durchschnittsbürgers,[79] da A sich keine sonstigen Vorstellungen über die Maus macht, die Vorstellungen, daß das Tier weder über einen wertvollen Pelz noch über schmackhaftes Fleisch oder Zähne aus Elfenbein verfügt und deshalb kein waidmännisches Interesse an seinem Bejagdwerden bestehe. A legt der Maus also gerade nicht die Bedeutung bei, ein nützliches Beutetier zu sein. Diese der Maus beigelegte Bedeutung stimmt nun aber nicht mit den Bedeutungsinhalten überein, die der Gesetzgeber mit dem Begriff Wild umschreiben wollte. Auch ist die fehlerhafte Tatsachenwahrnehmung "Maus" nicht in der Lage, die an das Tatbestandsmerkmal "Wild" anknüpfende Bedeutung "nützliches Beutetier" zu tragen, da das irrtümlich vorgestellte Tatsachensubstrat (Maus) und das real existierende Tatsachensubstrat (Mauswiesel) nicht auf einen gemeinsamen Oberbegriff zurückzuführen ist.

Hierin besteht der Unterschied zum Grundfall. Im Grundfall stimmt die - objektiv zu bestimmende - Bedeutung, die der sensuellen Fehlannahme, es handele sich um ein Reh statt um ein Mauswiesel, beigelegt wird, mit dem Bedeutungsverständnis überein, die dem Mauswiesel zukommt. Das Bedeutungsverständnis, das A hinsichtlich des fehlerhaft erkannten Tieres (Reh) entwickelt, stimmt aber nicht nur mit dem Bedeutungsverständnis überein, das dem tatsächlichen Tier zukommt (Mauswiesel), sondern ist auch ein solches Bedeutungsverständnis, das vom Gesetzesbegriff (Wild als nach

---

78 Hier wird nicht beansprucht, das Wild im waidmännischen Sinne umfassend qualifiziert zu haben.

79 Natürlich kann dies im Einzelfall auch anders sein.

dem Bundesjagdgesetz geschützte nützliche Beutetiere) mitumfaßt ist. In der ersten Abwandlung fehlt es gerade an einem vertretbaren Sachverhalt, d.h. an einem irrtümlich vorgestellten Tatsachensubstrat, das auf einen mit dem real existierenden Geschehen gemeinsamen Oberbegriff zurückzuführen ist und zu dem der Täter ein Bedeutungsverständnis entwickelt hat, das nicht nur dem real existierenden Geschehen zukommt, sondern auch vom Gesetzgeber mit den Sachverhalten verbunden ist. Demzufolge handelt A in der ersten Abwandlung ohne Vorsatz.

Zweite Abwandlung:

Wie nun ist die zweite Abwandlung zu beurteilen, in der A das Tier irrtümlich als Maus erkennt, aber Mäuse als nützliche Beutetiere ansieht? Handelt hier A vorsätzlich, da er letztlich zum Bedeutungsverständnis gelangt, ein Tier vor sich zu haben, das als nützliches Beutetier nur vom Jagdberechtigten erlegt werden darf, oder führt die sensuelle Fehlannahme hinsichtlich Farbe und Größe des von ihm als Maus identifizierten Tieres zum Vorsatzausschluß? Die Antwort auf diese Frage läßt sich mit Hilfe des Merkmals vom vertretbaren Sachverhalt finden.

A stellt sich einen Sachverhalt vor, der das vom Gesetzgeber im Tatbestandsmerkmal "Wild" zum Ausdruck gebrachte Bedeutungsverständnis hinsichtlich der dadurch umschriebenen Sachverhalte nicht zu tragen in der Lage ist. Das irrtümlich vorgestellte Tatsachensubstrat, das A mit Maus benennt, ist - läge es wirklich vor - nicht mit dem Bedeutungsverständnis "nützliches Beutetier" verknüpft, so daß hier ein nicht vertretbarer Sachverhalt vorliegt. Maus und Mauswiesel lassen sich nicht auf einen tatbestandsrelevanten gemeinsamen Oberbegriff zurückführen, und dem Sachverhalt Maus kommt nicht das Bedeutungsverständnis "Beutetier" zu. Deshalb handelt A ohne Vorsatz. An diesem Ergebnis ändert die mehr oder weniger - zufällige Erlangung der Bedeutungskenntnis (= nützliches Beutetier), die dem real existierenden Tier - dem Mauswiesel - zukommt, nichts. In einem solchen Fall A bestrafen zu wollen, würde der Entscheidung des Gesetzgebers entgegenlaufen, nur das Jagen von Tieren, die im Bundesjagdgesetz aufgezählt sind, als strafwürdig anzusehen. Das Töten von Mäusen ist keiner der Sachverhalte, die der Gesetzgeber mit dem Tatbestandsmerkmal "Wild" umschreiben wollte, so daß allein ein Abstellen auf die vom Täter erlangte Bedeutungskenntnis für die Antwort auf die Frage, ob A die Kenntnis vom Tatumstand im Sinne von § 16 StGB erlangt hat, zu einer Verschiebung der vom Gesetzgeber getroffenen Entscheidung, welches Verhalten strafwürdig ist, führen würde.

Dritte Abwandlung:

In der dritten Abwandlung identifiziert A das Tier als Folge seiner sensuellen Fehlleistung als Maus, glaubt aber, daß alle Wirbeltiere nur vom Jagdberechtigten erlegt werden dürften. Demnach kommt A trotz fehlerhafter Tatsachenkenntnis auch in diesem Fall letztlich zum richtigen Ergebnis, nämlich der Einordnung des real existierenden Mauswiesels als Wild im Sinne von § 292 StGB. Dieses richtige "Ergebnis" erzielt er aber nur als Folge einer fehlerhaften Gesetzesauslegung, indem er nämlich alle Wirbeltiere als "Wild" im Sinne des Gesetzes ansieht. Auf die rechtliche Qualifizierung eines Geschehens kommt es für den Vorsatz jedoch nicht an. Ausschlaggebend ist dafür allein das Erfassen eines vertretbaren Sachverhalts in seiner Bedeutung. A stellt sich eine Maus vor und damit keinen Sachverhalt, der das Mauswiesel vertreten könnte und der in der Lage wäre, die dem Mauswiesel zukommende Bedeutung zu tragen, nämlich nützliches Beutetier zu sein. A handelte demnach ohne Vorsatz.

c) Vorläufige Zusammenfassung der bislang gewonnenen Zwischenergebnisse hinsichtlich der Vorsatzbestimmung

aa) Erfordernis und Umfang der sensuellen Erfassung des Tatsachensubstrats

1. Die richtige sensuelle Erfassung des Tatsachensubstrats ist nicht die allein maßgebliche Bedingung für die Vorsatzbejahung.

   a) Trotz richtiger sensueller Erfassung des Datensatzes kann der Vorsatz zu verneinen sein, wenn der Täter dem Geschehen eine ihm nicht zukommende Bedeutung zuerkennt.

   b) Trotz irrtümlicher Annahme eines **vertretbaren** Sachverhalts ist Vorsatz zu verneinen, wenn der Täter dem Geschehen die ihm objektiv zukommende soziale Bedeutung nicht zuerkennt.

2. Nicht jeder Fehler bei der sensuellen Erfassung des Datensatzes wirkt vorsatzausschließend.

   a) Fehler bei der sensuellen Wahrnehmung des Tatsachensubstrats wirken nicht vorsatzausschließend, wenn der Täter sich irrtümlich einen "vertretbaren Sachverhalt" anstelle des real existierenden Sachverhalts vorstellt, ihm aber auch die dem objektiv realen Geschehen zukommende Bedeutung beimißt.

   b) Fehler bei der sensuellen Wahrnehmung des Tatsachensubstrats wirken vorsatzausschließend, wenn

      (1) sich der Täter irrtümlich einen nicht vertretbaren Sachverhalt vorstellt, auch dann, wenn er ihm die dem objektiv realen Geschehen zukommende Bedeutung zuerkennt;

(2) sich der Täter irrtümlich einen nicht vertretbaren Sachverhalt vorstellt, auch wenn er ihm die dem objektiv realen Geschehen zukommende richtige rechtliche Wertung zuordnet (= richtiger Gesetzesbegriff wird verwendet).

bb) Erfordernis und Umfang einer Bedeutungskenntnis

1. Zur gelungenen sensuellen Erfassung des Datensatzes muß eine Bedeutungskenntnis hinzutreten, damit von einer "Kenntnis der zum gesetzlichen Tatbestand gehörenden Tatumstände" im Sinne von § 16 Abs. 1 Satz 1 StGB die Rede sein kann.

2. Das Erfassen der dem Sachverhalt zukommenden sozialen Bedeutung hat nichts mit einem Akt rechtlicher Wertung des Sachverhalts zu tun. Das für den Vorsatz zu erlangende Bedeutungsverständnis von dem jeweiligen Sachverhalt ergibt sich aus der vom Gesetzgeber gewählten Tatbestandsbeschreibung und der sich dahinter verbergenden, mit einem bestimmten Bedeutungsverständnis versehenen Sachverhaltsbeschreibung.

cc) Vorsatzfeststellung

Vorsatz ist zu bejahen, wenn der Täter neben der gelungenen sensuellen Erfassung des Datensatzes auch die dem Sachverhalt zukommende soziale Bedeutung erkannt hat, wobei sich die insoweit erforderliche Bedeutungskenntnis aus dem Tatbestand ergibt. Im Tatbestand umschreibt nämlich der Gesetzgeber mit Hilfe der Tatbestandsmerkmale abstrakt eine Vielzahl von Sachverhalten, denen er eine bestimmte Bedeutung beilegt. Einen dieser (vertretbaren) Sachverhalte in ihrer jeweils vom Gesetzgeber zugrunde gelegten Bedeutung muß der Täter sowohl sensuell als auch in ihrer sozialen Bedeutung erfaßt haben.

3. "Vertretbarkeit des Bedeutungsverständnisses" als Lösungskriterium für die Fälle des "Doppelirrtums"

a) Erneute Besprechung des Mauswiesel-Falls als Beispiel eines "doppelten Bedeutungsirrtums"

Bei all diesen Beispielen, insbesondere aber beim "Mauswiesel-Fall", drängt sich die Frage in den Vordergrund, wann von einer sensuell fehlerhaften Tatsachenwahrnehmung auszugehen ist und welche Fehlvorstellungen sich auf die soziale Bedeutung beziehen, so daß von einem fehlerhaften Bedeutungsverständnis auszugehen ist. Man könnte gerade im "Mauswiesel-Fall" bereits die Qualifizierung des Tieres als "Maus"[80] als die Zuschreibung seiner sozialen Bedeutung ansehen und damit die Geeignetheit dieses Beispielfalls zum Nachweis der Trennschärfe des Kriteriums "Vertretbarkeit des Sachverhalts" anzweifeln.[81] Diesen Vorwurf könnte man dahin ausbauen, daß es sich bei diesem Kriterium der "Vertretbarkeit der Sachverhalte" um ein Pseudo-Abgrenzungsmerkmal handele, da wohl in allen Beispielsfällen letztlich die Frage der Bedeutungskenntnis angesprochen sei.

aa) Genaue Darlegung der Irrtumssituation

Diesem möglichen Einwand läßt sich nur entgegnen, wenn man sich zunächst die für diesen Beispielsfall als problematisch erscheinenden Vorstellungsinhalte vergegenwärtigt. Nur durch den direkten Vergleich der einzelnen Konstella-

---

80 Der Begriff "Maus" wurde bis jetzt als Name des Tatsachensubstrats "Tier" verwendet, das gekennzeichnet ist durch Größe, Farbe, Pelz und ähnliche sensuell erfaßbare Eigenschaften.

81 Eine sehr gekünstelt wirkende Überlegung, die letztlich außer acht läßt, daß jedes Erfassen des Tatsachensubstrats notwendigerweise mit Hilfe von Begriffsgebilden erfolgt, mit denen eine bestimmte Bedeutung verknüpft wird. Hierin allein schon eine Bedeutungszuschreibung sehen zu wollen, ist zwar möglich, aber verkennt die Notwendigkeit, jedem "Ding" einen Namen geben zu müssen.

tionen vermag man einen Überblick über die von Fallvariation zu Fallvariation als diskussionswürdig empfundenen Fehlvorstellungen gewinnen. Für die anstehende Untersuchung ist zu beachten, daß nunmehr die Bezeichnung "Maus" bzw. "Mauswiesel" eine bestimmte soziale Bedeutung ("Mauswiesel" = nützliches Beutetier; "Maus" = Schädling) des Tatsachensubstrats verkörpern soll.

Den Ausgangspunkt für diese Problemerörterung bildet der Fall, daß A ein Mauswiesel tötet, also ein nützliches Beutetier. A glaubt jedoch, das Mauswiesel sei eine Maus, hält aber eine Maus für ein nützliches Beutetier.

Die erste Fehlvorstellung, der A erliegt, ist die Annahme, das Tier sei eine Maus. Er schreibt damit dem wahrgenommenen Substrat (etwa: kleines, braunes, behaartes Lebewesen mit langem Schwanz o.ä.) eine Bedeutung zu, nämlich Maus zu sein, die ihm objektiv nicht zukommt. Der Gesetzgeber ordnet dem objektiven Geschehen eine andere Bedeutung zu: nämlich Mauswiesel zu sein. Die Tätervorstellung (Maus) weicht von der dem objektiven Geschehen (Mauswiesel) zukommenden sozialen Bedeutung und damit von dem Bedeutungsverständnis des Gesetzgebers (Mauswiesel) ab.[82] Allerdings stimmt die zweite Bedeutungszuschreibung (nützliches Beutetier), die A im Hinblick auf das tatsächliche Geschehen entwickelt, mit der vom Gesetzgeber dem Geschehen beigelegten sozialen Bedeutung überein. Sowohl der Täter als auch der Gesetzgeber ziehen letztlich hinsichtlich des wahrgenommenen Substrats den Schluß, das von ihnen unterschiedlich benannte Tier sei ein nützliches Beutetier und damit ein jagdbares, dem Bundesjagdgesetz unterfallendes Wild. Aus dieser Übereinstimmung zwischen der Täter- und der Gesetzgebervorstellung hinsichtlich des sozialen Bedeutungsgehaltes "nützliches Beutetier" könnte nun der Schluß zu ziehen sein, daß Kongruenz zwischen dem objektiven Geschehen und der subjekti-

---

82 Hier wird man der weiteren - später noch zu verfolgenden - Frage nachzugehen haben, ob ein so gearteter Irrtum vorsatzrelevant ist.

ven Tätervorstellung des A besteht. Immerhin stimmt das **zweite** Bedeutungsverständnis des A vom irrtümlich als "Töten einer Maus" klassifizierte Geschehen mit dem Bedeutungsverständnis überein, das der Gesetzgeber den von ihm ausgesuchten Tatsubstraten, wozu auch das Mauswiesel zählt, beigelegt hat. Demnach zeigte sich, daß hier zwei Abweichungen zwischen der Tätervorstellung hinsichtlich des erkannten Substrats und dem gesetzgeberischen Bedeutungsverständnis von dem Tatsachensubstrat vorliegen. Die vom Täter zunächst vorgenommene Eingruppierung des Tatsachensubstrats als "Maus" statt als "Mauswiesel" findet keine Entsprechung in den gesetzgeberischen Vorstellungen; der Gesetzgeber hat kein Tatsachensubstrat mit der Bedeutung "Maus" in § 292 StGB erfassen wollen. Sodann legt der Täter dem fälschlicherweise als "Maus" qualifizierten Tatsachensubstrat die weitere Bedeutung bei, ein nützliches Beutetier zu sein. Der Gesetzgeber würde jedoch im Rahmen des heutigen § 292 StGB einem Tatsachensubstrat, dem er die Bedeutung "Maus" beimißt, niemals den weiteren Bedeutungsinhalt "nützliches Beutetier" beilegen. Vielmehr würde er mit dem Bedeutungsverständnis "Maus" den weiteren Bedeutungsinhalt "kein nützliches Beutetier" verbinden. Man darf nicht argumentieren, der Täter habe letztlich doch das Bedeutungsverständnis erlangt, das der Gesetzgeber den in § 292 StGB umschriebenen Sachverhalten zuerkannt hat, nämlich "nützliches Beutetier" zu sein. Diese Beweisführung würde zwei nicht miteinander zu harmonisierende Vorstellungen vergleichen: die gesetzgeberische Vorstellung "Tier - **Mauswiesel** - nützliches Beutetier" mit der Vorstellung des Täters "Tier - **Maus** - nützliches Beutetier". Es ist nicht allein auf die Vorstellung über die Nützlichkeit als Beutetier abzustellen. Dies ergibt sich bereits aus der Begrenzungsfunktion der Strafwürdigkeit durch die Tatbestände. Der Gesetzgeber will - wie oben gezeigt - mit Hilfe der Tatbestände beim Täter darauf hinwirken, daß er den im jeweiligen Tatbestand umschriebenen Sachverhalt unterläßt. Dieses Ziel kann der Gesetzgeber nur über die Einwirkung auf die Tätervorstellung erreichen. Erst indem der Täter den sensuell wahrgenommenen Sachverhalt in seiner Bedeutung versteht, kommt er in die Lage, sich für oder gegen die Vornahme seiner beabsichtigten Handlung entscheiden zu können. Freilich kommt der Täter nur dann in diese Entscheidungslage, wenn sein Bedeutungsverständnis dasselbe ist, das auch der Gesetzgeber den objektiven Gegebenheiten beilegt hätte. Die Zusammenhänge zwischen dem Erfassen des Substrats und dem Entwickeln des vom Gesetzgeber hinsichtlich dieses Substrats intendierten sozialen Bedeutungsverständnisses dürfen nicht dadurch verkürzt werden, daß man allein das letztlich richtige Bedeutungsverständnis isoliert von den sonstigen, durch den Tatbestand als relevant umschriebenen Merkmalen, für den Vorsatz ausschlaggebend sein läßt. Wäre A wegen vorsätzlicher Wilderei zu bestrafen, weil er ein Mauswiesel in dem Glauben tötet, es sei eine Maus, die aber ein nützliches Beutetier sei, dann würde die Bestrafung auf folgendem Vorgang beruhen: Der Täter hätte dem Ziel des § 292 StGB zuwider gehandelt durch die Tötung von Wild. Er wäre in die Entscheidungslage, dem § 292 StGB zu entsprechen oder zu widersprechen, durch den von ihm wahrgenommenen und ausgedeuteten Sachverhalt geraten: Hier ist Tatobjekt eine Maus. Unterlasse das Töten von Tieren, die Mäuse sind und deshalb nützliche Beutetiere. Diese Sachverhalte will aber der Gesetzgeber durch § 292 StGB nicht verhindert wissen, so daß § 292 StGB im Hinblick auf den vom Täter unter "Maus" vorgestellten Sachverhalt seine Aufgabe nicht erfüllen kann. Deshalb lautet die Entscheidung für diese Fallkonstellation "Vorsatzausschluß".

bb) Das Erfordernis eines tatbestandsrelevanten Bedeutungsverständnisses

Nunmehr bedarf es einer näheren Auseinandersetzung mit der Frage, wie der Fehler bei der Erlangung des Bedeutungsverständnisses beschaffen sein muß, damit er zum Vorsatzausschluß führt.

Angesichts der Feststellung, daß nicht jeder Fehler bei der sensuellen Wahrnehmung des Tatsachensubstrats vorsatzausschließend wirkt, liegt die Vermutung nahe, daß auch nicht jedes fehlerhafte Bedeutungsverständnis auf dem Weg zum letztlich richtigen Erfassen der sozialen Bedeutung des Geschehen Vorsatzrelevanz erlangt. Wandelt man beispielsweise das Mauswiesel-Beispiel dahin ab, daß der Täter dem wahrgenommenen Tier statt der Bedeutung "Maus" die Bedeutungen "wechselwarm" und "im Wasser lebendes Tier" zuschreibt, bevor er zum richtigen - da mit dem objektiven Geschehen "Mauswiesel" übereinstimmenden - Bedeutungsverständnis "nützliches Beutetier" kommt, so stellt sich hier die Frage, ob die beiden falschen Bedeutungsinhalte hinsichtlich des Mauswiesels, nämlich "wechselwarmes" Tier und "im Wasser lebend", solche Fehlvorstellungen sind, die zum Vorsatzausschluß führen. Scheinbar sind im Grundfall und in der Abwandlung die Irrtumskonstellation gleichgelagert. Auch bei der Abwandlung entwickelt A Fehlannahmen hinsichtlich des wahrgenommenen Substrats und kommt trotz dieser falschen Bedeutungsinhalte zu dem Bedeutungsverständnis "nützliches Beutetier", das dem objektiven Geschehen "Töten eines Mauswiesels" entspricht. Infolgedessen könnte man versucht sein, beide Fälle im Ergebnis gleich zu behandeln. Eine unterschiedliche Lösung läßt sich demnach nur gerechtfertigen, wenn ein greifbarer Unterschied in der Qualität der jeweiligen fehlerhaften Bedeutungsinhalte "Maus" auf der einen Seite und "wechselwarmes Tier " bzw. "im Wasser lebendes Tier" auf der anderen Seite auszumachen ist. Der Unterschied in der Qualität der geschilderten fehlerhaften Bedeutungsinhalte im Grundfall und in der Abwandlung ergibt sich aus ihrem jeweiligen Vergleich mit der Tatbestandsumschreibung in § 292 StGB und den dadurch umschriebenen Sachverhalten, die der Gesetzgeber erfaßt und demzufolge gesteuert sehen will. Die verhinderungswürdigen Sachverhalte hat der Gesetzgeber im Hinblick auf bestimmte markante, ihm unerläßlich erscheinende Eigenschaften und Bedeutungsinhalte mit Hilfe der abstrakt formulierten Tatbestandsmerkmale umschrieben. Aus der Tatbestandsfassung ergibt sich also, welche Tatsachensubstrate der Gesetzgeber verhindert wissen will, und zwar dann, wenn diese Tatsachensubstrate die von ihm beigelegten Bedeutungsinhalte haben.[83] Deshalb handelt der Täter schon mit Vorsatz, wenn er dem von ihm wahrgenommenen Tatsachensubstrat diejenigen Bedeutungsinhalte zuerkennt, die auch der Gesetzgeber damit verbindet, ohne daß er sonstige Bedeutungszuschreibungen - oder gar rechtliche Wertungen - vornehmen müßte. Dieser geschilderte Zusammenhang zwischen dem vom Täter dem Substrat beigelegten Bedeutungsverständnis und der Ausgestaltung des Tatbestandes soll hier mit dem Begriff des "tatbestandsrelevanten Bedeutungsverständnisses" umschrieben werden. Dagegen können mit dem objektiven Geschehen nicht übereinstimmende Bedeutungsinhalte, die vom Gesetzgeber nicht als für die Beschreibung des von ihm als verhinderungswürdig eingestuften Sachverhalts unerläßlich angesehen wurden, keinen Einfluß auf den Vorsatz haben (tatbestandsirrelevantes Bedeutungsverständnis). Daß nur das tatbestandsrelevante Bedeutungsverständnis für den Vorsatz maßgebend sein kann, ergibt sich bereits aus dem Gedanken, daß jeder mittels eines Tatbestandsmerkmals formulierte Tatumstand eine Fülle von verschiedenartigsten Bedeutungsinhalten enthält. Welcher Bedeutungsinhalt dem jeweiligen Betrachter ins Bewußtsein tritt, ist dabei ebenso abhängig von seiner individuellen Bildung, seinem Erfahrungswissen oder seinem sonstigen Vorstellungshorizont wie auch der Intensitätsgrad dieser Bedeutungskenntnis. Ebert[84] beschreibt diese Abhängigkeit der Bedeutungsinhalte vom jeweiligen Tätervorstellungshorizont sehr treffend mit dem Hinweis, daß es "die" Bedeutung eines Tatumstandes nicht gibt, sondern sie abhängig ist vom jeweiligen Betrachter und den wechselnden Wahrnehmungssituationen. Für den Vorsatz, oder genauer für seine Wissenskomponente, die nicht nur die sensuelle Wahrnehmung des Tatsachensubstrats, sondern auch das Erfassen seiner sozialen Bedeutung voraussetzt, folgt daraus zwingend, daß der Täter gerade diejenigen Eigenschaften und sonstige Bedeutungselemente des Tatumstandes erfaßt haben muß, die vom Standpunkt der einschlägigen Rechtsnorm

---

83 Ebert, Subsumtionsirrtum, S. 349.

84 Ebert, Subsumtionsirrtum, S. 349 ff.

für den Tatumstand wesentlich sind. Im Begriff des tatbestandsrelevanten Bedeutungsverständnisses kommt die Überlegung zum Ausdruck, daß der Täter den Tatumstand gerade unter den Gesichtspunkten aufgefaßt haben muß, die auch für den Gesetzgeber bei der Aufstellung des Verbots bestimmend waren. Daraus ergibt sich, daß nur dann von einer vorsätzlichen Verwirklichung des Tatbestandes die Rede sein kann, wenn der Täter sein Verhalten in derselben Weise und unter demselben Aspekt sieht, wie es der gesetzliche Tatbestand beschreibt.[85]

Aus diesem erkannten Zusammenwirken von Tatbestandsgestaltung, Bedeutungsverständnis und Vorsatzerlangung ergibt sich für den "Mauswiesel-Fall" und seine soeben beschriebene Abwandlung folgende Prüfungsreihenfolge: Zunächst sind die Fehlvorstellungen des A dahingehend zu untersuchen, ob sie solche tatbestandsrelevanten Bedeutungsinhalte berühren oder ob sie sich als insoweit irrelevante Bedeutungszuschreibungen erweisen. Schließlich kann ein fehlerhaftes Bedeutungsverständnis überhaupt nur dann Vorsatzrelevanz erlangen, wenn es einen Bedeutungsinhalt betrifft, den der Gesetzgeber einem bestimmten Tatsachensubstrat zu dessen Charakterisierung beigelegt hat.

In dieser Abwandlung des Mauswiesel-Falles fehlt den fehlerhaften Vorstellungsinhalten, die der Täter vom Sachverhalt entwickelt, die Tatbestandsrelevanz. Die Annahme, daß Tier sei ein wechselwarmes Tier und lebe im Wasser, sind Bedeutungsinhalte, denen vor dem Hintergrund der Tatbestandsbeschreibung des § 292 StGB keine die Tatsachensubstrate tatbestandsrelevant charakterisierende Wirkung zukommt. Solche Bedeutungsinhalte sind etwa mit denjenigen Eigenschaftsbeschreibungen vergleichbar, die auf ein Mauswiesel bezogen zwar ebenfalls fehlerhaft sind, aber nichts an dem erlangten Bedeutungsverständnis "Mauswiesel" etwas

---

85 Ebert, Subsumtionsirrtum, S. 349. Diesen Zusammenhang beschreibt Ebert wohl mit der durch die Definitionsmerkmale gebildeten Komplexität; siehe oben S. 162 ff.

ändern. Beispielsweise sind die Vorstellungen des Täters, ein Mauswiesel könne fliegen oder habe nur drei Beine, gerade tatbestandsirrelevante Fehlannahmen. Es ist für das von § 292 StGB vorausgesetzte Bedeutungsverständnis beim Täter ausreichend, daß er das Tier als Mauswiesel erfaßt hat und es damit in eine Gattung einordnete, die zu den von § 292 StGB als schützenswert eingestuften Gattungen gehört. Darüber hinausgehende Eigenschaften verlangt der Gesetzgeber - zumindest was das Erscheinungsbild des Tieres betrifft - in § 292 StGB nicht.[86] Hätte er den Tatbestand so ausgestaltet, daß er nur solche nützlichen Beutetiere schützen will, die wechselwarmes Tier sind oder fliegen können, dann wären freilich diese Eigenschaften jeweils tatbestandsrelevante Eigenschaften. Dies hätte dann zur Folge, daß eine Fehlannahme hinsichtlich dieser Bedeutungsinhalte als tatbestandsrelevanter Fehler zu qualifizieren wäre, was die Möglichkeit einer Vorsatzrelevanz eröffnen würde.

cc) "Vertretbares - nicht vertretbares Bedeutungsverständnis" als Kriterium für die Vorsatzrelevanz eines fehlerhaften tatbestandsrelevanten Bedeutungsverständnisses

Nun ist die Frage zu beantworten, in welcher Konstellation ein fehlerhaftes tatbestandsrelevantes Bedeutungsverständnis Vorsatzausschluß beim Täter nach sich zieht. Hierfür ist zunächst das charakteristische Erscheinungsbild eines vorsatzrelevanten Fehlers bei der Erlangung des tatbestandsrelevanten Bedeutungsverständnisses zu umschreiben.

Für dieses Vorhaben erweist sich die folgende Fallvariante des "Mauswiesel-Beispiels" als hilfreich.

---

[86] Der Täter muß freilich hinsichtlich des Mauswiesels erkennen, daß es sich um ein solches Tier handelt, das nicht von jedermann erlegt werden darf.

A stellt sich vor, das Mauswiesel sei ein Reh und damit ein nützliches Beutetier.

Nach dem bis jetzt erzielten Zwischenergebnis handelt es sich bei der ersten Fehlvorstellung "Reh statt Mauswiesel" um ein fehlerhaftes tatbestandsbezogenes Bedeutungsverständnis. Insoweit stimmt diese Fehlvorstellung mit der Fehlannahme "Maus" in der anderen Fallkonstellation überein. Auch die Situation ist in beiden Vergleichsfällen ähnlich. Während A in dem Grundfall des Mauswiesel-Falls[87] der Maus die Bedeutung "nützliches Beutetier" zuerkennt, kommt A bei der hier diskutierten Fallvariante zu dem Ergebnis, das Reh sei ein nützliches Beutetier. In beiden Fällen gelangt also der Täter vom falsch identifizierten Tier zu den mit dem objektiven Gegebenheiten übereinstimmenden Bedeutungsverständnis. Demnach könnte man versucht sein, ebenso wie bei der Vorstellung "Maus = nützliches Beutetier" auch bei der Fehlannahme "Reh = nützliches Beutetier" Vorsatzausschluß zu unterstellen. Allerdings war das Ergebnis "Vorsatzausschluß" bei der Untersuchung, es handele sich bei dem Tier um eine Maus, nicht durch die isolierte Betrachtung der zwei hintereinandergeschalteten Fehlvorstellungen "Maus - nützliches Beutetier" erzielt worden. Vielmehr kam man zu diesem Ergebnis durch die Erkenntnis der notwendigen Verknüpfung der zweiten mit der ersten Fehlannahme und dem Vergleich der so geprägten Tätervorstellung mit der vom Gesetzgeber beabsichtigten Umschreibung von bestimmten Sachverhalten. Den von A vorgestellten Sachverhalt Maus - nützliches Beutetier will der Gesetzgeber - wie im einzelnen ausgeführt - mit Hilfe des § 292 StGB nicht als strafwürdig umschreiben. Demgegenüber gehört die Vorstellung des A, es handele sich bei dem Tier um ein Reh und damit um ein nützliches Beutetier, zu den Sachverhalten, die der Gesetzgeber mittels des § 292 StGB regeln will. Der Täter befindet sich trotz seines vom objektiven Geschehen abweichenden Vorstellungsbild genau in der Entscheidungslage,

---

[87] Siehe oben S. 325.

die der Gesetzgeber mit der Formulierung seines Tatbestand verhindert sehen will. Es handelt sich folglich bei dem von A erlangten Bedeutungsverständnis um ein solches, das in der Lage ist, dem A das objektive Geschehen in einer vom Gesetz vorgesehenen **vertretbaren** Weise vor Augen zu führen und ihn in die Position gelangen läßt, sich für oder gegen die Vornahme der beabsichtigten Handlung zu entscheiden. Das Herbeiführen dieser vom jeweiligen Tatbestand geprägten und verfolgten Entscheidungslage und die dadurch ermöglichte Steuerung des Täterverhaltens im Sinne der mit dem Aufstellen der Tatbestände klar umrissenen und manifestierten gesetzgeberischen Intention ist ausschlaggebend dafür, ob das fehlerhafte tatbestandsrelevante Bedeutungsverständnis noch in der Bandbreite der vom Tatbestand erfaßten Vorstellungsinhalte liegt, die Vorsatz bezüglich des verwirklichten objektiven Geschehens begründen.

Demnach ist festzuhalten:

1. Handelt es sich bei dem fehlerhaften Bedeutungsverständnis um ein tatbestandsrelevantes (tatbestandsbezogenes), dann ist die Möglichkeit des Vorsatzausschlusses eröffnet.

2. Damit dieses fehlerhafte tatbestandsrelevante Bedeutungsverständnis vorsatzausschließend wirkt, darf es kein "vertretbares" Bedeutungsverständnis sein, d.h. keinen solchen Inhalt haben, der noch in der Bandbreite der vom jeweiligen Tatbestand erfaßten Sachverhalte und ihrer Bedeutungen liegt.

Erst wenn das fehlerhafte tatbestandsbezogene Bedeutungsverständnis dem Täter einen mit bestimmter Bedeutung erfüllten Sachverhalt vermittelt, den der Gesetzgeber in der vom Täter zugelegten Bedeutung nicht im Tatbestand regeln wollte, liegt kein Vorsatz vor. In einem solchen Fall befindet sich der Täter nicht in der vom Gesetzgeber zu steuernden beabsichtigten Entscheidungslage für und gegen die Vornahme des angestrebten Verhaltens.

Bevor nun diese Grundsätze zusammengefaßt und auf ihre Praktikabilität hin anhand von einigen Beispielsfällen geprüft werden, zwingt das übereinstimmende Ergebnis "Vorsatzausschluß" bei der Lösung des "Mauswiesel-Falles", unabhängig davon, ob man die jeweilige Fehlvorstellung als sensuelle Fehlleistung oder als fehlerhafte Bedeutungskenntnis qualifiziert, zu einigen den Fall abschließenden Bemerkungen.

b) Abschließende Betrachtungen zum Mauswiesel-Fall

Sowohl wenn man die irrtümliche Qualifizierung des Mauswiesels als Maus für einen Fehler in der sensuellen Wahrnehmung des Datensatzes ansieht, als auch bei der Annahme, die irrtümliche Qualifizierung des Mauswiesels als Maus sei ein Fehler im Rahmen des sozialen Bedeutungsverständnisses, handelt der Täter ohne Vorsatz bezüglich § 292 StGB. Diese Übereinstimmung im Ergebnis verwundert freilich nicht. Das Erfassen des Tatsachensubstrats und das Erlangen der Bedeutungskenntnis sind keine nebeneinanderstehenden, voneinander unabhängigen Erkenntniskategorien, sondern aufeinander bezogen. Einem bestimmten Tatsachensubstrat in der gegenständlichen Welt des sensuellen Erfassens und Benennens wird geradezu zwangsläufig eine bestimmte soziale Bedeutung zugeschrieben. In der Regel ist es deshalb in gewissem Umfange auch möglich, von der sozialen Bedeutung auf das zugrunde liegende Substrat zu schließen. Diese Feststellung wirft ein neues Licht auf den vorab erhobenen Einwand, es liege in solchen Fällen wie dem Mauswiesel-Fall kein Fehler bei der sensuellen Erfassung des Tatsachensubstrats vor. Mit diesem Vorwurf wird das grundsätzliche Verhältnis von Erfassen des Tatsachensubstrats und Erlangen der Bedeutungskenntnis zur Diskussion gestellt und, ohne das Verwobensein der beiden Erkenntnisakte zu berücksichtigen, zugunsten der Bedeutungskenntnis entschieden. Daß aber die sensuelle Wahrnehmung und das Erlangen der Bedeutungskenntnis auch im Mauswiesel-Fall aufeinander bezogen sind, verdeutlicht folgende Überlegung: Die Vorstellung des A, es handele sich bei dem Tier um eine Maus, kann etwa darin begründet sein, daß er die äußere Erscheinungsform des Mauswiesels falsch sieht, z.B. Größe, Gestalt, Farbe, Beschaffenheit des Fells, sensuell falsch erfaßt und deshalb dem von ihm erkannten Tier den Namen Maus beilegt. In solch einem Fall ist die falsche Benennung des Tieres "Maus statt Mauswiesel" auf die fehlerhafte sensuelle Wahrnehmung der äußeren Gegebenheiten: Größe, Farbe u.ä. zurückzuführen. Der Fehler liegt beim sensuellen Wahrnehmungsakt, und die Bezeichnung "Maus" ist lediglich der Name des wahrgenommenen Tatsachensubstrats. Mit diesem Tatsachensubstrat, d.h. mit diesen realen Gegebenheiten, verknüpft der Betrachter bestimmte Bedeutungen, nämlich, daß es sich bei diesem Tier etwa um ein Nagetier handelt, daß es ein Schädling oder ein Säugetier ist o.ä. Dies zeigt, daß der Betrachter einem von ihm sensuell erfaßten Tatsachensubstrat die verschiedensten Bedeutungen beilegt. Freilich interessiert für den Vorsatz nur, daß der Täter den Sachverhalt auch in der sozialen Bedeutung erkannt hat, die der Gesetzgeber mit dem Sachverhalt verband, als er ihn als Tatbestandsmerkmal faßte. Folglich handelt A im vorliegenden Fall nur dann vorsätzlich, wenn er zur Erkenntnis kommt, daß es sich bei dem sensuell wahrgenommenen Gegenstand um ein solches Tier handelt, das nur von einem bestimmten Personenkreis erlegt werden darf, es sich also um ein nützliches Beutetier handelt.

Daß diese Überlegungen stichhaltig sind, zeigt folgende Fallvariante:

A identifiziert das Tier als Mauswiesel, das seiner Ansicht nach eine Gattungsart der Maus ist und deshalb von jedermann getötet werden darf.

Hier wird deutlich, daß die richtige Identifikation des Tieres als Mauswiesel nicht notwendigerweise beim Täter das Sinnverständnis auslöst, es handele sich bei dem Tier um ein Beutetier, und er demzufolge das dem Jagdberechtigten zustehende Aneignungsrecht verletze, wenn er das Mauswiesel töte. Obwohl A dem Tier den richtigen Namen beilegt, entwickelt er nicht das mit dem richtig wahrgenommenen Tatsachensubstrat korrelierende Bedeutungsverständnis im Sinne von § 292 StGB, wonach es sich bei dem Mauswiesel um ein nützliches Beutetier handelt. Vielmehr geht A beim Mauswiesel von einem nicht dem Bundesjagdgesetz unterfallenden Tier aus, das als Jagdbeute nicht in Betracht kommt. Somit weicht sein Bedeutungsverständnis, das er dem erkannten Sachverhalt beilegt, von dem Bedeutungsverständnis ab, das der Gesetzgeber den mittels der Tatbestandsmerkmale abstrakt umschriebenen Sachverhalten zugeschrieben hat. Demnach handelte A im Hinblick auf die Tötung eines jagdbaren Tieres ohne Vorsatz, da ihm die soziale Bedeutung seines Tuns - Tötung eines Tieres, das als nützliches Beutetier nur vom Jagdberechtigten erlegt werden darf - verborgen blieb.

Beide Fallvarianten zeigen demnach nicht nur die Notwendigkeit des Zusammentreffens von sensuell gelungener Tatsachenwahrnehmung und einem zwischen Täter und Gesetzgeber übereinstimmenden Bedeutungsverständnis von dem wahrgenommenen Tatsachensubstrat, damit Vorsatz hinsichtlich der Sachverhalts- bzw. Tatbestandsverwirklichung annehmen werden kann, sondern sie verdeutlichen auch die innere Abhängigkeit der beiden Erkenntnisakte voneinander. Gerade dieses notwendige Zusammentreffen der beiden Faktoren, Tatsachensubstrats- und Bedeutungskenntnis, eröffnet ja die Möglichkeit, trotz gewisser Fehlannahmen hinsichtlich des Tatsachensubstrats das Erfassen des Sachverhalts durch den Täter bejahen zu können. Die Grenze bildet hierfür - wie im einzelnen dargelegt - entweder das Kriterium der Vertretbarkeit des Sachverhalts oder im Rahmen der notwendigerweise zu erlangenden Bedeutungskenntnis das "vertretbare Bedeutungsverständnis". Wenn aber beide Erkenntniskategorien, sensuelle Wahrnehmung und Kenntnis der sozialen Bedeutung, nicht nur gleichberechtigt nebeneinanderstehende, sondern aufeinander bezogene Bewußtseinsakte sind, die nur beim gemeinsamen Vorliegen in der Lage sind, dem Täter zu vermitteln, "was" er tut, dann ist es zwingend, daß sowohl ein beachtlicher Fehler auf der Seite der sensuellen Erfassung des Datensatzes als auch eine fehlerhafte Bedeutungskenntnis jeweils in der Lage ist, zum Vorsatzausschluß zu führen. Die Feststellung hat ihre Bestätigung bei der Besprechung der "Mauswiesel-Beispiele" gefunden. Dort lautet sowohl bei der Annahme, der Täter habe den Datensatz sensuell fehlerhaft wahrgenommen, als auch bei der Unterstellung, der Täter habe ein fehlerhaftes Bedeutungsverständnis hinsichtlich des Geschehens entwickelt, jeweils das Ergebnis "Vorsatzausschluß". Infolgedessen ließ sich nachweisen, daß es keinen Unterschied für die Frage des Vorsatzes macht, ob die Fehlvorstellung auf einer sensuellen Fehlleistung oder auf einem fehlerhaften Bedeutungsverständnis beruht.

4. Unergiebigkeit der Unterscheidung deskriptives-normatives Tatbestandsmerkmal für die Vorsatzbestimmung

Die Erkenntnis, daß sensuelle Wahrnehmung und Bedeutungsverständnis zusammentreffen müssen, damit von einer gelungenen Kenntnis der Tatumstände im Sinne von § 16 Abs. 1 Satz 1 StGB ausgegangen werden kann, beantwortet auch die Frage nach der Plausibilität oder gar der Notwendigkeit einer Unterscheidung zwischen deskriptivem und normativem Merkmal: Sie ist für die Bestimmung des jeweils notwendigen Vorsatzumfanges unergiebig. Jedes Merkmal enthält unabhängig von seiner Einordnung als deskriptives oder normatives Merkmal, neben seinem Tatsachenkern eine mehr oder weniger stark ausgeprägte Sphäre der Bedeutungsinhalte. Je nach der konkreten Ausgestaltung des Merkmals nimmt der Bereich der sensuellen Wahrnehmung einen mehr oder weniger großen Raum bei der Kenntniserlangung im Sinne von § 16 Abs. 1 Satz 1 StGB ein. Die Übergänge von der rein sensuellen Erfassung des Datensatzes zu dem Verstehen seiner Bedeutung sind fließend. Von dem sensuellen Wahrnehmen etwa der Striche und geschwungenen Linien bis zum Erkennen, daß es sich hierbei um Schriftzüge handelt, die ihrerseits wiederum eine menschliche Gedankenerklärung verkörpern, sind es nur graduelle Steigerungen in der Bedeutungszuschreibung, die dem Tatsachensubstrat zugelegt werden. Es läßt sich kaum eindeutig feststellen, wann der Punkt erreicht ist, an dem die Bedeutungszuschreibung die Ebene der reinen Benennung der sensuell wahrnehmbaren Fakten verläßt und nur noch einer weiteren Spezifizierung der sozialen Bedeutungsinhalte dient. Dieses Ineinandergreifen von Wahrnehmung und Verstehen hängt - wie dargelegt - mit dem automatisierten Vorgang des Einordnens und Benennens der sensuell erfaßbaren Welt zusammen. Eine Trennung dieser Vorgänge nach Tatsachenwahrnehmung und Erlangen des sozialen Bedeutungsverständnisses ist unter Vorsatzgesichtspunkten auch nicht notwendig, da nicht nur jedem Begriffsmerkmal die beiden Komponenten - Bezeichnung des Tatsachensubstrats und seiner sozialen Bedeutung - gemeinsam sind, sondern auch der Gesetzgeber jedem von ihm mittels der Tatbestandsmerkmale erfaßten Tatsachensubstrat eine bestimmte Bedeutung beigelegt hat. Welche Bedeutung der Gesetzgeber mit dem von ihm gewählten Begriff, insbesondere mit einem reinen Rechtsbegriff verbindet, ist dabei jeweils im Wege der Auslegung zu ermitteln. Es ist keine spezifische Aufgabe einer Vorsatz- bzw. Irrtumslehre, hierfür Anhaltspunkte zu liefern, und keine der bisher vertretenen Irrtumslehren ist gegenüber einer anderen hierbei im Vorteil.[88] Die vom Gesetzgeber in Form der Tatbestandsmerkmale erfaßten Sachverhalte, d.h. die zugrundeliegenden Tatsachensubstrate und ihre jeweilige Bedeutung, müssen alle Autoren mittels der Auslegung der Tatbestandsmerkmale ausfindig machen. Es handelt sich auch nicht um ein spezifisches Irrtumsproblem, sondern um eine grundlegende Frage jeder Gesetzesanwendung. Es darf freilich nicht der Eindruck entstehen, als würde mit dem Gebrauch eines Rechtsbegriffs durch den Gesetzgeber eine rechtliche

---

[88] Welzel, Vom Bleibenden und vom Vergänglichen, S. 351 Fn. 21, hat dies bereits so formuliert: "Umfang und Inhalt der Tatbestände zu bestimmen ist ... keine spezifische Aufgabe der finalen Handlungslehre. Hier hat der 'Finalist' keinem anderen Interpreten etwas voraus."

Wertung von seiten des Täters verlangt werden, damit hinsichtlich dieses Rechtsbegriffs von Vorsatz gesprochen werden kann. Vielmehr ist im Wege der Auslegung dieses Rechtsbegriffs zu klären, welche Sachverhalte, d.h. welche Tatsachensubstrate in ihrer jeweiligen sozialen Bedeutung der Gesetzgeber mittels dieses Rechtsbegriffs abstrakt formulieren wollte. Mit der Auslegung des Rechtsbegriffs und der Feststellung, welche Sachverhalte mit seiner Hilfe umschrieben werden, ist der Weg für die Vorsatzfeststellung geebnet. Es ist dann zu prüfen, ob der Täter das Tatsachensubstrat richtig[89] sensuell wahrgenommen hat und ihm die richtige[90] soziale Bedeutung zuerkannt hat.

Eine rechtliche Bewertung braucht der Täter daher nicht vorzunehmen, um die Tatumstände, die zum gesetzlichen Tatbestand gehören, zu erkennen. Vielmehr sind die Tatsachenwahrnehmung und die soziale Bedeutungskenntnis die beiden einzigen Komponenten der gelungenen Vorsatzerlangung. Dieser Grundsatz gilt unabhängig davon, ob es sich um ein deskriptives oder normatives Tatbestandsmerkmal handelt. Allein die vollständige, durch den Tatbestand vorgegebene Sachverhaltserfassung, und das bedeutet sowohl fehlerfreie sensuelle Wahrnehmung des Datensatzes als auch Erlangen der richtigen Bedeutung, führt zur Kenntnis der Tatumstände, die zum gesetzlichen Tatbestand gehören im Sinne von § 16 Abs. 1 Satz 1 StGB. Demnach hat die Aussage, zwischen deskriptiven und normativen Merkmalen bestehe kein qualitativer, sondern nur ein quantitativer Unterschied, genauso ihre Berechtigung wie die Aussage, daß jedes Merkmal normativ sei. Wenn auch die Unterscheidung keine Auswirkungen auf den Vorsatzumfang hat - hierfür ist jeweils Tatsachen- und Bedeutungskenntnis nötig - so verbirgt sich doch hinter dem Festhalten an dieser Einteilung der Merkmale nach deskriptiv und normativ ein richtiger Gedanke. Es ist vom sinnlichen Wahrnehmen bis zum Verstehen der einfach struk-

---

89 Vgl. oben S. 286 ff., 306 ff., 312 ff., 315 ff.
90 Vgl. oben S. 332 ff., 339 ff.

turierten, mehr die Umwelt beschreibenden "deskriptiven" Merkmale, von der Anschauung zum Begriff, nur ein kurzer und einfacher Weg, da mit der "sinnlichen Wahrnehmung" das "Verstehen" in der Regel automatisch einhergeht. In den Fällen der vielschichtige Zusammenhänge und Werte enthaltenden "normativen" Merkmale ist der Schritt von der sensuellen Wahrnehmung zum Begreifen des Bedeutungsgehaltes komplizierter und wird deshalb als besondere Stufe des Erkenntnisprozesses bewußt.[91] Dieser Gradunterschied des Verstehens wird fälschlicherweise als Artunterschied betrachtet, also die Ansicht vertreten, als müsse nur bei den normativen Merkmalen zu der sensuellen Wahrnehmung eine Bedeutungskenntnis hinzutreten. Hier hat sich aber gezeigt, daß bei allen Merkmalen, unabhängig von ihrer Ausgestaltung, neben der sensuellen Erfassung auch das Entwickeln des Bedeutungsverständnisses erforderlich ist, damit von einer Kenntnis im Sinne von § 16 Abs. 1 Satz 1 StGB hinsichtlich des jeweiligen, mit Hilfe des Merkmals umschriebenen Sachverhalts ausgegangen werden kann.

5. Grundsätze für die Vorsatzfeststellung

Faßt man die gewonnenen Ergebnisse zusammen, dann ergibt sich für die Vorsatzfeststellung folgendes Bild:

A. Dogmatischer Ausgangspunkt

I. Der Tatbestand ist jedenfalls auch die sachlich-gegenständliche Beschreibung des verbotenen Verhaltens.

II. Der Vorsatz bezieht sich allein auf den Tatbestand, d.h., der Täter muß die sachlich-gegenständliche Beschreibung des verbotenen Verhaltens nachvollzogen haben.

III. Der Tatbestand ist die Richtschnur für den notwendigen Inhalt und Umfang der vom Täter zu erlangenden Kenntnis von diesen Tatumständen.

---

91 Vgl. Kunert, S. 91; Ebert, Subsumtionsirrtum, S. 432 f.

IV. Mittels der Auslegung der Tatbestände wird diese Richtschnur präzisiert.

B. Das Entstehen der mit der Tatbestandsausgestaltung korrelierenden Tätervorstellung

I. Sensuelles Erfassen des Datensatzes

1. Es genügt, daß der Täter das Tatsachensubstrat sensuell richtig wahrnimmt oder

2. sich - wenn auch irrtümlich - ein vertretbares Tatsachensubstrat vorstellt, denn dann ist sichergestellt, daß ein solcher Sachverhalt betroffen ist, den der Gesetzgeber mit dem Aufstellen der Tatbestände untersagen wollte.

II. Kenntnis der sozialen Bedeutung

1. Entscheidend ist das täterindividuelle Bedeutungsverständnis vom Geschehen, das frei von rechtlicher Bewertung ist.

2. Das Bedeutungsverständnis hinsichtlich des Geschehens muß sich so weit konkretisiert und spezifiziert haben, daß der Täter erkennt, daß er mit seinem Verhalten das durch die Norm geschützte Lebensgut tangiert. Die Normbezogenheit selbst braucht er nicht zu kennen.

3. Gelangt der Täter zu dem richtigen Bedeutungsverständnis nur über den Umweg eines zunächst falschen Bedeutungsverständnisses, so wirkt sich dieser Irrtum vorsatzausschließend aus, wenn er sich

   a) auf einen tatbestandsrelevanten Umstand bezieht **und**

   b) der irrtümlich angenommene Bedeutungsinhalt nicht ein solcher ist, der in die Bandbreite der vom Gesetzgeber den von ihm ausgesuchten Sachverhalten beigelegten Bedeutungsinhalten gehört (nicht vertretbares Bedeutungsverständnis).

VI. Überprüfung der gewonnenen Ergebnisse anhand weiterer Fälle

1. Lösung der übrigen Evidenzbeispiele

Nachdem die Erörterung des ersten Evidenzbeispiels längere Ausführungen hinsichtlich des Vorsatzinhaltes erforderlich machte, können die restlichen Beispielsfälle kürzer behandelt werden.

a) Das zweite Evidenzbeispiel

Die Lösung des zweiten Evidenzbeispiels, in dem der Ausländer dem Bierdeckel zu Leibe rückt, weil er dessen Verunzierungen beseitigen will, findet sich bereits im Text.[92] Deshalb genügt an dieser Stelle eine kurze Ergebniszusammenfassung. Der Ausländer, der dem vom Kellner mit den Preisen der jeweils servierten Getränke beschriebenen Bierdeckel lediglich die Bedeutung eines Gläseruntersetzers zuerkannt hat, entwickelt von der objektiv vorliegenden Situation eine andere Bedeutungsvorstellung als der Gesetzgeber. Der Gesetzgeber hat mit seinen Tatbestandsmerkmalen "Urkunde" Situationen erfassen wollen, denen die Bedeutung zukommt, verkörperte Gedankenerklärungen mit Beweiswert zu sein. Dieses Bedeutungsverständnis, einen beweiserheblichen Gegenstand zu zerstören, erlangt der Täter nicht, als er die Striche ausradierte, so daß er unvorsätzlich handelte.

b) Das dritte Evidenzbeispiel

Die Kenntnislage des Täters weicht in diesem Beispielsfall von der im zweiten Evidenzbeispiel ab. A erkennt nämlich, daß der Bierdeckel dem Kellner als Abrechnungsgrundlage dienen soll und daß die Markierungen bewußt vom Kellner an-

---

92 Siehe oben S. 107 f.

gebracht worden sind, um die Anzahl und den jeweiligen Preis der servierten Getränke zu repräsentieren. Demnach hält A die Striche auf dem Bierdeckel nicht für bedeutungslose ("sinnlose") Zeichen,[93] sondern verbindet mit ihnen die konkrete Bedeutung, daß es sich hierbei um die sukzessive Aufstellung der Getränkerechnung handelt, wenn er auch nicht an das Vorhandensein einer Urkunde glaubt ("Brief und Siegel" fehlen). Dieses Sinnverständnis des Täters vom realen Geschehen kann nun mit den Bedeutungsinhalten verglichen werden, die der Gesetzgeber den Sachverhalten beilegte, als er sie mit Hilfe der abstrakt formulierten Tatbestandsmerkmale in § 274 StGB umschrieb. Der Gesetzgeber wollte mit dem Begriff "Urkunde" all diejenigen Sachverhalte erfassen, die beweiserhebliche verkörperte Gedankenerklärungen zum Gegenstand haben und ihren Aussteller erkennen lassen. Zu diesen Sachverhalten gehört auch die auf einen Bierdeckel sukzessiv erstellte Getränkerechnung durch den Kellner. A hat hinsichtlich des von ihm sensuell erfaßten Geschehens, Anbringen von Markierungen auf dem Bierdekkel durch den Kellner, das Bedeutungsverständnis entwikkelt, das auch der Gesetzgeber mit dem geschilderten Geschehen verbindet, nämlich das Schaffen einer beweiserheblichen verkörperten Gedankenerklärung des Kellners durch das sukzessive Aufstellen der Getränkerechnung für den Gast. Folglich zerstört A vorsätzlich eine Urkunde, als er den Bierdeckel aus Langeweile zerbröselt, da sich sein Bedeutungsverständnis vom Geschehen mit dem des Gesetzgebers deckt. Legt A, nachdem er die richtige Bedeutungskenntnis erlangt hat, das Tatbestandsmerkmal "Urkunde" falsch aus, so hat dieser Subsumtionsfehler keinerlei Einfluß auf den Vorsatz. Sowohl bei der Auslegung des einzelnen Tatbestandsmerkmals als auch bei der falschen Subsumtion des Geschehens unter dieses Tatbestandsmerkmal handelt es sich um jenseits der Vorsatzfeststellung liegende rechtliche Wertungen, die vom Täter nicht nachzuvollziehen sind. Das Er-

---

93 So auch die Einschätzung von Backmann, JuS 1972, S. 329.

gebnis lautet für das dritte Evidenzbeispiel:[94] Der Täter handelte hinsichtlich der Zerstörung einer Urkunde vorsätzlich.

c) Die Variante des dritten Evidenzbeispiels (Austausch der Nummernschilder)

Den besonderen Reiz dieses Falles[95] macht das Vorliegen zweier zusammengesetzter Urkunden aus, deren jeweiliges Bezugsobjekt gegeneinander ausgetauscht wird. Daß es sich bei dem mit der Zulassungsplakette versehenen Nummernschild am Kraftfahrzeug um eine zusammengesetzte Urkunde handelt, läßt sich nicht bestreiten, wenn man die zusammengesetzte Urkunde als Urkundenform überhaupt anerkennt.[96]

Fraglich ist allerdings, ob das Auswechseln des Bezugsobjekts bei einer zusammengesetzten Urkunde den Tatbestand des § 267 StGB erfüllt.[97] Der Streit zwischen den Befürwortern und den Gegnern der Ansicht, daß das Auswechseln des Bezugsobjektes eine Fälschung der zusammengesetzten Urkunde sei, kreist um die Frage, ob die Beziehung "Erklärung-Ob-

---

[94] Siehe oben S. 87.

[95] Siehe oben S. 87.

[96] BGHSt 9, 235 (240 am Ende); BGHSt 16, 94 (95); hinsichtlich des Auswechselns von Typenschild und/oder Motor- bzw. Fahrgestellnummer auch RGSt 58, 16; 68, 94 (95 f.); 69, 201. Diese Urteile nehmen das Vorliegen einer Urkunde an, allerdings ohne mit der Figur der zusammengesetzten Urkunde zu arbeiten.

[97] Das Auswechseln des Bezugsobjektes wird als Urkundenfälschung angesehen von Schönke/Schröder-Cramer, § 267 Rdn. 36 a, gerade auch für das Auswechseln von Kfz.-Zeichen; siehe auch a.a.O., Rdn. 65 a. Für die amtlichen Kennzeichen an Kraftfahrzeugen ist der Fall in § 22 StVG als Kennzeichenmißbrauch gesondert geregelt. Nach Schilling, S. 113 ff., 116 f.; Sax, Peters-FS, S. 138 ff.; Schmidhäuser, Strafrecht BT, S. 172; Samson, SK 4. Aufl., § 267 Rdn. 61; Welzel, Lehrbuch, 11. Aufl., S. 410, erfüllt das Auswechseln des Bezugsobjektes bei zusammengesetzten Urkunden nicht den Tatbestand des § 267 StGB.

jekt" auch Erklärungsgegenstand der Urkunde geworden ist[98] oder zumindest wie dieser zu behandeln ist. Cramer[99] spricht der durch die räumlich feste Verbindung verkörperten "Beweisbeziehung" zwischen Urkunde und deren Bezugsobjekt denselben Beweiswert im Rechtsverkehr zu wie dem eigentlichen Erklärungsinhalt der Urkunde. Demzufolge führe auch die Veränderung der Beweisbeziehung durch Auswechseln des Bezugsobjektes zur Urkundenfälschung, obwohl durch die Manipulation nicht in den Erklärungsinhalt selbst eingegriffen werde. Diese Argumentation gerät scheinbar in Widerspruch zum Fälschungsbegriff und fordert Kritik heraus. So glaubt Samson, entsprechende Bedenken aus der unbestrittenen Annahme herleiten zu können, daß derjenige keine Urkunde fälsche, der eine Sache auswechsele, auf die in einer Erklärung inhaltlich Bezug genommen werde.[100] Demnach begehe derjenige keine Urkundenfälschung, der den Schmuck aus der linken Schublade des Schreibtisches gegen einen anderen austauscht, obwohl der Erblasser in seinem Testament den zu vererbenden Schmuck durch seinen Aufbewahrungsort "linke Schublade des Schreibtisches" bezeichnet habe.[101] Durch den Austausch des vom Erblasser gemeinten Schmuckes gegen einen anderen Schmuck werde die Erklärung inhaltlich nicht geändert, sondern lediglich der äußere Bezugspunkt der Erklärung täuschend manipuliert. Genausowenig wie in diesem Fall ein Eingriff in den Erklärungsinhalt vorliege und deshalb die Manipulation nur als ein Erklärungsmißbrauch einzustufen sei, ist nach Ansicht Samsons[102] auch das Auswechseln

---

98 Lampe, NJW 1965, S. 1747: Bezugsobjekt als Teil der Erklärung. Die verkörperte Erklärung als solche sei lediglich ein Blankett, das der Ergänzung durch das Bezugsobjekt bedürfe, um zur vollwirksamen Urkunde zu werden.

99 Schönke/Schröder-Cramer, § 267 Rdn. 36 a.

100 Vgl. auch Frank, StGB, § 267 Anm. V 1, S. 619. Er lehnt es ab, allein darin eine Urkundenfälschung zu sehen, daß "jemand einen außerhalb der Urkunde liegenden Gegenstand ändert, auf den sich die Urkunde bezieht." Ebenso Lampe, NJW 1965, S. 1747.

101 Beispiel von Samson, SK, 4. Aufl., § 267 Rdn. 61.

102 Samson, SK, 4. Aufl., § 267 Rdn. 61

des Bezugsobjektes bei einer zusammengesetzten Urkunde geeignet, § 267 StGB zu verwirklichen. Samson meint, die für das Auswechseln der Schmuckstücke in der Schublade entwikkelten Überlegungen auf das Auswechseln des Bezugsobjektes bei zusammengesetzten Urkunden übertragen zu können. Obwohl es bei der zusammengesetzten Urkunde nicht um einen Aufenthaltsort der beschriebenen Sache gehe, sondern bei ihr die mechanische Verbindung der Erklärung mit dem Erklärungsträger den Bezugspunkt der Erklärung ausmache, seien beide Konstellationen vergleichbar. Hinter dieser Auffassung steht der Gedanke, daß zwischen der Erklärung selbst und dem Gegenstand, auf den sie sich bezieht (Bezugsobjekt), zu unterscheiden ist. Die Sachverbindung sei nicht ein Teil der Erklärung, sondern die räumliche Konstellation, auf die die Erklärung Bezug nehme und damit Gegenstand der Erklärung. Damit ist es aus der Sicht Samsons konsequent, das Auswechseln des Bezugsobjektes nicht als Ändern des Erklärungsinhalts aufzufassen. Demnach verfälscht nach Samsons Ansicht derjenige keine zusammengesetzte Urkunde im Sinne von § 267 3. Alt. StGB, der ihr Bezugsobjekt austauscht. Samson stuft ein solches Verhalten als Urkundenmißbrauch ein, den das Strafgesetzbuch nicht unter Strafe stellt.[103]

Allerdings läßt Samson bei seinen Ausführungen außer acht, daß zusammengesetzte Urkunden bei der Frage ihres strafrechtlichen Schutzes in ihrer Gesamtheit und Typizität zu sehen sind. Das Charakteristikum einer zusammengesetzten Urkunde ist der Umstand, daß die Erklärung isoliert betrachtet noch keinen verstehbaren Sinn enthält, der sich erst durch die Ergänzung mittels des Bezugsobjektes ergibt. Die Abhängigkeit zwischen Erklärung und Bezugsobjekt hat entsprechende Auswirkungen auf den Inhalt des Verfälschungsbegriffs. Es ist kaum zu begründen, den Begriff des Verfälschens auf die für sich selbst gar nicht verstehbare Erklärung zu beziehen und damit das Aufeinanderbezogensein von Erklärung und Bezugsobjekt zu ignorieren. Der Verfäl-

---

103 Vgl. dagegen Tröndle, LK, 10. Aufl., § 267 Rdn. 151.

schungsbegriff muß diese Besonderheit einer zusammengesetzten Urkunde berücksichtigen. Tröndle[104] stellt richtig fest: "Eine Erklärung, die ohne Ergänzung durch das Bezugsobjekt ihre Funktion als Erklärung überhaupt nicht erfüllen kann, darf man bei der Frage, ob sie 'verfälscht', also nachträglich in ihrem gedanklichen Inhalt (der durch das Bezugsobjekt wesentlich mitbestimmt ist) verändert worden ist, nicht 'beziehungslos', also unter Weglassung des Bezugsobjektes, betrachten." Deswegen besteht auch die von Samson gezogene Parallele zwischen dem Austauschen der Schmuckstücke in der Schublade und dem Auswechseln des Bezugsobjekts bei einer zusammengesetzten Urkunde nicht. Man darf zwar nicht den strafrechtlichen Schutz des § 267 StGB auf die Unversehrtheit oder die Identität von Augenscheinsobjekten erstrecken, auf die sich eine Urkunde bezieht. Dies hätte nämlich den Schutz der Urkundenwahrheit zur Folge, die aber nicht von § 267 StGB geschützt werden soll. § 267 StGB schützt ausschließlich die Echtheit. Für den Schmuck-Fall ist die Lösung Samsons richtig: § 267 StGB greift nicht ein, da sonst die Wahrheit der Erklärung zum Schutzobjekt des § 267 StGB würde, nämlich die Übereinstimmung der Testamentserklärung mit dem außer ihr liegenden Gegenstand. Beim Austausch des Bezugsobjekts einer zusammengesetzten Urkunde stellt sich die Situation anders dar. Hier ist das Augenscheinsobjekt in die Erklärung miteinbezogen, d.h., die Erklärung bezieht sich nicht mehr auf das Augenscheinsobjekt, sondern die Erklärung wird von ihm mitgebildet. Infolgedessen trifft jeder Angriff auf das Augenscheinsobjekt nicht die Wahrheit der Erklärung, sondern ihren Inhalt. Der Aussteller bezweckt bei der Verbindung des Augenscheinsobjekts mit der Erklärung zu einer zusammengesetzten Urkunde gerade, daß das Augenscheinsobjekt am Echtheitsschutz teilnimmt. Ein solches Interesse, das Augenscheinsobjekt am Echtheitsschutz teilhaben zu lassen, hat der Aussteller dann, wenn er die Erklärung nur in ihrer Verbindung mit dem Augenscheinsobjekt für und wider sich

---

104 Tröndle, LK, 10. Aufl., § 267 Rdn. 151 f.

gelten lassen will, er die "schrift-urkundliche"[105] Erklärung allein nur als Blankett betrachtet. Diese Typizität der zusammengesetzten Urkunden verkennt Samson. Seine Lösung führt auch zu bedenklichen Lücken im Strafrechtsschutz für Urkunden. Bei zusammengesetzten Urkunden ist der Austausch oder die Änderung des Bezugsobjekts die häufigste Form der nachträglichen Veränderung überhaupt. Eine zusammengesetzte Urkunde wird kaum je durch Eingriffe in die "beziehungslose" Erklärung verändert, sondern durch Manipulation am Bezugsobjekt. Dem muß man durch eine entsprechende Auslegung des Verfälschungsbegriffs Rechnung tragen und die zusammengesetzte Urkunde als Sinneinheit gegen nachträgliche Veränderungen schützen. Dieser Schutz läßt sich erreichen, indem man den Austausch des Bezugsobjekts als "Verfälschen" der zusammengesetzten Urkunde anerkennt. Dies läßt sich auch mit dem Echtheitsbegriff vereinbaren, da ja die Sachverbindung zwischen Erklärung und Bezugsobjekt vom Aussteller geschaffen wurde. Indem das Bezugsobjekt nachträglich durch einen Dritten ausgewechselt wird, wird die zusammengesetzte Urkunde unecht, denn nunmehr stammt die Erklärung (= Erklärung und Bezugsobjekt als Sinneinheit) nicht mehr von dem, der als Aussteller erscheint. Allerdings muß der Aussteller zwischen seiner Erklärung und dem zugeordneten Bezugsobjekt eine räumlich feste Beziehung hergestellt haben, die es rechtfertigt, von einer Sinneinheit zwischen Erklärung und Bezugsobjekt auszugehen.[106]

Faßt man demnach das Auswechseln des Bezugsobjektes bei einer zusammengesetzten Urkunde als Verfälschen auf, stellt sich die Frage nach den Vorstellungen, die der Täter im Beispielsfall entwickelt haben muß, um das Auswechseln der Kfz.-Nummernschilder an den beiden auf ihn zugelassenen Wagen in seinem Bedeutungsgehalt als Verfälschen einer zusam-

---

105 Lampe, NJW 1965, S. 1747.

106 Vgl. im einzelnen Tröndle, LK, 10. Aufl., § 267 Rdn. 151.

mengesetzten Urkunde erkannt zu haben. Man könnte hierfür allein das Wissen, die jeweiligen Bezugsobjekte gegeneinander auszutauschen, genügen lassen. Freilich läßt sich auch die Ansicht vertreten, der Täter müsse darüber hinaus erkennen, daß er durch den Austausch der Schilder die individuelle Beweisbeziehung der einzelnen Urkunden zerstört und durch eine andere ersetzt. Die Annahme des A, er sei zum Auswechseln der Schilder berechtigt, da beide Wagen ordnungsgmäß auf ihn als Fahrzeughalter zugelassen seien, darf bei der Vorsatzdiskussion nicht unberücksichtigt bleiben. Darüber hinaus ziehen die Besonderheiten einer zusammengesetzten Urkunde, sowohl was ihre Erscheinungsform als auch ihre Fälschungsmöglichkeiten betrifft, entsprechende Konsequenzen für den Vorsatzinhalt nach sich.

Für das Vorliegen des Verfälschungsvorsatzes ist zunächst vorauszusetzen, daß der Täter die zusammengesetzte Urkunde als solche erkennt, daß er also das Tatsachensubstrat sensuell erfaßt und seine soziale Bedeutung versteht. Demnach muß A im vorliegenden Fall erkennen, daß dem jeweiligen individualisierten Wagen ein bestimmtes Kennzeichen mit entsprechender Zulassungsplakette von der zuständigen Zulassungsbehörde zugeordnet wurde. Die Vorstellung etwa, die Zuteilung einer bestimmten Zahlen- und Buchstabenkombination auf dem Kfz.-Nummernschild und das Anbringen der amtlichen Zulassungsplakette diene nur einer behördeninternen Zählung der sich im Straßenverkehr befindlichen Fahrzeuge, würde nicht ausreichen. Vielmehr muß er dem Vorgang der Zulassung (vgl. § 1 Abs. 1 StVG) die Bedeutung zuerkennen, daß durch dieses Verwaltungshandeln ein bestimmtes Fahrzeug zum öffentlichen Straßenverkehr zugelassen wird, nachdem die Behörde die gesetzlichen Voraussetzungen, z.B. die Tauglichkeit des Fahrzeuges im Hinblick auf seine Betriebserlaubnis, die technische Überwachung (TÜV), die bestehende Haftpflichtversicherung usw., geprüft hat. Weitere Folgen - etwa die Eintragung ins Register, Überwachung der ordnungsgemäßen Versicherung des Fahrzeuges u.a. - braucht der Täter sich nicht zu vergegenwärtigen. Es genügt das Erkennen der konkreten ausschließlichen Zuordnung eines bestimmten Fahrzeuges zu einem ihm individuell von der Zulassungsbehörde erteilten Zeichen unter dem Aspekt der Zulassung des konkreten Fahrzeuges durch die zuständige Behörde. Die ausschließliche Zuordnung eines bestimmten Wagens zu einem bestimmten Kennzeichen findet ihre rein faktische Realisierung in der vorgeschriebenen festen Verbindung zwischen dem abgestempeltem Kennzeichen und dem von der Behörde als konkretem Bezugsobjekt identifizierten Wagen. Der Zulassungsvorgang dokumentiert zudem die Zuordnung des konkreten Wagens zu einer bestimmten Person, der als Halter des Wagens der Adressat der Zulassungserlaubnis ist. Indem der Täter erkennt, daß diese Zuordnung von abgestempeltem Kfz.-Zeichen und bestimmten Kraftfahrzeug nur durch die Zulassungsbehörde im vorgesehenen Verfahren vorgenommen werden darf, um damit die durch dieses Zulassungsverfahren verfolgten Zwecke erreichen zu können, hat er die hier im einzelnen beschriebene und für notwendig erachtete Kenntnis von der sozialen Bedeutung einer Kfz.-Zulassung erlangt. Den Inhalt dieses Vorgangs, also die Zulassung eines mit einem individuellen Kennzeichen versehenen Wagens zum Straßenverkehr, muß der Täter erfaßt haben, um zu erkennen, daß es sich bei dem mit einem abgestempelten Kfz.-Zeichen versehenen Wagen um eine zusammengesetzte Urkunde handelt. Darüber hinaus muß der Täter die Festigkeit der Verbindung zwischen abgestempeltem Kfz.-Zeichen und Wagen erkennen, da nur bei einer dauerhaften, hinreichend festen Verbindung zwischen Erklärung und Bezugsobjekt eine zusammengesetzte Urkunde vorliegt. Im Beispielsfall hat A die Umstände erkannt, aus denen die Urkundeneigenschaft von Zulassungsplakette, Kennzeichen und Auto als zusammengesetzter Urkunde folgt. Allerdings ist problematisch, ob auch sein Verfälschungsvorsatz zu bejahen ist. Sein Wissen hinsichtlich des Austauschens der jeweiligen Schilder ist zwar unzweifelhaft gegeben, fraglich ist jedoch, inwieweit seine Vorstellung, als Halter beider Fahrzeuge den Austausch vornehmen zu dürfen, ihm die soziale Bedeutung seines Vorgehens verschleiert. Objektiv, das wurde oben dargelegt, stellt das Austauschen des Bezugsobjektes das Verfälschen einer zusammengesetzten Urkunde dar. A legt dem Zulassungsvorgang durch die

Behörde in erster Linie die Bedeutung bei, daß damit nur die Beziehung "bestimmtes Auto zu bestimmtem Halter" dokumentiert werden soll. An dieser Aussage ändere sich nach der Vorstellung A's nichts durch den Austausch der Kfz.-Schilder gegeneinander, da beide Wagen auf ihn zugelassen seien. Der von ihm erkannten Bedeutung, daß ein bestimmtes Fahrzeug durch die Erteilung der Zulassungsplakette und des individuellen Kfz.-Zeichens für den Straßenverkehr zugelassen wird, mißt er keine ausschlaggebende Bedeutung zu. Er hält es für gleichgültig, welches der mit einer Zulassungsplakette versehenen und für das bestimmte Auto erteilte Kfz.-Zeichen am jeweiligen Wagen befestigt ist. Diese Vorstellung ist allerdings eine für die Erfassung der sozialen Bedeutung des realen Geschehens unerhebliche Annahme. Für die Vorsatzfrage ist allein die Kenntnis von A ausschlaggebend, daß die einem bestimmten Wagen konkret zugeteilte und mit dem Wagen fest verbundene Zulassungsplakette auf einem Kfz.-Nummernschild zum Ausdruck bringt, daß gerade dieses Kraftfahrzeug die Voraussetzungen für seine Zulassung zum öffentlichen Straßenverkehr erfüllt und er diese feste Verbindung zerstört, wenn er die beiden Schilder vom VW zum Ford und umgekehrt auswechselt. In dieser Situation ist ihm bewußt, daß er die von der Zulassungsbehörde hergestellte Beziehung zwischen Zulassungsplakette, Nummernschild und individuellem Wagen zerstört und durch eine andere, von ihm selbst hergestellte Beziehung mittels einer anderen Zulassungsplakette und eines anderen Nummernschildes ersetzt. Freilich ist mit dem Erteilen der Zulassungsplakette auf einem bestimmten Kennzeichen auch die Bedeutung verknüpft, daß einem bestimmten Wagen ein bestimmter Fahrzeughalter zugeordnet wird. Hierbei handelt es sich um eine aus dem Zulassungsvorgang weiterhin zwangsläufige Folge, die aber nicht den Hauptgrund für die Einführung des Zulassungsvorgangs abgibt. Dieser besteht in den geschilderten Ordnungsfunktionen, ein bestimmtes Fahrzeug auf seine Tauglichkeit zu überprüfen und daran die Erlaubnis zu knüpfen, es im Straßenverkehr führen zu dürfen. A hat das Geschehen, soweit es die Zulassung eines bestimmten Wagens zum Straßenverkehr betrifft, in der ihm zukommenden sozialen Bedeutung erfaßt und damit vorsätzlich gehandelt, als er die Nummernschilder gegeneinander austauschte. Seine Annahme, als Halter zu dem Vorgehen berechtigt zu sein, ist keine Vorstellung, die das Erfassen der sozialen Bedeutung des Geschehens betrifft und damit den Vorsatz beeinflussen könnte. Diese Fehlvorstellung betrifft lediglich die rechtliche Wertung des Geschehens, nämlich die irrtümliche Vorstellung, so handeln zu dürfen, wie er tatsächlich handelt. Folglich handelt A mit Vorsatz hinsichtlich des Verfälschens einer zusammengesetzten Urkunde, als er die mit den Zulassungsplaketten versehenen Kfz.-Nummernschilder gegeneinander austauscht, da er die durch die räumlich feste Verbindung verkörperte "Beweisbeziehung" zwischen Urkunde und deren Bezugsobjekt zerstört.

2. Der "Schmierblock"-Fall[107]

Bei der Auseinandersetzung mit BGHSt 3, 248 (255), tauchte die Frage auf, welchen Umfang die dort als notwendig geforderte Bedeutungskenntnis haben müsse, damit Vorsatz zu bejahen sei.[108] Es geht darum, ob der Täter die Bedeutungskenntnis von den jeweiligen Einzeldefinitionsmerkmalen eines mehrgliedrigen Tatbestandsmerkmals - wie etwa der Urkunde - erlangt haben muß, oder ob es genügt, daß er die Urkunde in ihrer Gesamtheit als solche erkennt, auch wenn er Einzelelementen eine falsche Bedeutung zuschreibt.

Zur Illustration dieser Fallkonstellation diene folgendes Beispiel:

> A verbrennt das Handelsbuch des B, das er für einen betriebsinternen Schmierblock hält, der zum Beweis im Rechtsverkehr weder geeignet noch bestimmt ist. A geht davon aus, daß alle Schriftstücke, die einen bestimmten Aussteller erkennen lassen, unabhängig von

---

107 Nachgebildet Tröndle, LK, 10. Aufl., § 267 Rdn. 186.
108 Siehe oben S. 306 ff.

ihrer Beweisbestimmung, Urkunden seien, und damit auch der Schmierblock.

Zwar kann man auch bei diesem Fall zweifeln, ob es sich bei der Einordnung des Handelsbuches als "Schmierblock" um einen Fehler im Rahmen der Bedeutungskenntnis oder um einen sensuellen Fehler handelt, der mittels des Begriffs "Schmierblock" nur begrifflich gefaßt wird. Doch kann diese Zweifelsfrage unentschieden bleiben. Wie sich beim Mauswiesel-Fall zeigte, ist eine scharfe Trennung zwischen sensueller Fehlannahme und fehlerhafter Bedeutungskenntnis angesichts des Ineinandergreifens von sensuellem Erfassen des Tatsachensubstrats und dem häufig gleichzeitig erfolgenden Benennen dieses Geschehens nicht erforderlich. Beide Komponenten, das sensuelle Wahrnehmen des Tatsachensubstrats und die Kenntnis seiner sozialen Bedeutung, sind für die Kenntnis der Tatumstände im Sinne von § 16 Abs. 1 Satz 1 StGB unerläßlich. Das Fehlen der einen oder der anderen Komponente, sei es weil ein beachtlicher[109] Fehler bei der sensuellen Wahrnehmung des Datensatzes vorliegt, oder weil die Kenntnis von seiner sozialen Bedeutung nicht gelingt, führt zum Vorsatzausschluß. Im hier geschilderten Fall legt A dem Schriftstück die Bedeutung zu, Schmierblock zu sein und damit weder Beweiseignung noch Beweisbestimmung zu besitzen. Allerdings verbindet er mit diesem so umschriebenen Schriftstück die rechtliche Bedeutung "Urkunde". Die rechtliche Einordnung "Urkunde" ist im Hinblick auf das objektive Geschehen, das Verbrennen des Handelsbuchs, die korrekte rechtliche Subsumtion. Hinsichtlich des erkannten Geschehens "Schmierblock" ist die Einordnung "Urkunde" aber gerade falsch. Daraus folgt jedoch kein Vorsatz. Die Fehlvorstellungen "Schmierblock", "keine Beweiseignung" und "keine Beweisbestimmung" sind Irrtümer, die den Bedeutungsgehalt des objektiven Geschehens verändern.[110] A legt den

---

[109] Die Vertretbarkeit des Sachverhaltes ist hierfür ausschlaggebendes Kriterium.

[110] Auch Tröndle, LK, 10. Aufl., § 267 Rdn. 186, fordert eine allgemeine Vorstellung des Täters darüber, daß das

Urkundenbegriff falsch aus, indem er auch nicht beweisgeeignete und nicht beweisbestimmte verkörperte Gedankenerklärungen als Urkunden ansieht, und nur deshalb kann er dem von ihm irrtümlich vorgestellten Geschehen die rechtliche Qualifikation "Urkunde" zuerkennen. Dieser "Auslegungsirrtum" des A betrifft die Ebene der juristischen Terminologie und damit die Ebene, die für die Vorsatzfeststellung irrelevant ist. Die falsche Auslegung des Urkundenbegriffs führt dazu, daß der Täter einem Sachverhalt den Urkundenbegriff beilegt, der nicht unter den richtig ausgelegten Urkundenbegriff zu subsumieren ist. Festzuhalten bleibt, daß A vorsatzlos handelt.[111]

Vor diesem Hintergrund findet sich auch die Antwort auf die Frage, ob die Bedeutungskenntnis aller Einzeldefinitionsmerkmale eines mehrgliedrigen Tatbestandsmerkmals wie der Urkunde erforderlich ist oder ob das Kennen nur einiger Einzeldefinitionsmerkmale ausreicht, wenn dem Geschehen die richtige rechtliche Bewertung beigelegt wird. Diese Fragestellung gewinnt an Gewicht angesichts der im ersten Teil[112] getroffenen Aussage, daß ein gleiches Bedeutungsverständnis beim Täter und beim Gesetzgeber hinsichtlich des Geschehens dann vorliege und damit Vorsatz beim Täter, wenn der Täter das hinter der Norm stehende Lebensgut erkannt habe. Mit dieser Aussage ließe sich die Vorstellung verbinden, als genüge allein das Erzielen der Einsicht, mit seinem Verhalten das von der Norm geschützte Lebensgut zu tangieren, um Vorsatz bejahen zu können. Das ist jedoch nicht der Fall. Ließe man allein das Erkennen des Lebensgutes ausreichen, dann würde man die Bedeutung und Notwendigkeit der einzelnen Tatbestandsmerkmale zur Beschreibung des verbotenen Verhaltens verkennen. Die Tatbestandsbe-

---

Tatobjekt zum Beweis geeignet und bestimmt ist, damit er vorsätzlich gehandelt hat.

111 So im Ergebnis auch Tröndle, LK, 10. Aufl., § 267 Rdn. 186 (aber ohne Begründung), unter Berufung auf BGH 1 StR 373/61 v. 5.12.1961.

112 Siehe oben 3. Kap. D; siehe auch oben S. 301 ff.

schreibung würde nur noch den Rahmen abstecken, innerhalb dessen der Täter die Möglichkeit hat, durch das Erkennen einiger oder aller dort beschriebenen Tatumstände zur Erkenntnis zu gelangen, daß er ein bestimmtes Lebensgut verletzt, wenn er seine beabsichtigte Handlung vornimmt. Diese Aufgabenzuweisung widerspricht aber der dem Tatbestand zukommenden Funktion, das verbotene Verhalten sachlich-gegenständlich zu beschreiben. Der Täter muß alle Tatumstände, die der Gesetzgeber lediglich aus gesetzgebungstechnischen Gründen als abstrakte Tatbestandsmerkmale formulierte, um damit das verbotene Verhalten so präzise wie möglich zu umschreiben, sowohl sensuell richtig wahrnehmen als auch ihre jeweilige spezifische Bedeutung erkennen. Erst für die Frage, ob das Bedeutungsverständnis von Täter und Gesetzgeber hinsichtlich des jeweiligen Geschehens übereinstimmt, stellt das Erkennen des von der Norm geschützten Lebensguts den Maßstab auf.

3. Irrtum über die Beweiserheblichkeit einer Urkunde (RGSt, GA 65 (1918), S. 366)

Das Reichsgericht verneint die Vorsatzrelevanz eines Irrtums über die Beweiserheblichkeit einer Urkunde. Die Beweiserheblichkeit sei Teil der Strafvorschrift des § 267 StGB und gehöre demzufolge dem Strafrecht an.[113] Es handelt sich also um einen strafrechtlichen und damit nicht vorsatzausschließenden Rechtsirrtum. Wenn man wie hier die Ansicht vertritt, daß der Täter hinsichtlich jedes tatbestandsrelevanten Bedeutungsinhalts ein entsprechendes Bedeutungsverständnis entwickelt haben muß und es nicht auf die Frage des strafrechtlichen oder außerstrafrechtlichen Charakters des Rechtsirrtums ankommt, kann diese Argumentation freilich nicht überzeugen.

---

113 RG GA 65 (1918), S. 366. Der zu beurteilende Sachverhalt ist nicht abgedruckt, sondern dort sind nur auszugsweise die Entscheidungsgründe des Reichsgerichts veröffentlicht.

Zur Veranschaulichung sei wieder auf das "Schmierblock-Beispiel" zurückgegriffen. Als A das Handelsbuch des B verbrennt, glaubt er, einen betriebsinternen Schmierblock vor sich zu haben, der nicht zum Beweis geeignet und bestimmt ist. Diese Vorstellung des A reicht nicht aus, ihm den sozialen Bedeutungsgehalt des realen Geschehens zu vermitteln. Er stellt sich vielmehr einen Sachverhalt vor, der nicht zu denjenigen zählt, die § 267 bzw. § 274 StGB umschreiben. Die Beweiseignung und die Beweisbestimmung sind tatbestandsrelevante Bedeutungsinhalte, da sie durch das Tatbestandsmerkmal "Urkunde" miterfaßt sind und im Wege der Auslegung des Tatbestandsmerkmals "Urkunde" ermittelt werden. Diese Bedeutung legt A dem von ihm verbrannten Schmierblock nicht zu. Im Gegensatz zur reichsgerichtlichen Lösung lautet das Ergebnis: Vorsatzausschluß.

4. Irrtum über die Unechtheit einer Urkunde

a) Fragestellung und Kernaussagen des Reichsgerichts im Testamentserrichtungsfall

Beispiele zu Irrtümern über die Unechtheit sind nicht leicht zu bilden. Aus der Rechtsprechung ist ein anschaulicher Fall nicht bekannt geworden. Anders steht es bei denjenigen Fällen, in denen die Frage der Identitätstäuschung durch die Anwendung der Regeln der Geistigkeitstheorie kompliziert wird. Dies liefert aber gleichzeitig auch die vielschichtigsten und erschöpfendsten Gestaltungen der Irrtumsthematik, so daß die Ausführungen auf diese Problematik beschränkt werden können.

Der wohl berühmteste Fall dieser Thematik ist der Testamentserrichtungsfall RGSt 57, 235 ff., der bereits in anderem Zusammenhang herangezogen worden ist.[114] Hier stand das Reichsgericht vor der Frage, ob ein Irrtum über die

---

114 Vgl. oben S. 110.

Formerfordernisse des eigenhändigen Testaments bei demjenigen, welcher im Auftrag des Erblassers dessen Testament niederschreibt, die Bestrafung ausschließt. Das Reichsgericht führt hierzu aus:

> "Ein Irrtum des eine solche Testamentsurkunde Niederschreibenden über die bürgerlich-rechtliche Wirksamkeit des ihm erteilten Auftrages des Erblassers wäre allerdings, weil außerstrafrechtlicher Art, nach § 59 StGB geeignet, das Bewußtsein von der Anfertigung einer unechten Urkunde auszuschließen. Dagegen genügte dazu die Annahme noch nicht, ein auf Geheiß des letztwillig Verfügenden von fremder Hand für ihn niedergeschriebenes Testament sei auch dann schon formgerecht errichtet und gültig, wenn es nur den wahren und vom Recht nicht aus sonstigem Grund mißbilligten Willen des Erblassers zum unverfälschten Ausdruck bringe. Hierbei handelte es sich zwar gleichfalls noch um eine auf dem Gebiet des Privatrechts liegende unrichtige Vorstellung; diese bezöge sich aber nicht mehr auf einen zum gesetzlichen Tatbestand des § 267 StGB gehörenden Tatumstand, sondern nur auf den strafrechtlichen Begriff der Urkundenfälschung, für den es weder auf die Richtigkeit oder Wahrheit des Urkundeninhalts noch auf die Rechtsbeständigkeit des damit verbrieften Geschäfts, sondern allein auf die Echtheit der schriftlichen Beglaubigungsform, d.h. darauf ankommt, ob die Urkunde so, wie sie vorliegt, wirklich von der Person herrührt, die als ihr Aussteller erscheint. Ein bloß in dieser Richtung gelegener Irrtum wäre, wie überhaupt jeder Irrtum über die strafrechtlichen Erfordernisse des strafrechtlichen Strafbestandes des § 267 StGB, für die Schuldfrage belanglos."

Das Reichsgericht sieht den maßgeblichen Unterschied für die Vorsatzrelevanz der ersten Fehlannahme und der Vorsatzirrelevanz der zweiten Fehlannahme in dem außerstrafrechtlichen Charakter des Irrtums über die bürgerlich-rechtliche Wirksamkeit des erteilten Auftrages und dem strafrechtlichen Charakter des Irrtums über die Formgültigkeit bei Verwirklichung des wahren Erblasserwillens. Auf diese - unhaltbare[115] - Unterscheidung ist hier nicht zurückzukommen.

---

115 Ebenso im Ergebnis Welzel, Lehrbuch, 2. Aufl., S. 82; v. Hippel, Lehrbuch II, S. 344 Fn. 4. Verteidigt wurde

Aber nicht nur die unhaltbare Unterscheidung zwischen strafrechtlichem und außerstrafrechtlichem Rechtsirrtum gab Anlaß zur Kritik an dieser Entscheidung. Das Reichsgericht entwickelt keinen generell-abstrakten Lösungsvorschlag, sondern stellt lediglich zwei Irrtumskonstellationen vor, die seiner Ansicht nach unterschiedlich zu behandeln sind. Es lassen sich die Grenzen, die beide Irrtumsfälle voneinander trennen sollen, nicht ermitteln, da die jeweils umschriebenen Irrtümer ihrem Inhalt nach nicht exakt beschrieben sind. Der Irrtum über die bürgerlich-rechtliche Wirksamkeit des Auftrages, dem das Reichsgericht vorsatzausschließende Wirkung beilegt, müßte wohl auch in dem Fall bejaht werden, in dem sich der Täter vorstellt, er dürfe den Erblasser auch bei der Errichtung des Testaments vertreten. In diesem Fall befindet sich A in einem Irrtum über das Formerfordernis der Eigenhändigkeit und damit in einem Irrtum, der als außerstrafrechtlicher Rechtsirrtum zu qualifizieren ist, da der Täter sich über Formerfordernisse, die im BGB ihren Ursprung haben, irren würde. Allerdings hätte das Reichsgericht erklären müssen, warum nicht auch die Vorstellung, das Testament sei formgerecht errichtet, wenn es den wahren Willen des Erblassers zum Ausdruck bringt, zum Vorsatzausschluß führt. Auch in diesem Fall irrt sich der Täter über das Erfordernis der Eigenhändigkeit, so daß auch ein vorsatzausschließender Irrtum anzunehmen wäre, allerdings nicht in der Form der positiven Fehlvorstellung (error), sondern in der Form des Nichtwissens (ignorantia). Das Reichsgericht hätte darlegen müssen, in welcher Konstellation seiner Ansicht nach ein Irrtum über die Formbedürftigkeit ein außerstrafrechtlicher Rechtsirrtum ist und unter welchen Voraussetzungen ein strafrechtlicher Rechtsirrtum. Damit wäre es aufgefordert gewesen darzulegen, welche Umstände man als Formvoraussetzungen ansehen kann und welche nicht. Es bleibt ebenso unklar, worauf sich die Annahme der Rechtswirksamkeit des Auftrages stützen muß: Muß der Täter sich konkrete Rechts-

---

diese ganz überwiegend abgelehnte Entscheidung von Wegner, AT, S. 166.

vorschriften vorstellen, oder genügt die allgemeine Vorstellung, der Auftrag sei wirksam, damit der Vorsatz bezüglich der Unechtheit verneint werden kann? In diesem Zusammenhang wäre auch eine Stellungnahme erforderlich gewesen, ob bereits das Nichtwissen um die Notwendigkeit der Eigenhändigkeit oder erst die positive Kenntnis zum Vorsatzausschluß nach Ansicht des Reichsgericht geführt hätte. Auch der Umfang der Kenntnis von dem Erfordernis der Eigenhändigkeit hätte einer Erörterung bedurft, nämlich ob bereits mit dem Wissen des Täters, ein Testament errichtet zu haben, das Wissen um die Formbedürftigkeit verbunden ist, oder ob für den Irrtum über die Eigenhändigkeit das konkrete Wissen erforderlich ist, daß das Rechtsgeschäft nur vom Namensträger selbst körperlich vorgenommen werden darf. Aus diesen offen gelassenen Fragen resultiert vor allem auch die Ungewißheit, welchen Fall das Reichsgericht mit seiner zweiten Irrtumskonstellation erfassen wollte, muß doch wohl jeder Irrtum über die Formbedürftigkeit eines Rechtsgeschäfts nach der Terminologie des Reichsgericht als außerstrafrechtlicher Rechtsirrtum zum Vorsatzausschluß führen. In welcher Situation soll der Täter überhaupt die Vorstellung entwickeln können, ein auf Geheiß des letztwillig Verfügenden von fremder Hand für diesen niedergeschriebenes Testament sei formgerecht errichtet, wenn es nur den wahren Willen des Erblassers wiedergebe, ohne nicht auch einem Irrtum über die bürgerlich-rechtliche Wirksamkeit des Auftrages als Folge der Verkennung einer Formvorschrift erlegen zu sein? Wenn auch die Einschätzung des Reichsgerichts im Ergebnis täterfreundlich - durch Ausweitung des außerstrafrechtlichen Rechtsirrtums - zu sein scheint, wirft sie doch eine Anzahl von Fragen auf, auf die das Reichsgericht keine Antwort gibt.

Der Umstand aber, daß sich im Rahmen der Untersuchung bis jetzt kein objektiv nachprüfbares Kriterium für die reichsgerichtliche Untersuchung zwischen einem außerstrafrechtlichen und einem strafrechtlichen Irrtum auffinden ließ, spricht nicht dagegen, daß das Reichsgericht mit der unterschiedlichen Einschätzung der einzelnen Fehlannahmen für die Vorsatzrelevanz doch etwas richtiges traf, was zur sachgerechten Lösung des Falles führen könnte.

b) Die konstruktiven Hintergründe der Geistigkeitstheorie

Es erleichtert das Verständnis des Falles, wenn man sich die zivilrechtlichen Vorfragen für die Frage nach der Unechtheit der Urkunde verdeutlicht. Eine Stellvertretung ist bei formbedürftigen Erklärungen unmöglich; deshalb stellt der "Vertreter", der mit dem Namen des "Vertretenen" eine höchstpersönliche formbedürftige Erklärung unterzeichnet, eine unechte Urkunde her.[116] Der Testamentserrichtungsfall behandelt nicht die Grundkonstellation, wonach derjenige eine unechte Urkunde herstellt, der einen fremden Namen gebraucht, sondern eine, und zwar sogar eine doppelte Ausnahme. Der Grundfall hat nämlich durch die Anerkennung der sogenannten Geistigkeitstheorie eine erste Ausnahme erfahren. Sie ist beispielsweise für den Fall anerkannt, daß sich der Diktierende einer Schreibhilfe zur körperlichen Herstellung der Erklärung bedient und trotzdem als geistiger Urheber der Erklärung der Aussteller der Urkunde ist. Ebensowenig stellt derjenige eine unechte Urkunde her, der als Stellvertreter ein Schriftstück mit dem fremden Namen des Vertretenen unterschreibt. Allerdings fordern die Anhänger der Geistigkeitstheorie, damit im Falle der Stellvertretung die Erklärung des Vertreters dem "Hintermann" zugerechnet werden kann, daß der Vertreter vertreten sollte (d.h. für den Namensträger handeln sollte), wollte (d.h. für den Vertretenen handeln wollte) und konnte (d.h. eine Stellvertretung nicht ausgeschlossen war). An diesen Voraussetzungen einer wirksamen Stellvertretung fehlt es nach Ansicht der herrschenden Meinung[117] beim Herstellen einer

---

116 Vgl. nur Samson, SK, 4. Aufl., § 267 Rn. 54 ff., 57; a.A.: z.B. Frank, StGB, § 267 Anm. V 1 b, S. 621.

117 Vgl. nur Tröndle, LK, 10. Aufl., § 267 Rn. 22.

eigenhändigen Erklärung. Der Vorwurf,[118] die Geistigkeitstheorie sei inkonsequent, weil sie einerseits die Echtheit der Urkunde im Falle der Stellvertretung von der **rechtlichen** Zulässigkeit des Zeichnens mit fremdem Namen abhängig mache, es andererseits aber genügen lasse, daß der "Hintermann" **geistig** hinter der Erklärung stehe,[119] verkennt die hinter der Geistigkeitstheorie stehenden Überlegungen. Die Geistigkeitstheorie verwechselt in dieser Konstellation nicht, wie ihr vorgeworfen wird,[120] die strafrechtlichen Erfordernisse der Urkunde mit der Rechtswirksamkeit der Erklärung. Wenn die Geistigkeitstheorie die Echtheit der Urkunde von der rechtlichen Zulässigkeit des Zeichnens mit fremdem Namen abhängig macht, trägt sie dem Umstand Rechnung, daß sie sich nicht selbst in Widerspruch zu den Rechtsnormen setzen darf, ist sie doch selbst im Wege der teleologischen Auslegung des Rechtsbegriffs der Urkunde entwickelt worden. Hinter der von der Geistigkeitstheorie geforderten rechtlichen Zulässigkeit der Stellvertretung steht der Gedanke, daß der geistige Urheber nur dann als Aussteller der Urkunde legitimiert sein kann, wenn das Auseinanderfallen zwischen geistiger Urheberschaft und körperlicher Herstellung mit der Rechtsordnung konform ist.[121] An dieser Konformität mit der Rechtsordnung fehlt es aber gerade in den Fällen, in denen die Rechtsordnung die Eigenhändigkeit der Errichtung oder der Unterschrift fordert oder der Rechtsverkehr diese Eigenhändigkeit nach Herkommen oder sonst nach den Umständen voraussetzt.[122] Schreibt und unterschreibt der "Vertreter" das Testament, wenn auch im Auftrag des Erblassers, so kann er keine Wirkung für den

---

118 Vgl. Samson, SK, 4. Aufl., § 267 Rn. 58; ders., JuS 1970, S. 375; Jagusch, LK, 8. Aufl., Anm. 3 c vor § 267.

119 Vgl. zu den Formulierungen der h.M. Tröndle, LK, 10. Aufl., § 267 Rn. 16.

120 So aber Jagusch, LK, 8. Aufl., Anm. 3 c vor § 267; ferner Puppe, JR 1981, S. 442.

121 Tröndle, LK, 10. Aufl., § 267 Rn. 24.

122 Tröndle, LK, 10. Aufl., § 267 Rn. 24 am Ende.

"Vertretenen" erzeugen und stellt daher nicht eine echte Urkunde her, sondern eine unechte.

c) Die Ausformulierung der Geistigkeitstheorie als negatives Tatbestandsmerkmal

Dieses Regel-Ausnahme-Verhältnis, das das Reichsgericht mit seinem obsoleten Begriffspaar strafrechtlicher/außerstrafrechtlicher Rechtsirrtum einzufangen versuchte, müßte sich auch im Gewande der modernen Tatbestandslehre erfassen lassen, für die es keine außerstrafrechtlichen Begriffe gibt. In § 267 StGB taucht nur das Tatbestandsmerkmal der Unechtheit auf, das aber auf der Grundlage eines allgemeinen Auslegungskonsenses dahin entfaltet werden kann: Eine Urkunde ist falsch, wenn der Hersteller in ihr einen anderen Aussteller als sich selbst als Aussteller benennt oder sonst kenntlich macht.[123] Hiermit ist aber nur der Regelfall der Identitätstäuschung benannt, der einzuschränken ist durch die Fälle der zulässigen Benennung eines fremden Urhebers nach den Zurechnungsregeln der Geistigkeitstheorie. Es geht hier um legitime Zurechnung auf den Urheber der Gedankenerklärung mit dessen Konsens, nicht um die intendierte Ablenkung von der Person des wirklichen Ausstellers durch kriminell bewirkte Zuschreibung bei der Identitätstäuschung. Es sind verschiedene terminologische Techniken denkbar, wie man das legitime Zurechnungsverhältnis darstellen kann: Man kann eine strafrechtlich eingefärbte Terminologie wählen, wenn man den körperlich die Urkunde Herstellenden als "Werkzeug", den geistigen Hintermann als Träger der "Erklärungsherrschaft" ansieht.[124] Heute allgemein üblich ist jedoch die Umschreibung mit den Begriffen

---

[123] Auf Sonderprobleme, wie den nicht existierenden Aussteller, wird verzichtet.

[124] Vgl. RGSt 44, 69; hier war ein Anwendungsfall der Geistigkeitstheorie von der Vorinstanz tatsächlich unter dem Gesichtspunkt einer mittelbaren Täterschaft erfaßt worden, und auch der Freispruch des Reichsgerichts bedient sich immerhin ihrer Begriffe.

aus der zivilrechtlichen Vertretungslehre, so wie dies im vorigen Abschnitt vorgestellt worden ist. Da außerstrafrechtliche Begriffe nach der hier entwickelten Sicht nicht anzuerkennen sind, fragt es sich, wie die Einzelelemente der Umschreibung des Zurechnungsverhältnisses in den strafrechtlichen Tatbestand vorzunehmen sind. Dies läßt sich in der Art eines negativen Tatbestandsmerkmals durchführen. Der Tatbestand des § 267 StGB hieße dann: "Wenn ... der Hersteller in ihr einen anderen als sich selbst als Aussteller benennt ..., **ohne daß er den benannten Aussteller vertreten will und von ihm ermächtigt ist ...**" Nach einer Minderheit der Vertreter der Geistigkeitstheorie wäre damit der Tatbestand im entsprechenden Feld abschließend bestimmt. Nach der herrschenden Meinung, die die Echtheit auch bei bestehender Zurechnungsermächtigung bei den Fällen der Eigenhändigkeit[125] ausschließt und auf die Unechtheit entsprechend erstreckt,[126] wäre der Tatbestand weiter negativ zu erstrecken: "... ohne durch gesetzliche Vertretungsverbote gehindert zu sein".

Negative Tatbestandsmerkmale dieser Art[127] sind ja auch aus irrtumsrechtlich vergleichbarem Zusammenhang heraus bekannt.[128] So ist die Rechtswidrigkeit der Zueignung nach heute überwiegend vertretener Sicht die Vermehrung der positiven Tatbestandsmerkmale durch das negative Merkmal, daß die Zurechnung der weggenommenen Sache unter Fehlen eines fälligen, einredefreien Anspruchs auf die weggenommene Sache erfolgen soll. Auch hier ist übrigens in dieser modernen Sicht ein außerstrafrechtlicher Rechtsbegriff[129] ein

---

125 Der Verstoß gegen andere zwingende Formvorschriften, wie die Gleichzeitigkeit der Anwesenheit, die notarielle Beurkundung o.ä., wird hier nicht erörtert.

126 Vgl. oben S. 368 ff.

127 Die natürlich mit der Lehre von den negativen Tatbestandsmerkmalen nicht verbunden werden dürfen, vgl. jedoch unten zur Problematik der subjektiven Tatseite.

128 Vgl. schon oben S. 208 f.

129 Ein früher außerstrafrechtlicher Rechtsbegriff, vgl. RGSt 49, 140, 143; RGSt 64, 210, 213.

Tatbestandsmerkmal geworden. Bei einer straftatsystematischen Irrtumslehre, BGHSt 2, 194, ist der Irrtumsgegenstand damit bei den Tatumständen untergebracht, die zu einem gesetzlichen Tatbestand gehören, und dies berechtigt zu der Erwartung, daß man nicht anders als bei der Parallelstelle in § 242 StGB den Tatbestandsirrtum auch in der Form des Rechtsirrtums als Phänomen erwarten darf, dies mit der Folge des Vorsatzausschlusses, ohne daß die Figur der außerstrafrechtlichen Rechtstatsache oder ähnliches bemüht werden müßte.[130] Weiterhin wird die Frage zu behandeln sein, ob das Substrat des negativen Tatbestandsmerkmales - das Fehlen des Vertretungsverhältnisses - vom Vorsatz abgedeckt sein muß. Handelt der Täter vorsätzlich, der an das Fehlen der Vertretung insgesamt oder in Einzelvoraussetzungen nicht gedacht hat, reicht die Ignorantiaform des Bewußtseins, oder muß sich die Diskrepanz zwischen objektiver und subjektiver Situation aus positiven Fehlvorstellungen ergeben, oder beschränkt sich die Diskrepanz zwischen objektiver und subjektiver Situation auf positive Fehlvorstellungen (error)?[131]

d) Irrtumsprobleme der Unechtheit

Die Frage, wie der Irrtum bezüglich der Unechtheit beschaffen sein muß, soll anhand folgender Beispiele aus dem Umkreis der Geistigkeitstheorie beantwortet werden.

aa) Beispiele

A glaubt infolge eines Kommunikationsfehlers irrtümlich, er sei von B beauftragt, ein Papier in seinem, des B, Namen zu verfertigen und zu unterschreiben.

---

130 Vgl. dazu die folgenden Beispielsfälle.

131 Arthur Kaufmann, JZ 1956, S. 357 m.w.N.; vgl. unten S. 387 ff.

(1) A unterschreibt das Testament des B mit "B". A glaubt, es sei ein Kaufvertrag, zu dessen Abschluß er ermächtigt sei.

(2) A unterschreibt einen Kaufvertrag mit "B". Er glaubt, es sei ein Mietvertrag, zu dessen Abschluß er ermächtigt sei.

(3) A unterschreibt einen Kaufvertrag mit "B". A glaubt, es sei das Testament des B. A glaubt irrtümlich, B habe ihn gerade auch und nur zur Errichtung des Testaments ermächtigt. Er weiß, daß ein Testament der eigenhändigen Errichtung und Unterschrift bedarf.

(4) A unterschreibt einen Kaufvertrag mit dem Namen des B. A glaubt, es sei das Testament des B. A glaubt, B habe ihn gerade auch und nur zur Errichtung eines Testaments ermächtigt. A weiß, daß ein Testament eigenhändig zu errichten und zu unterschreiben ist. Er glaubt, daß bei Bekanntwerden des Umstandes, daß er (A) das Testament mit dem Namen des B unterschrieben hat, nur die Unwirksamkeit des Testaments daraus folge. Er glaubt, daß die Eigenhändigkeit nur für die Wirksamkeit der Nachlaßregelung von Bedeutung sei, die Urkunde selbst sei aber echt.

(5) A unterschreibt einen Kaufvertrag mit "B". A weiß, daß es sich um einen Kaufvertrag handelt, glaubt aber, B habe ihn zur Ausfertigung von Verträgen aller Art ermächtigt. Er glaubt, daß ein Kaufvertrag der eigenhändigen Errichtung und Unterschrift bedürfe.

(6) A unterschreibt einen Kaufvertrag mit dem Namen des B. A weiß, daß es sich um einen Kaufvertrag handelt. A glaubt, B habe ihn zur Ausfertigung von Verträgen aller Art ermächtigt. A denkt zwar, daß ein Kaufvertrag eigenhändig zu errichten und zu unterschreiben sei, nimmt aber an, daß die Eigenhändigkeit nur für die Wirksamkeit der kaufrechtlichen Verpflichtung von Bedeutung sei, die Urkunde selbst sei echt.

(7) A unterschreibt einen Kaufvertrag mit "B". A glaubt, es sei das Testament des B. A glaubt, das Testament bedürfe keiner eigenhändigen Vornahme und er sei zur Testamentserrichtung ermächtigt.

(8) Wie (6). - Im Gegensatz zur Grundannahme vor Beispiel 1 weiß A, daß er nicht besonders zur Ausfertigung eines Papiers für B von B ermächtigt ist, er kennt aber den wahren Willen des B bezüglich seiner Hinterlassenschaft und will ihn zum Ausdruck bringen. A unterschreibt einen Kaufvertrag mit "B". A glaubt, es sei das Testament des B. A glaubt, daß es für die Wirksamkeit des Testaments nur auf die Verwirklichung des wahren Willens ankommt.

bb) Lösung

Auch die Lösung der Irrtümer über die Unechtheit einer Urkunde hat sich an der Feststellung zu orientieren, daß der Gesetzgeber mit dem Aufstellen von abstrakten Tatbestandsmerkmalen konkrete Lebenssachverhalte regeln will und daß nur dann von einer Kenntnis der Tatumstände die Rede sein kann, wenn sich der Täter einen der vom Gesetzgeber mittels des Tatbestandsmerkmals umschriebenen Sachverhalt in der vom Gesetzgeber unterstellten Bedeutung erkannt hat. Nur dann hat der Täter die Unechtheit erkannt. Dies bedeutet, daß der Vorsatz bezüglich der Unechtheit zu verneinen ist, wenn sich der Täter einen Sachverhalt vorstellt, der zum Ausschluß der Unechtheit, d.h. zur Echtheit der Urkunde führen würde.

(1) Erster Fall: Im ersten Fall handelt es sich objektiv um eine unechte Urkunde, da wirklicher und scheinbarer Aussteller auseinanderfallen, B als scheinbarer Aussteller steht nicht als Garant hinter der Erklärung. Fraglich ist, ob A hinsichtlich der Unechtheit Vorsatz hatte, da er sich vorstellt, aufgrund einer Ermächtigung die Erklärung abgegeben zu haben, also sich vorstellt, als Werkzeug des B, dem die alleinige Erklärungsherrschaft zukomme, handeln zu

dürfen. A erliegt im ersten Beispielsfall zwei Fehlvorstellungen: Er stellt sich infolge einer sensuellen Fehlleistung vor, er unterschreibe einen Kaufvertrag und er sei von B ermächtigt, mit dem Namen des B zu unterschreiben. Würde man mit der Überlegung, A habe geglaubt, als Werkzeug des B zu handeln, den Vorsatz bezüglich der Unechtheit verneinen, dann bliebe unberücksichtigt, daß der Gesetzgeber Sachverhalte regeln will und daß diese Sachverhalte vom Täter erkannt werden müssen. Der Sachverhalt, den A sich vorstellt, lautet: Unterzeichnung eines Kaufvertrages, zu dessen Abschluß er ermächtigt ist. Ob dieser irrtümlich angenommene Sachverhalt nun eine vorsatzausschließende Wirkung entfaltet, hängt davon ab, ob dieser vorgestellte Sachverhalt ein solcher Sachverhalt ist, der, läge er vor, vom Gesetzgeber unter den Begriff "Echtheit" eingeordnet würde oder, umgekehrt formuliert: Ist der vorgestellte Sachverhalt ein solcher Sachverhalt, den der Gesetzgeber mit dem Tatbestandsmerkmal "unecht" umschreiben wollte? Läge objektiv ein Kaufvertrag vor, den A aufgrund einer existierenden Ermächtigung mit dem Namen des B unterschrieben hätte, dann würde die Erklärung dem B als eigene zugerechnet werden, und er wäre der wirkliche Aussteller: Die Urkunde wäre echt. Demzufolge lautet das Ergebnis im ersten Beispielsfall: Vorsatzausschluß.

(2) Zweiter Fall: Auch der von A mit dem Namen des B unterschriebene Kaufvertrag ist eine unechte Urkunde, da der scheinbare Aussteller B nicht der wirkliche Aussteller ist. Fraglich ist, ob A Vorsatz hinsichtlich der Unechtheit hat, da er den objektiv existierenden Kaufvertrag als Mietvertrag identifizierte und glaubte, zum Abschluß von Mietverträgen ermächtigt zu sein. A stellt sich als Folge seiner zwei Irrtümer einen Sachverhalt vor, der, läge er vor, vom Gesetzgeber mit dem Begriff Echtheit versehen würde. Das Unterzeichnen von Mietverträgen aufgrund einer Ermächtigung des Namensinhabers führt zur Zurechnung des Vertrages für und gegen B, so daß scheinbarer und wirklicher Aussteller des Mietvertrages B wäre und damit eine echte Urkunde vorläge. Demzufolge hat A kein Bedeutungsverständnis hinsicht-

lich des von ihm als Mietvertrag benannten Schriftstücks entwickelt, das sich mit dem Bedeutungsverständnis des Gesetzgebers hinsichtlich der von ihm mit dem Tatbestandsmerkmal "unecht" erfaßten Sachverhalte deckt. Ein solches, dem Tatbestandsmerkmal "unecht" korrespondierendes Bedeutungsverständnis läge dann vor, wenn er die im Schriftstück verkörperte Erklärung als eine solche ansehen würde, die er als Inhaber der Erklärungsherrschaft abgegeben hätte. Läge der von A vorgestellte Sachverhalt, Unterzeichnung eines Mietvertrages aufgrund entsprechender Ermächtigung, in Wirklichkeit vor, dann würde der Gesetzgeber diesen Sachverhalt mit dem Begriff Echheit bezeichnen. Demzufolge handelte A ohne Vorsatz bezüglich der Unechtheit des Kaufvertrages.

(3) Dritter Fall: A stellt sich ein Rechtsgeschäft vor, das, wie er weiß, nur eigenhändig vorgenommen werden darf (Testament), glaubt aber, er sei von B zur Unterzeichnung der Erklärung ermächtigt worden.[132] Zunächst drängt sich die Frage auf, ob A, nachdem er erkannt hat, daß das Testament eigenhändig zu errichten ist, überhaupt noch die Vorstellung entwickeln kann, er sei trotzdem zur Unterzeichnung der Erklärung ermächtigt.

> Zu klären ist, welche Auswirkungen die Vorstellungen der Eigenhändigkeit der Beurkundung auf die Möglichkeit von der Vertretungsbefugnis hat. Ausgangspunkt ist das Bedeutungsverständnis der "Unechtheit" im Zusammenhang von Ermächtigung zur Beurkundung und dem Ausschluß dieser Ermächtigung beim Formerfordernis der Eigenhändigkeit. Nach dem immer wieder formulierten Erfordernis der Parallele zwischen dem Bewußtsein des Täters von der Bedeutung des Sachverhaltes mit den Sachverhalten, die der Gesetzgeber dem Merkmal der Unechtheit zuordnen wollte, geht es um die Frage, ob der Täter sich einen Sachverhalt vorgestellt hat, den der Gesetzgeber als einen solchen qualifizieren würde, bei dem eine Ermächtigung zur Beurkundung durch den Aussteller ausgeschlossen ist, der also Eigenhändigkeit erfordert: Bei Urkunden hochgradiger Beweisbedeutung tritt die Bindungswirkung der personellen Garantie nur bei persönlicher Errichtung ein. Dies muß dem

---

132 Näher dazu unten S. 381 f.

Täter in seiner Bedeutung bewußt geworden sein ("das Wichtigste mit eigener Hand"). Gegenstand dieses Bedeutungsverständnisses ist aber nur das **Faktum** der gesteigerten Bedeutung, nicht der Inhalt und die Einzelheiten, nicht der rechtliche oder sachliche Grund dafür.[133] Sobald der Täter erkannt hat, daß die abgegebene Erklärung nur dann dem Namensträger zugerechnet wird, wenn dieser eigenhändig handelt, entwickelt er das Bedeutungsverständnis vom Zusammenhang der Eigenhändigkeit mit der Echtheit und dem Ausschluß der Vertretung; er stellt sich einen Sachverhalt vor, dem der Gesetzgeber wegen scheinbarer, aber nicht wirklicher Zurechnung auf den Urheber das Prädikat "unecht" verliehe.

Dies ist jedoch nur eine der Möglichkeiten des Bedeutungsverständnisses.[134] Es ist eine Alternative im Bedeutungsverständnis des Täters denkbar. Allein das Erkennen des Eigenhändigkeitserfordernisses muß dem Täter die Konsequenzen für die Nichtzurechnung der Urkunde auf den scheinbaren Aussteller nicht zwingend vor Augen führen. Denkbar ist, daß der Täter aus der Formwidrigkeit nur Konsequenzen für die zivilrechtliche Wirksamkeit des beurkundeten Geschäfts (Testament, Schenkungsversprechen usw.), nicht aber für die Echtheit der Urkunde zieht.[135] Hier soll zunächst der ersten Möglichkeit nachgegangen werden.[136]

Ist sich also der Täter bewußt, daß bei eigenhändiger Vornahme eine Stellvertretung mit der Wirkung, daß die körperlich vom "Werkzeug" hergestellte Erklärung dem Hintermann aufgrund seiner Erklärungsherrschaft als eigene zuge-

---

133 Etwa die erhöhten Anforderungen an den Nachweis an die Echtheit beim Testament, der Schutz vor Voreiligkeit beim Schenkungsversprechen usw. Auch beim Bedeutungsverständnis der Fremdheit der Sache (§§ 242 StGB) kam es nach richtiger Auffassung nur auf das Vorhandensein, nicht auf den Rechtsgrund der Fremdheit an (die Erwerbstatbestände des Eigentums). Vgl. oben S. 242 ff.

134 Sie dürfte allerdings wohl dem Regelfall entsprechen.

135 Dies widerspricht der herrschenden Meinung, würde aber mit der Auslegung Samsons übereinstimmen - eine ähnliche Konstellation, wie sie sich für den Fall der eigenmächtigen Befriedigung einer Geldschuld bei der Rechtswidrigkeit der Zueignung im Gegensatz der Rechtsprechung (Geldschuld als Gattungsschuld unter Eröffnung der Irrtumsproblematik oder Geldschuld als Wertsummenschuld) darstellt. Samson, SK, 4. Aufl., § 267 Rdn. 58; ders., JuS 1970, S. 375 f.; vgl. oben S. 369 ff., 370 ff.

136 Zur zweiten Möglichkeit vgl. die Beispiele 4 und 6.

rechnet wird, nicht möglich ist - und demnach scheinbarer und wirklicher Aussteller auseinanderfallen -, dann steht man vor der Frage, ob dieser vom Täter vorgestellte Sachverhalt ein solcher ist, der, läge er vor, vom Gesetzgeber mit dem Tatbestandsmerkmal unecht umschrieben würde. Die Antwort darauf lautet: Ja. Ein Rechtsgeschäft, das der eigenhändigen Vornahme bedarf, ist ein solches Rechtsgeschäft, das der Gesetzgeber nicht von einem Dritten vorgenommen sehen will und damit ein Sachverhalt, der das vom Gesetzgeber mit dem Tatbestandsmerkmal "unecht" verknüpfte Bedeutungsverständnis zu tragen in der Lage ist, wonach der scheinbare Aussteller gerade nicht derjenige ist, dem die Herrschaft über die vom körperlichen Hersteller abgegebene Erklärung zukommt. Als Ergebnis bleibt festzuhalten: A handelte mit Vorsatz hinsichtlich der Unechtheit, da er hinsichtlich des von ihm vorgestellten Sachverhaltes das Bedeutungsverständnis entwickelt hatte, daß die Erklärung nicht dem Namensinhaber zugerechnet werden kann und dieser Sachverhalt ein solcher ist, den der Gesetzgeber mit dem Tatbestandsmerkmal "unecht" erfassen will.

Der Umstand, daß der objektive Tatbestand des § 267 StGB im dritten Beispielsfall durch das Unterschreiben eines Kaufvertrages ohne Ermächtigung erfüllt wurde, aber für die Vorsatzprüfung und Bejahung darauf abgestellt wurde, daß A vom Vorliegen eines Testaments ausging, mag verwundern und geradezu als Abkehr von der im ersten Teil der eigenen Lösung entwickelten Forderung nach der Vertretbarkeit der Sachverhalte zwischen objektiv existierendem Geschehen und irrtümlich vorgestelltem Geschehen anmuten. Man könnte ja denken, daß Kaufvertrag und Testament keine solche vertretbaren Sachverhalte seien, da es sich beim Kaufvertrag um ein nicht formbedürftiges Rechtsgeschäft handele, das Testament aber gerade Eigenhändigkeit fordere. Diese Überlegungen würden jedoch das Kriterium der Vertretbarkeit der Sachverhalte am falschen Platz benutzen. Nach der Vertretbarkeit der Sachverhalte "Tatobjekt" ist an dieser Stelle nicht gefragt, sondern nach der Vertretbarkeit des Sachverhaltes, der dem Merkmal Unechtheit (= Divergenz zwischen körperlichem und scheinbarem Aussteller) zugrunde liegt und der im Zusammenhang mit der Geistigkeitstheorie durch das Fehlen einer wirksamen Bevollmächtigung zu ergänzen ist.

Vom Gesetzgeber als "unecht" eingestuft sind alle Sachverhalte, in denen eine wirksame Bevollmächtigung bei der Verwendung des fremden Namens fehlt. Es ist dabei tatbestandsirrelevant, ob das Fehlen auf tatsächliche oder rechtliche Regeln, auf einen oder mehrere Mängel zurückzuführen ist.[137] Eine fehlende Bevollmächtigung ist auswechselbar (vertretbar) mit einer erteilten, aber rechtsunwirksamen Bevollmächtigung. Und man darf den Satz wagen, daß sie so auswechselbar ist wie Marmor und erstarrter Sand; wie Reh und Mauswiesel.

Bei dem Merkmal der dauerhaften Perpetuierung konnte das Merkmal der Vertretbarkeit der Sachverhalte freilich plastischer anhand der verschiedenen in Betracht kommenden Perpetuierungsmittel Marmor und erstarrter Sand vorgeführt werden. Dies war möglich, da der Gesetzgeber selbst mit seinem Tatbestandsmerkmal "dauerhaft verkörpert" an Erscheinungen der Außenwelt anknüpft. Bei Reh und Mauswiesel ist das nicht anders. Dem Tatbestandsmerkmal der Unechtheit fehlt ein für sich schlüssiges, sensuell erfaßbares Substrat,[138] das Auskunft über das Auseinanderfallen von wirklichem und scheinbaren Aussteller (Unechtheit) geben kann, und auch die Frage, ob die vom körperlichen Hersteller abgegebene Erklärung dem Namensinhaber zugerechnet wird, läßt sich nicht anhand eines solchen Tatsachensubstrats beantworten. Maßgeblich für die Beurteilung, ob wirklicher und tatsächlicher Aussteller auseinanderfallen und damit die Urkunde unecht ist, ist allein die Antwort auf die Frage,

---

137 Ebenso wie die Rechtswidrigkeit der Zueignung (vgl. oben S. 371 f.) zu bejahen ist, gleich ob gar kein Anspruch oder ein nicht fälliger und/oder einredebehafteter Anspruch auf eine Sache vorhanden ist.

138 Die dem Vertretungsverhältnis zugrunde liegenden gewechselten Worte oder getauschten Briefe o.ä. sind nicht ausschlaggebend.

ob die Erklärung dem scheinbaren Aussteller zuzurechnen ist, was dann der Fall ist, wenn der Handelnde vertreten will, soll und rechtlich darf. Vorstellungen des Täters über Sachverhalte, denen seiner Ansicht nach diese Eigenschaften (Vertretenwollen, -sollen, -dürfen) zukommen, führen zum Vorsatzausschluß, da es sich bei diesen Sachverhalten um solche handelt, die der Gesetzgeber mit dem Merkmal "unecht" nicht erfassen wollte. Ob der Täter sich vorstellt, er unterschreibe einen Kaufvertrag aufgrund einer irrtümlich für erteilt gehaltenen Ermächtigung, oder ob er glaubt, er unterzeichne ein von ihm als formbedürftig erkanntes Testament aufgrund einer ihm vom Erblasser erteilten Ermächtigung, ist für die allein für den Vorsatz der Unechtheit maßgeblichen Frage unwichtig. Maßgeblich ist hierfür allein, ob der Täter sich einen Sachverhalt vorgestellt hat, den auch der Gesetzgeber mit dem Tatbestandsmerkmal "unecht" erfassen wollte. Denn gehört der subjektiv vorgestellte Sachverhalt des Täters zu den Sachverhalten, die der Gesetzgeber mit dem Merkmal "unecht" umschreiben wollte, dann wird der Täter für einen - von ihm vorgestellten - Sachverhalt bestraft, den der Gesetzgeber zu den strafwürdigen zählte. Der Umstand, daß objektiv ein Sachverhalt vorliegt, der zwar nicht identisch mit dem vorgestellten Sachverhalt ist, der aber auch zu den Sachverhalten gehört, die der Gesetzgeber mit dem Tatbestandsmerkmal "Fehlen einer Bevollmächtigung und daher unecht" umschreiben wollte, macht deutlich, daß objektiver und subjektiver Tatbestand im entscheidenden Punkt kongruent sind. Anders als beim Mauswiesel, das für eine Maus, aber auch für jagdbar gehalten wird (vgl. oben), ist hier der Sachverhalt nicht von der Bedeutung abgekoppelt, sondern ist aus ihm zutreffend entwickelt: kein Recht zur Namensführung.

Mit der Forderung, daß der Täter sich einen Sachverhalt vorstellen muß, der zu denen gehört, die der Gesetzgeber verhindert sehen will, ist auch sichergestellt, daß der Täter nur in den vom Gesetzgeber mittels der Tatbestandsmerkmale aufgestellten Grenzen bestraft wird, so daß der Tatbestand seiner strafbarkeitsbeschränkenden Wirkung gerecht wird. Der Tätervorstellung wird also keine straferweiternde Funktion beigelegt, wenn man die aufgezeigte Vertretbarkeit von objektivem und irrtümlichem Sachverhalt und gesetzgeberisch erfaßtem Sachverhalt beachtet. Dieser Sachverhalt, den sich der Täter vorstellen muß, kann das Erkennen eines handgreiflichen Tatsachensubstrats voraussetzen, mit dem der Täter ein bestimmtes Bedeutungsverständnis verbinden muß, oder der Sachverhalt kann in erster Linie von einem sich an ein unscheinbares Tatsachensubstrat (Schriftstück) anknüpfendes Bedeutungsverständnis (Rechtsgeschäft, bei dem Vertretung zulässig ist/Rechtsgeschäft, das der eigenhändigen Vornahme bedarf) geprägt werden. Welche Rolle das Tatsachensubstrat spielt, ist also allein von der jeweiligen gesetzgeberischen Vorstellung abhängig, die im Tatbestand ihren Niederschlag gefunden hat.

(4) Vierter Fall: Die Besonderheit, die dieser Fall im Gegensatz zum Fall 3 aufweist, besteht darin, daß A sich vorstellt, ein Testament bedürfe der Eigenhändigkeit nur für die Wirksamkeit der Erbeinsetzung, habe aber für die Beurteilung einer Urkunde als echt oder unecht keine Bedeutung.[139] Für die Echtheit komme es allein darauf an, daß der Erblasser ihn, A, zur Testamentserrichtung - wie von ihm irrtümlich angenommen - ermächtigt habe. Richtig ist zwar, daß A das Formerfordernis der Eigenhändigkeit des Testaments erkannt hat, doch folgt daraus nicht wie im dritten Fall die Vorstellung, daß die Eigenhändigkeit einer wirksamen Vertretung entgegensteht. A bezieht das Formerfordernis ausschließlich auf die zivilrechtliche Wirksamkeit der Nachlaßregelung, hält es aber für die strafrechtliche Beurteilung der Urkunde als echt für irrelevant. Diese Vorstellung des A hat irrtumsrechtlich folgende Konsequenzen: A stellt sich einen Sachverhalt vor, nämlich ein Rechtsverhältnis, das durch einen Vertreter als "Werkzeug" mit Wirkung für den Namensträger als Inhaber der Erklärungsherrschaft getätigt werden kann, das - läge es vor -

139 Vgl. oben S. 374 f. und Fußn. 135.

vom Gesetzgeber mit dem Begriff "echt" versehen würde. Der Umstand, daß A das von ihm vorgestellte Rechtsgeschäft mit dem Begriff "Testament" versieht, führt nun nicht bei ihm zu dem Bedeutungsverständnis - wie es in der Regel bei Zugrundelegung des Allgemeinverständnisses vom Begriff "Testament" der Fall ist -, daß es sich um ein Rechtsverhältnis handelt, dessen Errichtung nur eigenhändig erfolgen darf, sowohl was seine zivilrechtliche als auch seine strafrechtliche Beurteilung betrifft. Er stellt sich ein Rechtsverhältnis vor, das durch einen Vertreter als Werkzeug des Namensträgers als Inhaber der Erklärungsherrschaft getätigt werden darf, dem allerdings die bürgerlich-rechtliche Wirksamkeit fehlen kann, und benennt dieses Rechtsgeschäft fälschlicherweise mit dem Begriff "Testament". Dieser Fall verdeutlich nochmals, daß es für die Feststellung der Tätervorstellung nicht auf die von ihm verwendeten Begriffe ankommt, sondern auf die von ihm vorgestellten Sachverhalte, unabhängig davon, welche Namen er zu deren Bezeichnung verwendet. Der von A vorgestellte Sachverhalt ist nun ein Sachverhalt, der - läge er vor - vom Gesetzgeber mit dem Begriff "echt" bezeichnet würde, so daß der Täter keine Vorstellung bezüglich der Unechtheit entwickelt hat. Er handelt im Tatbestandsirrtum.

Fall 5: Auch Fall 5 und 6 haben es mit dem Einfluß der Annahme einer eigenhändigen Urkunde und ihrer Auswirkung auf die Vorstellung einer Ermächtigung zur Beurkundung im Namen des Ausstellers zu tun und folgen insofern demselben Grundmuster. Der Unterschied liegt darin, daß der Täter sich im Fall 3 und 4 vorstellt, eine Urkunde anzufertigen (Testament), die wirklich der eigenhändigen Errichtung bedarf, was er im Fall 5 und 6 **irrtümlich** auch für einen Kaufvertrag unterstellt.

Auch hier könnte die richtige Voraussetzung, das Bedeutungsverständnis bedürfe eines mindestens vertretbaren Sachverhaltes, zu der unrichtigen Argumentation verleiten, die Bedeutung "Eigenhändigkeit" sei bei Kaufverträgen unvertretbar, tatbestandsirrelevant und für die Vorsatzbegründung nicht zu verwerten.

Richtigerweise ist aber im Fall 5 und 6 nicht anders zu entscheiden als im Fall 3 und 4.

Auch im fünften Fall ist zu klären, welchen Bedeutungsgehalt der Täter mit dem Begriff "Eigenhändigkeit" verbindet. Auch hier besteht zwischen der Vorstellung "Die personelle Garantie trifft nur dann den Namensinhaber, wenn er selbst das Schriftstück verfaßt und unterschrieben hat" und die Vorstellung "Die im fremden Namen unterzeichnete Erklärung wird dem Namensinhaber zugerechnet, wenn ein Dritter für den Namensinhaber handelt" regelmäßig ein Ausschlußverhältnis. Von der in Fall 4 behandelten und in Fall 6 zu behandelnden Ausnahme der Aufspaltung von Urkunde und Rechtsgeschäft abgesehen, hat der Täter entweder die Vorstellung, die für den Namensträger abgegebene Erklärung werde diesem zugerechnet, oder er geht davon aus, daß ihm die Erklärung nicht zugerechnet wird, weil für eine solche Zurechnung die Eigenhändigkeit notwendig ist. Der Täter hat also im Fall 5 die Vorstellung, die Bindungswirkung für B durch die Herstellung der Urkunde nicht wirklich, sondern nur scheinbar herzustellen. Damit handelt er mit dem Vorsatz der Unechtheit.

Wie aber steht es nun mit der Frage, ob es angesichts des real existierenden Sachverhaltes "Kaufvertrag" nicht ausreicht, daß er sich insoweit eine Ermächtigung vorstellt, die die Zurechnung der Urkunde auf B objektiv erlaubte? Wie in Fall 3 liefe das wieder auf die Aufstellung einer fehlerhaften Relation zwischen Bedeutungsverständnis und zugrundeliegendem Sachverhalt hinaus. Es kommt nur darauf an, ob der Täter sich einen Sachverhalt der **Ermächtigung** vorstellt, der ihm die legitime Bindung für den Aussteller zu begründen gestattet. Diese Vorstellung hat er in dem Augenblick eingebüßt, in dem er einen qualifizierten Fall der personellen Garantie statt einen unqualifizierten Vorgang (wie den Kaufvertrag)[140] zu beurkunden gedenkt. Der Entstehungsgrund dieser Erhöhung des Garantiebedarfs fällt dagegen nicht in das Zuordnungsverhältnis von Sachverhalt und Bedeutungsverständnis. Ob Testament oder Schenkungsversprechen, ob Kauf, ob Miete, dies alles sind für das Tatbestandsmerkmal "unecht" irrelevante Gegebenheiten.[141]

Anders wäre es, wollte man das tatbestandsrelevante Bedeutungsverständnis nicht auf das **Ergebnis** beschränken, sondern auch die Ursachen für den erhöhten Qualifikationsbedarf in die Sachverhalte einbeziehen, die dem Merkmal "unecht" zuzuordnen sind. Dann freilich könnte der Sachverhalt "Kaufvertrag", da er nicht zu denjenigen gehörte, für die der Gesetzgeber die Eigenhändigkeit verfügte, das Bedeutungsverständnis "unecht" nicht tragen.[142] Dies wäre eine unzulässige Erweiterung in das Feld tatbestandsirrelevanter Sachverhaltselemente. Somit lautet die Lösung für den Fall 5 nicht anders als in Fall 3: Der Täter handelt vorsätzlich, denn er hat objektiv eine Urkunde ohne Ermächtigung hergestellt, also ohne eine Bindung für B zu begründen; er hat sich vorgestellt, diese Bindung nicht begründen zu können, und ist daher von einem Sachverhalt des gesetzlichen Prädikats "unecht" ausgegangen. Daß die Unechtheit tatsächlich auf dem Fehlen des rechtlichen "Sollens" (kein Auftrag) und nicht auf dem fehlenden "Dürfen" (Eigenhändigkeit) beruhte, wirkt sich nicht zu seinem Gunsten aus.

Fall 6: Die Lösung des sechsten Falles ist nach dem Vorangegangenen einfach - sie entspricht strukturell dem Ergebnis von Fall 4. Auch hier geht der Täter davon aus, daß der

---

140 Vgl. oben Fußn. 134.

141 Vgl. oben S. 377 ff.

142 Ebensowenig wie die Wahrnehmung "Maus" die Bedeutung "jagdbares Tier", die Wahrnehmung "flüchtiger Sand" die Bedeutung "dauerhafte Verkörperung der Urkunde" tragen könnte.

Verzicht auf die eigenhändige Vornahme zwar die Nichtigkeit des Kaufvertrages zur Folge habe, aber nicht die Zurechnung der Beurkundung dieses Vorganges auf den Aussteller B. Die Vorstellung des A hat irrtumsrechtlich folgende Konsequenzen: A stellt sich einen Sachverhalt vor, nämlich die Errichtung einer Urkunde, die durch einen Vertreter "als Werkzeug" mit Wirkung für den Namensträger als Inhaber der Erklärungsherrschaft getätigt werden kann. Dieser Sachverhalt, läge er vor, würde vom Gesetzgeber mit dem Begriff "echte Urkunde" versehen. Der Täter handelt also ohne Vorsatz.

Es wird ersichtlich, wie wichtig es ist zu ermitteln, welches Bedeutungsverständnis der Täter mit den Begriffen "Eigenhändigkeit" und "Ermächtigung" verbindet. Diese Aufgabe obliegt dem Richter, und ihre Schwierigkeit darf nicht unterschätzt werden. Es zeigt sich, daß es auf die Analyse des Bedeutungsverständnisses zu Begriffen wie "eigenhändig", "formfrei", "Zurechnung zum Aussteller" ankommt, nicht auf die Qualifizierung des Rechtsgeschäfts als Miete, Testament, Kauf usw. Allerdings wird auch deutlich, daß der Rechtsprechung des Reichsgerichts zur Unechtheit bei fehlender Eigenhändigkeit seine angeblich überspitzte Unterscheidung nach Vorstellungsinhalten des Täters zu Unrecht vorgeworfen worden ist.[143] Zwar war der Inhalt der Bewußtseinsalternativen[144] nicht zutreffend und vor allem unklar.[145] Um eine Differenzierung im Bewußtsein kommt man nicht herum. Es wäre jedoch verfehlt, in einer Lehre von den Bewußtseinsinhalten nach eindeutigen objektiv faßlichen Patentrezepten zu suchen.

(7) Siebenter Fall: Der siebente Fall ist dadurch gekennzeichnet, daß A sich irrtümlich vorstellt, ein Testament zu verfertigen, und glaubt, aufgrund einer wirksamen Ermächti-

---

143 Vgl. oben S. 364 f.

144 Vgl. oben S. 365 f.

145 Vgl. oben S. 367 f.

gung für den Namensinhaber zu handeln, da das Testament seiner Ansicht nach keiner eigenhändigen Unterschrift bedarf. Da es, wie bemerkt, auf die verwendeten Begriffe nicht ankommt und es den wirklichen vorgestellten Sachverhalt zu ermitteln gilt, ist es folgerichtig, den Vorsatz des A in diesem siebenten Beispielsfall zu verneinen. Er stellt sich nämlich einen Sachverhalt vor, wonach er ein Rechtsverhältnis tätigt, das für und gegen den Namensträger wirkt. Läge dieser Sachverhalt vor, so würde er vom Gesetzgeber nicht als Sachverhalt angesehen werden, den er mit Hilfe des Tatbestandsmerkmal "unecht" umschrieben hat. Daß A zur geschilderten Vorstellung als Folge von zwei Fehleinschätzungen kommt, nämlich der Annahme, das Schriftstück sei ein Testament, und der weiteren Annahme, Testamente bedürften keiner eigenhändigen Vornahme, ist unbeachtlich, da der Akt der Erlangung eines Bedeutungsverständnisses nur ein vorsatzirrelevanter Motivationsakt ist. Maßgeblich für die Bestimmung des Vorsatzinhaltes ist immer das am Abschluß einer mehr oder weniger komplizierten Gedankenführung stehende Bedeutungsverständnis vom Sachverhalt.[146]

(8) Achter Fall: Im Gegensatz zu den vorhergehenden Beispielsfällen stellt sich A nicht vor, zur Vornahme der Testamentserrichtung ermächtigt zu sein, sondern er nimmt irrigerweise die Wirksamkeit des Testaments für den Fall an, daß er (A) den wahren Willen des B wiedergibt. Dieser vorgestellte Sachverhalt gehört aber nicht zu den Sachverhalten, bei denen der Gesetzgeber - läge der Sachverhalt objektiv vor - die Echtheit der Urkunde bejahen würde. A entwickelt nicht das Bedeutungsverständnis, ein Rechtsgeschäft zu tätigen, das für und gegen den Namensträger wirkt, weil der Namensträger die Erklärungsherrschaft innehat und er (A) nur als dessen Werkzeug die Erklärung körperlich herstellt. Hier maßt A sich selbst die Erklärungsherrschaft an, die er "zum Besten" des B ausüben will, da das Rechtsgeschäft dem wahren Willen des B entspreche. Dieser Sach-

---

[146] Vgl. oben S. 286 ff..

verhalt entspricht aber nicht den Sachverhalten, die der Gesetzgeber als die Ausnahme von der Ausnahme ansieht, daß trotz Zeichnen mit fremdem Namen eine echte Urkunde vorliegt. Der Vergleich des gesetzgeberischen Bedeutungsverständnisses mit dem Bedeutungsverständnis des Täters hinsichtlich des irrtümlich vorgestellten Sachverhalts bedeutet für A, daß er sich einen Sachverhalt vorgestellt hat, den der Gesetzgeber mit dem Tatbestandsmerkmal "unecht" erfassen wollte, so daß A vorsätzlich bezüglich der Unechtheit des Kaufvertrages gehandelt hat.

e) Die Bewußtseinsform der positiven Fehlvorstellung und der Unkenntnis bei der Bevollmächtigung

Bei der Darstellung der Lösung hat sich bereits ergeben, daß, wie das auch sonst in irrtumsrechtlicher Sichtweise üblich ist, die Ignorantiaform völlig gleichbehandelt wird wie der error. Es kann keine Rolle spielen, ob der Täter etwa bei der Annahme, ein Testament mit dem Willen und der Bevollmächtigung des Erblassers zu schreiben, durch positives Denken zu der fehlerhaften Annahme gekommen sein muß, ein Testament bedürfe nicht der Eigenhändigkeit, oder ob in einem Laienbewußtsein für eine Formkomplikation überhaupt kein Raum besteht. Der Vorsatz ist auch im zweiten Fall nicht anzunehmen. Es ist zwar in der Lehre vom Rechtfertigungsirrtum von Vertretern der Lehre von den negativen Tatbestandsmerkmalen behauptet worden, beim Vorhandensein des Irrtums sei nicht die Vorstellung vom Fehlen der (negativen) Merkmale erforderlich, sondern die fehlende Vorstellung vom Merkmal reiche für die Vorsatzbegründung aus.[147] Dies würde im hier gegebenen Zusammenhang bedeuten, daß nur die positive Fehlannahme der Formfreiheit/Eigenhändigkeit, daß nur die positive Annahme eines bestehenden Vertretungsverhältnisses, nicht aber die fehlende Vorstellung von Mängeln in der Bevollmächtigung ausreiche, um den Vorsatz zu

---

147 Arthur Kaufmann, JZ 1956, S. 357 m.w.N.

widerlegen. Dies ist jedoch nicht haltbar. Vorsatz kann nicht als fehlendes Bewußtsein eines Tatbestandsmerkmals aufgefaßt werden. Der einen Bewußtseinsform des Vorsatzes - Kenntnis der Tatbestandsmerkmale - stehen zwei Bewußtseinsformen des Irrtums gegenüber, die falsche Vorstellung und die fehlende Vorstellung über Tatbestandsmerkmale, error und ignorantia. Wenn positive Tatbestandsmerkmale durch negative Tatbestandsmerkmale ersetzt werden, so ändert sich nicht die Bewußtseinsform, sondern der Bewußtseinsgegenstand. Vorsatz ist die Kenntnis vom Fehlen des (negativen) Tatbestandsmerkmals, Tatbestandsirrtum ist einmal die fehlerhafte Vorstellung vom Vorhandensein des negativen Tatbestandsmerkmals, zum anderen auch die fehlende Kenntnis vom Nichtvorhandensein des Merkmals, die die Ignorantiaform des Irrtums ist.[148]

Es ist nicht auszuschließen, daß das Reichsgericht einem Trugschluß erlegen ist und die Ignorantiaform der negativen Form "Fehlen der Bevollmächtigung" bei einer Vorsatzbegründung bezüglich des außerstrafrechtlichen Rechtsirrtums verwechselt hat. Es ist ja kaum anzunehmen, daß die vom Reichsgericht in Erwägung gezogene und als "strafrechtlich" bezeichnete Version des Irrtums wirklich nur in der (positiven) Fehlannahme bestand, ein gültiges Testament könne von jedermann für einen anderen errichtet werden, der nur seinen wirklichen Willen träfe. Der Gedanke, jedermann könne jedermanns Notar ohne Auftrag sein, ist geradezu absurd. Auch in seiner zweiten Version dürfte das Reichsgericht von einer Ermächtigung des Erblassers ausgegangen

---

148 Krümpelmann, GA 1968, S. 131 f. - Beim Rechtfertigungsirrtum führt das zu der unhaltbaren Konsequenz der Lehre von den negativen Tatbestandsmerkmalen, der Täter müsse bei der Tatbestandsverwirklichung das Fehlen der Rechtfertigungsgründe bedenken. Bei § 267 StGB ist dagegen wirklich zu verlangen, daß der Fälscher positiv (mit)-bedenkt, er dürfe nicht für den erkennbaren Aussteller zeichnen. Das Bewußtsein, gegen den Willen des Namensträgers zu handeln, dürfte den Fälschungsakten außerhalb der Zusammenhänge der Geistigkeitstheorie allerdings immanent sein.

sein, aber aus dem fehlenden Bewußtsein des Formerfordernisses der Eigenhändigkeit gefolgert haben, dann sei eben eine Testamentserrichtung durch den ermächtigten Dritten in seiner Vorstellung formgültig. Nach der oben durchgeführten Lösung würde eine solche Vorstellung zum Vorsatzausschluß führen. Insgesamt zeigt sich, daß die reichsgerichtlichen Überlegungen selbst in den beiden Grundannahmen der Irrtumsarten nicht zur Klarheit gekommen sind.

Ist allerdings die zweite Irrtumsversion des Reichsgerichts mit dem glossierten "jedermanns Notar" richtig wiedergegeben, dann liegt natürlich die Annahme eines tatbestandsirrelevanten Irrtums vor, der die Vorsatzfrage nicht berührt (der allenfalls einen Verbotsirrtum eröffnen mag).

f) Vergleich der reichsgerichtlichen Lösung

Der Testamentserrichtungsfall, wie er dem Reichsgericht vorlag, läßt sich mit Hilfe der hier entwickelten Auslegungsmethode leicht lösen.

Die Täterin stellte sich im Testamentserrichtungsfall zunächst folgenden Sachverhalt vor: Sie errichte ein gültiges Testament des B aufgrund eines wirksamen Auftrages. Sie stellte sich also ein Rechtsgeschäft vor, dessen Abschluß sie als Werkzeug mit Wirkung für und gegen den Erblasser tätigt, so daß sie ohne Vorsatz bezüglich der Unechtheit handelte. Denn läge diese Situation, der Abschluß eines Rechtsgeschäfts mit Wirkung für den scheinbaren Aussteller als Inhaber der Erklärungsherrschaft vor, dann würde der Gesetzgeber diesen Sachverhalt unter den Begriff "echt" einordnen. Auch in diesem Fall ist zu beachten, daß die Verwendung eines bestimmten Begriffes nichts Zwingendes über das dadurch zum Ausdruck gebrachte Bedeutungsverständnis aussagt. Hier verbindet die Täterin mit dem Begriff Testament nicht das Formerfordernis der Eigenhändigkeit und die daraus resultierende Unmöglichkeit einer Stellvertretung. Sie geht statt dessen von einem Rechtsgeschäft aus, das wirksam durch den Vertreter vorgenommen werden kann (und damit von einem nicht formbedürftigen Rechtsgeschäft). Läge dieser vorgestellte Sachverhalt in Wirklichkeit vor, dann würde der Gesetzgeber ihn mit dem Begriff "echt" bezeichnen. Damit ist als Ergebnis festzuhalten, daß A in der ersten Irrtumskonstellation des Reichsgerichts vorsatzlos handelte.

Die zweite Irrtumskonstellation ist dadurch geprägt, daß A sich vorstellt, sie könne mit fremdem Namen zeichnen und ein echtes Testament herstellen, wenn sie nur den wahren Willen des Erblassers wiedergebe. Die Anwendung der hier entwickelten Lösung führt zu dem Ergebnis: A handelte vorsätzlich. A stellte sich einen Sachverhalt vor, nämlich das Unterzeichnen eines Testament mit fremdem Namen stelle eine echte Urkunde dar, wenn im Testament nur der wahre Wille niedergelegt werde, der - läge er wirklich vor - vom Gesetzgeber unter das Tatbestandsmerkmal "unecht" eingeordnet würde. Der Gesetzgeber will das Zeichnen mit fremdem Namen in den Fällen verhindert sehen, in denen eine wirksame Bevollmächtigung fehlt. Die mutmaßliche Verwirklichung des Erblasserwillens ist keiner der Gründe, die der Gesetzgeber für die Zurechnung einer von fremder Hand und in fremdem Namen abgegebenen Erklärung auf den Namensträger ausreichen läßt. Somit handelte A vorsätzlich.

Der Vergleich der hier gewonnenen Ergebnisse mit den Ergebnissen des Reichsgerichts weist keinen Unterschied auf; auch das Reichsgericht kommt für die erste Irrtumskonstellation zum Vorsatzausschluß, in der zweiten Irrtumskonstellation zum Vorsatz. Diese Übereinstimmung verwundert freilich nicht, da doch bereits im dritten Kapitel der Arbeit dargelegt wurde, daß das Reichsgericht bei der Lösung der Fälle ergebnisorientiert vorgegangen ist und sich der Verwirklichung der Gerechtigkeit verpflichtet sah. Das vom Reichsgericht gefundene, am Gerechtigkeitsgefühl orientierte "richtige" Ergebnis ließ sich, so zeigte sich, mit der hier entwickelten Lösung bestätigen, ohne daß sie dem gegenüber dem Reichsgericht erhobenen Vorwurf ausgesetzt wäre, einzelfallbezogen vom Ergebnis her zu argumentieren. Demnach ist die hier gefundene Lösung gegenüber der Lösung des Reichsgerichts vorzugswürdig.

g) Ergebnis

Als Ergebnis ist somit festzuhalten:

1. In der Regel knüpft sich an das Wissen um die Eigenhändigkeit des Rechtsgeschäfts die Vorstellung an, den Namensträger nicht wirksam vertreten zu können. Infolgedessen wird das Merkmal der Eigenhändigkeit als Synonym für den Umstand gebraucht, daß eine wirksame Stellvertretung in diesen Fällen ausgeschlossen ist. Auf der objektiven Tatseite trifft dieser unterschiedslose Gebrauch von dem Erfordernis einer eigenhändigen Vornahme und der Unechtheit der Urkunde zu. Auf der subjektiven Tatseite folgt zwar in der Regel aus der Erkenntnis, daß ein Rechtsgeschäft der eigenhändigen Vornahme bedarf, die Vorstellung, ein unwirksames Rechtsgeschäft zu tätigen, wenn man ein solches höchstpersönliches Rechtsgeschäft mit dem Namen des Auftraggebers unterzeichnet, doch gibt es keine zwangsläufige Verknüpfung beider Vorstellungsinhalte. Das Wissen um die Eigenhändigkeit schließt nicht zwingend die Vorstellung aus, als Stellvertreter den Namensinhaber wirksam vertreten zu haben (Fall 4).

2. Nicht das Wissen um die Eigenhändigkeit vermittelt die Kenntnis von dem Auseinanderfallen von scheinbarem und wirklichem Aussteller, sondern das Wissen um die Unwirksamkeit der Stellvertretung.

3. Solange der Täter glaubt, er könne den Namensträger wirksam vertreten, stellt er sich die Identität von scheinbarem und wirklichem Aussteller vor, so daß es an der Vorstellung eines Auseinanderfalles von schein-

barem und wirklichem Aussteller als Kennzeichen der Unechtheit der Urkunde fehlt.

4. Sobald der Täter, aus welchem Grund auch immer, weiß, daß er den Namensträger nicht wirksam vertreten kann, also nicht mit Wirkung für und gegen ihn eine Erklärung abgeben kann, hat der Täter das Auseinanderfallen von wirklichem und scheinbarem Aussteller erkannt und damit Kenntnis von der Unechtheit der Urkunde erlangt.

B. Verbotsirrtum

I. Allgemeine Grundsätze für die Behandlung eines Verbotsirrtums

Der Verbotsirrtum wirft bei den Urkundendelikten keine spezifischen, nur die Urkundendelikte betreffenden Probleme auf, und für die Belange dieser Arbeit ist es nicht notwendig, auf die Vielzahl der bis heute kontrovers diskutierten[149] Zweifelsfragen einzugehen. Um auf die Frage, ob eine Trennung zwischen Tatbestandsirrtum und Verbotsirrtum möglich ist, für den Irrtum beim Urkundendelikt eine Antwort zu finden, genügt es, von den gesicherten Erkenntnissen auszugehen, die im Laufe der Diskussion um Standort, Inhalt und Rechtsfolgen des Verbotsirrtums erzielt wurden. Dabei lassen sich auch die bei der Auseinandersetzung mit dem Tatbestandsirrtum gewonnenen Erkenntnisse für die Abgrenzung von Tatbestandsirrtum und Verbotsirrtum fruchtbar machen. Bei den Urkundendelikten werden in erster Linie die Voraussetzungen eines Tatbestandsirrtums in Rechtsprechung und Literatur diskutiert; dem Verbotsirrtum kommt nur eine untergeordnete Bedeutung zu. Die unterschiedliche Rechtsfolgenrelevanz von Tatbestandsirrtum und Verbotsirrtum be-

---

149 Vgl. beispielsweise die Vereinbarkeit von § 17 StGB mit dem Grundgesetz, die Frage der Vermeidbarkeit und Unvermeidbarkeit eines Verbotsirrtums oder die Frage des bedingten Unrechtsbewußtseins.

wirkt, daß die Eingruppierung eines Irrtums in die Kategorien des Tatbestands- oder des Verbotsirrtums in der Regel unter dem Blickwinkel erfolgt, ob sich der Irrtum nicht bereits als vorsatzausschließender Tatbestandsirrtum auffassen läßt.[150] Erst wenn feststeht, daß sich der Täter in keinem Tatbestandsirrtum befindet, prüft man das Vorliegen eines Verbotsirrtums. Allerdings schenkt man dabei den Voraussetzungen für das Eingreifen eines Verbotsirrtums häufig zu wenig Beachtung. Diese Vernachlässigung der Verbotsirrtumsvoraussetzungen erweckt geradezu den Eindruck, als sei mit der Feststellung, es liege kein Tatbestandsirrtum vor, automatisch die Konsequenz verbunden, der Irrtum müsse dann ein Verbotsirrtum sein und es komme allein auf seine Vermeidbarkeit oder Unvermeidbarkeit an, da dies die Kriterien seien, an die der Gesetzgeber den Strafausschluß oder die fakultative Strafmilderung knüpft. Diese Vorgehensweise überzeugt nicht, da es keine zwangsläufige Verknüpfung zwischen Nichtvorliegen eines Tatbestandsirrtums und dem Eingreifen eines Verbotsirrtums gibt, denn nicht jeder Irrtum des Täters entwickelt als Tatbestandsirrtum oder als Verbotsirrtum strafrechtliche Relevanz.[151] Vielmehr formuliert § 17 StGB die Voraussetzung für das Vorliegen eines Verbotsirrtums dahin, daß dem Täter die Einsicht fehlen muß, Unrecht zu tun. Damit umschreibt § 17 StGB die Situation, in der der Täter zwar alle Tatumstände kennt und somit vorsätzlich handelt im Sinne von § 16 Abs. 1 Satz 1 StGB, aber doch sein Tun für nicht rechtswidrig hält. Der Bundesgerichtshof[152] beschreibt die Situation des Verbotsirrtums mit den Worten: "Der Täter weiß, was er tut, nimmt aber irrig an, es sei erlaubt. Der Irrtum kann darauf beruhen, daß er die Tat infolge Nichtkennens oder Verkennens der Ver-

---

[150] Mittelbar führt allerdings auch der Tatbestandsirrtum insofern zu einem Verbotsirrtum, als er dem Täter die "Einsicht, Unrecht zu tun", nimmt. Vgl. nur Roxin, AT, § 21 I Rdn. 3, S. 585; Ebert, Subsumtionsirrtum, S. 26.

[151] Vgl. auch die Beispiele bei Maurach/Zipf, AT I, 7. Aufl., S. 523.

[152] BGHSt 2, 194, 197.

botsnorm für schlechthin erlaubt hält oder daß er meint, die Tat sei bei grundsätzlichem Verbot in diesem Fall durch eine Gegennorm gerechtfertigt, sei es, daß er deren rechtliche Grenzen verkennt, sei es, daß er ihr Vorhandensein irrig annimmt. Der Irrtum über die Rechtswidrigkeit ist Verbotsirrtum." Unter einem Verbotsirrtum ist aber nicht nur die falsche, sondern auch die fehlende Vorstellung von der Rechtswidrigkeit der Tat zu verstehen, d.h., nicht nur die positive Vorstellung, rechtmäßig zu handeln; auch die fehlende Vorstellung, rechtswidrig zu handeln, ist ausreichend zur Bejahung eines Verbotsirrtums.[153] Der Verbotsirrtum führt ganz unabhängig von seiner Vermeidbarkeit nicht zum Vorsatzausschluß. Er schließt im Falle seiner Unvermeidbarkeit die Schuld und damit die Strafbarkeit aus. Im Falle seiner Vermeidbarkeit führt er zu einer fakultativen Strafmilderung.

Mit der Regelung von § 16 StGB und § 17 StGB spricht sich der Gesetzgeber für die Schuld als Standort des Unrechtsbewußtseins aus und begreift das Unrechtsbewußtsein als selbständiges Schuldmerkmal, d.h., er vertritt die sogenannte Schuldtheorie.[154] Darüber hinaus folgt aus der Formulierung des § 17 StGB, daß das Bewußtsein der Strafbarkeit für die Verbotskenntnis nicht erforderlich ist.[155] Hätte der Gesetzgeber ein derartiges Strafbarkeitsbewußtsein beim Täter fordern wollen, dann hätte es ihm freigestanden, § 17 StGB

---

153 Grundlegend Armin Kaufmann, Eb.-Schmidt-FS, S. 319 ff.

154 So die ganz herrschende Meinung, vgl. nur Maurach/Zipf, AT I, 7. Aufl., S. 512 f. Heute wohl nur noch anderer Meinung: Schmidhäuser, JZ 1979, S. 361; ders., AT, 7/89 f.; Langer, GA 1976, S. 193.

155 Für die ganz herrschende Meinung vgl. nur Jescheck, AT, 4. Aufl., S. 408. Anderer Meinung: Schroeder, LK, 10. Aufl., § 17 Rdn. 7; Otto, ZStW 87 (1975), S. 595; dagegen Roxin, AT, § 21 II Rdn. 13, S. 589; vgl. auch Neumann, AK, § 17 Rdn. 15 mit einer kurzen Auseinandersetzung der auf Feuerbach, Lehrbuch des gemeinen in Deutschland geltenden Peinlichen Rechts, 1801, § 93, zurückgehenden entgegengesetzten Auffassung. Neumann selbst fordert die Kenntnis der Sanktionsdrohung, vgl. ebd., Rdn. 21.

dahin zu formulieren, daß der Täter nicht schuldhaft handelt, wenn ihm unvermeidbar die "Einsicht, strafbar zu handeln", fehlte. Indem der Gesetzgeber sich für die Formulierung "Einsicht, Unrecht zu tun" entscheidet, bringt er zum Ausdruck, daß seiner Ansicht nach bereits die Kenntnis des Verbots für den Täter auf jeden Fall genügen muß, um sich zu rechtstreuem Verhalten motivieren zu können, und daß demzufolge die Spekulation auf die bloße Straffreiheit keine Milderung verdient.[156] Weiterhin gehört es zu den für die Behandlung des Verbotsirrtums gesicherten Erkenntnissen, daß das Unrechtsbewußtsein teilbar ist,[157] d.h., es ist allgemeine Meinung, daß der Täter, der durch seine Handlung mehrere Tatbestände verwirklicht, hinsichtlich einer Bestimmung mit voller Verbotskenntnis handelt und sich im Hinblick auf eine andere gleichwohl in einem (womöglich unvermeidbaren) Verbotsirrtum befinden kann. Diese Teilbarkeit des Unrechtsbewußtseins besagt letztlich nichts anderes, als daß der Täter das tatbestandsspezifische Unrechtsbewußtsein entwickelt haben muß, d.h., der Täter muß die von dem in Betracht kommenden Straftatbestand umfaßte spezifische Rechtsgutsverletzung als Unrecht zu erkennen in der Lage sein.[158] Daher genügt das allgemeine Bewußtsein des Täters, Unrecht zu tun, nicht, um ihm das Unrecht seiner Tat bewußt werden zu lassen. Weiterhin ist weder das bloße Bewußtsein der sozialen Zweckwidrigkeit der Handlung noch die Annahme des Täters, daß sein Tun nur vom Sittengesetz untersagt ist, ausreichend für sein Unrechtsbewußtsein. Erforderlich ist vielmehr das auf den Normbefehl be-

---

[156] Roxin, AT, § 21 II Rdn. 13, S. 589; Ebert, Subsumtionsirrtum, S. 58; vgl. im Hinblick auf das Ordnungs- oder Verwaltungsstrafrecht ebd., S. 61 ff., 69 ff., 76.

[157] Vgl. nur Jescheck, AT, 4. Aufl., S. 409; Neumann, AK, § 17 Rdn. 37; Ebert, Subsumtionsirrtum, S. 77 f.; BGHSt 10, 35; zur früher entgegenstehenden Meinung des BGH vgl. BGHSt 3, 342.

[158] Vgl. den kritischen Überblick über die Inhalte des Unrechtsbewußtseins bei Neumann, AK, § 17 Rdn. 11 ff.; Schroeder, LK, 10. Aufl., § 17 Rdn. 5 ff., wie im Text Maurach/Zipf, AT I, 7. Aufl., S. 525.

zogene Unrechtsbewußtsein. Allerdings genügt zur Konstituierung des Unrechtsbewußtseins die laienhafte Vorstellung, das Tun dürfe nach dem Willen der Rechtsordnung nicht sein.[159]

II. Beispiele für das Vorliegen eines Verbotsirrtums

1. Ausgangsproblematik: Abgrenzbarkeit zwischen dem Vorsatz hinsichtlich eines normativen Tatbestandsmerkmals und dem Unrechtsbewußtsein

Die Darlegung dieser allgemeinen Grundsätze reicht zunächst aus, um die Lösung der im Rahmen der Arbeit vorgestellten Beispielsfälle vorzubereiten. Allerdings sei vorab nochmals die hier interessierende Streitfrage formuliert, nämlich ob sich der Vorsatz hinsichtlich normativer Tatbestandsmerkmale klar vom Unrechtsbewußtsein trennen läßt. Für den Fall, daß eine solche Grenzziehung nicht möglich ist, sind Zweifel an der Schuldtheorie unvermeidbar, denn sie setzt die Differenzierung zwischen Tatbestandsirrtum und Verbotsirrtum voraus. Schon H. Mayer[160] hält die Notwendigkeit der Unterscheidbarkeit von Tatbestands- und Verbotsirrtum für "die Achillesferse der Schuldtheorie". Die Schuldtheorie leugnet freilich, daß mit der Bedeutungskenntnis bezüglich der normativen Tatbestandsmerkmale die Unrechtskenntnis notwendigerweise verbunden sei, und hält demzufolge Tatbestandsirrtum und Verbotsirrtum für voneinander abgrenzbar. Inwieweit die Schuldtheorie Recht behält, wird sich im Laufe der Besprechung der bis jetzt ungelösten Beispielsfälle zeigen.

---

159 Maurach/Zipf, AT I, 7. Aufl., S. 525; Ebert, Subsumtionsirrtum, S. 55 ff.

160 H. Mayer, AT, S. 139.

2. Besprechung des dritten Evidenzbeispiels: Kenntnis der rechtlichen Relevanz des eigenen Verhaltens als Voraussetzung für das Vorliegen des Unrechtsbewußtseins

Offen blieb bis jetzt die Lösung des dritten Evidenzbeispiels, in dem A aus Langeweile den Bierdeckel zerbröselt, auf dem der Kellner als Abrechnungsgrundlage durch entsprechende Markierungen die servierten Getränke vermerkt hatte, obwohl er die Funktion der Markierungen auf dem Bierdeckel kennt. A glaubt aber, eine Urkunde müsse "Brief und Siegel" tragen, so daß der Bierdeckel keine Urkunde sei.[161] Wie im einzelnen dargelegt,[162] handelt A mit Vorsatz hinsichtlich der Urkundenvernichtung, da er die sozialen Sinnbezüge des sensuell von ihm richtig wahrgenommenen Datensatzes dahingehend erfaßt, daß er den Bierdeckel als Abrechnungsgrundlage für die zu erstellende Rechnung begreift. Fraglich ist aber, ob er auch im Zeitpunkt der Tathandlung ein entsprechendes Unrechtsbewußtsein entwickelt hat, ob er also weiß, daß er mit dem Zerbröseln des Bierdeckels gegen das Verbot, Urkunden zu vernichten, verstößt.

Ein potentielles Unrechtsbewußtsein (Vermeidbarkeit) beseitigt einen aktuellen Verbotsirrtum nicht, die Frage ist jedoch, welcher Deutlichkeitsgrad der Reflexion über das Unrecht zu verlangen ist, damit von einem aktuellen Unrechtsbewußtsein gesprochen werden kann. Im Bierdeckel konnte für A, der mit Urkunden nur verbriefte und gesiegelt Erklärungen verbindet, schon das mangelnde "Daran-Denken", gegen das rechtliche Verbot zu verstoßen, Urkunden zu vernichten, und damit seine fehlende bewußte Reflexion, das Vorliegen eines Verbotsirrtums begründen. Das aktuelle Wertwidrigkeitsbewußtsein[163] als erforderliche Bewußtseinsform der Verbotskenntnis setzt nicht voraus, daß der Täter in jedem Augenblick des Handelns an das Verbotensein der Tat denken

---

161 Siehe oben S. 85 ff.

162 Vgl. oben S. 350 f.

163 Schönke/Schröder-Cramer, § 17 Rdn. 4.

müßte. Vielmehr genügt - wie beim Vorsatz auch - ein sachgedankliches Mitbewußtsein oder eine Verbotskenntnis, die dem Täter als "dauerndes Begleitwissen" zur Verfügung steht.[164] Vom Vorliegen eines solchen "sachgedanklichen Mitbewußtseins" - und damit von einem aktuellen Unrechtsbewußtsein - ist im allgemeinen dann auszugehen, wenn der Täter die Rechtswidrigkeit seines Verhaltens derart verinnerlicht hat, daß er dieses Wissen ohne besondere Erinnerungsleistung jederzeit aktualisieren kann, ihm das Wissen um die Rechtswidrigkeit seines Verhaltens also gleichsam in Fleisch und Blut übergangen ist. In einem solchen Fall ist es dem Täter nach den Erkenntnissen der Wahrnehmungs- und Bewußtseinspsychologie in der Regel unmöglich, das äußere sinnlich wahrgenommene oder auch nur vorgestellte Handlungsgeschehen in seinem Bewußtsein von seiner sozial-ethischen und rechtlichen Bedeutung abzuspalten. Infolgedessen ist dem Täter mit dem Bewußtsein von dem äußeren Handlungsgeschehen auch das Bewußtsein von der Rechtswidrigkeit dieses Geschehens mitgegeben. Beide Bewußtseinsinhalte bilden eine geschlossene Einheit.[165] Deshalb wird der Täter - trotz des Umstandes, daß er die Rechtswidrigkeit seines Verhaltens nicht ausdrücklich beachtet - auch in dem Fall mit den Anforderungen des Rechts konfrontiert und dadurch zu einer Entscheidung für und wider das rechtliche Verbot oder Gebot gezwungen, in dem das Erkennen des sensuell erfaßbaren Datensatzes mit der rechtlichen Bedeutung untrennbar verknüpft ist.[166] Ein solches "dauerndes Begleitwissen" ist aber nicht in den Fällen anzunehmen, in denen der Täter - wie hier der A - infolge eines Subsumtionsirrtum, d.h. durch falsche Auslegung eines Tatbestandsmerkmals zu dem Ergebnis kommt, die Norm greife nicht ein, und sein Verhal-

---

164 Schönke/Schröder-Cramer, § 17 Rdn. 9; Jescheck, AT, 4. Aufl., S. 409, spricht von einem latent vorhandenen, bei der Tat selbst jedoch nicht aktualisierten Unrechtsbild.

165 Rudolphi, SK, 5. Aufl., § 17 Rdn. 14; vgl. Ebert, Subsumtionsirrtum, S. 55.

166 Rudolphi, SK, 5. Aufl., § 17 Rdn. 14. Kritisch dazu Schünemann, NJW 1980, 735, 739.

ten sei rechtlich völlig irrelevant. Im vorliegenden Fall verschleiert der Subsumtionsirrtum dem A auch nicht nur die Strafbarkeit seines Verhaltens,[167] sondern der Irrtum bezieht sich auf das Verbotensein und damit auf die Rechtswidrigkeit, da A seine Handlungsweise für rechtlich irrelevant hält. Demzufolge befindet sich A in einem Verbotsirrtum.

Hier ist davon auszugehen, daß A die Strafbarkeit von Urkundenmanipulationen kennt, da er sich ansonsten keine Gedanken darüber gemacht hätte, ob der Bierdecken eine Urkunde sei. Dieses Beispiel verdeutlicht, daß mit der Kenntnis einer bestimmten Verbotsnorm nicht notwendigerweise das Wissen um ihren Regelungsbereich verbunden ist. A irrt sich im vorliegenden Fall nämlich trotz seines Wissens hinsichtlich des Verbotenseins von Urkundenmanipulationen über die richtige Konkretisierung der Norm, indem er das Tatbestandsmerkmal "Urkunde" falsch auslegt. Als Konsequenz seiner fehlerhaften Annahme, eine Urkunde bedürfe "Brief und Siegel", irrt A sich über die Subsumierbarkeit seiner Handlung - das Zerbröseln der Abrechnungsgrundlage Bierdeckel unter die Verbotsnorm - und befindet sich somit in einem Subsumtionsirrtum. Falsch wäre nun, vom Vorliegen eines Subsumtionsirrtums auf das Eingreifen von § 17 StGB zu schließen, also in einem solchen Fall zwingend von einem Verbotsirrtum auszugehen.[168] Vielmehr handelt der Täter trotz eines Subsumtionsirrtums mit Unrechtsbewußtsein, wenn er weiß, daß sein Verhalten "durch eine andere, das gleiche Rechtsgut schützende Vorschrift verboten ist".[169] Eine solche das Unrechtsbewußtsein begründende Vorstellung hat A im Beispielsfall nicht. A glaubt, daß das Zerbröseln des Bier-

---

167 Ein solcher Fall läge beispielsweise vor, wenn A die Beweisverfälschung als solche für verboten hält, aber nicht für strafbar. Vgl. Roxin, AT, § 21 III Rdn. 22, S. 593.

168 So auch Roxin, AT, § 21 III 3, S. 592 f.

169 Rudolphi, SK, 5. Aufl., § 17 Rdn. 21; ebenso Neumann, AK, § 17 Rdn. 30.

deckels rechtlich irrelevant ist, da er das Zerbröseln nicht als Urkundenmanipulation begreift. Demzufolge bleibt es bei dem Ergebnis, daß A sich in einem Verbotsirrtum befindet.[170]

Dieses Ergebnis ändert sich auch nicht durch einen Hinweis auf ein sogenanntes potentielles Unrechtsbewußtsein des A, also die Überlegung, ob A die Möglichkeit gehabt hätte, das Unrechtsbewußtsein hinsichtlich einer Urkundenvernichtung zu entwickeln. Eine solche Überlegung ist hier fehl am Platze. Die mit der Einführung des sachgedanklichen Mitbewußtseins einhergehenden abgemilderten Voraussetzungen an die Bewußtseinsform der Verbotskenntnis erfahren keinerlei weitergehende Absenkung des Intensitätsgrades hinsichtlich der Bewußtseinsform der Verbotskenntnis durch ein sogenanntes potentielles Unrechtsbewußtsein.[171] Ein potentielles Unrechtsbewußtsein ist - entgegen manch mißverständlicher Formulierung[172] - **kein** Unrechtsbewußtsein.[173] Die Frage, ob der Täter das Unrechtsbewußtsein hätte haben können, kommt ausschließlich im Rahmen der Vermeidbarkeit des Verbotsirrtums Bedeutung zu, nicht aber bei der Erörterung, welchen Intensitätsgrad des Bewußtseins es beim Täter bedarf, damit er im Bewußtsein handelt, Unrecht zu tun.[174] Infolgedessen bleibt es bei dem Ergebnis, daß A sich in einem Verbotsirrtum befindet, als er den Bierdeckel aus Langeweile zer-

---

170 Vgl. im Gegensatz dazu das Beispiel bei Ebert, Subsumtionsirrtum, S. 49, 55 ff., 59 f.

171 Schroeder, LK, 9. Aufl., § 59 Rdn. 267, warnt davor, die mit Hilfe des Mitbewußtseins erleichterte Annahme des Unrechtsbewußtseins derart zu erweitern, daß in allen Fällen ein Unrechtsbewußtsein zu bejahen ist. Vgl. auch Roxin, AT, § 21 IV, Rdn. 26 f., S. 594; er sieht den Unterschied zwischen dem Mitbewußtsein des Unrechts und dem fehlenden, wenn auch erlangbaren Unrechtsbewußtsein darin, daß das mitbewußte Unrechtsbewußtsein in die aktuellen Handlungsbezüge hineinwirkt (Rdn. 27).

172 Vgl. nur Wessels, AT, 22. Aufl., S. 122.

173 Eser/Burkhardt, Studienkurs I, 4. Aufl., Nr. 14 Rdn. 58, S. 176.

174 Schünemann, NJW 1980, S. 739 Fn. 47.

bröselt. An diese Feststellung schließt sich dann die Frage der Vermeidbarkeit bzw. Unvermeidbarkeit des Verbotsirrtums an, die hier keiner Vertiefung bedarf, da es nur die Frage zu beantworten gilt, ob eine Trennung zwischen Tatbestands- und Verbotsirrtum möglich ist, d.h. ob die Kriterien für das Vorliegen eines Tatbestandsirrtums noch Raum für den Verbotsirrtum lassen.

3. Abwandlung des dritten Evidenzbeispiels: Erfordernis eines tatbestandsspezifischen Unrechtsbewußtseins

Eine Antwort auf diese Frage ermöglicht eine Abwandlung des dritten Evidenzbeispiels. A, der zwar davon ausgeht, daß die Urkunde "Brief und Siegel" tragen müsse und daß deshalb der Bierdeckel keine Urkunde sei, sieht im Zerbröseln des Bierdeckels die Möglichkeit, bei der Erstellung der Rechnung einige Posten wider besseres Wissen ableugnen und deshalb den Kellner um die wahre Zeche prellen zu können.[175]

Am Vorliegen des Vorsatzes, eine Urkunde zu vernichten, ändert sich bei A nichts; die insoweit vorgestellten Überlegungen behalten ihre Gültigkeit. Freilich stellt sich die Frage, ob nun der Täter mit dem erforderlichen Unrechtsbewußtsein hinsichtlich der Urkundenunterdrückung handelt oder ob er sich trotz seiner Vorstellung, den Kellner bei der Erstellung der Getränkerechnung wider besseren Wissens über die tatsächlich konsumierten Getränke täuschen zu können, in einem Verbotsirrtum befindet. Im Unterschied zum Grundfall entwickelt A hier eine Vorstellung von der rechtlichen Relevanz seines Vorgehens. Infolgedessen liegt es nahe, davon auszugehen, daß A mit Unrechtseinsicht handelt, da er weiß, daß seine Tat gegen die Rechtsordnung verstößt.[176] Nun ist aber das Unrechtsbewußtsein tatbestands-

---

175 Vgl. Ebert, Subsumtionsirrtum, S. 49, 55 ff.

176 Ebert rechnet § 267 StGB zu Recht zum Kern des klassischen Kriminalstrafrechts. In einem solchen Fall bedürfe es zur Verbotskenntnis nicht der richtigen

bezogen. Diese Einschränkung ergibt sich aus der Überlegung, daß der Bezugspunkt eines nach § 17 StGB relevanten Irrtums nicht die Rechtswidrigkeit als abstraktes Verbot sein kann, sondern nur im Hinblick auf das konkrete Unrecht des jeweiligen Tatbestandes denkbar ist.[177] Oder, wie der BGH formuliert[178]: "Das Unrechtsbewußtsein ist vorhanden, wenn der Täter die von dem in Betracht kommenden Tatbestand umfaßte spezifische Rechtsgutsverletzung als Unrecht erkennt." Unter dem Stichwort der Tatbestandsbezogenheit des Unrechtsbewußtseins diskutiert man den heute geklärten Fragenkomplex der Teilbarkeit des Unrechtsbewußtseins. Es reicht nicht aus, daß der Täter in Beziehung auf irgendeine tateinheitlich mitbegangene Straftat Unrechtsbewußtsein hatte. Das Unrechtsbewußtsein muß sich auf die konkrete Tat beziehen, die dem Täter zur Last zu legen ist.[179] Die Forderung, der Täter müsse ein tatbestandsbezogenes Unrechtsbewußtsein entwickelt haben, ist auch der Schlüssel für den hier vorliegenden Fall: Der Täter hat nicht dadurch ein auf § 274 StGB bezogenes oder auf eine sonstige das Rechtsgut der Urkundenunversehrtheit schützende Rechtsnorm bezogenes Unrechtsbewußtsein erlangt, indem er sich vorstellt, möglicherweise einen Betrug zu begehen, wenn es ihm gelingt, den Täter über die wahre Anzahl der konsumierten Getränke zu täuschen. Denn die Vorstellung, einen Betrug durch das Zerbröseln des Bierdeckels vorzubereiten, ist nicht geeignet, ein auf § 274 StGB tatbestandsbezogenes Unrechtsbewußtsein zu begründen.[180] Ein solches spezielles tatbestandsbezogenes Unrechtsbewußtsein ist aber unverzichtbar, da die Anerkennung des Schuldprinzips es mit sich bringt, daß sich das

---

Auslegung des Tatbestands. Mit Unrechtsbewußtsein handele hier auch der Täter, der seine Tat nicht unter den Tatbestand subsumiert; Ebert, Subsumtionsirrtum, S. 55. Infolgedessen müßte Ebert wohl im dritten Evidenzbeispiels zur Verneinung eines Verbotsirrtums kommen. Vgl. dazu im einzelnen oben S. 172 ff.

177 Roxin, AT, § 21 II Rdn. 16, S. 590.

178 BGHSt 15, 377.

179 Vgl. Ebert, Subsumtionsirrtum, S. 77 f.

180 Im Ergebnis ebenso Roxin, AT, § 21 III, S. 593.

Unrechtsbewußtsein auf die konkrete Tat beziehen muß. Schuld ist immer Tatschuld, denn man kann nur einen bestimmten Tatbestand und nicht etwas in abstracto Rechtswidriges schuldhaft verwirklichen. Erst die genaue Kenntnis der Unrechtsart kann den Täter dazu motivieren, von der Tatbestandsverwirklichung Abstand zu nehmen.[181] Deshalb läßt sich auch aus dem Umstand, daß A den Tatbestand x schuldhaft erfüllt (beispielsweise § 263 StGB), noch nichts darüber aussagen, daß A auch das Unrecht des Tatbestandes y (§ 274 StGB) erkannt hat oder hätte erkennen können,[182] denn weder kann "das allgemeine Bewußtsein, etwas Unrechtes zu tun, noch das auf einen anderen Tatbestand bezogene Unrechtsbewußtsein ... den besonderen Schuldvorwurf für den vom Täter verwirklichten Tatbestand rechtfertigen."[183]

4. Besprechung der Variante des dritten Evidenzbeispiels (Vertausch von Nummernschildern): Rechtsgutserkenntnis als Voraussetzung für das Vorliegen eines tatbestandsspezifischen Unrechtsbewußtseins

Auch bei der Diskussion der Variante des dritten Evidenzbeispiels und der Beantwortung der Frage, ob A mit Vorsatz hinsichtlich des Verfälschens einer zusammengesetzten Urkunde handelte, als er die beiden mit der jeweiligen Zulassungsplakette versehenen Nummernschilder seiner beiden auf ihn ordnungsgemäß angemeldeten Pkw gegeneinander austauschte, zeigte sich,[184] daß A Kenntnis von den Tatumständen im Sinne von § 16 Abs. 1 Satz 1 StGB hatte. A kannte nämlich im Zeitpunkt des Auswechselns der Nummernschilder die soziale Bedeutung seines Verhaltens: Er wußte um die Bedeutung der Ordnungsfunktion des Zulassungsvorgangs durch

---

[181] Vgl. zum Ganzen Eser/Burkhardt, Studienkurs I, 4. Aufl., Nr. 14 Rdn. 54 ff.

[182] Roxin, AT, § 21 II Rdn. 16, S. 591.

[183] BGHSt 10, 35 (39).

[184] Siehe oben S. 291 ff.

die Zulassungsbehörde, wonach einem bestimmten Kraftfahrzeug ein bestimmtes polizeiliches Kennzeichen zugeordnet und durch die Anbringung der Zulassungsplakette auf dem Nummernschild dieses so gekennzeichnete Kraftfahrzeug für den Straßenverkehr zugelassen wird.[185] Infolgedessen kann diesem Irrtum, da es sich bei ihm um keinen vorsatzausschließenden Tatbestandsirrtum handelt, nur noch strafrechtliche Relevanz zukommen, wenn es sich bei ihm um einen Verbotsirrtum handelt. Ein solcher Verbotsirrtum wäre zu bejahen, wenn die Vorstellung des A, er sei zum Auswechseln der Nummernschilder berechtigt, da beide Fahrzeuge ordnungsgemäß auf ihn als Fahrzeughalter zugelassen seien, dazu führen würde, ihm das Verbotensein seines Tuns zu verschleiern. Das würde voraussetzen, daß die Fehlvorstellung den A daran hindern würde, das tatbestandsspezifische Unrecht des § 267 StGB zu erfassen.

Demzufolge bedarf es nunmehr im Rahmen der Erläuterung der Variante des dritten Evidenzbeispiels einer Stellungnahme zu der Frage nach dem Inhalt des tatbestandsspezifischen Verbots der Urkundenfälschung gemäß § 267 StGB.[186] Diese Frage blieb bis jetzt unbeantwortet: Im dritten Evidenzbeispiel[187] sprach A seinem Verhalten die rechtliche Relevanz ab; das abgewandelte dritte Evidenzbeispiel[188] sollte lediglich illustrieren, daß ein auf § 263 StGB bezogenes Unrechtsbewußtsein nicht in der Lage ist, dem Täter das Verbot des § 274 StGB bewußt werden zu lassen.

---

185 Siehe oben S. 357 f.

186 Beim Austausch der Kfz.-Nummernschilder stellt sich die Frage, ob das Verfälschen von zusammengesetzten Urkunden vorliegt.

187 Siehe S. 86.

188 Siehe S. 401.

a) Belastung der Abgrenzungsproblematik Tatbestandsirrtum/ Verbotsirrtum durch die ungenügende Unterscheidung von Bedeutungskenntnis und Wertung

Es gilt nun, Überlegungen anzustellen, wie der Inhalt des tatbestandsspezifischen Verbotes zu bestimmen ist und wann dem Täter dieses Verbot bewußt ist. Dabei läßt sich auch die Behauptung überprüfen, mit dem Erfassen der normativen Tatbestandsmerkmale - hier der hoch normativen Tatbestandsmerkmale der Urkunde und der Unechtheit - sei die Unrechtskenntnis zwangsläufig verbunden; eine Trennung zwischen Tatbestandsirrtum und Verbotsirrtum sei bei ihnen unmöglich.[189]

Lang-Hinrichsen,[190] ein Vertreter der "Nichttrennbarkeitsthese", führt aus, daß "zum Tatvorsatz nicht nur das Wissen um das Tun, sondern auch die richtige Bewertung"[191] gehöre. Die richtige Bewertung der Sachverhalte, die den normativen Tatbestandsmerkmalen zugrunde liegen, könne aber nur im Hinblick auf das Verbotensein vorgenommen werden, und deshalb sei die Wertung der Sachverhalte bereits von der Erkenntnis der Rechtswidrigkeit getragen. Für Lang-Hinrichsen ist die Bedeutungskenntnis und die rechtliche Wertung des Geschehens untrennbar miteinander verwoben. Auch Cramer[192] legt dar, "daß die Wertung, die für die Bedeutungskenntnis erforderlich ist, vom Täter nur nach Laienart erwartet werden kann. Er muß also die tatsächlichen Voraussetzungen nicht mit der gleichen Exaktheit zu den Bewertungsnormen in Beziehung setzen, wie der Richter dies tut. Ausreichend ist vielmehr, daß der Täter aufgrund einer 'Parallelwertung in der Laiensphäre' den unrechtstypischen Bedeutungsgehalt des jeweiligen Merkmals erfaßt." Auch nach Cramers Ansicht

---

189 Vollmar, S. 32 Fn. 14; Sauer, Mezger-FS, S. 119 Fn. 1; Arthur Kaufmann, Unrechtsbewußtsein, S. 169 f.; Schröder, MDR 1951, S. 387 f.

190 Lang-Hinrichsen, JR 1952, S. 303 ff.

191 Lang-Hinrichsen, JR 1952, S. 303.

192 Schönke/Schröder-Cramer, § 15 Rdn. 43.

kommt es auf Wertungen für das Erlangen der Bedeutungskenntnis an; diese Wertungen haben sich an der Bewertungsnorm zu orientieren. Baumann/Weber[193] unterscheiden ebenfalls nicht strikt zwischen Bedeutungskenntnis und Wertung. Zwar soll zum Vorsatz "nicht bloßes Wissen um bestimmte äußere Zustände, sondern auch Bedeutungskenntnis"[194] gehören, doch wird der Ausgangspunkt nicht festgehalten: Für den Vorsatz soll im Hinblick auf das Merkmal "fremd" eine Wertung des Täters hinsichtlich der Eigentumslage erforderlich sein. Aus dieser Überlegung heraus ziehen dann Baumann/Weber den Schluß: "Es ist offensichtlich, daß die Wertung des Täters bezüglich der Eigentumslage mit seiner Wertung über die Rechtmäßigkeit seines Verhaltens zusammenhängt."

b) Darstellung des Verhältnisses von Bedeutungskenntnis und Wertung

Die referierten Ansichten der verschiedenen Autoren haben deutlich gemacht, daß ihre Schlußfolgerung, mit dem Erkennen des normativen Tatbestandsmerkmals sei auch die Verbotskenntnis zwangsläufig verknüpft, auf der Prämisse beruht, daß für das Erfassen eines normativen Tatbestandsmerkmals eine rechtliche Wertung erforderlich sei, die sich an dem mit dem Straftatbestand formulierten Verbot zu orientieren habe. Diese Prämisse ist nicht haltbar; sie beruht auf einer unzureichenden Konzeption des normativen Tatbestandsmerkmals.[195] Mit dem Begriff des normativen Tatbestandsmerkmals verbinden die Autoren die Vorstellung, es käme für das Erfassen der "Normativität" der Tatbestandsmerkmale auf eine rechtliche Wertung an. Das Erlangen der Kenntnis im Sinne von § 16 Abs. 1 Satz 1 StGB, ist auch im Hinblick auf die sogenannten normativen Tatbestandsmerk-

---

193 Baumann/Weber, AT, 9. Aufl., S. 395 f.

194 Baumann/Weber, AT, 9. Aufl., S. 395.

195 Vgl. Ebert, Subsumtionsirrtum, S. 427 ff., 430 ff.

male,[196] durch das Erfassen der Sinnbezüge des sensuell wahrgenommenen Geschehens gekennzeichnet, wobei die vom Täter erfaßten Sinnbezüge des Geschehens mit denen übereinstimmen müssen, die der Gesetzgeber mit den von ihm mittels der Tatbestandsmerkmale abstrakt umschriebenen Sachverhalte verbindet. Die Sinnbezüglichkeit ist das prägende Charakteristikum eines durch das Tatbestandsmerkmal umschriebenen Sachverhalts, den der Gesetzgeber - im Regelfall - verhindert sehen will, und diese Sinnbezüglichkeit muß der Täter erfassen, damit er vorsätzlich handelt. Allein dieser Verstandesakt führt beim Täter dazu, daß er die so häufig zitierte Bedeutungskenntnis erlangt und deshalb mit Vorsatz handelt, ohne daß es auf eine - und sei es nur durch die Parallelwertung in der Laiensphäre - abgeschwächte Wertung ankäme.

Wenn das Erfassen der Tatumstände keinerlei Wertungen erfordert, sondern allein die Kenntnis der sozialen Sinnbezüge verlangt, ist die Antwort auf die gestellte Frage vorgezeichnet: Die Grenze zwischen Tatbestands- und Verbotsirrtum verläuft jenseits der erlangten Bedeutungskenntnis.

c) Voraussetzungen für ein tatbestandsspezifisches Unrechtsbewußtsein

aa) Kenntnis des Rechtsguts und seiner Beeinträchtigung

Nun ist freilich noch nicht geklärt, welche Vorstellungsinhalte der Täter entwickelt haben muß, damit ihm das tatbestandsspezifische Unrecht des von ihm verwirklichten Tatbestandes - zumindest in Form des "sachgedanklichen Mitbewußtseins" - bewußt ist. Zunächst ist der Gegenstand des Unrechtsbewußtseins und des Verbotsirrtums festzulegen. Der Gegenstand des Unrechtsbewußtseins ist die Rechtswidrigkeit

---

196 Um Mißverständnisse zu vermeiden, sollte der Begriff der normativen Tatbestandsmerkmale durch den Begriff der sinnbezüglichen Merkmale ersetzt werden.

des (geplanten) Verhaltens. Der Täter muß den Widerspruch seines Verhaltens zum gesetzlichen Verbot erkennen. Hier läßt sich die heute weitgehend anerkannte Einsicht, daß jedem Straftatbestand ein Rechtsgut zugrunde liegt,[197] fruchtbar machen. Außerdem besteht weitgehend Einigkeit darüber, daß weder die Sittenordnung, die Strafbarkeit der Handlung noch die Sozialschädlichkeit der Handlung Bezugspunkte des Unrechtsbewußtseins sind.[198] Infolgedessen liegt es nahe, die Kenntnis des Täters vom verletzten (oder gefährdeten) Rechtsgut als Voraussetzung für das Vorliegen seines Unrechtsbewußtseins zu fordern. Dabei ist nicht Kenntnis des Rechtssatzes zu verlangen, sondern es genügt das Bewußtsein eines Verstoßes gegen die verbindliche materiale Wertordnung des Rechts.[199] Allerdings wird eingewendet, dies führe zu Abgrenzungsproblemen. Die Prinzipien einer materialen Wertordnung des Rechts ließen sich kaum präzise von den sozial-ethischen Grundsätzen abgrenzen, an denen sich das Urteil über die Sozialschädlichkeit einer Handlung orientiert.[200] Infolgedessen könnte der Eindruck entstehen, als sei das Unrechtsbewußtsein durch die Kenntnis der Sozialschädlichkeit definiert.[201] Dieser Einwand wird freilich hinfällig, wenn man für das Vorliegen des Unrechtsbewußtseins die Kenntnis des Täters von der "Tatbestandsspezifität" seines Verstoßes gegen die Rechtsordnung fordert. Diese "Tatbestandsspezifität" seines Verhaltens erfaßt der Täter dann, wenn er das Rechtsgut der durch

---

197 Vgl. 1. Kapitel.

198 Siehe oben S. 395 f.

199 Lackner, § 17, Rdn. 2 a; OLG Celle, NJW 1987, S. 78 f.; ähnlich Jescheck, AT, 4. Aufl., S. 408; Ebert, Subsumtionsirrtum, S. 56 f.

200 Welzel, Lehrbuch, 11. Aufl., S. 171, räumt ein, daß für die große Masse der Normen des StGB das in ihnen beschriebene Verhalten gerade darum für rechtswidrig erklärt ist, weil es einen unerträglichen Verstoß gegen die Sittenordnung enthält. Hier decke sich - so Welzel - der Verstoß gegen die Gemeinschaftsordnung mit dem gegen die Sittenordnung, so daß die Erkennbarkeit des letzteren Verstoßes mit der des ersteren zusammenfällt.

201 Vgl. dazu Neumann, AK, § 17, Rdn. 19.

seine Handlung verwirklichten Norm erkennt und es ihm bewußt ist, daß er mit seinem Verhalten das Rechtsgut beeinträchtigt. In dieser Situation erkennt der Täter gerade das Kriterium, das die Sollgeltung der von ihm verletzten Rechtsnorm begründet. Schließlich ist der Straftatbestand nur zum Schutz des Rechtsguts vor bestimmten Angriffen formuliert worden, so daß es berechtigt ist, zunächst vom Rechtsgut als dem Spezifikum des Tatbestandes auszugehen. Dieses Spezifikum muß der Täter erkennen. Hier ließe sich vielleicht vertreten, von einer Parallelwertung in der Laiensphäre zu sprechen, denn der Täter muß das jeweils durch die Norm geschützte Rechtsgut nicht unter der juristisch exakten Bezeichnung kennen, sondern sein Verhalten dahingehend einschätzen - und werten -, daß er ein bestimmtes von der Rechtsordnung geschütztes Interesse tangiert.[202] Allerdings ist es auch hier mißverständlich, im Zusammenhang mit der Frage, ob der Täter mit einem tatbestandsspezifischen Unrechtsbewußtsein gehandelt hat, die Lehre von der "**Parallelwertung**" in der Laiensphäre anzuführen.[203] Schließlich assoziiert man mit dem Begriff "Parallelwertung" die Vorstellung, als sei für die Bejahung des Unrechtsbewußtseins eine eigene stellungnehmende Entscheidung des Täters gemeint. Eine solche aktive Eigenwertung des Täters ist aber nicht erforderlich, es ist völlig gleichgültig, welche eigene Werteinschätzung der Täter vom Geschehen entwickelt. Es ist keine bei der Feststellung des Unrechtsbewußtseins zu diskutierende Frage, ob der Täter selbst richtig oder falsch wertet. Maßgeblich ist vielmehr, wie die verletzte Norm das konkrete Verhalten wertet, "und ob der Täter diese Wertung verstanden und in ihrem objektiven Wertgehalt nachempfunden hat."[204] Trotzdem kann man auch im Rahmen der

---

202 Vgl. Ebert, Subsumtionsirrtum, S. 94 ff., 466 ff., unter besonderer Betonung des Umstandes, daß das Objekt **dieser** Parallelwertung nicht der Sachverhalt, sondern das Verbot ist; ebd., S. 96, 468.

203 Kritisch mit Recht Rudolphi, Unrechtsbewußtsein, S. 56; vgl. Ebert, Subsumtionsirrtum, S. 467.

204 Rudolphi, Unrechtsbewußtsein, S. 56.

Bestimmung des Unrechtsbewußtseins an der Lehre von der Parallelwertung in der Laiensphäre festhalten,[205] wenn man sich nur klar darüber ist, daß es für die Erlangung des Unrechtsbewußtseins um einen "rein rezeptiven Akt der Kenntnisnahme und des geistigen Verstehens"[206] geht. Der Lehre von der Parallelwertung kommt in diesem vom Täter zu leistenden Verständnisakt nur insoweit eine Bedeutung zu, als der Täter zum einen den Widerspruch seines Verhaltens zu den Normen des rechtlichen Sollens kennen muß und zum anderen die Norm in ihren tragenden Wertvorstellungen verstehen muß. Dieses Verstehen der die Norm tragenden Wertvorstellungen geht teilweise wohl auch mit dem Erfassen von rechtlichen Wertungen einher, etwa in der Art, daß der Täter entscheiden muß, ob sein von ihm in seinen sozialen Bezügen richtig erkanntes Verhalten das von der Rechtsordnung geschützte Interesse berührt. Man kann sich nämlich sehr wohl auf den Standpunkt stellen, daß das Wissen des Täters, gegen ein rechtliches Verbot als Folge seiner Handlung zu verstoßen, eine rechtliche Wertung ist. Zu dem Ergebnis, gegen eine Rechtsnorm zu verstoßen, kommt der Täter schließlich nur dann, wenn er auch die rechtliche Bedeutung seiner Verhaltensweise erkennt. Diese Kenntniserlangung ist ihrerseits wiederum davon abhängig, daß der Täter das rechtliche Verbot und die dazu getroffenen Wertungen kennt, was ohne das Nachvollziehen von rechtlichen Wertungen kaum möglich sein dürfte. Die Wertung, daß er mit seinem Verhalten ein bestimmtes rechtliches Verbot verletzt, ist dem Täter gelungen, wenn er erkennt, daß er mit seinem konkreten (geplanten) Verhalten ein bestimmtes Rechtsgut verletzt und dieses vorgestellte Rechtsgut das dem verletzten Tatbestand zugrunde liegende Rechtsgut ist und gegen Angriffe der geplanten Art geschützt werden soll. In diesem Fall handelt der Täter mit Unrechtsbewußtsein. Natürlich sind auch Begrenzungen des Verbots durch Beschreibung der Ausführungs-

---

205 So im Ergebnis auch Ebert, Subsumtionsirrtum, S. 466 ff.

206 Rudolphi, Unrechtsbewußtsein, S. 56.

arten und ähnliches mit zu berücksichtigen. Doch steht das Rechtsgut im Vordergrund.

bb) Voraussetzungen für die Erlangung der Kenntnis vom Rechtsgut und seiner Verletzung

Es ist demnach zu klären, wie die Tätervorstellung hinsichtlich des Rechtsguts und der Rechtsgutsbeeinträchtigung im einzelnen beschaffen sein muß.

Aus der hier im ersten Kapitel der Arbeit gewonnenen Definition, wonach Rechtsgüter, die für unsere verfassungsmäßige Gesellschaft und damit auch für die verfassungsgemäße Stellung und Freiheit der einzelnen Bürger unverzichtbaren und deshalb werthaften sozialen Funktionseinheiten sind, ergibt sich zunächst, daß es beim Verständnis eines Rechtsguts auf das Verstehen der Struktur und der Bedeutung sozialer Institutionen ankommt und insoweit auf ein Bedeutungsverständnis des Täters.[207] Insoweit gelten hier im Vergleich zum Mechanismus des Erfassens von Tatumständen keine Besonderheiten. Die Funktionseinheit, die § 267 StGB schützt und die vom Täter zu erkennen ist, ist die Subjektsbezogenheit des Ausstellers zu seiner Erklärung, also die personelle Garantie[208] für die ihm zurechenbare Erklärung. Die Einschätzung dieser Funktionseinheit als wertvoll, so ergab die bisherige Untersuchung, folgt aus der im ganzen Recht anerkannten Bedeutung der Zurechnung von Erklärungen. Demnach ist das Rechtsgut des § 267 StGB - schlagwortartig gefaßt - die auf dem Prinzip der Zurechnung basierende personelle Garantie des Ausstellers für seine Erklärung. Infolgedessen muß der Täter erkennen, daß er den besonderen Beweiswert der Urkunde dann erschüttert,

---

[207] Vgl. Rudolphi, Unrechtsbewußtsein, S. 56: "Mit dem Unrechtsbewußtsein kann mithin nur ein rezeptiver Akt der Kenntnisnahme und des geistigen Verstehens gemeint sein."

[208] Vgl. oben S. 56 ff., 62 ff.

wenn er in die auf dem Prinzip der Zurechenbarkeit basierende Beziehung zwischen Aussteller und dauerhaft verkörperten Erklärung eingreift und dadurch den - mit der Realität nicht übereinstimmenden - Eindruck erweckt, ein bestimmter Aussteller stehe als Garant für die verkörperte Erklärung ein. Sobald der Täter erkennt, daß der Gegenstand, der nach seinem sozialen Bedeutungsverständnis eine beweiserhebliche, dauerhaft verkörperte Gedankenerklärung ist, die ihren Aussteller erkennen läßt, und daß seine Manipulation dazu führt, die ursprüngliche Beziehung zwischen Aussteller und Erklärung zu verändern, gegebenenfalls zu beseitigen, und wenn ihm zugleich bewußt ist, daß um dieser Beziehung der personellen Garantie willen der Gegenstand Urkunde rechtlichen Schutz genießt, ist sein Unrechtsbewußtsein hinsichtlich einer Urkundenfälschung zu bejahen. Es ist also zunächst erforderlich, daß der Täter einer Urkundenfälschung den Schluß zieht, daß der Schutz der personellen Garantie des Ausstellers für seine Erklärung der Grund für die Formulierung des Tatbestandes ist. Darüber hinaus muß es dem Täter bewußt sein, daß er in diese konkrete rechtlich geschützte Sphäre durch sein Verhalten eingreift. Dieses Wissen um das spezifische rechtliche Verbotensein des geplanten Verhaltens ergibt sich nicht per se aus der Bedeutungskenntnis hinsichtlich der Tatumstände. Das dritte Evidenzbeispiel, bei dem es um eine Urkundenunterdrückung geht, belegt, daß es sehr wohl möglich ist, die Tatumstände im Sinne von § 16 Abs. 1 Satz 1 StGB zu kennen, aber ohne Unrechtsbewußtsein zu handeln, etwa indem - wie dort - A seinem Verhalten jegliche rechtliche Relevanz abspricht.[209] Für das Unrechtsbewußtsein ist nämlich nicht die Bedeutungskenntnis hinsichtlich der Tatumstände ausschlaggebend, sondern hierfür ist das Wissen um den Grund für das rechtliche Verbotensein der Verhaltensweise notwendig. Der Täter muß sein Verhalten als ein solches werten, das von einer Rechtsnorm verboten wird, deren Ziel der

---

209 Vgl. oben S. 86 f.

Schutz einer bestimmten Funktionseinheit gerade durch die Verhinderung des geplanten Täterverhaltens ist.

Im dritten Evidenzbeispielsfall fehlt es schon an der Vorstellung des A, daß seinem Verhalten irgendein rechtliches Verbot entgegenstehen könnte. Demzufolge fehlt ihm das Bewußtsein, Unrecht zu tun, so daß er sich in einem Verbotsirrtum befindet. Die Übertragung der gewonnenen Grundsätze auf den abgewandelten dritten Evidenzbeispielsfall (parallele Betrugstendenz)[210] verdeutlicht die Komplexität der anzustellenden Überlegungen. Man könnte daran denken, A habe beim Zerbröseln des Bierdeckels nicht die Vorstellung gehabt, mit seiner Handlung den Beweiswert einer Urkunde zu zerstören und deshalb in das rechtlich geschützte Unversehrtheitsinteresse von Urkunden einzugreifen. Er habe seinem Verhalten nur die Bedeutung zuerkannt, den Kellner über die wahre Anzahl der konsumierten Getränke zu täuschen. Ihm sei aber verborgen geblieben, daß er mit der Vernichtung des Bierdeckels auf die Beweisposition des an dem Beweismittel "Urkunde" Berechtigten einwirke. Infolgedessen habe A ohne Unrechtsbewußtsein gehandelt. Freilich könnte man auch den Standpunkt einnehmen, daß dem Täter im Zeitpunkt der Bierdeckelvernichtung sehr wohl bewußt war, dem Kellner dadurch die Möglichkeit zu nehmen, anhand der auf dem Bierdeckel befindlichen Zeichen die von ihm (A) geleugnete Anzahl der getrunkenen Biere nachzuweisen. Diese Vorstellung könnte ausreichend sein, dem Täter das Bewußtsein zu vermitteln, ein Beweiszeichen zu beseitigen, so daß das Unrechtsbewußtsein hinsichtlich einer Urkundenunterdrückung zu bejahen wäre. Eine solche weite Interpretation der Voraussetzungen für das Vorliegen des tatbestandsspezifischen Unrechtsbewußtseins verkennt aber, daß nicht jedes Beweismittel von § 274 StGB geschützt wird, sondern nur Urkunden und technische Aufzeichnungen. Diese Tatbestandsspezifität des § 274 StGB, nämlich daß nicht jedes Beweismittel rechtlich geschützt ist, muß sich im Täterbewußtsein wiederfin-

---

210 Vgl. oben S. 401.

den. Infolgedessen ist es zumindest erforderlich, damit dem Täter das Unrecht seiner begangenen Urkundenunterdrückung bewußt werden kann, daß A positiv weiß, durch das Zerbröseln des Bierdeckels ein solches Beweismittel zu beseitigen, das rechtlich geschützt ist. Für die Erlangung des Unrechtsbewußtseins wäre aber die Vorstellung des A nicht ausreichend, er beseitige ein Beweismittel (die sukzessive Aufstellung der Getränkerechnung), das nur innerhalb des internen Geschäftsgebrauchs in Gastwirtschaften Beachtung finde und dessen Beseitigung nur den dort üblichen Gepflogenheiten widerspreche, aber keinerlei rechtliche Konsequenzen nach sich ziehe. Im abgewandelten dritten Evidenzbeispielsfall stellt A sich nicht positiv vor, ein Beweismittel zu zerbröseln, das von der Rechtsordnung geschützt wird. Seine Vorstellung geht allein dahin, sich durch das Zerbröseln des Bierdeckels die Möglichkeit zu schaffen, den Kellner bei dem Erstellen der Rechnung zu täuschen. In diesem beabsichtigten Schaffen einer günstigen Tatsituation liegt kein "sachgedankliches Mitbewußtsein" hinsichtlich einer Urkundenunterdrückung. Der Vorgang des Unterdrückens erlebt der Täter rein faktisch, nicht aber in irgendeiner rechtlichen Dimension. Allein die Vorstellung, sich durch das Beseitigen des Bierdeckels eine günstige Ausgangsposition für den geplanten Betrug zu schaffen, kann nicht genügen, um dem Täter das Bewußtsein zu vermitteln, gegen ein Recht zu verstoßen, welches das spezifische Beweismittel Urkunde in seiner Unversehrtheit schützt. Das tatbestandsspezifische Unrechtsbewußtsein hinsichtlich einer Urkundenunterdrückung erfordert zwar nicht die Kenntnis des formalen Rechtssatzes, aber doch die Vorstellung des Täters, die vom Recht konkret geschützte Funktionseinheit durch sein konkretes Verhalten zu beeinträchtigen. An dieser Vorstellung fehlt es dem A. Somit handelt A insoweit ohne Unrechtsbewußtsein.

Bei der Variante des dritten Evidenzbeispiels (Auswechseln der Schilder)[211] fehlt dem Täter ebenfalls das tatbestandsspezifische Unrechtsbewußtsein hinsichtlich einer Urkundenfälschung, da er davon ausgeht, er - als Halter beider Fahrzeuge - dürfe die Schilder nach Belieben austauschen. Er stellt sich somit vor, sein Verhalten sei erlaubt. A könnte davon ausgehen, daß es nach der Zulassung der Kraftfahrzeuge zum Verkehr erlaubt sei, nach eigenem Ermessen die Schilder zu tauschen, weil die im Zulassungsvorgang dokumentierten Ordnungsaufgaben mit der Erteilung der Plakette, der Nummern- und Buchstabenkombination für das Nummernschild eines Wagens abgeschlossen seien. Deshalb seien spätere Auswechslungen unerheblich und demzufolge nicht verboten, da die auf den Halter bezogenen Ordnungsfunktionen des Zulassungsvorgangs, beispielsweise einen Verantwortlichen für den Zustand des Kraftfahrzeugs zu kennen, auch im Falle des Auswechselns zweier Nummernschilder von zwei auf denselben Halter zugelassenen Wagen erfüllt seien. Diese Vorstellung des A beruht nicht auf einer überdehnten Auslegung des Tatbestandsmerkmals Urkunde, sondern hier nimmt der Täter für sein Handeln einen Rechtfertigungsgrund an, den es nicht gibt. Er glaubt, aufgrund seiner Haltereigenschaft für beide Fahrzeuge befugt zu sein, die konkrete Zuordnung zwischen Zulassungsplakette, Nummernschild und konkretem Wagen beseitigen zu dürfen, eine Annahme, die zwar objektiv nicht richtig ist, aber doch dazu führt, daß dem Täter das tatbestandsspezifische Unrechtsbewußtsein hinsichtlich einer Urkundenfälschung fehlt. Er hält sich nämlich für berechtigt, die Verbindung zwischen Erklärung und Bezugsobjekt beseitigen zu können und verkennt dadurch das rechtliche Verbotensein, die personelle Garantie der Ausstellerin - der Zulassungsbehörde - zu ihrer Erklärung - die Zulassung eines konkreten Wagens zum Straßenverkehr - zu beeinträchtigen.

---

211 Siehe S. 87.

5. Zusammenfassung

Die grundsätzliche Erkenntnis läßt sich mit dem Schlagwort des "tatbestandsbezogenen oder tatbestandsspezifischen Unrechtsbewußtseins" umschreiben. Es gibt kein abstraktes Unrechtsbewußtsein, das von der konkreten Schutzfunktion des einzelnen Tatbestandes absehen würde, sondern nur ein konkretes, d.h. an den einzelnen Ge- und Verboten des Strafrechts ausgerichtetes Unrechtsbewußtsein.[212] Damit dem Täter das tatbestandsspezifische Unrecht seines Verhaltens bewußt ist, muß er sich hinsichtlich des von ihm durch sein Verhalten tangierten Rechtsguts eine dem Gesetz entsprechende Vorstellung machen, sodann aber auch über die Art der Beeinträchtigung des Rechtsguts.

Im einzelnen gilt:

(1) Der Täter muß wissen, daß sein Verhalten gegen ein rechtliches Verbot verstößt, wobei die Vorstellung, die Tat sei möglicherweise verboten, ausreicht.[213]

(2) Der Täter muß wissen, welches Rechtsgut durch sein Verhalten beeinträchtigt wird.

(3) Der Täter hat das Rechtsgut erkannt, wenn ihm zum einen die soziale Bedeutung der durch das Recht geschützten Funktionseinheiten bewußt ist. Insoweit gelten die im Rahmen der bei der Vorsatzdiskussion aufgestellten Grundsätze für das Erlangen der Bedeutungskenntnis. Zum anderen muß der Täter aber wissen, daß diese Funktionseinheit rechtlichen Schutz genießt.

(4) Der Täter muß weiterhin wissen, daß seine Verhaltensweise zu den Verhaltensweisen gehört, die der Gesetzge-

---

212 Vgl. nur statt vieler Schönke/Schröder-Cramer, § 17 Rdn. 5.

213 Schönke/Schröder-Cramer, § 17 Rdn. 5. - Auf Probleme des "bedingten Unrechtsbewußtseins" kann hier nicht eingegangen werden.

ber verhindert wissen will. Er muß aus seinem Einzelwissen dann zu dem - zumindest für möglich gehaltenen - Ergebnis kommen, daß sein konkretes Verhalten als Beeinträchtigung des konkreten Rechtsguts rechtlich verboten ist.

(5) Der Täter darf sich nicht vorstellen, die Beeinträchtigung des Rechtsguts sei ausnahmsweise erlaubt.

(6) Der Täter muß wissen, daß sein Verhalten zu den Verhaltensweisen gehört, die der Gesetzgeber durch die Aufstellung des jeweiligen Tatbestandes verhindert wissen will, d.h., der Täter muß wissen, daß er das konkrete Rechtsgut tatbestandsspezifisch beeinträchtigt.

III. Konkretisierung der Voraussetzungen, bei deren Vorliegen vom tatbestandsspezifischen Unrechtsbewußtsein auszugehen ist

1. Noch zu klärende Fragen

Im folgenden ist noch zu klären, welchen Inhalt die Tätervorstellung haben muß, damit der Täter das von ihm verletzte Rechtsgut als solches erkannt hat. Darüber hinaus ist zu überlegen, unter welchen Voraussetzungen davon auszugehen ist, daß der Täter seine Vorgehensweise als eine solche Tathandlung begreift, die das Rechtsgut tatbestandsspezifisch beeinträchtigt. In diesem Zusammenhang ist zu prüfen, in welchem Umfang der Täter die Modalitäten der Rechtsgutsbeeinträchtigung erkannt haben muß.

2. Voraussetzungen für das Erlangen der Kenntnis vom verletzten Rechtsgut

a) Erfassen der sozialen Bedeutung der geschützten Funktionseinheit (Rechtsgut)

Was die Frage nach dem Inhalt der vom Täter zu erlangenden Vorstellung hinsichtlich der Verletzung des Rechtsguts betrifft, so ergibt sich schon - wie dargelegt - aus der Struktur eines Rechtsguts als für den Menschen wertvolle Funktionseinheit, daß der Täter die sozialen Bezüge der dadurch umschriebenen Institution erkennen muß. Vor diesem Hintergrund, daß es für das Erfassen des Rechtsguts auch auf das Verstehen der Struktur und Bedeutung sozialer Institutionen ankommt, ist der Aussage Rudolphis zuzustimmen,[214] wonach mit dem Unrechtsbewußtsein nur ein rezeptiver Akt der Kenntnisnahme und des geistigen Verstehens gemeint sein kann.

b) Wissen des Täters um den rechtlichen Schutz der Funktionseinheit und Wertung seines Verhaltens als ein solches, das die Norm verhindern will

Der Täter muß die soziale Bedeutung seines Verhaltens kennen, aber auch wissen, daß er ein Beweismittel beeinträchtigt, dessen Charakteristikum die personelle Garantie des Ausstellers für die im Beweismittel verkörperte menschliche Gedankenerklärung ist. Der Täter muß also die schützenswerte Funktionseinheit des § 267 StGB in ihrem sozialen Bedeutungsgehalt erkannt haben. Der Täter muß also nicht nur um die soziale Bedeutung seiner Vorgehensweise wissen, also etwa daß er in die Beziehung zwischen Aussteller und Erklärung eingreift; er muß auch erkennen, daß gerade diese Beziehung rechtlich geschützt ist. Dieses Wissen um das rechtliche Verbotensein seines Handelns ist ein Akt, der

---

214 Rudolphi, Unrechtsbewußtsein, S. 56.

über die reine soziale Bedeutungskenntnis hinausgeht. Der Täter muß also aus seinem Wissen um die soziale Bedeutung seines Verhaltens gerade den Schluß ziehen, daß er gegen das von ihm erkannte spezifische Recht handelt, also ein tatbestandsspezifisches Verbot mißachtet. Die Wertung, daß sein Verhalten das Rechtsgut in der vom Recht mißbilligten Weise beeinträchtigt und daß er deshalb rechtswidrig handelt, muß der Täter vorgenommen haben. Diese Überlegungen verbergen sich wohl hinter der Ansicht Rudolphis,[215] daß das Unrechtsbewußtsein sowohl die Kenntnis als auch das geistige Verstehen der Rechtswidrigkeit des Täterverhaltens in seinem gesamten Unwertgehalt erfordert. Die Rechtswidrigkeit des Täterverhaltens in seinem gesamten Unwertgehalt erkennt freilich nur der Täter, der zunächst den Rechtscharakter der von ihm übertretenen Norm kennt. Das Kennen des Rechtscharakters setzt wiederum voraus, daß der Täter die rechtliche Relevanz seines Verhaltens kennt, d.h. sein Verhalten als ein solches wertet, das rechtswidrig, also verboten ist. Freilich wird in vielen Fällen mit dem Erfassen der sozialen Bedeutungskenntnis des Geschehens und dem Wissen um die Beeinträchtigung einer als wertvoll erkannten Funktionseinheit die Vorstellung verknüpft sein, daß die wertvolle Funktionseinheit rechtlich geschützt ist. Vorzugsweise wird dies im Kernstrafrecht der Fall sein, zumal das Wissen um rechtliche Verbote - wie dargelegt[216] - Motivationsanreiz sein kann, um zur Bedeutungskenntnis hinsichtlich von Tatumständen zu kommen. Allerdings ist es trotz der Erkenntnis des Täters, sein Verhalten beeinträchtige eine in ihrer sozialen Bedeutung richtig erkannte wertvolle Funktionseinheit, nicht ausgeschlossen, daß der Täter sein Verhalten für sozialwidrig hält, aber nicht für rechtlich verboten. Diese Wertung des Verhaltens als verboten ist aber notwendiger Bestandteil der "Rechtsgutserkennung".

---

215 Rudolphi, Unrechtsbewußtsein, S. 62 f.

216 Vgl. oben S. 293 ff.

IV. Schlußbemerkung

Es zeigte sich somit, daß der Tatbestandsspezifität des Unrechtsbewußtseins die ausschlaggebende Bedeutung für die Beantwortung der Frage zukommt, ob ein Verbotsirrtum vorliegt oder nicht. Vor allem macht diese Erkenntnis auch deutlich, daß es keine Identität zwischen Bedeutungskenntnis hinsichtlich der Tatumstände und des Unrechtsbewußtseins gibt, da die Erlangung des Unrechtsbewußtseins rechtliche Wertungen voraussetzt, die im Rahmen der Kenntniserlangung im Sinne von § 16 Abs. 1 Satz 1 StGB keine Rolle spielen. Insofern ist der gegen die Schuldtheorie erhobene Vorwurf unbegründet, sie könne nicht zwischen Tatbestands- und Verbotsirrtum trennen. Die Auseinandersetzung mit dieser Problematik hat gezeigt, daß an die Wissenskomponente des Vorsatzes andere Anforderungen zu stellen sind als an das Unrechtsbewußtsein. Darüber hinaus ließ sich nachweisen, daß die hier gefundenen Kriterien in der Lage sind, sowohl den Bereich des Tatbestandsirrtums als auch des Verbotsirrtums jeweils klar zu definieren und dadurch auch voneinander abzugrenzen.

FSC
www.fsc.org
MIX
Papier | Fördert gute Waldnutzung
FSC® C083411

Kolibri 360 GmbH
Ferdinand-Jühlke-Straße 7
99095 Erfurt, Deutschland
produktsicherheit@kolibri360.de